Franz Maciejewski
Echnaton

Franz Maciejewski

ECHNATON

oder
Die Erfindung des Monotheismus

Zur Korrektur eines Mythos

Osburg Verlag

Vorsatz hinten: Karte Vorderasien

Erste Auflage 2010

www.osburgverlag.de

Lektorat: Bernd Henninger, Heidelberg
Herstellung und Layout: Prill Partners producing, Berlin
Umschlaggestaltung: Toreros, Lüneburg
Druck und Bindung: GGP Media GmbH, Pößneck
Printed in Germany
ISBN 978-3-940731-50-0

INHALT

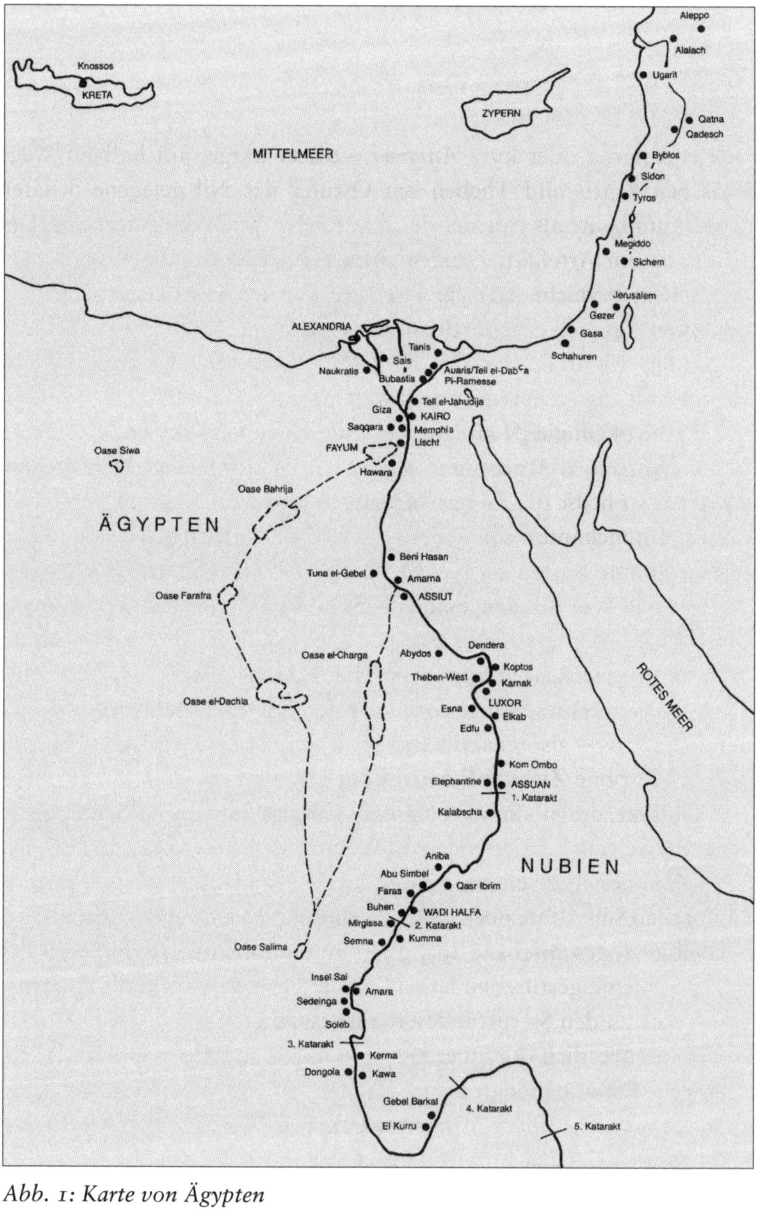

Abb. 1: Karte von Ägypten

EINLEITUNG

Out of Amarna

Tell el-Amarna oder kurz *Amarna* – dieser karge, auf halbem Wege zwischen Kairo und Theben am Ostufer des Nil gelegene Streifen Land – gilt heute als eine der berühmtesten Stätten des Altertums. Der Name ist ein Artefakt. Einigen arabischen Dörfern der Gegend abgewonnen, bezeichnet er *für uns* eine der spektakulärsten Epochen des Alten Ägypten gegen Mitte des 14. Jahrhunderts vor unserer Zeitrechnung. Amarna, das ist die aus dem Boden gestampfte Neue Hauptstadt des geheimnisumwitterten Pharaos Amenophis IV.-Echnaton, die (wenngleich nur für kurze Zeit) zum schillernden Zentrum der damaligen Welt aufstieg, um ebenso jäh wieder unterzugehen. Amarna, so heißt der Geburtsort des nicht minder legendären Kindkönigs Tutanchamun sowie der Standort jener Bildhauerwerkstatt, in der die »bunte Büste« der Nofretete modelliert wurde. Die klangvollen Namen aus dem Sonnengeschlecht von Amarna evozieren auf unwiderstehliche Weise den Dreiklang von Geistigkeit, Reichtum und Schönheit: die prophetische Stimme eines frühen Gottkünders, das blendende Gold eines unermesslichen Grabschatzes, die strahlende Gestalt eines zeitlosen Eros – also genau jenen Stoff, aus dem sich Mythen bilden. Aber es ist ohne Zweifel Echnaton, der die Aura des Ortes bestimmt, nicht Nofret, die (noch weithin unverstandene) Schöne an seiner Seite, nicht die sich gut verkaufende Pop-Ikone Tut, dessen wieder und wieder zur Schau gestellte Schätze verlorenen Perlen ähneln, denen die Kette kulturellen Sinns abhanden gekommen ist. Die dem sogenannten »Ketzerkönig« zugeschriebene Tat, die erste monotheistische Religion der Weltgeschichte gestiftet zu haben, ist der Grund, warum die Amarna-Zeit heute zu den Sternstunden der Menschheit gezählt wird. Zumindest in der westlich dominierten Welt, die den Monotheismus als eine kulturelle Errungenschaft ersten Ranges begreift, ist Amarna zu einem besonders erinnerungswürdigen Weltkulturerbe avanciert. Die Stadt steht für den Großen Anfang. Echnaton führt die Reihe der Religionsstifter an, in der Moses, Jesus und Mohammed ihm nachfolgen.

Diese Einschätzung galt nicht von Anbeginn. Ganz im Gegenteil. Die ersten Ägyptologen unter den Entdeckern sahen in Echnaton keinen heiligen Mann, der eine neue Weltformel gefunden hatte, sondern eher einen merkwürdigen Freak, der – durch die Launen der Thronfolge an die Macht gelangt – einem obskuren Sonnenkult huldigte und das Land politisch an den Rand der Katastrophe führte. Die lapidare Beschreibung von Champollion, der auf seiner ersten und einzigen Ägyptenreise (1828) auch die Ruinen von Amarna sah, lässt Art und Ausmaß der Geringschätzung deutlich erkennen. »Le Roi très gras, gros, ventru. Formes féminines (...) grande morbidezza«. Ein missgestaltiger König war aus dem Dunkel der Geschichte ins Relief getreten, so rätselhaft wie abstoßend, dessen Erscheinung Champollion peinlich berührte und seine Kollegen und Nachfolger wahlweise an einen Eunuchen oder Transvestiten denken ließ. Ein Fremdkörper in der Ahnengalerie der großen Thutmosiden. Dieser erste Eindruck verdankte sich der Wirkung der *Bild*werke, etwa den Abbildungen auf den zahlreichen Grenzstelen Echnatons, welche den heiligen Bezirk der neuen Residenz Achetaton (»Horizont des Aton«) markierten. Mehr als hundert Jahre zuvor (1714) war der französische Jesuitenpater Claude Sicard bei Tuna-el-Gebel als erster Europäer auf eine der äußersten, *rive gauche* gelegenen Stelen des antiken Amarna gestoßen.

Abb. 2: Die Grenzstele von Tuna-el-Gebel

Er meinte ein hoch in die Wand eingelassenes Felsenheiligtum vor sich zu haben, dessen dargestellte Szene er als Opferritual von Sonnenpriestern deutete. Ironischerweise hatte auch Champollion einen eher flüchtigen Blick auf dieses Bildnis (das inzwischen mehrfach kopiert worden war) geworfen, während er doch in Wahrheit auf der Suche nach *Sprach*denkmälern war, um seine bahnbrechende Entzifferung der Hieroglyphen überprüfen und abschließen zu können. Erst auf der Grundlage dieser Arbeiten öffnete sich nach und nach das Fenster der Textinterpretation, und tatsächlich war es die Veröffentlichung der jetzt zugänglichen Inschriften der Amarna-Zeit, die eine Wende in der Beurteilung dieses so ungewöhnlichen Pharaos einleitete.

Der Umschlag vollzog sich mit der Übersetzung aufgefundener Hymnen. Der grundlegende Text war der sogenannte Große Sonnenhymnus, der sich in einem der Beamtengräber von Amarna erhalten hatte und die westlichen Intellektuellen sofort nach seiner Publizierung in Erstaunen, ja Verzückung versetzte. Den Anfang machte der junge amerikanische Ägyptologe James Henry Breasted (1895). Er deutete diesen Text als Ausdruck eines monotheistischen Gottesverständnisses reinster Prägung und damit als (Wieder-)Entdeckung eines überraschenden Vorläufers des biblischen Monotheismus. Dem König, den er für den »gottberauschten Schöpfer« des Hymnus an Aton, die alleinverehrte Sonnenscheibe, hielt, attestierte er eine unzeitgemäße, aber folgenreiche Modernität: »Unter den Hebräern, sieben- oder achthundert Jahre später, sind uns solche Männer nicht weiter auffällig; diesen Mann aber, der in einer so fernen Zeit und unter so widrigen Bedingungen der erste Idealist und die erste Persönlichkeit in der Weltgeschichte wurde, muss die moderne Welt erst noch seinem Werte entsprechend würdigen.« Im Aton-Glauben Echnatons mit seiner Absage an Mythos und Vielgötterei nahm, so Breasted, die Idee einer rationalen Weltreligion zum ersten Mal Gestalt an.

Breasteds Interpretation vom »revolutionären Monotheismus Echnatons« schlug ungeheuer nachhaltig in die geistige Landschaft der Jahrhundertwende ein. Ein Vorgang, wie er in der Wissenschaftsgeschichte nicht eben selten ist. Eine große Idee erobert plötzlich alle Aufmerksamkeit und steht so hoch im Kurs, dass alle wachen und aktiven Köpfe (zunehmend auch aus den Nachbardisziplinen) sich mit ihr beschäftigen und das neue Paradigma durch Zusatzhypothesen bekräftigen. Der begriffliche Mittelpunkt (hier: »Erster Monotheismus«) wächst sich so schnell zu einer attraktiven Sprachregelung aus, die durch häufiges Zitieren zirkuliert und fortlaufend bestätigt wird, während kritische Töne es schwer haben, noch Gehör zu finden. Breasted hat seine frühe Deutung in seinem vielgelesenen Buch *History of Egypt* (1906) noch mit eigener Hand ergänzt und verfeinert. Jetzt galt ihm der Große Hymnus nicht nur als ein solitärer »Sonnengesang des Echnaton«, sondern als größtes Überbleibsel »eines auf Papyrus niedergeschriebenen offiziellen Katechismus seiner Lehren« (den die Gegner des Königs natürlich zerstört hatten). Damit rückte der neue Monotheismus unversehens in die Nähe einer Buchreligion. Die Bühne war bereitet für die Aufführung des Fortsetzungsstücks »Gott kam aus Ägypten«, der Prospekt ausgerollt für die Darbietung der wildesten Spekulationen über die offenen und geheimen Verbindungen zwischen dem ägyptischen Ur-Monotheismus und seinen jüdischen und christlichen Nachfolgern.

Breasted ist bei der offensichtlichen Überbewertung von Text und Schriftgedächtnis nicht stehen geblieben; auf sehr einfache Weise hat er den Wert des älteren Bildgedächtnisses herabgesetzt, indem er »die seltsame Behandlung der unteren Körperteile des Königs durch die Künstler« – also jene Darstellung eines dickbäuchigen Mannes mit geschwollenen Gliedmaßen und femininen Zügen, die den befremdlichen Eindruck nervöser Dekadenz und sexueller Anomalie hervorgerufen hatte – zu einem unlösbaren Problem erklärte. Wie können wir je wissen, wie es wirklich war? Das Geheimnis von Missbildung und Krankheit, von Leiblichkeit und Sexualität (einschließlich der offenen Frage nach Abstammung und Verwandtschaft innerhalb der königlichen Familie) wurde durch dieses Diktum versiegelt. Mit dem entschiedenen Blickwechsel auf die obere Körperhälfte des Königs, d.h. vor allem auf das Schrift gewordene Wort Echnatons, gelang Breasted das Kunststück, den überdrehten Freak der frühen Jahre der Ägyptologie in eine Lichtgestalt zu verwandeln. Vom Makel »der ungesunden Symptome« befreit, wechselte die Imago des Königs von der abstoßenden in die anziehende Sphäre des Außerordentlichen.

Es war dem britischen Ägyptologen Arthur Weigall vorbehalten, diese neue Erinnerungsspur zu erweitern und zu popularisieren. In *The Life and Time of Akhnaton* (1910), dem ersten biographischen Versuch über Echnaton, folgt er Breasted in der Auffassung, dass der Große Hymnus als eine Art von *global prayer* die erste monotheistische Religionsstiftung bezeuge, die nicht ohne Einfluss auf den biblischen Monotheismus geblieben ist. Doch Weigall bringt den Aton-Glauben und die Bibel in eine noch weit engere Verbindung, als dies Breasted getan hat. Passagenweise zieht er verblüffende Parallelen zwischen dem »wunderbaren Hymnus« und Psalm 104, wobei er keinen Zweifel aufkommen lässt, was als Original und was als Nachdichtung zu gelten hat. Es ist, als hätte der von Aton beseelte Echnaton mit seinen

Strahlenhänden über die Jahrhunderte hinweg die Hände der Schreiber der Bibel berührt – und auch und vor allem auf den Seiten des Neuen Testaments seine Spuren hinterlassen. Weigall ist nämlich überzeugt, »dass in der Religion des Echnaton ein viel engerer Zusammenhang mit den Lehren von Christus besteht als in der von Abraham, Isaak und Jakob«. Das ist eine bemerkenswerte Einlassung. Verdankt sich Breasteds bahnbrechende Entdeckung noch dem Déjàvu des Hebraisten (der er auch war), dem die wohlvertrauten Töne des Alten Testaments plötzlich wie ein Echo aus der kühlen Gruft der ägyptischen Vorzeit nachhallen, so sieht Weigall in der Lehre Echnatons das Urbild der christlichen Botschaft. In den Gleichnisreden Jesu, aber auch im Sonnengesang eines Franz von Assisi entdeckt er Wahlverwandtschaften zum Geist von Amarna, welche die Parallelen zum hebräischen Psalm weit übertreffen. Aton nennt er einen »Herrn der Liebe«, Echnaton, der in der Sonnenscheibe seinen göttlichen Vater anruft, eine frühe Christusfigur.

Die Wirkung, die Weigalls Buch auf seine Zeitgenossen und die nachfolgende Generation ausgeübt hat, lässt sich kaum überschätzen. Mit der Stilisierung des Aton als eines »allliebenden Wesens« nach christlicher Provenienz vollzieht Weigall eine überraschende Vergegenwärtigung des alten Glaubens, der für ihn nicht abgelebt ist: »Aton ist Gott beinahe so, wie wir ihn auffassen.« Der Gott der Liebe und Echnaton, sein Prophet, bewegen sich nicht länger (nur) in den Kulissen des Einst, sie sind vielmehr von brennender Aktualität. Weigall sprengt die monotheistische Epoche des Alten Ägypten endgültig aus dem Kontinuum der Zeit heraus und macht Amarna im Benjaminschen Sinne zu einer mit »Jetztzeit« aufgeladenen Vergangenheit. Breasted hatte den Ketzerkönig als »erste Persönlichkeit der Weltgeschichte« bezeichnet, Weigall nennt ihn ergänzend und weiterführend »unseren Bruder, ja fast unseren Zeitgenossen«. Die Ununterscheidbarkeit von Vergangenheit und Gegenwart, die sich in diesen Worten ausspricht, erhellt die besondere Attraktivität der Forschungen über Amarna. Diese verdankt sich nicht allein der Wiederkehr des Vertrauten. Erforscht wird alles Mögliche, aber zum Faszinosum wird nur, was auf die eine oder andere Weise gebraucht wird. Es spricht vieles dafür, dass die Brauchbarkeit Echnatons für eine Rolle im Hier und Jetzt (sagen wir probeweise: in der sich zuspitzenden Krise des Abendlandes am Vorabend der Katastrophe des Ersten Weltkrieges) mitverantwortlich war dafür, dass die Berichte über seine kulturelle

Revolution so schnell zum Allgemeinbesitz der intellektuellen Elite geworden sind. Die Amarnafunde hatten ohne Zweifel einen Nerv der Zeit getroffen. Sie brachten das Gewünschte. »Echnatons Monotheismus« fühlte sich an wie eine Zeltplane in den Zeiten einer zunehmenden transzendentalen Obdachlosigkeit – und war zugleich eine intellektuelle Herausforderung. Mit dieser Idee konnte man arbeiten, weiterdenken, Lücken füllen.

Einer der Intellektuellen, die sich von der Geschichte anstecken ließen und bereit waren, den Faden weiterzuspinnen, war kein Geringerer als Thomas Mann. Beginnend im Jahre 1926, vor dem Erregungshintergrund einer regelrechten Ägyptomanie – 1912 wurde die Büste der Nofretete gefunden, 1922 war das Große Jubeljahr der Entdeckung des Grabes Tutanchamuns, 1925/26 gelang in Karnak der Fund der ungewöhnlichen Kolosse Echnatons –, begab sich Mann in die Brunnentiefe der Zeit, um den Mythos des biblischen Joseph neu zu beleben. Als ein Meister kultureller Bricolage wob er in die fiktionale Welt der nachfolgenden Josephsromane mit großer Kennerschaft die Sachwelt des ausgegrabenen Ägypten, darunter die Welt von Amarna. »Den Sonnenmonotheismus des Echnaton mit dem hebräischen Monotheismus in Beziehung setzen zu können«, wurde zu einem der leitenden Motive von Manns Arbeit an Gedächtnis und Geschichte. Und nach und nach entwickelte sich daraus die Lieblingsidee, Josef den Ägypter als Zeitgenossen Echnatons auftreten zu lassen. Mit dem feinen Gespür für das Besondere der Konfrontation eines Mannes der Geschichte mit der Figur eines Mythos lässt der ägyptologisch beratene Dichter[1] die beiden am Hofe des Pharao zusammentreffen. Als Traumdeuter gerufen, erfährt Joseph die Einweisung in die Lehre Echnatons und zieht diesen seinerseits in ein Gespräch über den Gott Abrahams. Mann imaginiert keinen Disput über die Religion, eher ein schweifendes Zwiegespräch über die letzten Dinge, in dem beide Kontrahenten eine gute Figur machen – Brüder im Geiste. Wenn er dennoch einen Vorbehalt gegen Echnaton äußert, dann nicht wegen der gefallenen Worte, sondern des Fleisches wegen, das sie aussprach. Anders als etwa beim leibesschwachen Rilke, den Echnatons »hinblühend, mildvergängliches Gesicht« zu hochfahrenden Versen inspiriert hat, bleibt Manns physiognomischer Blick nüchtern. »Bei der Beschreibung seines Gesichts«, so lesen wir bei ihm, »dürfen die Jahrtausende uns nicht von dem zutreffenden Gleichnis abschrecken, dass es aussah wie das eines jungen vornehmen Engländers von etwas ausgeblühtem Geschlecht; langgezogen, hochmütig und müde (...) mit tief träumerisch verhängten Augen, von denen er die Lider nie ganz aufzuheben vermochte, und deren Mattigkeit in bestürzendem Gegensatz stand zu der nicht etwa aufgeschminkten, sondern von Natur krankhaft blühenden Röte der sehr vollen Lippen. So war eine Mischung schmerzlich verwickelter Geistigkeit und Sinnlichkeit in diesem Gesicht.« Nach dieser Sichtweise war Echnaton wohl »auf dem rechten Weg, aber der Rechte nicht für den Weg«. Die romanhafte Anverwandlung des ägyptologischen Themas eines solaren Monotheismus endet unversehens bei der Abneigung des ersten Blicks, den wir bei Champollion kennengelernt haben. Dem hinfälligen Körper des Abkömmlings einer dekadenten Dynastie hat Thomas Mann den Fortschritt in der Geistigkeit nicht wirklich abgenommen.

Wenn Mann den Verfall des Hauses der Thutmosiden als morbide Spätkultur versteht, dann überträgt er auf diese Epoche die Erfahrung seiner Zeit: den unaufhaltsamen Untergang des europäischen Bürgertums, den er in Werken wie *Buddenbrooks* oder *Der Zauberberg* so meisterlich nachgezeichnet hat. Aber anders als Weigall holt er die Epochenfigur Echnaton nicht hinüber in die Jetztzeit. Für ihn ist der König kein *salvator mundi*. Im Kampf gegen das heraufziehende Unheil des Nationalsozialismus beschwört Mann den jüdisch-christlichen Humanismus, an dem Echnaton seiner Einschätzung nach keinen Anteil hat. Deshalb bleibt auch das »verwickelte Verhältnis von Geistigkeit und Sinnlichkeit«, das er so treffend diagnostiziert, unanalysiert.

Einer, der wie kein anderer über alle analytischen Mittel verfügte, gerade diesen Knoten zu lösen, war Sigmund Freud. Spätestens mit der 1912 erschienen Studie von Karl Abraham über *Amenophis IV. (Echnaton)* war das Thema des monotheistischen Aton-Kultes Teil des psychoanalytischen Diskurses geworden. Doch von Beginn an begegnete der Gründervater der Psychoanalyse der wissenschaftlichen Neugier, das Seelenleben Echnatons zu ergründen, mit Reserve. Auf das von Abraham nicht ohne Stolz mitgeteilte Ergebnis der Studie (»Der Ödipus-Komplex, Sublimierung, Reaktionsbildungen – alles wie bei einem Neurotiker von heute«) antwortete Freud kühl, er trage Bedenken, »den König so scharf als Neurotiker hinzustellen«. Tatsächlich hat er sich zeitlebens geweigert, Echnaton auf die Couch zu legen; er hatte anderes mit ihm vor. Mit Breasted und Weigall begriff Freud den Ketzerkönig als eine weltgeschichtliche Persönlichkeit, deren einzigartige Leistung, den »vielleicht reinsten Fall einer monotheistischen

Religion in der Menschheitsgeschichte« hervorgebracht zu haben, er nicht durch den Nachweis einer neurotischen Symptomatik geschmälert sehen wollte. Eine befremdliche Beschneidung der eigenen Profession, die dazu führte, dass der Herold sexueller Ätiologie die Fragen nach Triebausstattung und Libidoentwicklung des Pharao mit Stillschweigen überging. So blieb die Dialektik von Sinn und Sinnlichkeit, die sich den ersten Ausgräbern in der irritierenden Gegensätzlichkeit von Schrift- und Körpergedächtnis offenbart hatte und dann von Thomas Mann auf den Begriff gebracht wurde, ein weiteres Mal unaufgeklärt.

Eine Inkubationszeit von einem Vierteljahrhundert musste vergehen, ehe sich Freud in der Lage sah, seine eigene weit ausholende Argumentation vorzustellen, zunächst »in einer Art von historischem Roman«, der dann in überarbeiteter Form Teil des Spätwerks *Der Mann Moses und die monotheistische Religion* (1939) wurde. Der Titel verrät, dass nicht Echnaton selbst, sondern – ähnlich wie bei Thomas Mann – eine biblische Figur die Gedankenführung zusammenhielt: Moses, den Freud freilich nicht als mythische Figur wie Joseph, sondern als geschichtliche Gestalt verstanden wissen wollte – mit ägyptischer Vorgeschichte: »Moses war kein Jude, (vielmehr) ein vornehmer Ägypter, hoher Beamter, Priester, vielleicht ein Prinz der königlichen Dynastie, ein eifriger Anhänger des monotheistischen Glaubens, den der Pharao Amenophis IV. so um 1350 v. Chr. zur herrschenden Religion gemacht hatte. Als nach dem Tode des Pharao die neue Religion zusammenbrach und die 18te Dynastie erlosch, hatte der hochstrebende Ehrgeizige all seine Hoffnungen verloren, beschloss, das Vaterland zu verlassen, sich ein neues Volk zu schaffen, das er in der großartigen Religion seines Meisters erziehen wollte. Er ließ sich zu dem semitischen Stamm herab, der seit den Hyksoszeiten noch im Lande verweilte, stellte sich an ihre Spitze (und) führte sie aus dem Frondienst in die Freiheit.«

Freud tritt uns hier ersichtlich als Historiker des Judentums entgegen, der für die anvisierte Entwicklungsgeschichte des judäischen Monotheismus auf das ihm zur Verfügung stehende Wissen seiner Zeit zurückgreift – und jetzt ereignisgeschichtlich (und nicht länger ideengeschichtlich) weiterspinnt. Wenn Moses ein Gefolgsmann des Echnaton war, der den Juden auf dem Wege eines Kulturtransfers die neue Religion brachte, dann waren ägyptischer und jüdischer Monotheismus anfänglich wesensgleich. Und gleich war auch ihr Schicksal. Weder die Ägypter noch die Juden »ertrugen den anspruchsvollen

Glauben der Atonreligion«; er war zum Scheitern verurteilt. Freud hält es für wahrscheinlich, dass die junge hebräische Atongemeinde den ägyptischen Mann Moses »wenige Jahrzehnte später in einem Volksaufstand erschlagen und seine Lehre abgeworfen hat«. Die frühe mosaische Religion war kurz nach ihrer Einführung wieder von der Bildfläche verschwunden. Aber anders als in Ägypten – so die atemberaubende Fortsetzung der Freud'schen Gedankenführung – tauchte sie nach Ablauf von mehreren Jahrhunderten wieder auf, um sich (nun unter dem Namen der Jahwe-Religion) auf Dauer durchzusetzen. Wie war das möglich? Weil, so der jetzt psychoanalytisch argumentierende Freud, der Mord an Moses ein frühes Menschheitstrauma reaktiviert hat. »Das Schicksal hatte dem jüdischen Volk die Großtat und Untat der Urzeit, die Vatertötung, näher gerückt, indem sie dasselbe veranlasste, sie in der Person des Moses, einer hervorragenden Vatergestalt, zu wiederholen.« Weil der Moses-Mord eine alte verpönte Erinnerung wachrief, wurde die Tat verleugnet und verdrängt. Aber nur weil die Mosestradition den Zustand des Verweilens im Unbewussten durchgemacht hatte, konnte sie bei ihrer Wiederkehr die Massen in ihren Bann zwingen. Frühes Trauma – Abwehr – Latenz – Wiederkehr des Verdrängten, so lautet die Schlussformel, die der frühe Freud einst für die Entwicklung der individuellen Neurose aufgestellt hatte und die der späte Freud nun bereit war, aufzugreifen und in kühner Analogie auf die Genese des judäischen Monotheismus zu applizieren (und diesen damit in den zweifelhaften Rang einer kollektiven Neurose zu erheben).

Es ist hinreichend bekannt, dass sich Freuds historische wie phylogenetische Spekulationen als nicht haltbar erwiesen haben. Sein Konstrukt einer vorzeitlichen, von einem unbeschränkt herrschenden Patriarchen angeführten Urhorde ist nichts anderes als die Projektion des patri-ödipalen Dramas der eigenen Kindheit. Bei Moses handelt es sich um eine Gestalt der Gedächtnisgeschichte, nicht der Realgeschichte; die Annahme einer Zeitgenossenschaft mit Echnaton sowie die seiner angeblichen Ermordung sind rein fiktional. Der Exodus ist ein Stiftungsmythos, der als Umschrift der historisch bezeugten Vertreibung der Hyksos aus Ägypten zu verstehen ist; als Volk sind die Israeliten nie in Ägypten gewesen – und nie von dort ausgezogen. Der Abschied von einigen Prunkstücken der Freud'schen Argumentation darf aber nicht dazu führen, das Kind mit dem Bade auszuschütten. Im Gegenlicht des Augenblicksmonotheismus von Amarna, der mit dem Tod seines Stifters wieder verging, hat Freud das Modell einer monotheistischen Durchsetzungsgeschichte von langer Dauer entworfen, das auf den beiden Säulen »Trauma« und »Wiederkehr des Verdrängten« ruht. Darin steckt das Angebot, unter der Oberflächenstruktur geschichtlicher Ereignisse die Tiefenschicht einer verborgenen Psychohistorie wahrzunehmen. Der Gewinn für die hier in Rede stehende Debatte besteht in der Anwendung dieses Verfahrens auf die Erinnerungsgeschichte Echnatons.

Es ist das große Verdienst von Jan Assmann, die Konzeption Freuds im Rahmen einer kulturwissenschaftlichen Gedächtnistheorie aufgegriffen und für den ägyptologischen Diskurs um Amarna fruchtbar gemacht zu haben. Hundert Jahre nach Breasted, in seinem Buch *Moses der Ägypter* (1998), hat Assmann die Frage nach der Beziehung von Echnaton und Moses neu aufgeworfen und sich mit ungemein inspirierenden Antworten an die Spitze der Monotheismusdebatte gestellt. Dies gilt uneingeschränkt auch deshalb, weil er nicht nur als Ägyptologe über ein exzellentes Dossier in Sachen Amarna verfügt, sondern in den benachbarten Häusern von Klassischer Archäologie und Alter Geschichte, von Theologie und Religionswissenschaft ebenso souverän zu Hause ist. Entstanden ist auf diese Weise ein eindrucksvolles Denkgebirge mit gut sichtbaren Sedimentschichten, die elaborierteste Sinngeschichte von Amarna, über die wir zurzeit verfügen.

Als Ausgangspunkt dienen Assmann – nicht anders als bei seinen ägyptologischen Vorgängern – die Sonnenhymnen. Ihr Zeugnis »stellt Echnaton als religiösen Revolutionär vor Augen, der, seiner Zeit weit voraus, in heroischem Modernismus die traditionellen Kulte verwirft und an deren Stelle einen exklusiven Kult der Sonne setzt«. Seiner Zeit weit voraus und doch Kind seiner Zeit; denn es war die weltumspannende (in der langen Regentschaft von Amenophis III., Echnatons Vater, kulminierende) Politik der Thutmosiden, die, so Assmann mit ausdrücklicher Berufung auf Breasted, die ägyptische Weltsicht drastisch veränderte und »eine Krise des polytheistischen Weltbildes zur Folge hatte. Das neue (...) Weltbild fand seinen religiösen Ausdruck in der universalistischen Idee des Sonnengottes, der mit seinem weltumspannenden Laufen und Strahlen alle Völker erschafft und erhält.«

Das Stichwort von der Krise des Polytheismus ist von allergrößter Bedeutung. Mit ihm gerät plötzlich die Vorgeschichte des neuen Monotheismus, die bislang im Schatten der ungeheuren Nachwirkung stand, in den Blickwinkel. Ganz im Sinne einer theologischen Vorbereitung des späteren Umsturzes hat Assmann die Entwicklung hin zu einer »neuen Sonnentheologie« verstanden, aus der die Amarna-Religion hervorgegangen ist. Der für die kulturelle Semantik Ägyptens tiefgreifende Wandel vollzieht sich in der Konzeption des Sonnenlaufs: als Wechsel von einer gemeinsamen, auf das Zusammenwirken der verschiedenen Götter angewiesenen Tat zu einer einsamen Handlung des Sonnengottes. Zur religiösen Vorgeschichte von Amarna zählt also ein den alten Polytheismus von innen auflösender Strukturwandel, der Echnatons Monotheismus als eine »radikale Variante« der neuen Sonnentheologie erscheinen lässt.

Um das Einmalige des Umschlags eines alt gewordenen Polytheismus in die Qualität eines weltgeschichtlich neuen Monotheismus auf den Begriff zu bringen, greift Assmann an dieser Stelle auf die Kategorie der sogenannten »Mosaischen Unterscheidung« zurück. Dieser Zentralbegriff gilt dem Antagonismus von wahr und falsch, dem Absolutsetzen der eigenen theologischen Position bei gleichzeitiger Verketzerung der Gegenseite. Genau diese unversöhnliche Geisteshaltung sieht Assmann beim Umsturz des Echnaton am Werke. Sie kreist um zwei Pole. Einerseits ist der rationalistische Charakter der neuen Religion unverkennbar. Sie ist mythologiearm und durchdacht. Wenn Echnaton Licht und Zeit als die beiden alles erklärenden Momente der solaren Energie begreift, dann stellt er sich »an den Anfang einer Reihe, die erst 700 Jahre später die ionischen Naturphilosophen fortsetzten« – und für die heute Namen wie Newton und Einstein stehen. Der Religionsstifter als physikalischer Welterklärer. Andererseits gilt Assmann derselbe Mann als Bilderstürmer, der in fanatischer Weise das dem Monotheismus inhärente Gewaltpotential entbindet. In Form einer großangelegten Razzia hat er versucht, das Gedächtnis der Götter des alten Pantheon zu tilgen, indem er ihre inschriftlichen Namen auskratzen ließ. Diese theoklastische Gewalttat ist die dunkle Seite der Religion des Lichts, die schon bald auf denjenigen zurückschlagen sollte, der sie entfesselt hat.

Doch für Assmann ist die *damnatio memoriae*, die den Amarnakönig mit gleicher Schärfe traf, keineswegs der letzte Akt. »Echnaton ist in Ägypten nämlich nicht vergessen, sondern verdrängt worden.« Und deswegen ist das Trauma des Monotheismus, das Sigmund Freud am Mann Moses und seiner Ermordung exemplifiziert hatte, als Trauma des Theoklasmus auch (und mit größerer Berechtigung) im Fall Echnaton nachweisbar. Spuren des theoklastischen Traumas resp. seiner Verdrängungsgeschichte findet Assmann in der »Legende von den

Aussätzigen«, die Manetho, ein ägyptischer Priester und Geschichtsschreiber aus dem 3. Jahrhundert v.u.Z., überliefert hat.[2] Er liest die Erzählung, in der die Gestalten Echnatons und Moses' zusammenwachsen, als eine verschobene Erinnerung an Amarna – als eine späte »Wiederkehr des Verdrängten«. In der kulturellen Begegnung mit den im Lande siedelnden Juden, den einzigen Trägern der monotheistischen Idee, kehrt die untergegangene und überwunden geglaubte Epoche von Amarna plötzlich wieder. Der historisch bezeugte Antijudaismus in den Zeiten des Manetho ist damit psychohistorisch gesehen als ein wiedergekehrter Antimonotheismus aus der Zeit Echnatons zu verstehen.

Die Skizze der Assmann'schen Argumentation erhellt, wie hochdifferenziert eine sich in Augenhöhe mit anderen Kulturwissenschaften bewegende Ägyptologie das ambivalente Erbe des Echnaton zu analysieren vermag – und welche intellektuelle Schönheit ihr auf diese Weise zuwächst. Mit langem Atem quert Assmann die Horizonte der endlichen Tagfahrt und der unendlichen Nachtfahrt der Sonnenreligion von Amarna. Der kühne Bogen spannt sich von der Vorgeschichte der monotheistischen Episode (»Neue Sonnentheologie«) über die Wesensbestimmung der etablierten Atonreligion (»Mosaische Unterscheidung«) hin zur rätselhaften Doppelgestalt von Untergang und Wiederkehr (»Traumatische Erfahrung«). Wenn Assmann nach dem Durchgang einer tausendjährigen Geschichte die innerägyptische Abwehr des solaren Monotheismus als letzten Grund für die Frühform der antiken Judenfeindschaft ins Auge fasst, dann vollendet sich ein Denkbild, in dem der Theoklasmus des Echnaton als Ursprungsimpuls einer ungeheuer komplexen Gedächtnisgeschichte in Anspruch genommen wird. In letzter Konsequenz führt die alte bronzezeitliche Spur, wie Assmann an einigen Stellen behutsam andeutet, in die Nähe der Erinnerungslandschaft des Holocaust, des unvergänglichen Traumas der Jetztzeit. Eine sehr deutsche Ergänzung der treffenden Feststellung von Barry Kemp (1989), dass »wir noch immer im Schatten der Bronzezeit leben«.

Hundert Jahre Monotheismusthese: Unser Abriss hat den Siegeszug einer großen Idee über einige der zentralen Etappen nachgezeichnet, von den Anfängen bei Breasted und Weigall bis zum vorläufigen Abschluss bei Assmann. Naturgemäß ist eine solche Erfolgsgeschichte ohne die breite Zustimmung innerhalb der *scientific community* nicht möglich. Allerdings ist die Lage hier sehr uneinheitlich. An der intensiven Debatte, die Assmanns Buch *Moses der Ägypter* ausgelöst hat, haben sich vor allem Religionswissenschaftler, Alttestamentler und Theologen beteiligt. Viele Ägyptologen betrachten die Überschreitung der Fachgrenzen mit Unbehagen und verweigern sich der Aufnahme genuin kulturwissenschaftlicher Konzepte wie Gedächtnisgeschichte oder Traumatheorie. Die wenigsten sind entsprechend ausgebildet und auf diesen Schritt vorbereitet. Andererseits schärft die klassische Archäologie des Spatens den Blick für eine Vielzahl kontroverser Detailfragen. Hier wiederum liegt eine unbestreitbare Stärke. Und tatsächlich haben die jüngsten Grabungskampagnen, das »Akhenaten Temple Project« unter Leitung von Donald Redford nicht anders als die Arbeiten der »Egypt Exploration Society« mit Barry Kemp an der Spitze, sehr viel sperriges Material zutage gefördert, das die Anschlussfähigkeit der Monotheismusthese auf eine harte Probe stellt. Die alte Vorstellung eines landesweiten Bildersturms deckt sich nicht mit den neuesten Befunden. Das Aushacken von Namen und Bildern geschah eher sporadisch; die Tempel der Götter sind nicht systematisch zerstört worden. Was bedeutet es, wenn Götter wie Atum oder Uto weiterhin in Ehren gehalten, Götter wie Ptah oder Thot verschont oder geduldet, andere wie Osiris »nur« übergangen wurden? Wie war es möglich, dass selbst die Erinnerung an das meistverfolgte Götterpaar, Amun und Mut, in Gestalt theophorer Personennamen in Amarna weiterleben konnte? In den ausgegrabenen Wohnhäusern fanden sich Hausaltäre, die der göttlichen Trias Aton-Echnaton-Nofretete geweiht waren, sowie zahlreiche Relikte der beliebten Schutzgötter Bes und Thoeris. Könnte es sein, dass nur das Königspaar Aton allein verehrte, die Gefolgsleute des Hofes und die Bevölkerung dagegen einem neuen Pantheon huldigten; dass andererseits neben dem offiziellen Staatskult Platz blieb für die alten Formen der Volksfrömmigkeit? Der Bruch mit Amarna hat sich keineswegs so jäh vollzogen, wie bislang angenommen wurde. Echnaton hatte vier Nachfolger (Nofretete, Semenchkare, Tutanchaton/-amun, Eje), die zusammen noch einmal 17 Jahre regierten. Wie ist zu erklären, dass noch zu Zeiten des frühen Tutanchaton die Arbeiten an den Atontempeln von Karnak wieder aufgenommen wurden und selbst die Nach-Amarnazeit den »neuen Gott« Echnatons keineswegs verfemte? Lag der Stein des Anstoßes, der zunächst Haremhab und dann die Ramessiden auf den Plan rief, nicht allein auf dem Gebiet der Religionspolitik, sondern ebenso auf dem der Machtpolitik? Steckte hinter der *damnatio memoriae* gar nicht das Motiv des Antimonotheismus, sondern eine sehr nüchterne Staatsräson?

Der Klärungsbedarf, den diese offenen Fragen dringlich vor Augen führen, hat indes den Erfolg des in Rede stehenden Paradigmas nicht zu schmälern vermocht. Ehemalige Skeptiker wie Erik Hornung, der Nestor der deutschen Ägyptologie, haben ihren Widerstand gegen die Monotheismusthese aufgegeben – und arbeiten mittlerweile selber mit ihr. Die These vom ersten Monotheismus der Weltgeschichte ist heute Teil des kulturellen *mainstream* und als solcher von beeindruckender Breitenwirkung; sie wird in den Feuilletons der großen Zeitungen nicht anders als im Umfeld der großen Ägyptenausstellungen nahezu als Gewissheit kolportiert. Nun ist auffällig (und bemerkt worden)[3], wie sehr die Resonanz, die der (angeblichen) Entdeckung eines altägyptischen Monotheismus zuteil wurde, von den Seelenständen der Entdecker abhängig war. Wenn für das Zeitalter, das es zu besichtigen gilt (die späte Bronzezeit im Alten Ägypten), die Formel »Krise des polytheistischen Weltbildes« gefunden wurde, so ist die Welt der Entdecker der ersten monotheistischen Revolution (das späte 19. und beginnende 20. Jahrhundert) durch die Krise des biblischen Monotheismus gekennzeichnet. Alle genannten Autoren schreiben unter dem Eindruck einer fortschreitenden Entzauberung der Bibel durch Literarkritik und Archäologie, die ein rapider Verfall von Religion und Sittlichkeit begleitet. Alle begrüßen, freilich auf unterschiedliche Weise, die »Religion des Lichts« als Offenbarung: Breasted, der im Aufgehen der Atonreligion »die Morgenröte des Gewissens« erkennen will; Weigall, der in Christus den wiederauferstandenen Echnaton feiert; Mann, der in den alten Spuren mythische Prägungen wahrnimmt, die unserer Seele Tiefe und unserem Leben Sinn geben können; Freud, der die (vormals jüdisch bestimmte) Großtat der Wiedereinsetzung des Urvaters in Gestalt des einen Gottes Echnaton dem Ägypter zuschreibt; und Assmann, der »religiös Virtuose und Musikalische«, der mit feinem Gespür die Sprache der Gewalt wahrnimmt und auf den Preis aufmerksam macht, den wir für den Monotheismus (und damit zugleich für das Verstummen des Kosmotheismus) bis auf den heutigen Tag zu entrichten haben.

Heute ist der Schrecken religiös codierter Gewalt allgemein und der unter dem Schlagwort »Kampf der Kulturen« firmierende Krisenzusammenhang längst um die Krise des islamischen Monotheismus erweitert worden. Doch die alte Vision, die drei verfeindeten Monotheismen in Erinnerung an den gemeinsamen abrahamitischen Anfang zu versöhnen, hat sich erschöpft – und durch die Auffindung eines vierten Monotheismus, der historisch gesehen an der Spitze steht, erledigt. Verbirgt sich hinter der Idee eines ägyptischen Vorläufers der alten Monotheismen ein neuer Mythos von der Einheit des Menschengeistes?[4] Wenn dem so wäre, dann hätten wir ein weiteres Stück der geheimen Anziehungskraft des Paradigmas zutage gefördert; seine Durchsetzungsgeschichte aber wäre damit noch nicht erklärt. Der Siegeszug der Monotheismusthese hat erstaunlicherweise mit dem Gegenstand der Forschung selbst zu tun. Zugespitzt formuliert hält die um den Monotheismusbegriff gerahmte Sinngeschichte innerhalb des Diskurses um die Ära Echnaton eine quasi-monotheistische Position inne. Ihre Rekonstruktion der Ereignisfolge ist konkurrenzlos. Neben unzähligen Einzelanalysen, die häufig nur notdürftig chronologisch verlötet werden, gibt es keinen vergleichbaren Gesamtentwurf, der die rätselhafte Geschichte der Amarnakönige auf den Begriff zu bringen vermöchte. Die Monotheismusthese fungiert nach Art einer exklusiven Navigationshilfe durch das unwegsame Gelände von Raum und Zeit. Sie allein, so scheint es, verfügt über einen durchlaufenden roten Faden, der es erlaubt, die komplexe Geschichte als Abfolge von Phasen zu erzählen: der Einführung, der Radikalisierung, der Wiederaufgabe und der Verfemung einer grundstürzenden monotheistischen Religion.

Reden so die ausgegrabenen Steine? So und anders. Das Dilemma des *saxa loquuntur* besteht ja darin, dass jeder Fund gedeutet werden muss. Kein Monument interpretiert sich selbst. Das gilt für den Fall Amarna in einem ganz besonderen Maße, denn nicht mündliche oder schriftliche Überlieferung hat uns den Weg dorthin gewiesen, sondern allein der Spaten der Archäologen. Achetaton und die amarnatypischen Anlagen von Theben sind ausgegraben, aber nirgends hat sich die Spur einer großen Geschichte oder Legende gefunden. Die archäologischen Funde sind ohne jeden mythologischen Index. Was das bedeutet, zeigt erst der Vergleich mit dem gegenläufigen Fall Troia. Schliemann war beseelt von der großen Erzählung der Ilias; was er ausgrub, hatte einen Namen und eine genaue Stelle in der literarischen Überlieferung, hieß »Schatz des Priamos« oder »Maske des Agamemnon«. Unbeschadet vieler Irrtümer vollzieht sich die Diskussion um Homer und den Troianischen Krieg bis heute unter dem Spannungsbogen von »Mythos oder Realität«. Im Fall Amarna waren die ersten Funde »blind«. Weder der Ort selber noch Namen und Herkunft seiner Herrscher waren bekannt. Noch Lepsius, dem es gegen Mitte des 19. Jahrhunderts gelang, den »Bech-en-Aten« (wie er den unbekannten Pharao anfänglich nannte) der 18. Dynastie zuzuordnen, musste sich mit dem Gerücht herumschlagen, die Monumente von El-Amarna stammten von den Hyksos. Mit dem spektakulären Fund des Tontafelarchivs (der keilschriftlichen Korrespondenz der Amenophis III und IV mit den Königen und Fürsten Vorderasiens) änderte sich das Bild, das heißt: die Erwartungshaltung hinsichtlich einer großen Geschichte. Schon die Ausgrabungen des frühen 20. Jahrhunderts begleitet die teils heimliche, teils offene Suche nach dem *Mythos von Amarna*. Die ganze Rezeptionsgeschichte steht im Bann dieser Idee.

Der Anspruch auf diese Semantik ist nicht leicht abzutun, wie die unzähligen Romane und Bühnenwerke, Opern und Musicals, Bilder und Filme belegen, die jenseits der Forschung entstanden sind und die Ikonen der Amarnazeit auf ihre Art verherrlichen.[5] Der kulturelle

Abb. 3: Grabung der Deutschen Orient-Gesellschaft in Tell-el-Amarna (1914)

Sinn, den das Monotheismusparadigma anzubieten hat, ist fraglos von anderer Qualität, aber es wäre ein Irrtum zu glauben, hier wäre der Faden der wahren Geschichte gefunden und entrollt worden. Bei der These von der »monotheistischen Revolution, ihrem Scheitern und heimlichen Weiterleben« handelt es sich um eine glänzende Interpretation. Sie imponiert durch die Vielzahl der Räume, die das Erklärungsmuster erschließt, die klugen Denkwege, die diese miteinander verbinden, schließlich die scheinbar passgenaue Zusammensetzung der Teile zu einem kohärenten Ganzen. Sie definiert sich aber nicht minder durch ebenso viele Einseitigkeiten und Auslassungen, ohne die ein in sich stimmiges Paradigma nicht Kontur gewinnen kann. Solange man sich in seinem Inneren bewegt, eingeschlossen im Kokon eines dichten Bedeutungsgewebes, wird dieser einbehaltene Sinn nicht als Mangel erlebt. Erst wenn man heraustritt und dem schönen Ganzen gegenübertritt, vermag man zu erkennen, dass der Versuch, den Knoten des Amarnakomplexes vom Leitfaden des Monotheismus her aufzulösen, der Dialektik der Aufklärung nicht entgangen ist. Anders als beim legendären Bild zu Sais, das entschleiert werden will, haben die Monotheismustheoretiker die nackten Tatsachen, die der Spaten nach und nach freigelegt hat, eingekleidet. Was vor uns steht, ist das verschleierte Bild von Amarna, in seiner Mitte Echnaton, angetan mit des Königs neuen Kleidern. Er ist nackt und hässlich, allein der Glaube an das besondere semantische Schnittmuster verbürgt jene Tuchfühlung, die ihn, ein anderer Lilienprinz, vor unserem geistigen Auge in einen Schöngeist und kulturellen Heros verwandelt.

Heißt das nun, eine theologisch inspirierte und spekulativ verfahrende Ägyptologie handle hier leichten Sinns nach dem Motto »Kleider machen Leute«? So einfach dürfen wir es uns sicherlich nicht machen. Aber wer immer die konkrete Einzelanalyse verlässt und (bei spärlicher Quellenlage) aufs Ganze geht, der muss wissen, dass die wenigen Bruchstücke von unstrittiger Bedeutung allein durch den Kitt eines meta-physischen Sinns zusammengehalten werden.[6] Zu gewinnen ist bestenfalls ein »ehernes Bild auf tönernen Füßen«. Diese selbstkritische Einschätzung, die Sigmund Freud einst mit Blick auf seine großartige Mosesstudie getroffen hat, gilt ohne alle Ausnahme, also auch für die vorliegende Studie. Sie muss auf die Weise einer engmaschigen Argumentation überzeugen: durch Triftigkeit (nicht durch Gewissheit). Für die etablierten Entwürfe, den Freud'schen nicht weniger als den von Assmann, beinhaltet der semantische Vorbehalt gegenüber den Rekonstruktionsversuchen kulturellen Sinns paradoxerweise eine gewisse Immunisierung; sie haben jenseits der Frage nach der historischen Wahrheit Bestand, insofern sie als Modelle zu einer Theorie der kulturellen Überlieferung dienen können. Das begründet ihren bleibenden Wert. Das mehrfache Bürsten gegen den Strich des Monotheismusparadigmas ist deshalb auch nicht auf Widerlegung aus. Intendiert ist vielmehr, den Horizont an Möglichkeiten neu aufscheinen zu lassen. Was sich mit der Sondierung des Prospekts der monotheistischen Kulturlandschaft Ägyptens andeutete, ist in heilsame Verunsicherung umgeschlagen. Die Dinge sind im Fluss, ihre einseitige Ausrichtung ist ins Wanken geraten. Vieles könnte sich offenbar ganz anders zugetragen haben – und damit andere Erklärungen erzwingen.

Das bedeutet, es sind Zweifel aufgekommen, ob in alle Richtungen ermittelt wurde oder ob die frühe Festlegung auf eine bestimmte Version genau dies verhindert hat. Die Konsequenz aber lautet: Der Fall Echnaton muss neu aufgerollt werden. An diesem Punkt, einem *point of no return*, stehen wir. Die übersehenen Spuren noch exakter zu sichern, die vernachlässigten Dimensionen der Debatte noch präziser zur Sprache zu bringen, ist der nächste Schritt. Die Monotheismusthese, so viel sollte deutlich geworden sein, ist offensichtlich überinstrumentiert und der Hauptgrund ist die extreme Fokussierung auf Echnaton.

Alle Entscheidungen gehen von ihm aus, alle Fäden laufen bei ihm zusammen. Dem jungen König von »ausgeblühtem Geschlecht« wird eine weltgeschichtliche Rolle zugeschrieben (oder sollten wir sagen: aufgebürdet), die selbst stärkere Naturen überfordert hätte. Ausgestattet mit dem Genie eines Naturphilosophen und der poetischen Kraft eines Sängers hat er die Sendung der Religionsstiftung angenommen und quasi im Alleingang die altehrwürdige Kultur Ägyptens aus den Angeln gehoben. Ist das glaubhaft? Doch die Überbewertung hat Methode. Werke wie der Große Atonhymnus, die mit gleicher Berechtigung von anderen (wie dem »Gottesvater« Eje) stammen könnten, gelten wie selbstverständlich als Echnatons Schöpfung. In ähnlicher Weise werden ihm die weichenstellenden Taten der ersten Jahre (der Bau des ersten Atontempels in Karnak sowie die Feier des Sed-Festes) zugerechnet, obwohl belegt ist, dass er als unmündiges Kind auf den Thron kam und die Regierungsgeschäfte anfänglich in den Händen seiner Mutter, Königin Teje, lagen (Abb. 4). Gewiss, in Fragen der Datierung und Zuschreibung folgt die Ägyptologie nur den inschriftlichen Vorgaben der Zeit; aber der nachlässige Positivismus, mit dem die extrem herrscherzentrierten Angaben übernommen werden, hat schwerwiegende Folgen. Wer zulässt, dass die dem Pharao geltende Propaganda Zeugniskraft erhält, der verstellt den Blick auf andere Schlüsselfiguren und Einflussgrößen.

Nun handelt es sich bei Teje und Eje um keine ganz beliebigen Akteure auf der Bühne der späten 18. Dynastie. Die beiden sind Geschwister und stammen aus dem Hause des Juja, eines hohen Würdenträgers, der unter Thutmosis IV. (Echnatons Großvater) die Funktion eines »Vorstehers der Pferde« innehatte und damit die militärische Schlüsselstellung der Leitung der Streitwagentruppe. Juja und seine Frau Tuja, deren hohes Ansehen durch ein reich bestücktes Grab im

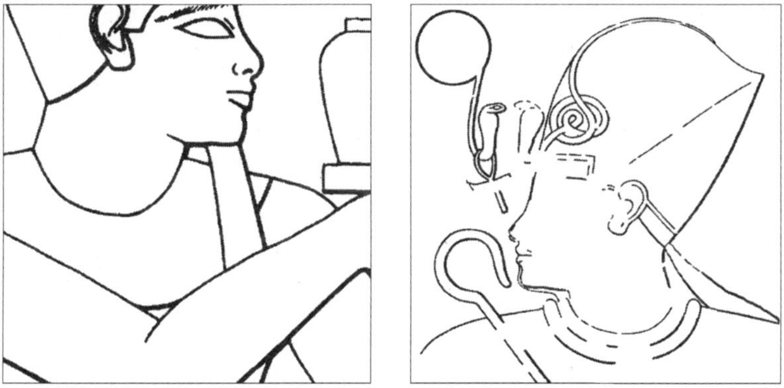

Abb. 4: Amenophis IV. als Kindkönig zu Beginn seiner Regierung

Tal der Könige bezeugt ist, haben es vermocht, dass ihre Tochter Teje zur Großen Königlichen Gemahlin von Amenophis III. aufstieg und ihr Sohn Eje die bedeutende Position seines Vaters beerben konnte. Anen, ein weiterer Sohn, bekleidete in Theben das nicht minder wichtige Amt eines Hohepriesters des Re; er komplettiert damit den beispiellosen Einfluss des Hauses Juja auf die Politik der Thutmosiden. Doch die Positionierung von drei Kindern im Herzen der Macht ist nur ein Teil, das Mittelstück sozusagen, eines größeren, sich über vier Generationen erstreckenden Prozesses der Machtverschiebung am ägyptischen Königshof. Am Anfang dieser Reihe steht Mutemwia, eine Schwester des Juja, der es als erster Frau dieses mächtigen Clans gelungen ist, die Stellung einer Königin einzunehmen. Als Gattin Thutmosis IV. wird sie zur Mutter Amenophis III. Und sie ist es, die nach dem Tod ihres Mannes als faktische Regentin dafür sorgt, dass der noch minderjährige Kronprinz mit ihrer Nichte Teje vermählt wird. Eine Generation später wird die verwitwete Teje das Spiel mit der (und um die) Macht wiederholen und ihren Sohn Amenophis IV. wiederum mit einer Nichte, einer Tochter des Eje, verheiraten. Als Nofretete die Position der Großen Königlichen Gemahlin an der Seite ihres Mannes, des nachmaligen Pharao Echnaton, einnimmt, ist sie die dritte Frau in Folge, die aus dem Hause Juja zur Königin gekrönt wird. Der direkte Zugriff auf den Pharaonenthron gelingt dann ausgerechnet dem alternden Eje selbst; als er nach Tutanchamun den Thron besteigt, schließt sich der Kreis. Der finale Triumph markiert zugleich das Ende des Hauses Juja.

Die Wiedergewinnung einer genuin politischen Ebene zur Erklärung der Ereignisse, die zum Untergang der Thutmosiden führten, gelingt erst, wenn die zentrale Rolle, die Echnaton im Rahmen der Rekonstruktionsgeschichte zugewachsen ist, aufgegeben wird. Dazu muss das enge (und analytisch gesprochen: überdeterminierte) Geschichtsfeld von Amarna räumlich wie zeitlich erweitert werden. *Out of Amarna*, das heißt vor allem Preisgabe der Fixierung auf theologische und religionspolitische Fragen. Ein solchermaßen beschränkter Diskurs interpretiert alle relevanten Geschichtsmomente im Lichte der »religiösen Revolution« des Echnaton. Unter den Stichworten »Neue Sonnentheologie« und »Kultische Privilegierung solarer Gottheiten« sinkt die Epoche der Vorgänger zur bloßen Vorgeschichte eines kommenden Großereignisses herab. Ich werde dagegen plausibel machen, dass die Geschehnisse von Amarna Teil einer größeren Geschichte sind, die nicht (allein) religionspolitisch, sondern in erster Linie machtpolitisch inspiriert war.

Eine zweite vernachlässigte Dimension ist in meiner Rekonstruktion der Debatte von Anfang an zur Sprache gekommen, in Form der verschiedenen Reaktionsweisen auf die irritierende Körperlichkeit Echnatons. Diese bestehen typischerweise in einer Art von Abwehrhaltung, der Weigerung, den Eindruck einer bedeutsamen Leiblichkeit als Moment der Erkenntnis zuzulassen. Erlaubt ist einzig eine medizinische Ferndiagnose, und so wird bis heute mit zweifelhaften Expertisen darüber gestritten, ob Echnaton vielleicht unter dem »Fröhlich'schen Syndrom« oder eher unter dem »Marfan-Syndrom« gelitten haben könnte.[7] Dabei steht der deformierte Körper des Königs nicht allein; seine Darstellung ist Teil einer ostentativen Sinnlichkeit, die sämtliche Abbildungen der Schönen und Nackten von Amarna durchzieht. Die ebenso anziehend wie abstoßend wirkende Körperlichkeit kulminiert in der offen zur Schau gestellten Tyrannei der Intimität, wie sie vor allem in den Familienszenen vorherrscht; sie hat ihren Höhepunkt in der androgynen Kolossalfigur Echnatons, die den frühen Atontempel von Karnak zierte. Mit dem Wissen um mehrschichtige inzestuöse Verbindungen innerhalb der königlichen Familie schließt sich dieser aufdringliche Bildkomplex – von einem psychoanalytischen Blickwinkel aus betrachtet – nahezu zwangsläufig zur Vorstellung eines ganz anderen Syndroms zusammen. Sichtbar wird der Glutkern eines heilig-verfluchten Eros, der die gleichsam gefühlte (nicht erdachte) Kraft der Sonnenenergie des »lebenden Aton« aufscheinen lässt – und damit den Beziehungsaspekt hinter dem Inhaltsaspekt der Atonreligion zur

Sprache bringt. Ich werde zeigen, dass die charismatische Prophetie des Echnaton nur vor dem Hintergrund eines sich über mehrere Generationen erstreckenden inzestuösen Familienzusammenhanges verstanden werden kann, der die dynastisch erlaubten Gleise einer Bruder/Schwester-Verbindung verlassen hat. Der (in den Worten der griechischen Tragödiendichtung) »sich fortzeugende Frevel« des Inzests bezeichnet den verborgenen seelischen Motor hinter den Umwälzungen und Zerwürfnissen der Amarnazeit. Die aufgenommene Spur einer verhängnisvollen Sexualpolitik verspricht ineins das Rätsel um die Herkunft der Prinzen Semenchkare und Tutanchaton zu lösen.

Die durchgehende Privilegierung des theologisch-religiösen Diskurses hat sowohl die machtpolitische als auch die sexualpolitische Dimension in den Schatten gestellt. Beide Ebenen spielen im Monotheismusparadigma praktisch keine Rolle. Ihre Wiedergewinnung bedeutet aber nicht, dass nun die religionspolitische Ebene der Aufmerksamkeit entzogen werden soll. Ihre grundsätzliche Bedeutung liegt offen zutage; sie ist unbestritten, bedarf aber im Lichte einer thematisch breiteren Debatte einer Neubewertung. Auch die Anfänge der Kultreform liegen *out of Amarna* – und (noch) nicht in den Händen Echnatons.[8] In den frühen Regierungsjahren Amenophis' IV. werden im thebanischen Karnak die ersten Aton-Tempel errichtet. Formell im Namen des jungen Königs erbaut, zeigen die Heiligtümer deutlich die Handschrift von Teje und Eje. Ihre auffälligsten Elemente, die Kolossalstatuen des Königs und die Pfeiler der Königin, sind der eindrückliche Ausweis der absoluten Gleichrangigkeit eines gottgleichen Königspaares. Das heißt, jene Position, die sich Teje im Verlauf einer langen Regierungszeit erobern musste, wird Nofretete von Beginn ihrer Regentschaft an auf den Leib geschrieben. Mit der Einführung einer monotheistischen Religion hat das nichts zu tun. Die frühe Atonreligion ist vielmehr Mittel zum Zweck: der Herrschaftssicherung und Legitimierung der weiblichen, aus dem Hause Juja stammenden Linie.

Auch das frühe Sed-Fest dient der religionspolitischen Zementierung des prekären Machtgefüges zwischen dem Geschlecht der Thutmosiden und dem Hause Juja. Dass es sich um herrschaftssichernde Königstheologie handelt und nicht um das Weiterspinnen einer monotheistischen Sonnentheologie, belegt das Nebeneinander des Aton mit den anderen Gottheiten. Die traditionelle Göttervielfalt ist beim Erneuerungsfest des Königs noch unangetastet geblieben. Erst Echnaton der Amarnakönig legt Jahre später Hand an die alte Komplementarität von Gott und Göttern. Als er die Zügel der Macht endlich in die Hand nimmt, radikalisiert er eine Entwicklung, die ursprünglich anders gemeint war. Und doch hat Achetaton als Ganzes die polytheistische Semantik, die seit alters her ein Oszillieren zwischen dem Einen und den Vielen war, nicht wirklich durchbrochen. Die sich zunehmend dogmatisch gebende Monolatrie, die das Königspaar ausübt, wird seitens der erweiterten Atongemeinde konterkariert durch die Verehrung einer Trias aus Aton, Echnaton und Nofretete – und der Duldung von nachrangigen Gottheiten. Nicht in der Stiftung einer monotheistischen Religion, sondern – so die hier vertretene These – in der Errichtung eines *Gottesstaates des Aton* verbirgt sich die revolutionäre Tat des Echnaton. Zum ersten Mal in der Weltgeschichte vollzieht sich in Amarna die Umbuchung der politischen Bindungen auf Gott. Der Kult feiert und erneuert die unumschränkte Königsherrschaft des Gottes im heiligen Bezirk von Achetaton, in dem der junge Pharao als dessen erster Prophet auftritt.

Mit der Neubewertung der Tat des Echnaton – Theokratie statt Monotheismus – fällt auch auf die Gedächtnisgeschichte von Amarna ein neues Licht. Im Assmann'schen Entwurf ist die lange unterirdisch verlaufende Erinnerungsspur der verdrängten Atonreligion erst nach Ablauf eines Jahrtausends wieder greifbar – am Material einer fragmentarischen und mehrdeutigen Legende. Ein problematischer Befund. Der vorgeschlagene Perspektivenwechsel lenkt dagegen den Blick auf eine weitere theokratische Gründung auf ägyptischem Boden nur 250 Jahre nach Amarna: den thebanischen Gottesstaat des Amun. Erst in dieser Gegenüberstellung wird die Rede von Trauma, Verdrängung und Wiederkehr des Verdrängten konkret. Ethnopsychoanalytischem Verständnis zufolge kann die Aufrichtung des Gottesstaates des Amun als weitgehend unbewusste Reaktionsbildung auf den Gottesstaat des Aton verstanden werden – mithin als eine traumatische Reinszenierung. Träger dieser Bewegung war offensichtlich die entmachtete und gedemütigte Amun-Priesterschaft, die bestrebt war, die historische Niederlage über den bekannten Mechanismus einer »Identifikation mit dem Aggressor« in ihr Gegenteil zu verkehren und so ungeschehen zu machen.

Die zu Trittsteinen einer noch weithin unaufgedeckten Gedächtnisgeschichte verbundenen Theokratien von Amarna und Theben lenken den Blick unwillkürlich *out of Egypt*: auf das nachexilische Juda, wo die theokratische Semantik des Gottesstaates geschichtlich ein drittes

Mal Fuß fassen konnte. Ist der judäische Gottesstaat (auf den Josephus Flavius den Begriff Theokratie ursprünglich gemünzt hat) jenseits der angeblichen Wirkungsgeschichte des monotheistischen Geistes in Wirklichkeit durch das jahrhundertelange Beispiel des thebanischen Gottesstaates beeinflusst worden? Mit der hier aufblitzenden »Nähe Amuns zu Jahwe« (Manfred Görg) verliert die von Jan Assmann postulierte Verbindung Echnatons zu Moses weiter an Plausibilität. Als Marker des Wiederauftauchens der traumatischen Amarnaerinnerung ist der Bericht des Manetho ohnehin nur bedingt geeignet, weil in ihm das Gedächtnis vieler anderer Leidenszeiten eingeschrieben ist. In ihrem Kern ist die »Legende von den Aussätzigen« eine polemische Gegengeschichte zur jüdischen Exoduserzählung, die (vergeblich) versucht, die historisch bezeugte Vertreibung der Hyksos aus Ägypten mit dem mythischen Auszug der Israeliten, der zweiten semitischen Großgruppe, in ein Verhältnis zu bringen. Alle Missverständnisse haben damit zu tun, dass die antiken Autoren (und in ihrer Nachfolge nicht wenige der christlichen Autoren von heute) leichtfertig die »Hebräer in Ägypten« als geschichtliche Größe ernst genommen und wahlweise mit den Hyksos selbst identifiziert oder als Platzhalter einer ägyptischen Großgruppe wie der Atongemeinde von Amarna wahrgenommen haben. Werden die Fäden von Geschichte und Gedächtnisgeschichte wieder auseinandergehalten, findet das Verwirrspiel um *Moses den Ägypter* ein Ende.

Unbeschadet dieser Einwände lenkt die These, bei Moses handele es sich um eine verschobene Erinnerung an den verdrängten Pharao, den Blick auf die mythologische Ebene; sie hat in der Amarnageschichte bis heute keine deutliche Kontur erfahren und sollte deshalb nicht leichthin verworfen werden. Ist es möglich, dass die Gestalt des Echnaton in einem anderen als dem biblischen Mythos verdeckte Spuren hinterlassen hat? Erinnern wir zunächst noch einmal an den besonderen historischen Raum, in dem Amarna angesiedelt ist: die späte Bronzezeit. Diese Zeit ist im kulturellen Gedächtnis des Abendlandes als heroische Epoche lebendig geblieben. Vor allem die griechische Antike hat diese Erinnerung wachgehalten und dabei den Untergang des heroischen Zeitalters auf die Kriege um Theben und Troia bezogen. Ihre Helden, Ödipus und seine Söhne nicht anders als Agamemnon oder Achill, bevölkern eine glänzende Vorwelt. Es ist, wenn wir uns die Fiktion gestatten, die Geschichte vor der Kulisse des Mythos abspielen zu lassen, die Welt von Theben, Amarna und Piramesse.

Steckt im göttergleichen Geschlecht der letzten Thutmosiden und ersten Ramessiden die historische Vorlage für das göttergleiche Geschlecht der Heroen? Für den Kampf um Troia lässt sich zeigen, dass der gewaltige gedächtnisgeschichtliche Raum, in dem die *Ilias* Platz greift und den das Epos mit einer verwirrenden Vielfalt von Erinnerungsfäden vernetzt, von zwei ägyptischen Großereignissen begrenzt wird: durch die Schlacht von Kadesch (1275/4 v.u.Z.) auf der einen, die Eroberung Thebens (663 v.u.Z.) auf der anderen Seite.[9] Lässt sich Ähnliches für den zweiten Mythenstrang sagen? Gibt es eine Verbindung zwischen dem siebentorigen Theben im Lande Böotien und dem »hunderttorigen Theben« im Land der Ägypter, das Homer besungen hat? Ist *König Ödipus* der zu Echnaton passende Mythos?[10]

Unter dieser Fragestellung soll in behutsamer Weise der mythologische Bodensatz gefiltert werden, in dem die Amarnageschichte auf andere Weise überlebt haben könnte. Es ist dies zugleich – nach den unter den Stichworten Machtpolitik, Sexualpolitik, Religionspolitik und traumatische Gedächtnisgeschichte skizzierten Ebenen – die letzte Schicht, mit welcher der Sondierungsschritt zur Formulierung einer alternativen Sinngeschichte sein Ende findet. Zu den Eckpfeilern des neuen Erzählgebäudes, dessen Solidität und Standfestigkeit sich in den nachfolgenden Kapiteln zu beweisen hat, zählen – thesenhaft gebündelt – diese Aussagen:

- Das bewegende Geschichtsmoment der Amarnazeit ist ein vom Hause Juja betriebener Dynastiewechsel und nicht die Erfindung des Monotheismus.
- Zum Machterhalt werden inzestuöse Verwandtschaftsverhältnisse auf Dauer gestellt, welche letztlich den Untergang der Thutmosiden heraufbeschwören.
- Die religionspolitische Großtat Echnatons besteht in der Aufrichtung des weltgeschichtlich ersten Gottesstaates in Achetaton.
- Im thebanischen Gottesstaat des Amun erlebt die untergegangene Theokratie von Amarna nach Jahrhunderten eine traumatische Wiederkehr.
- Nicht in der Gestalt des biblischen Moses, sondern in König Ödipus könnte sich eine verschobene Erinnerung an König Echnaton erhalten haben.

Sämtliche Bausteine meiner Argumentation stammen aus dem Fundus, den die Forschung zusammengetragen hat. Das heißt, ich selber werde keinen neuen Sensationsfund präsentieren, sondern die vorhandenen Materialien – als handele es sich um verstreute Talatatblöcke[11] – neu zusammensetzen und deuten. Keines der zentralen Zeugnisse der Monumente und Keilschriften, der Hymnen und Inschriften, der Kunst und Architektur wird dabei unberücksichtigt bleiben. Alles, was hier erzählt wird, wurde schon einmal erzählt – nur bruchstückhaft oder in anderer Reihenfolge und mit anderem Zungenschlag. Diese Arbeit will nicht das Sichtbare wiedergeben, sondern (nach dem schönen Wort von Paul Klee) sichtbar machen. Die Leser werden eingeladen, Amarna zu verlassen, um von außen einen neuen Blick auf die erweiterte Epoche zu werfen. Das schließt ein, dass die Sache nicht nach der herkömmlichen Weise chronologisch abgehandelt wird. Die Kapitel des Buches schließen aneinander vielmehr an wie die Teile eines Puzzles. Sie müssen passen, Sinn machen und neue Möglichkeiten eröffnen. Das ist ihre Ordnung. Eine Ordnung, die es mit sich bringt, dass zuweilen etwas vorausgeschickt werden muss, was erst später eingeholt werden kann. Und so beginnt die ägyptische Reise in Hattuscha, der Hauptstadt des bronzezeitlichen Hethiterreiches, um nach langer Fahrt in der griechischen Thebais zu enden, dem Schauplatz einer Tragödie, die wir möglicherweise als fernes Echo auf den Aufruhr von Amarna verstehen müssen.

Abb. 5: Das Königstor in Hattuscha (Detail des göttlichen Kriegers)

I
DER FLUCH DER BÖSEN TAT

1. König Muršili öffnet ein Fenster

In der zweiten Hälfte des 14. Jahrhunderts vor unserer Zeitrechnung wütet im Lande Hatti, dem auf dem Gebiet des heutigen Anatolien gelegenen Hethiterreich,[12] die Pest. Als die Plage nacheinander den eigenen Vater (Šuppiluliuma I.) und Bruder (Arnuwanda II.) dahinrafft, bekennt der in Hattuscha residierende Großkönig Muršili II. – ein Zeitgenosse der beiden letzten Amarnakönige Tutanchamun und Eje – öffentlich seine Seelenpein. Die nicht enden wollende Not lehrt ihn beten. In einem sogenannten »Pestgebet« wendet er sich an den Dynastiegott sowie die übrigen Götter des Landes. In der doppelten Rolle des Königs, der das Leben und Überleben (von Menschen, Tieren und Pflanzen) in seinem Herrschaftsbereich zu schützen hat, und des obersten Priesters, der den Göttern nahe ist und den gesamten Ritualbestand an seiner Seite weiß, bittet er um ein Ende des Unheils.

> Wettergott von Hatti, mein Herr, und ihr anderen Götter von Hatti, meine Herren. Es sandte mich Muršili, der Großkönig, euer Diener: Geh und sprich zu dem Wettergott von Hatti, meinem Herrn, und zu den andren Göttern folgendermaßen:
> Das ist es, was ihr getan habt: in das Land Hatti habt ihr eine Pest hineingelassen, und das Land Hatti wurde von der Pest überaus hart bedrückt.
> Und wie es zur Zeit meines Vaters dahinstarb und zur Zeit meines Bruders und wie es, seit ich Priester der Götter wurde, nun auch vor mir dahinstirbt, das ist nun das zwanzigste Jahr. Und das Sterben, das im Lande Hatti herrscht, und die Pest wird von dem Lande noch immer nicht genommen.
> Ich aber werde der Pein im Herzen nicht Herr. Der Angst in der Seele aber werde ich nicht mehr Herr.

Hier hadert kein Hiob mit seinem Schicksal. Wenn Muršili feststellt, dass die Götter die Pest in das Land gelassen haben, dann sind seine Worte von jedem Vorwurf frei. Er weiß die Verhängung des Unheils als Strafaktion einer zürnenden Gottheit zu deuten und er kennt die Voraussetzung, unter der allein eine Wende zum Heil vollzogen werden kann. Die von den Göttern erbetenen Machterweise hängen von der Offenlegung eines verschwiegenen Schuldzusammenhanges ab. Nur so kann der Fluch der bösen Tat aufgehoben werden. Der König befragt deshalb in einem zweiten Schritt das Orakel, um die Schuld herauszufinden beziehungsweise die Schuldigen benennen zu können, deren Handeln den Anlass für den Ausbruch der Pest gegeben hat. Die Auskunft verweist auf zwei »alte Tafeln« mit verbindlichen Vereinbarungen. Die eine verpflichtet das Land zu Opferriten für den Fluss Mala (den Euphrat), die aufgrund der Pest vernachlässigt wurden; die andere handelt von einem Vertrag mit Ägypten, der dem kulturellen Gedächtnis der Hethiter als »Vertrag mit den Leuten von Kuruštama« eingeschrieben ist – ein undurchsichtiger (wahrscheinlich in die Zeit Amenophis' II. zurückgehender) Vorgang, bei dem »der Sturmgott Söhne des Hatti-Landes gepackt und sie nach Ägypten geführt hatte und sie hatte Ägypter werden lassen«. Dieser eidlich besiegelte Freundschaftsvertrag – der kleine Vorläufer des großen paritätischen Staatsvertrages, den Ramses II. und Huttuschili III. anderthalb Jahrhunderte später miteinander geschlossen haben – erklärt unter anderem, warum Muršilis Vater »seinem Bruder« Amenophis IV.-Echnaton anlässlich der Thronbesteigung gratulierte (wie wir aus einem der berühmten Amarna-Briefe wissen). Anderthalb Jahrzehnte später wurde der Vertrag jedoch von demselben Šuppiliiuma verletzt, und zwar unmittelbar vor Ausbruch der Pest.

> Der Sturmgott von Hatti brachte die Leute von Kuruštama nach Ägypten und schloss einen Vertrag über sie mit den Hethitern, so dass sie ihm unter Eid standen. Obwohl nun sowohl die Hethiter als auch die Ägypter dem Sturmgott eidlich verpflichtet waren, ignorierten die Hethiter ihre Verpflichtungen. Sie brachen den Eid der Götter. Mein Vater sandte Truppen und Wagen, das Land Amqa, ägyptisches Gebiet, anzugreifen. Die Ägypter aber erschraken und baten sogleich um einen seiner Söhne, das Königtum zu übernehmen. Aber als mein Vater ihnen einen seiner Söhne gab, töteten sie ihn, während sie ihn dorthin brachten. Mein Vater ließ seinem

> Zorn freien Lauf, er zog gegen Ägypten in den Krieg und griff es an. Er schlug die Truppen und Streitwagen des Landes Ägypten. Der Sturmgott von Hatti, mein Herr, gab meinem Vater durch seinen Ratschluss den Sieg; er besiegte und schlug die Truppen und Wagen des Landes Ägypten. Aber als sie die Gefangenen nach Hatti brachten, brach eine Pest unter ihnen aus, und sie starben. Als sie die Gefangenen nach Hatti brachten, brachten diese Gefangenen die Pest in das Land Hatti. Von dem Tage an sterben die Menschen im Lande Hatti. Als ich nun die Tafel über Ägypten gefunden hatte, ließ ich darüber das Orakel befragen: »Diese Vereinbarungen, die der hethitische Sturmgott machte, nämlich dass die Ägypter ebenso wie die Hethiter vom Sturmgott unter Eid genommen wurden, dass die Damnassaras Gottheiten im Tempel anwesend waren, und dass die Hethiter sogleich ihr Wort gebrochen hatten – ist das vielleicht der Grund für den Zorn des Sturmgottes von Hatti, meines Herrn?« So wurde es bestätigt.

Was Muršili hier liefert, ist nicht weniger als die Eröffnung eines sakralrechtlichen Verfahrens.[13] Mit einer (wie immer fragmentarischen) Rekonstruktion der relevanten Ereigniskette wird einerseits die moralische Schlussfolgerung, dass Unheil auf Schuld beruht, konkret belegbar; andererseits ist ein Ausweg aus der Notlage in Sicht. Der Zusammenhang von Tun und Ergehen liegt in der Hand der Götter, die Menschen können ihn aber erkennen und durch Sühneriten beeinflussen. Der Krieg Hattis gegen Ägypten stellt offensichtlich einen eklatanten Vertragsbruch dar. Mit dieser politischen Sünde hat der verantwortliche hethitische Herrscher, König Šuppiluliuma, den Zorn der Götter heraufbeschworen und den Ausbruch der Pest verschuldet. Muršili zögert nicht, ein umfassendes Sündenbekenntnis abzulegen, das bemerkenswert vor allem deshalb ist, weil es beim Schuldvorwurf an den Vater nicht stehen bleibt, sondern ausdrücklich die eigene Schuldübernahme einschließt. Natürlich ist beider Schuld nicht Sache der privaten Biographie, sondern des offiziellen Regierungshandelns, dessen Folgen und Nebenfolgen auf den jeweiligen Amtsnachfolger übergehen. Im Lichte der Staatsräson ist das skrupulöse Verhalten, das König Muršili an den Tag legt, deshalb auch nicht ruinös (im Sinne von rufschädigend), sondern im Gegenteil staatstragend, weil Schaden vom Lande abwendend.

> Hattischer Wettergott, mein Herr, und ihr Götter, meine Herren, es ist so: Man sündigt. Und auch mein Vater sündigte und übertrat das Wort des hattischen Wettergottes, meines Herrn. Ich aber habe in nichts gesündigt.
> Es ist aber so: Die Sünde des Vaters kommt über den Sohn. Auch über mich kam die Sünde des Vaters.
> Ich habe sie nunmehr dem hattischen Wettergott, meinem Herrn, und den Göttern, meinen Herren, gestanden: Es ist so, wir haben es getan.
> Und weil ich nun meines Vaters Sünde gestanden habe, soll sich dem hattischen Wettergott, meinem Herrn, und den Göttern, meinen Herren, der Sinn wieder besänftigen.
> Seid mir wieder freundlich gesinnt und jaget die Pest wieder aus dem Lande Hatti hinaus.

Das umfassende Schuldeingeständnis ist Bedingung für die ersehnte Rettung, und die Durchführung der Sühneriten sind der einzuschlagende Weg zum Heil. Aber wie absichtslos hat das Leiden und die Anstrengung, es zu überwinden, noch eine andere Funktion erfüllt. Die Schuld ist zum Auslöser von Erinnerungsarbeit und Vergangenheitsrekonstruktion geworden. Wir sehen Muršili nicht nur beten und beichten, er berichtet auch nach Art eines antiken Polyhistors, das heißt: Er schreibt Geschichte. Im Zeichen der Schuld wird die Sinngeschichte der eigenen Taten lesbar – und die der beteiligten anderen. So wie die Pest naturgemäß nicht an den Grenzen des hethitischen Machtbereichs Halt gemacht hat, so ist auch die hethitische Geschichtsschreibung grenzüberschreitend. Zentrale Glieder der rekonstruierten Ereigniskette sind die Züge und Gegenzüge der ägyptischen Seite; darunter das mysteriöse Unternehmen, einen hethitischen Prinzgemahl auf den Thron zu bringen – und die Vereitelung dieses Vorhabens durch dessen Ermordung. *En passant* nehmen wir Einblick in eine alle Tradition sprengende Affäre, über die wir aus ägyptischen Quellen nie etwas erfahren hätten – und welche die (an spektakulären Episoden nicht eben arme) Amarnazeit in ein neues grelles Licht taucht. Aber die Andeutungen in dieser heiklen Sache bleiben zunächst durchaus schemenhaft. Nun hat die hethitische Geschichtsschreibung in einer anderen literarischen Gattung, den Annalen, ihr wahres Zuhause gefunden. Durch einen glücklichen Umstand ist aus dem Fundus des Tontafelarchivs von Boghazköy, dem modernen Grabungsort auf dem Gebiet der alten Hauptstadt Hattuscha, der Bericht über die *Mannestaten des*

Abb. 6: Eine in Boghazköy gefundene Tontafel

Šuppiluliuma erhalten geblieben. Der Text, dessen Autor wiederum Muršili ist, schildert auf seiner siebten Tafel die gleichen Vorgänge aus einer anderen Perspektive und mit anderen stilistischen Mitteln. Im Unterschied zu den *Pestgebeten* werden in diesem Rechenschaftsbericht die militärischen und diplomatischen Verwicklungen zwischen dem hethitischen und dem ägyptischen Hof detailliert und nuanciert geschildert – unter Nennung der Namen der beteiligten Personen.

> Während mein Vater unten im Lande Karkemisch war, sandte er Lupakki und Tarhundaz-alma in das Land Amqa. Sie zogen los und griffen Amqa an und brachten Gefangene, Rinder (und) Schafe zurück vor meinen Vater. Als aber die Ägypter vom Angriff auf Amqa erfuhren, bekamen sie Angst. Und da zudem ihr König Nipchururija gestorben war, schickte die Königin von Ägypten Dahamunzu (Gemahlin des Königs) einen Boten zu meinem Vater und schrieb ihm wie folgt:
> »Mein Gemahl ist gestorben, und ich habe keinen Sohn. Man sagt aber, dass deine Söhne zahlreich sind. Wenn du mir einen deiner Söhne gibst, so wird er mein Gemahl sein. Niemals werde ich einen meiner Diener zum Gatten nehmen.«

> Als mein Vater das hörte, rief er die Edlen zur Beratung zusammen und sprach zu ihnen: »Eine solche Geschichte ist mir in meinem ganzen Leben nicht vorgekommen!« Da schickte mein Vater den Kanzler Hattusaziti nach Ägypten (und sagte zu ihm): »Geh und bring mir die Wahrheit zurück. Vielleicht wollen sie mich täuschen. Vielleicht haben sie (doch) einen Sohn des Königs. Bring mir die Wahrheit zurück!«
> Als der Frühling kam, kehrte Hattusaziti aus Ägypten zurück, und der Edle Hani kam als ägyptischer Bote mit ihm. Da mein Vater, als er Hattusaziti nach Ägypten geschickt hatte, ihm den folgenden Auftrag gegeben hatte: »Vielleicht haben sie einen Sohn ihres Königs. Vielleicht wollen sie mich täuschen und wünschen sich nicht meinen Sohn, um ihn zum König zu machen«, antwortete die Königin Ägyptens meinem Vater auf einer Schreibtafel mit diesen Worten:
> »Warum sprichst du in dieser Weise: Sie wollen mich täuschen? Wenn ich einen Sohn hätte, würde ich dann an eine ausländische Macht schreiben? Es ist eine Schande für mich und mein Land. Du hast mir nicht getraut und hast auf solche Weise zu mir gesprochen. Der mein Gemahl war, ist gestorben, und ich habe keinen Sohn. Niemals werde ich einen meiner Diener zum Gatten nehmen. Ich habe an kein anderes fremdes Land außer dir geschrieben. Man sagt, deine Söhne seien zahlreich. Gib mir einen deiner Söhne. Für mich wird er mein Gemahl sein und für Ägypten wird er König sein.«
> So war mein Vater, da er in guter Stimmung war, bereit, die Anfrage der Frau zu erwägen, und beschäftigte sich mit der Frage des Sohnes.

Die Geschichtsdaten aus den Annalen Šuppiluliumas sind erstaunlich detailliert und präzise, wenngleich nicht ohne Vorgeschichte.[14] Übertragen wir sie in den rudimentären historischen Prospekt, wie er in den Ritualtexten (vor allem dem zweiten Pestgebet des Muršili) zum Vorschein gekommen ist, so lässt sich folgende dichte Beschreibung der Ereigniskette rekonstruieren:

1. Šuppiluliuma entsendet Truppen unter Führung zweier Generäle gegen das ägyptische Amqa. Nach dem Untergang des Mitanni-Reiches stehen sich damit die Großmächte Ägypten und Hatti zum ersten Mal unmittelbar feindlich gegenüber.
2. Die ungünstige militärische Lage (Niederlage bei Qades und hethitischer Einfall in Amqa) erfährt durch den plötzlichen Tod von Pharao *Nipchururija* eine krisenhafte Zuspitzung.

3. Die verwitwete Königsgemahlin (t3 hm.t njsw.t = *Dachamunzu*) eröffnet mit einem Schreiben an Šuppiluliuma den Weg zu einer diplomatischen Heirat; sie bittet um einen hethitischen Prinzen als Gemahl und Nachfolger für den verstorbenen ägyptischen König.
4. Šuppiluliuma reagiert abwartend und schickt zur Klärung der näheren Begleitumstände seinen Gesandten Hattusaziti nach Ägypten. Nach längerem Aufenthalt kehrt dieser in Begleitung des ägyptischen Gesandten Hani, der ein erneuertes Heiratsschreiben seiner Herrin überbringt, nach Hatti zurück.
5. Šuppiliulumas Bedenken scheinen ausgeräumt. Er konsultiert einen alten Vertrag mit Ägypten und erteilt dem Heiratsplan schließlich seine Zustimmung.
6. Prinz *Zannanza*, der auserwählte Heiratskandidat unter den Söhnen Šuppiliulumas, begibt sich auf den Weg nach Ägypten; er fällt jedoch einer ägyptischen Intrige zum Opfer und wird unterwegs ermordet.
7. Šuppiliuluma nimmt die Ermordung seines Sohnes zum Anlass für einen Rachefeldzug und gewinnt eine erste Schlacht.
8. Ägyptische Gefangene schleppen die Pest in Hatti ein, die dort mehr als zwanzig Jahre wüten sollte. Šuppiliuluma selbst und sein Sohn (und kurzzeitiger Nachfolger) Arnuwanda fallen der Seuche zum Opfer.
9. Muršili übernimmt die hethitische Regierung im Schatten der Pest; er rollt das gesamte Geschehen im Sinne eines Schuldzusammenhangs neu auf.

Die komplexe Handlungs- und Ereigniskette beginnt zu einer Zeit, wo Muršili, wie er in den Texten selber bekennt, »noch ein Kind war« (ca. 1335). Als bilanzierender Staatsmann und erster Priester der Götter steht Muršili II. an deren Ende (ca. 1313). Es ist jene historische Bruchstelle, die durch die 20-jährige Seuche markiert wird und dazu geführt hat, dass die militärischen Aktionen auf beiden Seiten für eine gewisse Zeit tatsächlich zum Erliegen kamen. Leiden und Schuld haben, wie gesehen, die hethitische Geschichtsrekonstruktion in Gang gesetzt und nicht etwa ein besonderer historischer Sinn. »Wann hat es angefangen? Womit? Wie hat es sich zur Katastrophe auswachsen können? Wer war schuld? Welcher Gott zürnt? Womit kann man ihn versöhnen?« – das sind, in den Worten von Assmann, die leitenden Fragen hinter der öffentlichen Selbstthematisierung des hethitischen Großfürsten.

Unser Interesse ist ein anderes. Durch das Fenster, das König Muršili geöffnet hat und das die Amarnazeit schlagartig als Zeit einer dramatischen außen- wie innenpolitischen Krise erscheinen lässt, blicken wir mit anderen Augen. Und folglich stellen wir andere Fragen: Wer war König Nipchururija? Welche Gestalt verbirgt sich hinter der sogenannten Dachamunzu? Welche Frau hatte die Macht, gegen alle Tradition die Heirat mit einem ausländischen Prinzen in die Wege zu leiten? Hätte die diplomatische Heirat den Fortbestand der Dynastie gefährdet? Welche Kreise verbergen sich hinter dem Komplott, dem der erwählte Prinzgemahl zum Opfer fiel? Geben ägyptischen Quellen irgendeinen Hinweis auf eine Krise der Thronfolge und einen nachfolgenden Machtkampf?

Die Beantwortung dieser Fragen, das liegt auf der Hand, ist für ein Sinnverstehen der Amarnazeit von allergrößter Wichtigkeit. Es wäre jedoch voreilig, die skizzierte hethitische Geschichtsepoche auf eine bloße Vorgeschichte zur Aufarbeitung der uns eigentlich interessierenden ägyptischen Geschichte zu reduzieren – und hier abzubrechen. Das heißt, wir dürfen in Muršili nicht allein den unbeteiligten Dritten und bloßen Zuträger eines rein innerägyptischen Rätsels sehen. *Zum einen* finden sich viele Züge der hethitischen Geschichtsschreibung auch in anderen Teilen der spätorientalischen Welt, in Ägypten nicht anders als in Mesopotamien, historisch später dann in Israel und schließlich Griechenland. Was in der späten Bronzezeit seinen Anfang nimmt und in den hethitischen Texten zuerst in größerem Umfang greifbar wird, ist Teil eines allgemeineren interkulturellen Sinnhorizontes. Er wird später ausdrücklich beleuchtet werden. An dieser Stelle ist zunächst etwas anderes entscheidend. Das sakralrechtliche Verfahren des Muršili ist nicht nur der erste Glanzpunkt einer allgemeinen Entwicklung, es hat darüber hinaus paradigmatische Kraft. Mit ihm tritt die Grundfigur einer schuldabtragenden Vergangenheitsbewältigung ins Relief, die uns in anderen Kulturen wiederbegegnet – nicht zuletzt in Gestalt der griechischen Ödipus-Sage. (Erscheint der vor das klagende Volk tretende thebanische König, der angesichts einer von den Göttern verhängten Pest die jüngste Vergangenheit der Stadt aufrollen lässt, nicht geradezu als ein Wiedergänger des hethitischen Königs?) Herzstück ist jedes Mal das In-Beziehung-Setzen eines aktuellen Unheils – Pest, Seuche, Hungersnot – zu einem vergangenen, aber unabgegoltenen Unrecht oder Verbrechen. Die den göttlichen Zorn erregende Untat bleibt so lange verborgen, bis die Gottheit eine zweite

Not schickt, die zum Himmel schreit. Dies ist der bekannte Topos der »späten Entdeckung«. Erst die göttliche Strafaktion führt zur Besinnung, dazu, dass der Fall, über den schon das Gras wuchs, neu aufgerollt und die Tat entsühnt werden kann. In dieser nachträglich in Gang gesetzten Vergangenheitsrekonstruktion wird die aktuelle Plage zum Zeichen für einen verdeckten Frevel ganz anderer Art. Die Götter bedienen sich typischerweise einer Naturkatastrophe, das inkriminierte Faktum ist dagegen immer ein sozialer Tatbestand: die Verletzung der heiligen Ordnung, von Recht und Gerechtigkeit, ägyptisch der »Maat«. Die genaue Referenz zwischen beiden ist das Problem; sie ist alles andere als eindeutig, weil kulturell codiert. Der skrupulöse Muršili sucht die Schuld bei sich selbst (resp. seinem Vorgänger und Vater Šuppiluliuma) und findet sie im Überfall auf ägyptisches Gebiet. Für uns als Beobachter hätte es viele gute Gründe gegeben, die Ägypter zu beschuldigen: des Angriffs auf Qades, der Ermordung des Zannanza, des Einschleppens der Pest. Aber im Selbstverständnis der hethitischen Kultur ist der Vertragsbruch das Urmodell der Sünde. Andere Kulturen mit weniger ausgeprägter politischer Moral, so dürfen wir schlussfolgern, hätten bei gleichem Anlass eine andere Schuldzuweisung getroffen, das heißt, das göttliche Zeichen anders gedeutet.

Das führt *zum zweiten* Punkt. In der in Rede stehenden Plage, der wir die Pestgebete des Muršili verdanken, haben wir mit Sicherheit kein isoliertes Ereignis hethitischer Geschichte vor uns. Wie die Annalen berichten, haben ägyptische Gefangene die Pest in Hatti eingeschleppt. Damit kann aber gerade nicht das anatolische Kernland gemeint sein, sondern in erster Linie das umkämpfte syrisch-kanaanäische Gebiet. Aller Wahrscheinlichkeit nach hat sich die Pest von dort auf die Nachbarländer (unter Einschluss Ägyptens) ausgebreitet und nach und nach im gesamten Vorderen Orient gewütet. Wie ist sie in diesen Ländern erinnert worden? Gibt es Quellen, die mit den hethitischen Dokumenten vergleichbar sind? Hat es Versuche gegeben, die Heimsuchung durch die Seuche in ähnlicher Weise auf schuldhaftes menschliches Verhalten zurückzuführen? Welche zürnenden Götter treten auf, welche werden um Rettung angerufen?[15] Dies ist ein Fragenkatalog ganz anderer Art. Von seiner Beantwortung hängt es ab, ob wir die Zwillingsgestalt von »Schuld und Plage« für ein konstitutives Element der Überlieferungsgeschichte von Amarna in Anspruch nehmen dürfen, das sich in all seinen Sedimentschichten nachweisen lässt, oder doch eher für den Ausdruck eines besonderen Rechtsbewusstseins der hethitischen Kultur halten müssen, das durch die Laune des Zufalls in die Nähe von Amarna gerückt worden ist.

Für die Vermutung, dass die Pestepidemie die ganze vorderasiatische Welt heimgesucht hat, sprechen mindestens vier Belegstellen aus den Amarnabriefen.[16] In einem an König Amenophis IV.-Echnaton gerichteten Schreiben (EA 35) entschuldigt sich der König von Alaschia (Zypern) für eine doppelte Unbill, die geringe Menge gelieferten Kupfers sowie das Ausbleiben (Ableben?) eines ägyptischen Gesandten. In beiden Fällen handele es sich nicht um die Nachlässigkeit des Hofes oder gar um eine böse Absicht, beteuert der (um die Aufrechterhaltung guter Handelsbeziehungen bemühte) Monarch; vielmehr habe der Pestgott Nergal seine Hände im Spiel.

> Dass das Kupfer so wenig ist, kein Kummer komme darüber in dein Herz! Denn in meinem Land hat die Hand Nergals, meines Herrn, alle Menschen meines Landes getötet, und so ist keiner da, der Kupfer bereitete.
> Mein Bruder, in dein Herz komme kein Kummer darüber, dass dein Bote drei Jahre in meinem Land geblieben ist; denn die Hand Nergals ist auf meinem Land und auf meinem Hause. Meine Frau hatte einen Sohn, der jetzt tot ist, mein Bruder.

Wahrscheinlich um dieselbe Zeit – der kanadische Ägyptologe Redford datiert EA 35 in die Nähe des fünften Regierungsjahres von Amenophis IV.-Echnaton – wütete die Seuche entlang der phönizischen Küste. Einer der lokalen Stadtfürsten, Rib-Addi von Byblos, meldet die Pest mit den Worten: »Die Leute von Simyra dürfen nicht in meine Stadt kommen; es herrscht Pest in Simyra« (EA 96). Wenig später, nach dem Fall von Simyra, tragen Flüchtlinge die Pest dennoch nach Byblos, der für Ägypten von alters her wichtigsten Handelsmetropole in der Region. Rib-Addi versucht entsprechende Nachrichten gegenüber dem ägyptischen Hof herunterzuspielen, jetzt wohl seinerseits aus Furcht vor Isolierung, einer drohenden Quarantäne von Menschen und Waren (Zedernholz aus dem Libanon und Papyrus aus Ägypten); aber seine abwiegelnden Worte klingen wenig überzeugend:

> Sie versuchen Ärger zu machen, indem sie vor dem König sagen: »Der Tod ist in der Stadt«. Möge der König, mein Herr, diesen Worten keinen Glauben schenken. Es gibt keine Pest im Land.

Abgeschnitten vom Hinterland wie zuvor Simyra hat Byblos die Seuche möglicherweise über den Seeweg weitergetragen – nach Norden. Jedenfalls hören wir im Brief König Niqmaddus II. (EA 49) von der Erkrankung von Mitgliedern der königlichen Familie von Ugarit in Nordsyrien. Schließlich ist laut EA 11 auch die für eine diplomatische Verheiratung mit Echnaton auserwählte babylonische Königstochter – König Assuruballit erwähnt sie zuvor in EA 16 – an der Seuche gestorben. Die beiden letzten Nennungen bezeugen die breitgestreute Auswirkung der Epidemie in der Zeit der ausgehenden Regierung Echnatons. Hier schließt sich der Kreis, denn dies ist die Zeit der ägyptisch-hethitischen Kämpfe, in deren Verlauf die Pest nach Hatti übergreift – wie uns König Muršili zwanzig Jahre nach dem Ereignis berichtet.

Wir haben eine Nachrichtenkette rekonstruiert, die es gestattet, die Ausbreitung der Plage über das Gebiet des gesamten östlichen Mittelmeerraums und für einen Zeitraum von mehr als einer Generation (etwa von 1348 bis 1313) für realistisch zu halten. Ägypten dürfte die verheerenden Folgen der Epidemie nicht nur an seinen Rändern (der Erkrankung von in Syrien stationierten Soldaten), sondern buchstäblich am eigenen Leibe, das heißt in der Heimat und hier vor allem im unterägyptischen Kernland, erfahren haben. Dafür spricht die frühe Datierung. Schenken wir den Aussagen des Königs von Zypern und des Fürsten von Byblos Glauben, so ist die Pest nicht erst gegen Ende der Regierung Echnatons, also in den Zeiten des ägyptisch-hethitischen Krieges, sondern bereits Jahre früher ausgebrochen. Es verwundert daher nicht, wenn Autoren wie Helck oder Redford darüber spekulieren, ob nicht die ungewöhnlich hohe Sterblichkeitsrate unter den Mitgliedern der königlichen Familie von Amarna (der frühzeitige Tod von vier Töchtern Echnatons und Nofretetes sowie der noch jugendlichen Könige Semenchkare und Tutanchamun, aber auch der Tod König Echnatons selbst, der nur knapp dreißig Jahre alt wurde) als Folge der Pest zu bewerten sei. Immerhin hatten, wie wir hörten, auch andere Fürstenhöfe – so in Hatti, Ugarit, Zypern und Babylon – Angehörige unter den Pestopfern zu beklagen. Diese medizinhistorische These hat durch eine erst jüngst entdeckte Quelle neue Nahrung erhalten. Seit 2006 wird im wüstenartigen Hinterland von Amarna ein großer Friedhof freigelegt, auf dem die normalen Bewohner der Stadt bestattet wurden, denen ein Felsengrab nicht zustand oder die sich ein solches nicht leisten konnten. Die (Knochen-)Funde sind eindeutig. Sie verwei-

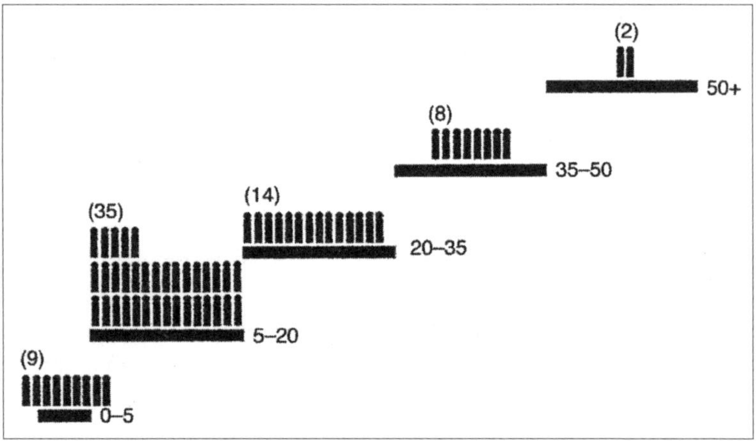

Abb. 7: Sterbealter von 68 Personen, die auf dem südlichen Friedhof von Achetaton begraben wurden (nach Tietze 2008)

sen auf einen schlechten Gesundheitszustand und eine geringe Lebenserwartung zumindest der einfachen Bevölkerung. In Achetaton wurde jung gestorben, nur wenige wurden älter als Anfang dreißig.[17]

Einige Autoren halten es sogar für möglich, dass schon die außerordentliche Entscheidung, die alte Metropole Theben zu verlassen und in einer unberührten Landschaft eine neue Hauptstadt aus dem Boden zu stampfen, durch das Motiv bestimmt (oder zumindest mitbestimmt) war, angesichts des wahrscheinlichen Überspringens der Epidemie auf die bevölkerungsreichen Zentren Ägyptens einen sicheren Zufluchtsort für den königlichen Hof zu schaffen. Wäre es so gewesen, hätte sich allerdings das Projekt angesichts der vielen Opfer als Fehlschlag erwiesen. Wie auch immer, die zunehmende Alleinverehrung des »lebenden Aton« könnte vor diesem Hintergrund tatsächlich als eine religionspolitische Notstandsmaßnahme verstanden werden, wie sie uns aus anderen Kulturen unter dem Stichwort einer »zeitweiligen Monolatrie« bekannt ist.[18] So wurden Marduk, der babylonische Hauptgott, Assur, der Staatsgott der Assyrer, und der hebräische Jahwe in Kriegszeiten zeitweilig zu »göttlichen Kriegern« ausgerufen, denen eine bedingungslose Gefolgschaft zu leisten war – bis die Menschen nach überstandener Krise zur gewohnten Verehrung aller Götter zurückkehrten. Könnte es sein, dass Aton, der Gott mit den fürsorglichen Strahlenhänden, in den Zeiten des großen Sterbens als »Lebensgott« angerufen wurde? War die dogmatische Verhärtung der Kultreform einer wachsenden Angst geschuldet? Ist umgekehrt die Leichtigkeit des Seins, wie sie uns auf zahlreichen Mosaiken und Abbildungen aus Amarna entgegentritt, in Wahrheit Ausdruck eines Tanzes am Abgrund und einer rauschhaften Überbetonung des Hier und Jetzt?

Spekulationen wie diese dürften kaum zu erhärten sein, aber indem sie den Horizont der möglichen Einflussfaktoren, die zum Projekt von Amarna geführt haben, in überraschender Weise erweitern, können sie als Warnung vor allzu voreiligen Festlegungen und Schlussfolgerungen dienen. Ich möchte sie zunächst im Raum stehen lassen und selber vorsichtiger formulieren: Die verheerenden Folgen einer mehr als 30-jährigen Pest müssen nicht nur die Könige von Zypern, Hatti und Babylon sowie die verschiedenen kanaanäischen Stadtfürsten, sondern mit ihnen auch alle Amarnakönige in Atem gehalten haben. Nach der Aufdeckung der Dachamunzu-Affäre, die uns später ausführlich beschäftigen wird, ist das Szenario einer gefährlichen Epidemie das zweite Krisensymptom, das einen dunklen Schatten auf das heitere Amarna wirft. Angesichts der zahlreichen Quellen auf der anderen Seite wäre es erstaunlich, wenn sich ägyptischerseits keine entsprechenden Erinnerungsspuren finden ließen. Um ihre Sichtung und Interpretation soll es jetzt gehen. Betreten wir – nach der hethitischen Ouvertüre – ägyptischen Boden.

2. *Die kanaanäische Krankheit*

Die im hethitischen Kontext so klar hervortretende Zwillingsgestalt von »Schuld und Plage« ist in der historischen Parallelwelt von Amarna nur nach der Art eines Vexierbildes zu erschließen. Erste Hinweise stammen aus der späten Amarnazeit, womit hier – unbeschadet der Tatsache, dass die beiden letzten Pharaonen dieser Epoche, Tutanchamun und Eje, den Regierungssitz nach Memphis verlegten – die gesamte Nach-Echnaton-Ära (ca. 1335 bis 1315) gemeint ist. Es handelt sich um einige Buß- und Dankpsalmen, in denen sich erste Anklänge einer mentalitätsgeschichtlich neuen Schuldkultur finden lassen.[19] Sie gelten deshalb innerhalb der Ägyptologie als frühe Beispiele einer religiösen Strömung, die nach einem Wort von James Breasted als »persönliche Frömmigkeit« bezeichnet wird und erst in der Ramessidenzeit (der auf Amarna folgenden 19. und 20. Dynastie) ihren Höhepunkt erlebte. In älterer Zeit war es üblich, einen Unglücksfall oder eine Erkrankung bösen Geistern oder Feinden zuzuschreiben und zu den Mitteln der Magie und des Abwehrzaubers zu greifen. Nunmehr wurde die Ursache zunehmend in einer Schuld gesucht, die man persönlich und einer bestimmten Gottheit gegenüber auf sich geladen hatte. An die Stelle der magischen Handlung traten das Gebet und die Abbitte an die zürnende Gottheit in der Hoffnung auf Errettung. Mit der neuen Entwicklung erhielt die ägyptische Schuldkultur so etwas wie einen »Sitz im Leben«. Die traditionelle Form war eng mit der ägyptischen Grabkultur verbunden und kannte – als Moment der rituellen Inszenierung des Totengerichts mit der »Wägung des Herzens« im Zentrum – die stereotype Unschuldsbeteuerung, den für das Überleben im Jenseits unabdingbaren Nachweis einer schuldfreien Lebensführung. Diesem »negativen Bekenntnis« (»Ich habe nichts Krummes getan, keinen Tempelbesitz gestohlen, keinen Kornwucher betrieben« etc.) stand damit ein positives Schuldbekenntnis zur Seite. Die rituelle Reinigung, welche den Toten galt, wurde durch die neue Form einer schuldbezogenen Selbstthematisierung, wie wir sie beispielhaft in den Pestgebeten des Muršili kennengelernt haben, überlagert.

Das früheste Zeugnis dieser Art, oder besser deren Vorläufer, ist ein Graffito, der in einer verlassenen Grabkapelle in den thebanischen Bergen entdeckt wurde, im Grab eines gewissen Pere. Die Schrift ist einem Priester und Schreiber namens Pawah (dem Bruder des Grabbesitzers) gewidmet und auf das »Jahr 3« des Königs Anchcheperure-Semenchkare, des Vorgängers des Tutanchaton, datiert (Abb. 8). Die Nennung des Regenten enthält die aus der Königstitulatur geläufige Beifügung »geliebt von Aton«, ein deutlicher Hinweis auf den offiziellen Fortbestand des Aton-Kultes. Gleichwohl – und das ist das Bemerkenswerte an diesem Text – ist sein Adressat der alte, verfemte Reichsgott Amun. Semenchkare hatte offenbar als Zugeständnis an die Opposition in Theben einen dem Amun geweihten Totentempel errichten lassen, in dem Pawah seine Dienste versah.

Mein Herz sehnt sich danach, dich zu sehen.
O Amun, Beschützer des armen Mannes ...
Wende dich uns wieder zu, o Herr der Ewigkeit.
Du warst hier, als noch nichts entstanden war,
und du wirst hier sein, wenn sie gegangen sind.
Du lässt mich Finsternis sehen, die du gibst;
Leuchte mir, dass ich dich sehe!

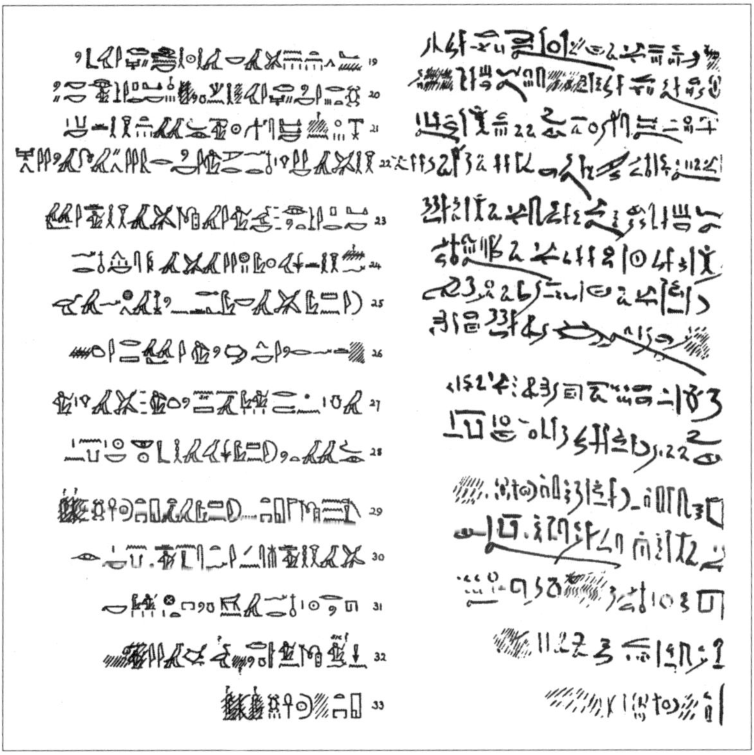

Abb. 8: Das »Pawah-Graffito« in hieratischer Schrift mit hieroglyphischer Transkription (links)

So wahr dein *Ka* dauert, so wahr dein schönes Angesicht dauert,
du wirst kommen von fern und geben,
dass dein Diener, der Schreiber Pawah, dich erblickt.

Dies ist der Klagepsalm eines »armen Mannes« an den abwesenden Gott, verfasst in einer Situation der Not. Pawah gehört der demoralisierten Amun-Priesterschaft an, die unter Echnaton verfolgt wurde und erst unter Semenchkare wieder in offizieller Funktion amtieren durfte. Eine Zeit also zwischen Hoffen und Bangen. Pawah spricht eine Bitte aus, enthüllt aber (noch) keinen Schuldzusammenhang. Die Sehnsucht nach Heilung ist eingekleidet in den Wunsch nach dem Anblick des lange verfemten Gottes. Ob dem ein individuelles Geschick oder ein allgemeines Leiden zugrunde liegt, lässt sich letztlich nicht entscheiden. Üblicherweise hat man die Notlage im Sinne einer wirklichen Blindheit gedeutet. Das ist jedoch nicht zwingend. Die Rede von »uns« und »sie« (in Vers 3 und 5) spricht eher für einen kollektiven Kontext. In dieser Deutung erscheint »Finsternis« als eine Metapher für die Abwesenheit resp. Verbannung des Gottes Amun. Wenn es sich so verhielte, stünde implizit die von Echnaton verschuldete Gottesferne im Zentrum der Klage.

Es ist aufschlussreich, einen Text hinzuzuziehen, dessen Autor dem Zentrum der Macht näher gestanden hat, der jedoch ganz ähnliche Bilder und Redewendungen enthält. Dies gilt etwa für die Steleninschrift eines gewissen Hui, der unter Tutanchamun das Amt eines Vizekönigs von Nubien innehatte.

Komm in Gnaden, mein Herr Tutanchamun!
Ich sehe Finsternis, die du bewirkst, Tag für Tag.
Mach mir Licht, dass ich dich sehe,
dann will ich deine Macht verkünden den Fischen im Fluss
und den Vögeln im Himmel.

Ziemlich sicher tritt Hui hier nicht als jemand in Erscheinung, der mit Blindheit geschlagen, sondern der des Anblicks seines Königs, des »lebenden Abbilds des Amun«, beraubt ist. Es ist *diese* Gottesferne, die wiederum als Finsternis bezeichnet wird. Licht und Finsternis sind in beiden Texten die zentralen Metaphern für die Abwesenheit von jemandem, nach dessen Anblick man sich sehnt. Aber nur im ersten Fall, dem Graffito des Pawah, blitzt etwas von einer Schuld auf, die jene Gottesferne bewirkt haben könnte. Wie ein Schattenriss erkennbar wird dieser noch schemenhaft bleibende Schuldzusammenhang erst auf einer Inschrift des Tutanchamun selbst. Die ihm zugeschriebene Restaurationsstele – wir dürfen als *ghostwriter* hinter dem Kindkönig den »Gottesvater« Eje vermuten – spricht zweifelsfrei von einer gesellschaftlich verschuldeten Gottesferne, deren Folgen das ganze Land getroffen haben:

Als seine Majestät [Tutanchamun] als König erschien,
da waren die Tempel der Götter und Göttinnen
von Elephantine bis zu den Sümpfen des Deltas …
im Begriff, vergessen zu werden,
ihre Heiligtümer fingen an zu vergehen,
indem sie Schutthügel geworden waren,

mit Unkraut bewachsen,
und ihre Kultbildräume waren, als wären sie nie gewesen,
ihre Hallen ein Fußweg.
So machte das Land eine Krankheit durch,
und die Götter kehrten diesem Land den Rücken.
Wenn man Soldaten nach Syrien schickte,
die Grenzen Ägyptens zu erweitern,
so hatten sie keinerlei Erfolg.
Wenn jemand einen Gott anflehte,
etwas von ihm zu erbitten,
so kam er nicht.

In diesem Text wird die unheilvolle Gottesferne nicht mit »Finsternis« sondern mit »Krankheit« assoziiert. Nun zählt der Begriff für Krankheit, wie er hier verwendet wird, zur Topik der traditionellen Chaosbeschreibung. Die Inschrift greift an dieser Stelle auf ein literarisches Zitat zurück, das aus den »Prophezeiungen des Neferti« (einem klassischen Text der ägyptischen Literatur) stammt.[20] Wird dort die Leidenszeit im Bild der Verkehrung aller sozialen Verhältnisse veranschaulicht (»Der Schwache ist jetzt stark, man grüßt den, der sonst grüßte«), so wird hier die Krise im dramatischen Bild der völligen Abkehr der Gottheiten festgehalten: »Die Götter kehrten diesem Land den Rücken.« Als zeitgenössisches Zeugnis muss die Metapher von der »schweren Krankheit« jedoch auch ein unabweisbares Realitätszeichen getragen haben. Wie wir gesehen haben, wütete in dem von den Göttern verlassenen Land die Pest. Lässt sich diese Verbindung, die zunächst nur als sekundäre Ableitung aus den hethitischen Texten plausibel ist, durch eine innerägyptische Quelle absichern?

Hans Goedicke (1984) hat den erwünschten Nachweis anhand des »Londoner Medizinischen Papyrus«, der in die Regierungszeit des Tutanchamun datiert wird, erbracht. In einer luziden Textinterpretation hat er zeigen können, dass der Papyrus die magische Anrufung zweier Gottheiten enthält, die vor der »Krankheit der Amu« (der Pest) schützen sollen. *Amu* war im Alten Ägypten die gängige Bezeichnung für die »Asiaten«, so dass wir den Ausdruck mit »asiatische Krankheit« oder regional präziser »kanaanäische Krankheit« übersetzen dürfen – eine Weise der Benennung, die kulturübergreifend bis in unsere Zeit bekannt ist (etwa in der Rede von der »französischen Krankheit« oder der »spanischen Grippe«) und die stets eine Herkunftsvermutung mit einer apotropäischen Abweisung verbindet. Die nähere Spezifizierung des Papyrustextes bringt weitere Klarheit. Die Fürbitte wird in »der Sprache der Keftiu« (Kreter) vorgetragen und richtet sich an zwei nicht-ägyptische Götter (*Santas* und *Kupapa*), für die Goedicke einen anatolischen Hintergrund vermutet – womit überraschend (und doch erwartbar) die hethitische Karte im Spiel ist. Die Anrufung der anatolischen Götter macht Sinn, weil die Ägypter die Seuche mit Hatti in Verbindung bringen – wie umgekehrt die Hethiter mit den Ägyptern. Kreta steht dagegen mutmaßlich für das Land, das von der Epidemie aller Wahrscheinlichkeit nach verschont blieb; das Zitieren kretischer Sprache – mutmaßlich handelt es sich um Linear B – soll die Gunst des Verschontwerdens magisch auf die Schutzflehenden übertragen.

Unsere Suche nach einer ägyptischen Reaktion auf die Epidemieerfahrung hat zu einem ersten Ergebnis geführt. Wie für die betroffenen Nachbarländer kann auch für Ägypten »eine eindeutige Betroffenheit über die *kanaanäische Krankheit*« (Goedicke) festgestellt werden. Mit dieser Vergewisserung im Rücken dürfen wir jener Metapher von der »schweren Krankheit« einen Doppelsinn unterstellen – ganz so, wie dies Jan Assmann in einer prägnanten Schlussfolgerung festgehalten hat: »Wenn man bedenkt, dass am Ende der Amarnazeit eine wirkliche Pest ausbrach, dann ist diese Beschreibung nicht *nur* metaphorisch zu verstehen.« Das ist nun aber keineswegs so zu interpretieren, als enthalte die Inschrift der Restaurationsstele gleichsam als Subtext den in den hethitischen Texten ausgemachten Zusammenhang von Schuld und Strafe. Ganz im Gegenteil. Der zeitgleiche Londoner Medizinische Papyrus verharrt noch ganz im Kontext ritueller Reinigung; er nährt freilich zugleich den Verdacht, bestimmte Kreise am ägyptischen Hof könnten ein Interesse daran gehabt haben, den sozialen Ursachen- und Schuldzusammenhang der kanaanäischen Krankheit gezielt außer Landes zu lokalisieren und damit zu einer nicht-ägyptischen Angelegenheit zu machen. König Tutanchamun ist jedenfalls kein ägyptischer Muršili; die Idee einer Strafaktion ägyptischer Götter, die mit der Seuche geschehenes Unrecht ahnden, bleibt eigentümlich blass und vage. Das Moment des Unausgeführten zeigt sich am deutlichsten darin, dass die am Auszug der Götter Schuldigen im Stelentext nicht einmal andeutungsweise genannt werden.

Dieser Eindruck verstärkt sich, wenn wir einen zweiten historischen Text, mit dem die Steleninschrift des Tutanchamun eine verblüffende Ähnlichkeit hat, einblenden. Es handelt sich um die große Inschrift der Königin Hatschepsut am Felsentempel von Speos Artemidos. Vier Generationen vor Amarna in Erinnerung an die Überwindung der Schreckensherrschaft der Hyksos geschrieben, begründet auch sie (als Königin auf dem Pharaonenthron unter besonderem Legitimationsdruck stehend) eine Politik der Restauration und Erneuerung:

> Der Tempel der Herrin von Kusa [Hathor]
> war zerstört und verfallen,
> die Erde hatte sein edles Allerheiligstes verschlungen
> und Kinder tanzten auf seinem Dach …
> …
> Ich habe wieder aufgebaut, was zerstört war
> Seit der Zeit, als die Asiaten Avaris beherrschten,
> räuberische Horden unter ihnen.
> Sie stürzten um, was gebaut war;
> Sie herrschten ohne Re …

Hier wird das Unheil in ganz ähnlicher Weise als Bruch mit der göttli chen Ordnung beschrieben. Die Klage gilt der Abwesenheit der Gottheit, der Schließung und dem Verfall der Tempel sowie der Einstellung der Kulte. Im Unterschied aber zur Inschrift des Tutanchamun nennt Hatschepsut die Verursacher des Übels beim Namen. In der Rede von den »räuberischen Horden aus Avaris«, die »ohne Re herrschten«, sind die aus Kleinasien stammenden Hyksos eindeutig erkennbar.

Der Grund, warum Tutanchamun und seine Berater ihrerseits die Verantwortlichen mit Schweigen übergehen, ist schnell ausgemacht. Anders als Hatschepsut, die sich selbstbewusst in die Väterreihe der Ahmosiden und Thutmosiden (der natürlichen Feinde der Hyksos also) stellt, ist und bleibt Tutanchamun ein Kind Amarnas. Der im Jahre 3 oder 4 vollzogene spektakuläre Namenswechsel – von Tutanch*aton* zu Tutanch*amun* – suggeriert eine Kehrtwendung, die allein schon durch das Zeugnis der Physiognomie – wenn wir uns etwa an den Berliner Kopf des Tutanchamun halten – dementiert wird, denn was wir erblicken, ist nichts anderes als das »lebende Abbild des Echnaton«, seines Vaters (Abb. 9). Noch zu Beginn des 20. Jahrhunderts wurde deshalb diese Büste noch Echnaton zugeschrieben. Auch jenseits des Augenscheins, gewissermaßen zwischen den Zeilen der Hieroglypheninschrift, hat diese Aussage Gültigkeit. So ist schwerlich die Mehrdeutigkeit zu übersehen, die darin besteht, dass die religiös konnotierte

Abb. 9: Büste von König Tutanchamun

Vater-Metapher der Steleninschrift *(»Da erschien Seine Majestät auf dem Thron seines Vaters«)* zwar der Anrufung des Vaters Osiris gilt, aber immer auch mit der Beziehung zum verstorbenen Vatergott Echnaton spielt. Noch eindeutiger weisen Teile der Grabausstattung den verstorbenen Tutanchamun als Amarnakönig aus. So trug die Mumie des Königs eine perlenbestickte Kappe, welche die Kartuschen des Gottes Aton zeigen, der als Strahlenaton ebenso die Rückenlehne eines beigegebenen Goldthrones ziert. Tutanchamun ist Teil des Schuldzusammenhangs, der aufgebrochen werden soll; er selber verkörpert den Gräuel. Mit ihm als Galionsfigur ist der offene Bruch mit der Politik von Amarna nicht wirklich zu vollziehen. Deshalb trägt die Restaurationsstele alle Anzeichen einer Kompromissbildung. Sie ist als zeitgenössisches Dokument von großer Deutlichkeit und belässt doch alles im Zwielicht von Andeutungen. Der kryptische Umgang mit der Amarna-Erinnerung, der – wie sich zeigen wird – die gesamte Gedächtnisgeschichte durchzieht, hat hier seinen Ursprung. Und schemenhaft ist zu erkennen, wie das Unbewusste in der Kultur Ägyptens dieses Dilemma »nutzt«, um nach einem anderen historischen Referenzrahmen Ausschau zu halten, dem das Gedächtnis von Amarna eingeschrieben werden kann.

Natürlich wird man an dieser Stelle fragen müssen, warum der wirklich starke Mann im Staate, der militärische Befehlshaber Haremhab, nicht schon in jenen Tagen die Zügel der Macht selbstbewusst in die Hand genommen hat. Ganz offensichtlich war es zu einem Staatsstreich noch zu früh. Zwar wirft die Figur des Haremhab mit dem so ungewöhnlichen wie anmaßenden Titel »Stellvertreter des Königs« einen bedrohlichen Schatten in Richtung des Zentrums der Macht; aber der General ist selber von Amarna kontaminiert. Er hat nicht nur seine militärische Karriere unter der Regierung Echnatons begonnen[21], er muss auch wie kein anderer für die außenpolitischen Misserfolge der Amarna-Zeit seinen Kopf hinhalten. Erstaunlicherweise hält die Restaurationsstele des Tutanchamun dieses Faktum ungeschminkt fest – eine Eingebung, die man auf Eje, den mächtigen Gegenspieler, beziehen möchte. Mit der Erwähnung der erfolglosen Kämpfe an der Nordgrenze Ägyptens wird die Erinnerung an die militärische Niederlage gegen die Hethiter wachgerufen. Die aber ist, wie wir gesehen haben, entscheidend mit dem Ausbruch der Pest verbunden, denn die Dezimierung des ägyptischen Expeditionscorps durch die Seuche dürfte den Verlauf der Auseinandersetzungen nicht unerheblich beeinflusst haben. Ein weiteres Mal bestätigt sich die Mehrdeutigkeit im Begriff der »Krankheit«: Amarna wird heimgesucht von der Plage der Pest und ist insgeheim selber eine Plage.

Die Machtübernahme der Militärs musste warten, bis sich die Lage an der Front entspannt – und möglicherweise die Pestepidemie ihren Höhepunkt überschritten hatte. Haremhab, heißt das, musste mit Eje einen weiteren Amarna-König an sich vorbeiziehen lassen; keinen beliebigen übrigens, sondern den letzten Vertreter des Hauses Juja, einen ausgewiesenen Exponenten des Aton-Kultes, denn es ist (wie bereits erwähnt) die Grabanlage Ejes, die uns den berühmten Sonnengesang in seiner langen Fassung überliefert hat. Als Haremhab im Jahre 1315 endlich den Thron besteigt, besteht einer der ersten hoheitlichen Akte darin, die Restaurationsstele des Tutanchamun zu usurpieren. Er lässt in die ausgehackten Kartuschen des Amarna-Königs seinen eigenen Thronnamen einsetzen, die Inschrift bleibt aber ansonsten unverändert. Haremhab schreibt die Geschichte nicht neu – auch er kein Muršili, der die Pest als Strafe des Amun für den Frevel des Echnaton zu deuten wüsste: als Fluch der bösen Tat. Ein bemerkenswerter Befund, denn ein Blick in die Geschichte liefert uns ganz andere Beispiele. So hat die 12. Dynastie das Gedächtnis der chaotischen Ersten Zwischenzeit (ca. 2150 bis 2040 v.u.Z.) für die Zwecke einer dauerhaften Konsolidierung des Mittleren Reiches in Anspruch genommen. Demgegenüber wird die Amarnazeit gerade nicht »als Chaoserfahrung stilisiert, um die Militärherrschaft des Haremhab und der von ihm zu Nachfolgern berufenen Offiziersfamilie aus Sile als Heilswende zu legitimieren« (Assmann). Die Politik der Ramessiden, der Haremhab den Weg ebnete, vollzieht sich in den alten Bahnen der Gründungssemantik des Neuen Reiches. Nicht der innere Feind wird beschworen; nach dem Muster des Befreiungskampfes gegen die Hyksos geht es um die Abwehr und Unterwerfung des »asiatischen Feindes«, der sich jetzt in Gestalt der Hethiter zeigt. Die Einschätzung eines feindseligen Verhältnisses zwischen Ägypten und Hatti wurde übrigens von der Gegenseite geteilt, wie aus einem Schreiben des Muršili an den Fürsten Duppi-Teschub von Amurru hervorgeht: »Dein Vater brachte Tribut nach Ägypten; du selbst aber sollst ihn nicht nach Ägypten bringen, denn Ägypten ist ein Feind.« Dass in diesem Assoziationsfeld die »asiatische Krankheit« einen bestimmten Platz einnimmt, wird man kaum für zufällig halten dürfen. Tatsächlich wird die Erinnerung an Amarna genau in Richtung auf die Ursprungserfahrung der Invasion aus dem Norden verschoben. Es ist, als würde der »Feind von Amarna« hinter dem Bild von den »asiatischen Feinden« unsichtbar. In einigen der überlieferten Narrative der Hyksos-Erinnerung ist die Amarnaerfahrung indes in verstellter Form nachweisbar und als Subtext lesbar.

Ein instruktives Beispiel einer solchen Verschiebung findet sich auf einem ramessidischen Papyrus der 19. Dynastie dokumentiert. Es handelt sich um die berühmt gewordene Erzählung vom Streit zwischen dem Hyksoskönig Apophis und dem thebanischen Gaufürsten Sekenenre, von der in einem späteren Kapitel noch ausführlicher die Rede sein wird. An dieser Stelle genügt der Hinweis, dass die Legende, die vordergründig eine Rückerinnerung an den Vorabend des thebanischen Befreiungskampfes gegen die Hyksos verarbeitet, ein auffälliges religionspolitisches Kolorit trägt. So heißt es von König Apophis, »er machte sich den Seth zum Herrn. Er diente keinem Gott im ganzen Land außer dem Seth«. Diese Aussage bedeutet nicht weniger, als den Hyksosherrscher mit einer monolatrischen Gottesverehrung in Verbindung zu bringen. Diese Behauptung ist aber historisch unhaltbar; zwingend ist dagegen der Umkehrschluss, den Jan Assmann aus dem gedächtnisgeschichtlichen Verwirrspiel gezogen hat: »Die ortlos gewordenen Amarna-Erinnerungen hefteten sich an die Hyksos und ihren Gott Baal, der dem ägyptischen Gott Seth gleichgesetzt wurde.« In diese Richtung weisen auch andere Reminiszenzen. So hat der Bau des zentralen Tempels in unmittelbarer Nachbarschaft zum Palast (im Text »Haus des Königs Apophis« genannt) sein Vorbild ganz offensichtlich in Achetaton, der Amarna-Metropole.

Bedeutet das nun, dass allein diese Rückschau (der »Amarna-Blick« sozusagen) die Konfrontation mit den Hyksos in einen religiösen Konflikt umgedeutet hat? So weit dürfen wir nicht gehen. Sicherlich ging ein mächtiger Anstoß von dem aus, was (noch unscharf) mit dem »Trauma von Amarna« zu bezeichnen wäre. Aber die erwähnte Inschrift der Hatschepsut belegt zweifelsfrei, dass die Tradition die verhassten Asiaten lange vor Amarna mit Vorstellungen einer religiösen Differenz zu verbinden wusste. Der Hinweis *»... sie herrschten ohne Ra«* lässt sich zwanglos auf den gleichen Sachverhalt, die frevelhafte Abkehr vom Pfad des traditionellen Kultus des Re-Harachte, beziehen. Dann aber steckte in der Erzählung vom Streit zwischen Apophis und Sekenenre auch das Moment eines gedächtnisgeschichtlich aufbewahrten Déjà-vu. In der Monolatrie-Variante läge eine amarnaspezifische Umarbeitung vor; im Bericht vom Bruch mit der rituellen Ordnung käme ein Stück Wiedererinnerung zum Zuge. Die aufgedeckte Erinnerungsspur macht es glaubhaft, dass die Hyksos nicht nur als fremde Invasoren den Hass auf sich zogen, die das Land tributpflichtig machten, sondern ebenso in der Gestalt der kultisch Unreinen. Der Hinweis auf die Titulatur der Hyksoskönige – einige von ihnen führen Re in ihrem Namen – steht dem nicht entgegen; er zeigt den Vorgang einer formalen Ägyptisierung an, nicht mehr.

Unsere Argumentation erfährt eine nicht geringe Bekräftigung durch die Verwendung des Begriffs der *Plage* zur Kennzeichnung der eingetretenen Katastrophe. Im Text des Papyrus heißt es: »Die Plage herrschte in der Stadt der Asiaten [Stadt des Re (?)], denn König Apophis saß in Avaris.« Die Erzählung scheint an dieser Stelle in bemerkenswerter Weise zwischen Avaris, dem Herrschersitz der Hyksos, und der »Stadt des Re« zu differenzieren. Schon Gustave Maspero (1911), der *»les Impurs de la ville de Ra«* liest, hat die Stadt mit Heliopolis, der alten Sonnenstadt, identifiziert. Einem weit gefassten Verständnis nach umfasst »Plage« die demütigende Hyksosherrschaft insgesamt; in einem engeren Sinne könnte der Begriff die Entweihung der alten Sonnenstadt Heliopolis meinen, die – anders als Theben – im unmittelbaren

Einflussgebiet der Hyksoskönige lag. Hier ist die Plage als Travestie der Religion fassbar. In dieser Zuspitzung wird die (den gesamten Text strukturierende) geopolitische Gegnerschaft »Avaris/Nordstadt vs. Theben/Südstadt« als religiöser Konflikt lesbar: »Stadt der Unreinen/Heliopolis vs. Stadt der Reinen/Theben«. Diese interkulturelle Radikalisierung erfährt der Hyksoskonflikt aber sicherlich durch die intrakulturelle Erfahrung mit der historisch jüngeren »Gegenreligion« des Echnaton. Die analogiestiftende Folie, die jener älteren Erinnerungsfigur unterlegt ist, enthält als Kennung das Gegensatzpaar »Achetaton/die neue Sonnenstadt vs. No-Amun/Theben/das südliches Heliopolis«. Die hier aufscheinende Strukturähnlichkeit – und das heißt zugleich: nicht die Identität der historisch divergenten Sinnformationen – ist die Klammer, welche die Hyksos-Erinnerung so eng an die Amarna-Erinnerung anbindet. Es sind Analogien dieser Art, mit denen das kulturell Unbewusste auf der Suche nach der verlorenen Zeit, die selber nicht beim Namen genannt werden darf, arbeitet.

Am semantischen Potential von »Plage« lässt sich die Linie einer eigensinnigen Formatierung der Hyksos-Erinnerung noch weiter ausziehen. Goedicke hat in der zitierten Arbeit über die »kanaanäische Krankheit« darauf hingewiesen, dass sich der ägyptische Erstbeleg für den Ausbruch einer Pest im medizinischen Papyrus Hearst findet, der gemeinhin in die Zeit von Amenophis I. (gegen Ende des 16. Jahrhunderts v.u.Z.) datiert wird. Interessanterweise gilt dort die beschwörende Anrufung niemand anderem als Seth, der in Avaris verehrten Gottheit.

So wie Seth das Große Meer [Mittelmeer] gebannt hat,
so wird Seth dich bannen, o Krankheit der Amu!

Goedicke bezieht die Heldentat des Seth, die hier evoziert wird, auf die Bannung einer Flutwelle im Gefolge der vulkanischen Katastrophe von Thera (dem heutigen Santorin). Das ist ein kontrovers diskutiertes Thema, aber für unsere Diskussion ohne Belang. Bedeutsamer ist eine andere Verknüpfung. Jene erstmals erwähnte Pest, die in Kanaan/Syrien wütete und Ägypten bedrohte, wirft ihren Schatten auf das Ende der Hyksos-Zeit – ein erstaunlicher Parallelismus zu jener Seuche am Ende der Amarnazeit, auf die König Muršili mit seinen Pestgebeten reagierte. Wir sind mit einer weiteren starken Ähnlichkeitsrelation von Hyksos- und Amarna-Erinnerung konfrontiert. Es überrascht daher nicht, wenn Goedicke die Erwähnung einer Plage in der ramessidischen Erzählung von Apophis und Sekenenre mit der im Papyrus Hearst berichteten Pest zusammenbringt: »Das Auftreten der Plage im späten 16. Jahrhundert stimmt mit dem einleitenden Hinweis der spät-ägyptischen Geschichte vom Streit zwischen Apophis und Sekenenre überein, nämlich dass ›das Land von Ägypten den Unreinen gehörte‹; das Letztere bezieht sich möglicherweise auf vor der Pest Geflohene.«

Natürlich ist die Mutmaßung über Pestflüchtlinge nicht weniger spekulativ als der Bezug auf den Vulkanausbruch von Thera.[22] Wir werden deshalb für unsere gedächtnisgeschichtliche Rekonstruktion nur so viel festhalten wollen: Unabhängig von Amarna arbeitet schon das Gedächtnis der Hyksos-Ära mit einem doppelsinnigen Begriff von Plage – der Reminiszenz an die Bedrohung durch eine Pest sowie der Erinnerung an einen schmerzhaften Riss im Sinnhaushalt der Kultur. Mit dem Begriff der *kanaanäischen Krankheit* in seiner spezifischen Kulturbedeutung stand den Ägyptern der Nach-Amarnazeit damit ein Referenzrahmen zur Verfügung, der es ihnen erlaubte, den Schrecken von Amarna gleichsam in verhüllter Form zu bannen und auszutreiben. Eingeschrieben in das semantische Schnittmuster der Hyksoserfahrung wurde es möglich, das inkommensurable Eigene in Gestalt des Fremden auszustoßen. Denn genau hierin besteht der große Unterschied: Die Hyksos waren wirklich Fremde, die Amarnakönige dagegen Ägypter aus dem Geblüt der glorreichen 18. Dynastie. Hatten die eigenen Herrscher jenseits der Anklänge an die Bedrohung durch Pest und kultische Unreinheit noch in einer anderen Hinsicht Ähnlichkeit mit den »Herrschern der Fremdländer«, den Hyksos? Könnte es sein, dass der Schrecken, den das schöne Achetaton verbreitete, nicht allein, wie gemeinhin vermutet, von der Kultreform ausging, sondern ebenso durch eine machtpolitische Bedrohung verbreitet wurde? Seit zwei Generationen hatte das Haus Juja die Macht der Thutmosiden gleichsam untergraben. Und sah es jetzt (nach dem Tod Echnatons) nicht so aus, dass Amarna drauf und dran war, den »fremden Asiaten« in Gestalt der Hethiter die Hand zu reichen und einer neuen Fremdherrschaft den Weg zu ebnen? Die bisher gegebenen Andeutungen reichen zu einer so weitgehenden Erklärung bei weitem nicht aus. Es gilt, die besonderen Grundlagen der Macht, die Legitimierung der Machthaber und die Verschiebung der Machtzentren in den Blick zu nehmen. Unsere Erkundung wird aber nicht dem ausgetretenen Königsweg (des Echnaton) folgen – eine Absage an die gängige Erwartung, mit der schrittweisen Radikalisierung einer religiösen Reform durch den jungen König die entscheidende Richtschnur in Händen zu halten. Sie setzt an anderer Stelle an, an dem scheinbar marginalen Vorkommnis eines Plans, der nur zur Hälfte ausgeführt wurde – des Versuchs, einen hethitischen Königssohn auf den ägyptischen Thron zu setzen. Wir nehmen den Faden wieder auf, den uns nicht die ägyptische Überlieferung selbst, sondern die hethitische Geschichtsschreibung in die Hand gegeben hat; den *Dachamunzu*-Faden, dessen pure Existenz als deutliches Krisensymptom zu verstehen ist und der deshalb helfen kann, das Knäuel Amarna zu entwirren.

II
AUFRUHR IN AMARNA

1. Königin Nofretete bittet um einen Gemahl

Als König Assuruballit I. von Babylon, dessen Tochter mit Amenophis III. verheiratet war, seinerseits um die Hand einer ägyptischen Prinzessin anhielt, wurde ihm kurz und bündig beschieden: »Seit Menschengedenken ist keine ägyptische Königstochter an irgendjemanden vergeben worden« (EA 4). Der bauernschlaue Assuruballit lenkte ein und gab zu verstehen, er sei ersatzweise mit irgendeiner schönen Ägypterin als Braut einverstanden, denn: »Wer würde sagen, sie sei keine Königstochter?« Das ungeschriebene Gesetz, das jedwede Ansprüche ausländischer Herrscher auf den ägyptischen Thron, die aus einer Einheirat hätten abgeleitet werden können, von vornherein ausschließen sollte, blieb also unangetastet. Im Lichte dieser ehernen Tradition mag man ermessen, welch nie dagewesene Ungeheuerlichkeit in dem Ansinnen jener ägyptischen Königin zum Vorschein kam, die hethitischen Quellen zufolge König Šuppiluliuma bat, ihr einen seiner Söhne als Prinzgemahl zu senden. Hier wurde das Befürchtete, dessen Eintritt man durch ein kompliziertes System von gebotenen und verbotenen Heiraten zu verhindern trachtete, in Form einer seitenverkehrten Überbietung (ausländischer Prinz heiratet ägyptische Königin) zum Ereignis. Welche Umstände waren nur eine Generation nach Amenophis III. eingetreten, dass eine solch radikale Abkehr von einem der zentralen Grundsätze ägyptischer Außenpolitik möglich wurde? Welche Person hatte die Stirn (sprich: den Mutwillen) und die Hand (sprich: die Macht), eine diplomatische Heirat einzufädeln, die einen hethitischen König auf den Thron Ägyptens gebracht hätte?

Werfen wir, um die Identität der Königswitwe aufdecken zu können, einen erneuten Blick auf die entsprechende Textpassage:

> Und da zudem ihr König Nipchururija verstorben war,
> schickte die Königin [SAL.LUGAL] Ägyptens,
> die Königsgemahlin [t3 hmt nswt = Dachamunzu],
> einen Boten zu meinem Vater und schrieb ihm wie folgt (...).

Abb. 10: Standfigur der Nofretete (im fortgeschrittenen Alter)

Die mit Šuppiluliuma korrespondierende Witwe wird nicht beim Namen genannt, sondern zunächst nur mit dem Titel »Königin des Landes Ägypten« bezeichnet. Die originäre Bezeichnung für Königin, SAL.LUGAL, ist die weibliche Entsprechung für LUGAL, König. Im hethitischen Sinne ist damit über die Beziehung der regierenden Königin zum verstorbenen König noch nichts Definitives ausgesagt; sie muss nicht notwendigerweise dessen Witwe sein. Erst der zweite Titel »Dachamunzu« (aus ägyptisch *Tahemetnesu* = die Frau des Königs) schafft Klarheit über das Verwandtschaftsverhältnis und ist wohl deswegen hinzugesetzt worden. Offen bleibt die Frage nach dem politischen Status der SAL.LUGAL. Ob hier die Herrschaft eines weiblichen Königs im ägyptischen Sinn gemeint ist (wie etwa im Fall der Hatschepsut) oder nur von einer interimistischen Regentschaft die Rede ist, lässt sich den hethitischen Quellen nicht entnehmen. Die Identität und der Rang der Königswitwe lassen sich also nicht direkt ermitteln; es bietet sich aber an, den Zugang über den Thronnamen ihres verstorbenen Gatten zu suchen.

Die Namensform *Nipchururija* steht zwei Interpretationen offen. Vom philologischen Standpunkt aus gesehen ist es möglich, den Namen des Königs sowohl auf den Thronnamen des Tutanchamun (Nebcheprure) als auch auf den des Echnaton (Nefercheprure) zu beziehen.[23] Es sprechen aber eine Reihe von sachlich-historischen Gründen dagegen, die sogenannte Dachamunzu-Affäre in die Zeit nach dem Tode Tutanchamuns zu datieren – und damit implizit Königin Anchesenamun als die gesuchte Briefeschreiberin auszuweisen. Dazu zählen die Chronologie der hethitischen Amqa-Feldzüge (u.a. die Konkordanz der hethitischen Quelle mit dem in die Spätzeit Echnatons fallenden Brief EA 170), die notwendige Zuordnung von an König *Nibchururija* (!) adressierten Briefen wie EA 9 an Echnaton angesichts der frühzeitigen Aufgabe der Residenz durch Tutanchamun sowie vor allem die Enge des postmortalen Zeithorizontes. Eine Ansetzung der Korrespondenz mit Šuppiluliuma nach dem Todes Tutanchamuns ist unrealistisch, weil die Nachfolgeregelung keinen Spielraum für den Austausch von Boten lässt. In der Sargkammer des Tutanchamun findet sich eine Darstellung von König Eje, wie er die Beisetzungszeremonie für seinen verstorbenen Vorgänger durchführt; wir haben in ihm mithin den sofortigen Nachfolger zu sehen. Dagegen zogen sich die (nach dem ersten Heiratsschreiben in Gang gekommenen) Verhandlungen zwischen dem ägyptischen und dem hethitischen Hof über mindestens ein halbes

Jahr hin. Auch der Name des ägyptischen Gesandten, ein gewisser Hani, spricht für die frühe Datierung. Der hohe Beamte und Militärführer mit dem ungewöhnlichen Titel eines »Königssohns im Lande Kanaan« ist uns aus der Regierungszeit des Echnaton bekannt und scheint seine Stellung unter Tutanchamun verloren zu haben. Die Identität des Königs Nipchururija mit Echnaton kann deshalb als gesichert gelten.

Akzeptiert man die letzten einschlägigen Beschriftungen auf Weinkrügen als Beleg, dann dürfte König Echnaton gegen Ende seines 17. Regierungsjahres, nach der Weinlese dieses Sommers, gestorben sein – nicht einmal 30-jährig (was erneut die Frage aufwirft, ob nicht auch er ein Opfer der Pest wurde, wie nur wenige Jahre später Šuppiluliuma, der Adressat des Dachamunzu-Briefes). Der erste Amarna-König wurde im Königsgrab von Achetaton begraben. Wir wissen nicht genau, ob man die traditionell 70 Tage dauernde Phase von Trauer- und Totenriten in Amarna eingehalten oder etwa verkürzt hat. Bekanntlich war das Jenseits, dem sich die altägyptische Religion mit großem kultischem Aufwand gewidmet hat, in der neuen Atonreligion eine Leerstelle. Wie die Ritualexperten von Amarna mit diesem Problem umgegangen sind, ist noch weitgehend unbekannt.[24] Auf jeden Fall ist die Jahreswende 1335/34 die Geschichtsstelle, an der Echnatons Witwe das verwirrende Spiel um die Thronfolge eröffnete. Als »Große Königliche Gemahlin« König Echnatons ist Nofretete bekannt. Haben wir damit zugleich die Identität der geheimnisvollen »Dachamunzu« aufgedeckt?

Obwohl eine ganze Reihe namhafter Ägyptologen wie D.B. Redford (1967), J. Samson (1978) oder C.N. Reeves (1990) für diese an sich naheliegende Lösung plädiert hat, ist sie keineswegs konsensfähig und bis heute Gegenstand eines ungeschlichteten Streites. Ein hartnäckiger Einwand, der immer wieder gegen die Identifizierung mit Nofretete ins Feld geführt wird, gilt ihrer angeblichen Verfemung resp. ihrem früh eingetretenen Tod. Die Ansicht, Nofretete sei in den letzten Jahren Echnatons in Ungnade gefallen und damit gleichsam von der Bildfläche verschwunden, beruft sich auf Tilgungen und Palimpseste auf Blöcken des Nordpalastes, in Maru-Aton und in Hermopolis. Es hat sich jedoch herausgestellt, dass von dieser Aktion nicht Nofretete, sondern vielmehr Echnatons Nebenfrau Kija betroffen war – die damit als potentielle Nachfolgekandidatin ausscheidet. (Übrigens nicht allein aus diesem Grund. An keiner Stelle wird Kija

»Große Königliche Gemahlin« genannt, sondern stets nur »Gemahlin« und »Große Geliebte des Königs«.) Die Behauptung, Nofretete sei vor ihrem Gemahl gestorben, stützt sich im Wesentlichen auf die Beschriftung eines sogenannten Uschebti, einer zur klassischen Begräbnisausstattung gehörenden Totenfigur; diese trägt neben der Titulatur des Echnaton den Namenszug der Königin. Es spricht jedoch alles dafür, dass Nofretete hier als Stifterin des (in Wahrheit dem verstorbenen Echnaton zugehörenden) Uschebtis in Erscheinung tritt, ihre Namensnennung somit als Widmung der überlebenden Königsgemahlin zu begreifen ist. Der Einwand, doppelbeschriftete Uschebtis dieser Art (die ihrer Funktion nach Votivgaben ähneln) seien extrem selten, geht ins Leere, weil sich ein weiteres Exemplar aus der unmittelbaren Umgebung erhalten hat: mit den Namen des Königspaares, dessen Erbe Echnaton und Nofretete angetreten haben: von Amenophis III. und Teje.

Gewichtiger als die Versuche, Nofretete als Kandidatin für die weibliche Nachfolge Echnatons zu streichen, sind Überlegungen, ihr konkurrierende (und möglicherweise besser geeignete) Platzhalterinnen zur Seite zu stellen. Seitdem man von den Ehen Echnatons mit wahrscheinlich dreien seiner Töchter weiß, sind diese – die Prinzessinnen Meritaton und Anchesenpaaton (Maketaton, die dritte, ist noch zu Lebzeiten Echnatons verstorben) – in den Kreis der Königswitwen aufgenommen worden. Autoren wie Krauss (1997) haben sich für die These starkgemacht, dass nur eine Königstochter erbrechtlich in der Lage war, den Thron durch Heirat weiterzugeben. Die Beweisführung, dass es in Amarna tatsächlich eine regierende Königstochter gegeben hat, stützt sich auf zwei Quellen. Zum einen führt die Königsliste des Manetho – der nicht unumstrittenen Gründungsurkunde der ägyptologischen Chronologie[25] – unter den Herrschern der 18. Dynastie eine Frau auf, die als Tochter des ihr vorhergehenden Königs bezeichnet wird. Ihr Thronname wird mit *Akencheres* angegeben. Interessanterweise enthält die Liste wenig später den Eintrag »Akencheres der andere«, das heißt der Zweite dieses Namens. Wir erhalten somit den Hinweis auf die Existenz einer regierenden Königin und eines (in deren Nachfolge stehenden) Königs mit identischem Thronnamen. Dieser Tatbestand findet eine Entsprechung in Funden aus Amarna und anderen Orten, die einen König mit dem Thronnamen *Anchcheperure* ausweisen, der unter seinem Geburtsnamen Semenchkare bekannt geworden ist. Das Bestechende dieses Vergleiches ist nicht nur, dass man die Namensform Akencheres zwanglos aus Anchcheperure ableiten kann, sondern mehr noch, dass bei einem Teil der Fundstücke, die den Thronnamen Anchcheperure nennen, dieser in femininer Form wiedergegeben ist. Da in der altägyptischen Schrift der Unterschied der Geschlechter grammatikalisch durch Hinzufügung der t-Hieroglyphe ausgedrückt wird, ist die weibliche Namensform *Anch(et)cheperure* zu lesen. Akzeptieren wir diese Spur, so ist eine auf Echnaton folgende Pharaonin, die bisher nur aus der unsicheren Liste des Manetho bekannt war, nun auch archäologisch nachgewiesen.

Diese kluge Beweisführung hat aber nicht nur dieses Resultat erbracht, sie hat vielmehr zu einem dreifachen Ergebnis geführt. Erstens dürfen wir jetzt mit guten Gründen unterstellen, dass die gesuchte SAL.LUGAL nicht nur eine Regentin war, sondern tatsächlich die ägyptische Krone getragen hat. Zweitens steht plötzlich ihr Thronname im Raum; aus der anonymen Dachamunzu ist Anch(et)cheperure geworden. Drittens ist hinter unserer Königin ein Doppelgänger gleichen Namens aufgetaucht, Pharao Semenchkare. Die Spur dieses Königs, dem nur wenige Regierungsjahre (ca. 1333–1330) attestiert werden, führt in das ominöse Grab Nr. 55 im thebanischen Tal der Könige[26], Inbegriff aller genealogischen Ungereimtheiten von Amarna (auf die ich an anderer Stelle ausführlicher eingehen werde). Lange Zeit galt die Annahme am überzeugendsten, dass es sich bei der dort aufgefundenen Mumie – einer männlichen Person, die auf ein Alter von 18 bis 23 Jahren geschätzt wurde – um Semenchkare handeln muss.[27] Neuere Untersuchungen zeichnen dagegen ein anderes Bild. Ich werde später argumentieren, dass es sich bei ihm wahrscheinlich um einen Sohn von Amenophis III. und Satamun, der ersten Tochtergemahlin des Königs, handelt, der nach dem Scheitern der Hethiterinitiative auf den Thron gelangte, weil die nicht zuletzt durch die Krise wiedererstarkte traditionalistische Partei die Inthronisierung des Echnaton-Sohnes Tutanchaton zu verhindern wusste. Aber es sind nicht die verbleibenden Unstimmigkeiten der Genealogie, die an dieser Stelle Schwierigkeiten bereiten. Ohne die Frage nach der Identität der Königin Anch(et)cheperure schon beantwortet zu haben, zeichnen sich die Umrisse eines neuen Rätsels ab: Wie ist es zu verstehen, dass Anchcheperure-Semenchkare-Dejesercheperu (so die volle Namensform des ersten männlichen Nachfolgers des Echnaton) bei seinem Regierungsantritt ausgerechnet den Thronnamen seiner Vorgängerin übernahm, die als regierende Königin seinen eigenen Thronanspruch offensichtlich übergangen hat und in Verfolgung einer dynastischen Verbindung mit dem hethitischen Hof im Begriff stand, ihn (und natürlich auch Tutanchaton) auf Dauer ins Abseits zu stellen?

Dieser Herausforderung lässt sich nicht begegnen, indem man die Identität der Königswitwe aus einer simplen Kombination der Manetho'schen mit der hethitischen Quelle erschließt, wie dies etwa Kraus tut: »Manetho kennt sie als Tochter des ihr vorhergehenden Königs, bei dem es sich nur um Echnaton handeln kann; nach den hethitischen Quellen war die auf Nipchuruia-Echnaton folgende Königin die Witwe ihres Vorgängers. Folglich war Anchetcheprure eine der Tochtergattinnen Echnatons. Aus Ranggründen ist bei ihr von vornherein an Meritaton, die älteste Tochter Echnatons und Nofretete, zu denken.« Dieser Kurzschluss mündet ein in das Konstrukt einer etwa einjährigen Alleinherrschaft der Meritaton, nach deren Ablauf Semenchkare den Thron bestiegen haben soll – mit der als Königin abgedankten, nunmehr als einfache »Königsgemahlin« fungierenden Meritaton an seiner Seite. Die Ungereimtheiten liegen auf der Hand. Dieser Lesart zufolge war der kühne, alle Traditionen sprengende Plan, einen hethitischen Prinzen auf den ägyptischen Thron zu setzen, ein folgenloses Intermezzo. Die Annahme, Meritaton hätte nach der Ermordung des Zannanza, des Prinzgemahls ihrer (ersten) Wahl, einfach zur Tagesordnung übergehen können, ist nicht nachvollziehbar. Welche Frau auch immer hinter dem ursprünglichen Heiratsplan stand, nach dessen Vereitelung war sie am ägyptischen Königshof ohne Frage eine *persona non grata*. Zu viel, nämlich die Gründung einer neuen Dynastie und damit das Schicksal Ägyptens selbst, stand in jenen Tagen auf dem Spiel. Ein bruchstückhafter Text eines weiteren Briefes König Šuppiluliumas in Sachen Heiratsaffäre, in dem er schwere Vorwürfe wegen des Verschwindens seines Sohnes erhebt, stützt unsere Vermutung.

> Als man mich hier bat, einen Sohn als Gemahl zu geben, war ich dazu bereit. Wenn du aber inzwischen den Thron bestiegen hattest, hättest du meinen Sohn nach Hause zurückschicken müssen. (…) Was habt ihr mit meinem Sohn gemacht?

Das Schreiben ist – ohne konkrete Namensnennung – an den nächsten Pharao (also mutmaßlich an König Semenchkare) adressiert, den Nachfolger der ominösen Dachamunzu, die nun ganz offensichtlich

Abb. 11: Prinzessinnengruppe mit Meritaton (rechts)

ihrerseits (wie umgekehrt der hethitische Prinz) spurlos verschwunden ist. Und es könnte gut sein, dass der eskalierende Konflikt nicht nur Zannanza, sondern auch die ägyptische Königin das Leben gekostet hat.

Unabhängig von den genannten Widersprüchen ist es mehr als zweifelhaft, ob wir Meritaton überhaupt das Format zubilligen dürfen, das sich im Ton der Heiratsschreiben sowie in der souveränen Entsendung von Gesandtschaften gezeigt hat und zur Bewältigung eines Ausnahmezustandes vonnöten war. Zwar ist *Mayati* (so die Vokalisation ihres Namens mit der Bedeutung »Geliebte des Aton«) neben Nofretete in den Rang einer Großen Königlichen Gemahlin erhoben worden, und im Schreiben des Abimilki von Tyros (EA 155) wird sie entsprechend hochrangig behandelt; so bezeichnet der syrische Fürst Tyros als »Stadt der Mayati«. Aber bei nüchterner Betrachtung handelt es sich hier um nicht viel mehr als diplomatische Floskeln, kleine Gunsterweise, die alle Mitglieder der königlichen Familie (die sich in der Öffentlichkeit als »heilige Atonfamilie« verehren ließ) erwarten konnten. Erik Hornung hat in diesem Zusammenhang an die gottähnliche Stellung Echnatons innerhalb der Atonreligion erinnert, die es ebenso zu ersetzen galt und die das eingetretene Machtvakuum im Rückblick noch größer erscheinen lässt. Man kann sich schwer vorstellen, so seine Einschätzung, »wie die Kronprinzessin Meritaton eine solche Rolle ausfüllen konnte«. Fügen wir hinzu, dass sie damals gerade einmal 13 oder 14 Jahre zählte; auch ein überzeugendes Motiv für jene befremdliche Thronfolgeregelung ist nirgends in Sicht.

Wer Meritaton in die Position der Briefschreiberin rückt, redet die Dachamunzu-Affäre, die als eine innen- wie außenpolitische Staatskrise ersten Ranges gewürdigt werden will, gewollt oder ungewollt klein. Kritik zieht eine solche Interpretation aber auch auf sich, weil deren Denkwege gegen die innere Logik der ägyptischen Thronfolge verstoßen. Da Meritaton an der Seite des Semenchkare in den wenigen erhaltenen Inschriften (so im Grab des Merire II.) nur den Titel einer Großen Königlichen Gemahlin trägt, müsste ihre (behauptete) Alleinherrschaft zeitlich *nach* der Regierung ihres Mannes angesetzt werden; andernfalls hätte sich der herrschenden Etikette zufolge in ihrer Titulatur der vormalige Rang eines regierenden Königs von Ober- und Unterägypten erhalten. Marc Gabolde hat auf diesen Widerspruch hingewiesen und als Ausweg vorgeschlagen, in Zannanza, dem ephemeren Hethiterprinzen, und Semenchkare, dem schemenhaften Pharao, ein und dieselbe Person zu erblicken. Erst nach dem Tod des Zannanza-Semenchkare habe Meritaton – Tutanchamun, den alleinigen Königssohn, zur Seite drängend – das volle Königsamt übernommen. Das ist nun allerdings eine abenteuerliche Phantasie, die zeigt, wohin es führt, wenn man einen falsch eingesetzten Stein aus dem kunstvoll zusammengesetzten Mosaik herausnimmt und nach Art eines Quodlibet neu besetzt, ohne sich über den Denkfehler im Klaren zu sein, der zu jener Fehlplatzierung geführt hat. Es scheint, dass die Mittlerstellung der Meritaton, die in ihrer Rolle als zweifache Königsgemahlin eine Brücke zwischen Echnaton und Semenchkare (den beiden mittelbar aufeinander folgenden Amarna-Königen) bildet, immer wieder dazu verleitet, in ihr die Schaltstelle der Thronnachfolge zu erblicken. Tatsächlich ist dieses Machtzentrum längst besetzt, und zwar richtigerweise von einer Frau, die wir aber mit niemand anderem als mit Nofretete, der natürlichen Königswitwe, zu identifizieren haben. Dass mit Nofretete die Gattin und nicht die Tochter die Nachfolge Echnatons angetreten hat, wird nur denjenigen irritieren, der die so häufig unzuverlässigen Angaben des Pseudo-Manetho für bare Münze nimmt.

Schon Eduard Meyer hat gesehen, dass der ganze Gestus des Heiratsgesuchs die Handschrift »der legitimen Königin und Mitregentin ihres Gemahls« trägt und damit eine Stellung voraussetzt, »die Nofretete so lange eingenommen hat«. Eine ganz und gar außergewöhnliche und sicherlich nicht leicht zu kopierende Stellung. Nofretete verfügte über ein Ausmaß an Privilegien und Insignien königlicher Macht, das für die gesamte 18. Dynastie ohne Beispiel war und noch die sprichwörtliche Machtfülle ihrer großen Vorgängerin Teje übertraf. Hier ist nicht der Ort, um auf die zahlreichen Belege im Detail einzugehen; mit der Auflistung einiger Facetten der Macht soll der einzigartige Status der Nofretete aber zumindest angedeutet werden:

- Auf mehreren Stelen (Berlin 17813 und 20716) ist das Tragen der »Blauen Krone« für Nofretete belegt, also derjenigen Krone, die vor Echnaton, und noch zu Beginn seiner Regierung, nur vom regierenden König getragen wurde.
- Ähnliches gilt für das Tragen des h3t-Kopftuches und des Stirnuräus (möglicherweise auch der »Roten Krone«) sowie für die Verdopplung ihrer Namenskartusche.
- Bedeutende Elemente sonst exklusiv königlicher Ikonographie wie das »Erschlagen des Feindes« und die Abbildung als »Sphinx, die den Feind niedertrampelt« wurden auf Nofretete übertragen.
- In der zum Karnak-Tempel gehörenden Sphinxallee alternierten ursprünglich Echnaton und Nofretete als Sphingen – ein Zeichen ihrer völligen Gleichstellung.
- In einigen Darstellungen ist diese Machtbalance sogar zugunsten von Nofretete verschoben: In einer Statuengruppe (Louvre E 15593) steht sie rechts neben Echnaton (statt, wie die Tradition es vorschreibt, links); auf einem Altarbild (Berlin 14145) sitzt sie, und nicht Echnaton, auf dem Sessel, der mit dem exklusiv königlichen Zeichen verziert ist.
- Auf einem Reliefbruchstück ist Nofretete zu sehen, wie sie Echnaton das Ehrengold umlegt, eine Gunstbezeugung, die Pharao für gewöhnlich selbst auserwählten Untergebenen erweist (Abb. 12).
- Nofretete gehört zur Triade, die das Königspaar zusammen mit dem Aton bildet, und erfüllt im Kultus eigenständig (und manchmal ohne Begleitung Echnatons) priesterliche Aufgaben.
- Schließlich übernimmt Nofretete sogar die Funktion der traditionellen Schutzgöttinnen am Sarkophag des verstorbenen Königs.

Wie immer man die Fragen der Machtverteilung zwischen Echnaton und Nofretete und des Spiels mit »wechselnden Identitäten« (Dietrich Wildung) im Einzelnen beantworten mag, fest steht, Nofretete war nach dem Tode Echnatons die politische und religiöse Zentralfigur in Amarna; an ihr führte kein Weg vorbei. Höchstwahrscheinlich war sie

Abb. 12: Nofretete legt Echnaton eine Kette mit Ehrengold um den Hals.

als langjährige Mitregentin auch formell längst Teilhaberin der Macht. Dieser Aufstieg könnte sich im Jahre 12 ereignet haben, anlässlich der Feierlichkeiten zur Entgegennahme der Tribute von Ländern wie Mitanni, Syrien, Hatti, Punt, Kusch und der Ägäis. Dafür spricht die Art, wie Nofretete auf den entsprechenden Reliefs (wiederum im Grab des Merire II.) abgebildet ist: Ihre Kontur erscheint bei nahezu identischer Linienführung als eine Dublette des Körpers von König Echnaton. Als Gegenstück zum Defilee des »Bringens der Tribute« darf die kostbare Fracht des sogenannten »Schiffes von Uluburun« angeführt werden, das in jenen Jahren – vielleicht auf dem Wege zu einem der mykenischen Königshöfe – vor der südanatolischen Küste sank. Die sensationelle Bergung des Wracks brachte unter anderem einen goldenen Skarabäus mit dem Siegel von Königin Nofretete zum Vorschein; er könnte durchaus aus der hier interessierenden Regierungszeit stammen und dafür sprechen, dass ägyptische Gesandte an Bord waren, die Teile der Ladung als Geschenk des Hofes von Amarna überbringen sollten.[28] Die Fülle an Herrschaftszeichen und Machterweisen verstärkt den sicheren Eindruck, dass sich hinter der mysteriösen Pharaonin Anch(et)cheperure nur die Gestalt der Nofretete verbergen kann. Sie (und nur sie) verfügte über die notwendige Souveränität und (wovon noch zu reden sein wird) das zureichende Motiv, die Herausforderung des Tages anzunehmen, um mit dem überraschenden Schachzug der Anwerbung eines hethitischen Prinzgemahls eine radikale Wende in der Politik von Amarna einzuleiten. Wäre diese erfolgreich verlaufen, dann hätte das nicht nur die Thronansprüche von Semenchkare und Tutanchaton zunichte gemacht; wir hätten es mit dem Gründungsakt einer neuen Dynastie zu tun, die an die Stelle der Ramessiden getreten wäre. Eine atemberaubende Perspektive.

Natürlich sind die außergewöhnlichen Vorrechte Nofretetes nicht übersehen worden; aber nur zögerlich und widerstrebend wurden (und werden) daraus die hier vorgeschlagenen Konsequenzen gezogen. Für die meisten Ägyptologen blieb (und bleibt) die schöne Königin eine Figur der *Luxuria*, nicht geschaffen fürs Regierungshandeln, das in seiner Extremform der *Idolatria* in die Zuständigkeit Echnatons zu fallen scheint. Es soll Forscher geben, die ihr eine Leidenschaft nach betörenden Düften nachsagen und nach einer sagenhaften Sammlung von Flakons, die im Nordpalast aufbewahrt worden sein soll, fahnden – und entsprechend *Zannanza* für die Duftmarke eines exotischen Parfüms halten. Wenn man dergleichen hört, nimmt es nicht Wunder, dass sich die schleppende Anerkennung einer überfälligen Statuserhöhung Nofretetes manchmal auf merkwürdigen Umwegen vollzog. So im Fall des britischen Ägyptologen John R. Harris, der in den frühen 70er Jahren auf inschriftliche Belege für den zweiten Teil von Nofretetes Namen *Neferneferuaton* gestoßen war: entweder in Kombination mit dem Thronnamen Anchcheperure oder mit dem Namen Semenchkares. Harris erklärte Semenchkare resp. Anchcheperure-Neferneferuaton für ein männliches Double der Nofretete-Neferneferuaton und plädierte kurzerhand auf Identität der beiden Personen. Ein kurioser Tatbestand. Einerseits beinhaltet diese Interpretation eine immense Aufwertung der politischen Rolle Nofretetes in den letzten Regierungsjahren des Echnaton; endlich avanciert die Königin zu Echnatons Mitregentin, tritt sie genau an die Stelle, an der lange ein Regent männlichen Geschlechts vermutet wurde, dessen zärtlicher Umgang mit dem König die Spekulation über dessen Homosexualität in Gang brachte. Andererseits übernimmt Nofretete in der »männlichen« Rolle des Semenchkare nun die Große Königsgemahlin Meritaton als Frau, das heißt wir hätten es auf der einzig erhaltenen namentlichen Darstellung des Königspaares im Grab von Merire II. jetzt mit einem lesbischen Paar zu tun. Würde man diesem Trugbild Glauben schenken, bliebe das Begehren der Nofretete nach einem hethitischen Prinzgemahl völlig unverständlich. Demgegenüber beharrt heute die Mehrheit der Ägyptologen (zu Recht, wie ich meine) auf der Existenz einer eigenständigen königlichen Person männlichen Geschlechts mit dem Eigennamen Semenchkare-Djesercheperu, die – ungewöhnlich genug – diesen Namen später zugunsten von Neferneferuaton preisgegeben hat. Es ist unstrittig, das der letztere Name (zu dem die Epitheta »Geliebter des Einzigen des Re«, »Geliebter Echnatons« und »Herrscher« treten) vor Semenchkare von Königin Nofretete getragen wurde. Alles spricht an dieser Stelle dafür, Nofretete in ihr Recht als regierende Königin Anch(et)cheperure-Neferneferuaton einzusetzen: als Nachfolgerin König Echnatons und als Vorgängerin König Semenchkares, des nachmaligen Anchcheperure-Neferneferuaton. Dieser Schritt wird zwingend, wenn man erkennt, dass die irritierende Übernahme zunächst des Thronnamens und sodann des Eigennamens durch Semenchkare keinen sympathetischen, aus der Intimität der ehelichen Verbindung gestifteten Akt darstellt, der auf Meritaton als ursprüngliche Trägerin der Namen verweist, sondern vielmehr einen feindlichen Akt der Übernahme darstellt: den Versuch nämlich, das Gedächtnis der Nofretete durch Usurpation ihrer Namen auszulöschen. Die teilweise Ersetzung des Namens der Nofretete an jüngeren Teilen des Palastes von Amarna durch den der Meritaton ist als ein weiteres Moment dieser *damnatio memoriae* zu begreifen. Es ist der Preis, den Nofretete für ihren Umsturzversuch zu entrichten hatte.

Unsere Beweisführung hat es wahrscheinlich gemacht, dass die hethitischen Quellen vom Tod Echnatons berichten und nachfolgend auf die diplomatische Initiative der Nofretete zu sprechen kommen, der zweiten Hatschepsut, welche die 18. Dynastie hervorgebracht hat. Der aufregende Befund wirft eine Reihe von Fragen auf, vor allem die nach dem leitenden Motiv der Königin. Was führte Nofretete außenpolitisch im Schilde, als sie die Hand nach Hatti ausstreckte? Was waren die inneren Beweggründe hinter ihrer beispiellosen Tat? Um hier weiterzukommen, möchte ich die Korrespondenz zwischen Hattuscha und Amarna einer erneuten Lektüre unterziehen – in der Hoffnung, dass mit dem Wissen um die Identität der Protagonistin einiges in neuem Licht erscheint.

Die zentrale Aussage Nofretetes in beiden überlieferten Heiratsschreiben lautet: »Mein Gemahl ist gestorben. Ich habe keinen Sohn.« Tatsächlich sind aus der Ehe Nofretetes mit Echnaton sechs Töchter

(Meritaton, Maketaton, Anchesenpaaton, Neferneferuaton die Jüngere, Neferneferure, Setepenre), aber keine Söhne hervorgegangen. Nun schreibt aber Nofretete nicht als Privatperson, sondern als Repräsentantin des ägyptischen Königshauses. Der Sinn ihrer Aussage kann demnach nur lauten: Es gibt am Hof keinen legitimen Königssohn. Hier liegt der Grund, warum die normale Thronfolge nicht beschritten werden kann. Doch was genau heißt in Amarna »normale Thronfolge«? Gewiss nicht die Verheiratung des ältesten Königssohns mit einer königlichen Erbprinzessin. Diese althergebrachte Tradition, die sich aus der frühen dynastischen Politik der Ahmosiden herleitet, ist faktisch seit zwei Generationen zum Erliegen gekommen. Mit Nofretete ist zum dritten Mal in Folge eine einfache Haremsdame aus dem Hause Juja zur Königin aufgestiegen; das heißt, einflussreiche Kreise am Königshof haben gleichsam eine neue Thronfolgeregelung in Kraft gesetzt. Was sich im Fall der Mutemwia, der Schwester des Juja und nachmaligen Gemahlin Thutmosis IV., noch weitgehend dem Zufall verdankte[29], hat eine machtbewusste Heiratspolitik in feste Gleise gelenkt: Der männliche Spross der Thutmosiden (nachfolgend Amenophis III. und Amenophis IV.) heiratet jeweils eine Cousine mütterlicherseits, die Tochter des Mutterbruders (Teje, die Tochter des Juja, beziehungsweise Nofretete, die Tochter des Eje). Der Einfluss der neuen Abstammungslinie, auf deren Hintergründe ich später noch näher eingehen werde, kann gar nicht überschätzt werden. Der Zankapfel der Macht, der hier sichtbar wird, ist letztlich für die religionspolitische Wende und Konfrontation der Kulte verantwortlich. Die Großen Königlichen Gemahlinnen aus dem Hause Juja scheren nach und nach aus dem Traditionszusammenhang der »Gottesgemahlinnen des Amun« aus; sie unterstellen sich dem Schutz solarer Gottheiten und empfangen schließlich die Weihe der Erbberechtigung aus den Strahlenhänden des Aton. Die neue Thronfolge ist aber ihrerseits an gewisse Kautelen gebunden. Sie setzt die biologische Existenz eines Thutmosiden-Sohnes und einer Tochter aus dem Hause Juja voraus. Das Dramatische der Situation nach dem Tode Echnatons besteht gerade darin, dass beide Bedingungen nicht länger erfüllt sind. Nofretete hat dem Echnaton keinen Sohn geboren, umgekehrt ist auf Seiten ihrer Geschwister, der Schwester Mutnedjmet und des (mutmaßlichen) Halbbruders Nachtmin, keine neue (Erb-)Tochter in Sicht. Das ist die Situation, in der Nofretete steht – und die sie zum Handeln zwingt. Es gibt kein »weiter so«. Nach der schleichenden Erosion der Thutmosiden-Linie und der inneren Blockade der neuen Heiratsregelung ist ein offener Dynastiewechsel eine mögliche Option.

Gegen diese Darstellung ist sofort einzuwenden, dass dem königlichen Hof sehr wohl, wie der Gang der Ereignisse zeigen wird, zwei Königssöhne angehören – neben Semenchkare (einem Sohn Amenophis' III.) Prinz Tutanchaton, der Sohn des verstorbenen Königs Nipchururija. Unser Wissen ist der Verdacht des Šuppiluliuma: »Vielleicht haben sie einen Sohn ihres Königs. Vielleicht wollen sie mich täuschen und wünschen sich nicht meinen Sohn, um ihn zum König zu machen.« Das Misstrauen Šuppiluliumas ist so groß – gab es Gerüchte um die Existenz der beiden potentiellen Kronprinzen? –, dass er den Kanzler Hattusaziti nach Ägypten schickt, um die Wahrheit herauszufinden. Übers Jahr kehrt der Kanzler in Begleitung des ägyptischen Gesandten Hani, der ein zweites Schreiben der Nofretete überbringt, an den hethitischen Hof zurück. Hattusaziti vermag die Bedenken Šuppiluliumas auszuräumen, das heißt, er hat sich vor Ort davon überzeugen können, dass sich (was die Thronfolge anbetrifft) »die Frau des Königs von Ägypten in einer Notlage« befindet. Es ist kein ägyptischer Prinzgemahl in Sicht, der die anvisierte Verheiratung des Zannanza mit Nofretete zu einer zweitklassigen Angelegenheit machen würde – Teil eines durchsichtigen Manövers zur Friedenssicherung, das dem Prinzen die traurige Rolle eines (sagen wir) männlichen Haremskandidaten zugewiesen hätte. Hat man dem hethitischen Kanzler die Existenz von Semenchkare und Tutanchaton verheimlicht? Möglich, doch nicht notwendigerweise. Dagegen spricht zum einen der relativ lange Aufenthalt Hattusazitis in Ägypten, zum anderen der Ton des überbrachten zweiten Briefes. Nofretete verwahrt sich in ihm ausdrücklich gegen den Verdacht, Šuppiluliuma getäuscht zu haben: »Wenn ich einen Sohn hätte, hätte ich dann an eine ausländische Macht geschrieben? Es ist eine Schande für mich und mein Land.«

Was genau könnte Königin Nofretete in diesem Zusammenhang mit *Schande*[30] gemeint haben? Diplomatische Heiraten waren in jenen Tagen gang und gäbe, aber stets ging es um einen Frauentausch. Die Umkehrung der etablierten Praxis, das Gesuch einer Königin um einen ausländischen Prinzgemahl, war gewiss außergewöhnlich, weil das eingespielte Geschlechterverhältnis auf den Kopf stellend – aber nicht per se schandbar. Natürlich hatte Nofretete, wenn man so will, in ihrer Rolle, als Königsmutter einen männlichen Thronfolger zu gebären, versagt. Aber für diesen Fall war durch den Harem vorgesorgt, der dem König Nebenfrauen zuführte. Ist nicht anzunehmen, das Tutanchaton genau über diesen Seitenweg das Licht der Welt erblickte? Aber irgendetwas muss nicht gestimmt haben mit dieser Geburt; etwas, das in den Augen der Königin beschämend war. Eine Schande also, die Nofretete nicht als Person betraf, die sich vielmehr auf das Land gelegt hatte. Eine Plage der anderen Art. Könnte es deshalb sein, dass man dem Hattusaziti bei seinem Besuch in Ägypten die Existenz von Tutanchaton keineswegs verheimlicht, sondern ihn (offenbar mit Erfolg) darüber aufgeklärt hat, warum dieser Königssohn als Erbe nicht in Frage kam? Hat man mit dem Abgesandten des hethitischen Großkönigs ein inoffizielles *naming and shaming* veranstaltet? Rührt also Nofretete mit ihrer Bemerkung an ein Familiengeheimnis, das nicht ruchbar werden sollte?

Bevor wir versuchen wollen, diese Fragen zu beantworten, ist einer zweiten potentiellen Thronfolge, die in der Korrespondenz anklingt, nachzugehen. In beiden Briefen findet sich der Satz: »Niemals werde ich einen meiner Diener zum Gatten nehmen.« Es reicht nicht, hier den allgemeinen Stolz der Königin herauszulesen. Diplomatisch verklausuliert gibt Nofretete dem Šuppiluliuma zu verstehen, dass sie zu Hause unter Druck steht, eine Persönlichkeit außerhalb der königlichen Familie zu ehelichen und damit zum Pharao zu machen. Diese Deutung würde den Zusatz »... ich habe Angst«, der im ersten Brief auf den in Rede stehenden Satz folgt, gut verständlich machen. Möglicherweise erfahren wir an dieser Stelle indirekt etwas über den ersten Zugriff des Haremhab auf die Macht. Wenn dem so wäre, können wir uns unschwer die brisante Lage vorstellen, die in Amarna in jenen Monaten des Jahres 1335/34 geherrscht haben muss, in denen Nofretete ihre diplomatische Offensive startete. Die Notlage der Thronfolge war zugleich ein politischer Ausnahmezustand, und zwar dezidiert wegen der eingetretenen außenpolitischen Krise. Für die führenden Militärs stand *Hatti ante portas*. Es galt, »die elenden Asiaten« draußen zu halten und zu unterwerfen. Nofretetes Politik stand dieser Gewaltbereitschaft, auf die mit der Ermordung des Zannanza schon bald die erste Tat folgen sollte, diametral entgegen. Das ist jedoch nur die Außensicht. Für die Königin wäre die Friedensdividende, welche die diplomatische Heirat sicherlich abgeworfen hätte, eine erwünschte Nebenfolge gewesen. Primär dürfte sie jedoch, wie angedeutet, anderes im Sinn gehabt haben. Ihr selbstbewusstes, ganz und gar nicht unterwürfiges Auftreten, die Art, wie sie von Šuppiluliuma einen Sohn geradezu fordert[31], verrät (uns), dass es ihr keineswegs um den Ausverkauf ägyptischer Interessen ging. Nahezu ausgeschlossen, dass sie nach vollzogener Heirat die Zügel der Macht wieder aus der Hand gegeben hätte. Die Militärbefehlshaber auf der anderen Seite werden sich dagegen nicht lange mit einer Motivsuche aufgehalten haben. Für sie bedeutete der Schwenk in der Außenpolitik genau dies: Verrat an den Sicherheitsinteressen Ägyptens. Das Geschichtsbild aber, in dem ihre Rhetorik des Krieges sich bewegt, ist die ruhmreiche Gründungsgewalt der 18. Dynastie: der Befreiungskampf gegen die Hyksos. Es ist das Gespenst einer asiatischen Fremdherrschaft, das durch die in Achetaton einlaufenden Nachrichten evoziert wird. Wenn wir nun daran erinnern, dass zeitgleich die Pest im Lande wütete, so erhellt das Schreckbild einer doppelten Plage, dass wir es jenseits der Interessenlage der beteiligten Protagonisten mit der Wiederkehr einer traumatischen Erfahrung zu tun haben. Deutlicher als zuvor ist zu erkennen, wie Nofretetes Außen- und Heiratspolitik entscheidend dazu beigetragen hat, dass das kulturelle Gedächtnis Ägyptens die Amarnaerinnerung mit der älteren Hyksoserinnerung verwoben hat.

Kehren wir zu der Vermutung zurück, dass möglicherweise ein Familiengeheimnis, dessen genaue Konstellation wir noch nicht kennen, Nofretete zu ihrer riskanten Politik bewogen haben könnte. Enthält die diplomatische Korrespondenz einen weiteren Fingerzeig in diese Richtung? Neben den beiden erwähnten Heiratsschreiben findet sich in den hethitischen Annalen eine Einlassung des Hani, des ägyptischen Gesandten, deren Eingangspassage uns interessieren muss:

> So sprach Hani, der ägyptische Bote, zu meinem Vater:
> »O Herr, dies ist [...] die Schande für unser Land. Wenn wir [einen Königssohn] hätten, wären wir dann in ein fremdes Land gekommen, um einen Herren für uns zu erbitten? Nipchururija, der unser Herr war, ist tot. Er hat keinen Sohn hinterlassen. Die Gemahlin unseres Herrn ist allein.«

Ein zweites Mal ist von Schande die Rede. Wiederum gewinnt man den Eindruck, dass mit dieser Bezeichnung (die hier ausdrücklich auf das Land Ägypten bezogen wird) nicht allein die Zumutung gemeint ist, die mit dem Heiratsgesuch an eine fremde Macht verbunden sein könnte, sondern auch der (nicht aussprechbare) Anlass, der die ägyptische Seite zu dieser befremdlichen Aktion zuallererst nötigte. Beachtenswert ist weiterhin die direkte Bezugnahme auf den verstorbenen König Nipchururija-Echnaton. Hieß es aus dem Mund der Nofretete »Ich habe keinen Sohn«, so heißt es jetzt »Er hat keinen Sohn«. Nofretete muss sich einen potentiellen Sohn Echnatons aus der Ehe mit einer anderen Frau nicht zurechnen. Für Echnaton selber gilt dies natürlich nicht; das macht die Aussage des Hani objektiv unwahr. Als einziger Ausweg bietet sich wiederum die Lesart an: »Er hat keinen *legitimen* Sohn hinterlassen.« Nun wissen wir aber, dass Tutanchaton *nach* Nofretete sehr wohl als legitimer Herrscher anerkannt wurde (wie vor ihm Semenchkare). Die Zuschreibung der Illegitimität muss also wesentlich mit Nofretete selbst zu tun haben, das heißt wohl: mit ihrer besonderen Stellung in der königlichen Familie. Aus welchem Grund waren Semenchkare und Tutanchaton für die Königin (und ihre Vertrauten am Hofe) Bastarde, deren Erbansprüche offiziell bestritten wurden? Wie die spätere Entwicklung anzuzeigen scheint, hat sich Nofretete mit ihrem Bannstrahl ganz offensichtlich außerhalb der königlichen Familie gestellt. Ist dies der tiefere Sinn der Feststellung, die Königin sei »allein«?

Im Archiv von Boghazköy hat sich das Bruchstück eines dritten Briefes der Nofretete an Šuppiluliuma erhalten, der sich auf die laufenden Verhandlungen über die Ankunft des Zannanza sowie den Austausch von Geschenken beziehen lässt. Er enthält einen Satz, der aufhorchen lässt: »Siehe, ich bin [in der Lage von] jemandem, [der keine] Familie [hat].« Dieser Satz – wenn denn sein Sinn richtig erfasst

Abb. 13: Echnaton liebkost seine älteste Tochter (Detail).

ist – zerstört mit einem Schlag das gängige Bild der Königsfamilie, wie es uns die Kunst der Amarnazeit so facettenreich überliefert hat. Immer wieder, so resümiert Erik Hornung, »gibt sich die königliche Familie höchst intim und betont die Liebe, die zwischen ihren Angehörigen herrscht und, dem Aton wohlgefällig, auf die ganze Welt ausstrahlen soll. Die Töchter liebkosen einander oder werden von ihren Eltern zärtlich umsorgt.« Die ungewöhnliche, häufig schockierende Intimität und Sinnlichkeit der Familienmitglieder im Umgang miteinander sind *das* Signum des Sonnengeschlechts von Amarna (Abb. 13). Hat der Tod des Echnaton diesen irdischen Abglanz des Aton verdüstert? Oder war dem schönen Schein immer schon der Schrecken der Sonnenschatten beigegeben? Welche Gestalt des Eros hat die »heilige Familie« von Amarna zusammengehalten – und auseinanderbrechen lassen?

2. *Die Frauen Amenophis' III.*

Die königliche Familie von Achetaton bietet dem Betrachter das Bild eines heillosen Durcheinanders. Das Rätsel des *who is who* bezieht sich dabei nicht allein auf die personale Identität der Mitglieder des Königshofes, es betrifft ebenso ihre sexuelle und genealogische Identität. So hat man Echnaton, wie wir hörten, wahlweise für eine Frau oder einen Eunuchen gehalten und entsprechend gerätselt, ob nicht Amenophis III. in Wahrheit der Vater der sechs königlichen Prinzessinnen sei. Bei etlichen Reliefs ist es kaum möglich, zwischen Echnaton und Nofretete zu unterscheiden, bei einigen Büsten gilt dasselbe von Echnaton und Tutanchaton/-amun. Die einen sehen in den »Töchtern der Töchter« (Meritaton-tascherit und Anchesenpaaton-tascherit) die leibhaftigen Zeugen eines Inzests, andere erblicken in ihnen nichts als »Phantomkinder«. Wer beim Anblick einer intimen Szene zwischen Echnaton und Semenchkare an eine homosexuelle Beziehung denkt, der wird umgehend mit der Behauptung konfrontiert, bei Semenchkare handele es sich um niemand anderen als Nofretete. Solcher Art sind die gröbsten Zweideutigkeiten in einem nicht enden wollenden Verwirrspiel von Sein und Schein. Es kulminiert im Geheimnis der Grabanlage KV 55.

Mit diesem Grab im thebanischen Tal der Könige, nur einen Steinwurf entfernt vom Grab des Tutanchamun (KV 62), werden nicht weniger als acht Mitglieder des Königshauses auf die ein oder andere

Weise in Verbindung gebracht. War Theodore M. Davis, der Entdecker der Nekropole, noch überzeugt, das Grab von Königin Teje vor sich zu haben, so ist in der Zwischenzeit die Identität der aufgefundenen Mumie, die des Eigners des Sarges resp. des Besitzers von Teilen der Sargausstattung sowie der Stifter anderweitiger Grabbeigaben immer wieder neu und kontrovers besetzt worden: mit Echnaton, Tutanchamun, Nofretete, Kija (einer Nebenfrau des Echnaton), Meritaton, Maketaton sowie nicht zuletzt mit dem ominösen Semenchkare. Alfred Grimm (2001) hat für den abgelaufenen Zeitraum von knapp einhundert Jahren 30 unterschiedliche Theorien zum Fall KV 55 gezählt – und dieses Kaleidoskop um eine 31. Variante erweitert: »Der ursprünglich zur Grabausstattung Echnatons gehörende, dann jedoch aus religiösen Motiven obsolet gewordene und für Echnaton nicht benutzte innere Sarg fand in KV 55 sekundäre Verwendung für das anonyme Notbegräbnis des für die Bestattung Tutanchamuns seiner eigenen Grabausstattung beraubten Semenchkare.« Dies ist das Ergebnis einer auf der Basis der modernsten Methoden vorgenommenen Untersuchung des »anthropomorph-osirianischen Sarges« sowie der Bewertung diverser anderer Fundstücke; zu ihnen zählen so aparte Gegenstände wie »der Schrein der Teje«, »die magischen Ziegel des Echnaton«, »die Siegelabdrücke des Tutanchamun«, »die Kanopen der Kija« und, notabene, die altägyptische Mumie einer männlichen Person von Anfang bis Mitte zwanzig.

Grimms bestechende Theorievariante ist dem Schicksal ihrer Vorgänger nicht entgangen und inzwischen ebenfalls überholt worden. Mit Hilfe einer erstmals an Mumien erprobten DNA-Analyse hat ein Team von Genetikern und Anthropologen unter Leitung von Carsten Pusch und Albert Zink wahrscheinlich gemacht, dass es sich bei der umstrittenen Mumie von KV 55 um den Vater von Tutanchaton/-amun handelt.[32] Da der Prinz in einer aus Achetaton stammenden Inschrift als »leiblicher Sohn des Königs« bezeichnet wird, kommt aber – der dortigen Familienkonstellation zufolge – niemand anderer als Echnaton als Vater in Frage; er (und nicht Semenchkare) dürfte also mit der Mumie KV 55 identisch sein. Im Licht dieser Erkenntnis erscheint jetzt das angebliche »Notbegräbnis« des Semenchkare als Umbettung Echnatons (des Vaters) durch Tutanchaton (den Sohn) in der Zeit der Aufgabe der Residenz von Amarna. Die im Grab aufgefundenen Siegelabdrücke des jungen Königs bestätigen, dass die Exhumierung der Mumie in Achetaton und ihre Überführung nach Theben in den ersten Regierungsjahren, also noch vor der Namensänderung, erfolgt sein muss. Der Vaterschaftsnachweis ist jedoch nicht das einzige Ergebnis der DNA-Studie. Der Vergleich der genetischen Fingerabdrücke schloss eine Reihe von weiblichen Mumien ein, darunter zwei Leichen aus einem Mumienversteck im Grab Amenophis' II. (KV 35), die in der Literatur als »ältere Dame« (mit dem Kürzel KV 35 EL = Elder Lady) und »jüngere Dame« (KV 35 YL = Younger Lady) bekannt sind. Die Identität der »älteren Dame« stand vor der Untersuchung bereits fest; es handelt sich bei ihr um die Königin und Königsmutter Teje, Tochter von Juja und Tuja, den Schwiegereltern von Amenophis III., deren Mumien ebenfalls untersucht wurden. Die beiden Verwandtschaftsdreiecke von Juja-Tuja-Teje auf der einen, von Amenophis III.-Teje-Echnaton auf der anderen Seite konnten als unstrittige Eltern-Kind-Beziehungen bestätigt werden. Die Überraschung lag im Nachweis der Mutterschaft im noch offenen Dreieck von Vater (Echnaton)-Mutter (N.N.)-Kind (Tutanchamun). Der vergleichende DNA-Test ergab, dass es der genetische Fingerabdruck der »jüngeren Dame« war, der die Lücke der noch unbesetzten Mutter zu schließen vermochte; und mehr noch: Die Übereinstimmung des Erbguts von Vater (KV 55) und Mutter (KV 35 YL) war so groß, dass es sich bei den Eltern von Tutanchamun um Geschwister gehandelt haben muss.

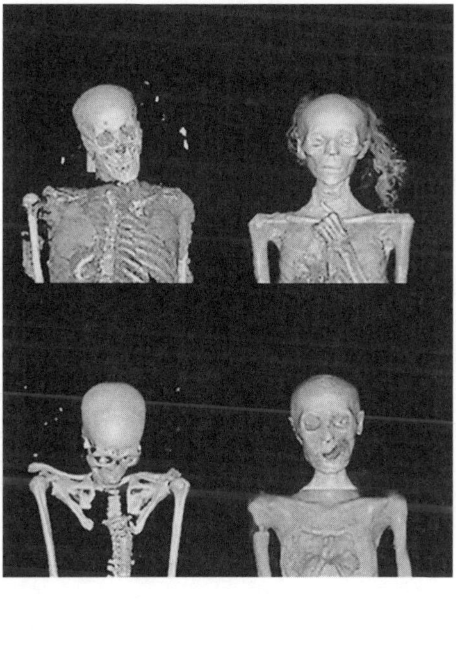

Abb. 14: Vier der untersuchten Mumien: Amenophis III. und Teje (KV 35 EL) in der oberen, Echnaton und N.N. (KV 35 YL) in der unteren Reihe

Echnaton hat der Untersuchung zufolge seinen einzigen Sohn mit einer seiner Schwestern gezeugt.

Ich möchte die Schlussfolgerungen, die aus dem Ergebnis der DNA-Analyse zu ziehen sind, nicht *en bloc* diskutieren, sondern jeweils an der Stelle, an der die betreffende Person ins Blickfeld rückt. Aber schon jetzt gilt es, den stärksten Eindruck zu notieren, den die Veröffentlichung der Gen-Tests hervorgerufen hat – nämlich den einer gespenstischen Fortsetzung des oben skizzierten Verwirrspiels. Dazu trägt unter anderem die Altersangabe bei, die laut Bericht für die Mumie KV 55 mit 35–45 Jahren angegeben wird. Wie ist es möglich, dass ein Mitglied des Teams[33] das Alter der Mumie im Jahre 2007 noch auf 60 Jahre geschätzt hat, während frühere Untersuchungen übereinstimmend von einem Toten von Anfang bis Mitte zwanzig ausgegangen sind (wie auch noch Grimm)? Es ist bekannt, dass die entsprechenden Daten bestimmte Kandidaten (Semenchkare oder Echnaton) ins Spiel bringen – und ebenso schnell wieder in der Versenkung verschwinden lassen. Die ältere Datierung spricht für Semenchkare, die aktuelle soll die Tür für Echnaton öffnen – ein offensichtlicher Trugschluss. Amenophis IV. war bei seiner Thronbesteigung »höchstens 9 oder 10 Jahre alt« (Gabolde) und regierte dann 17 Jahre; er dürfte also ziemlich genau das Alter erreicht haben, das Elliot Smith, der erste Anatom vor Ort, der Mumie zubilligte: ein Alter von »ungefähr 26 Jahren«. Das Sterbealter von Semenchkare dürfte nur um wenige Jahre darunter liegen. Wäre indes die hohe Datierung von 60 Jahren die richtige, käme als einziger Kandidat für KV 55 König Eje in Frage, der Nachfolger Tutanchamuns. In einem ähnlichen Zwielicht steht die Mumie KV 35 YL. Noch vor wenigen Jahren (2003) hat Zahi Hawass, der Generalsekretär der ägyptischen Altertümerverwaltung und Schirmherr des »Tut Family Project«, dieselbe Mumie (man höre und staune) als »männlich« eingestuft. So what? Alt-jung, männlich-weiblich: das Spiel mit wechselnden Identitäten und die Ununterscheidbarkeit von Geschlechtszugehörigkeit und Generationenfolge haben nicht aufgehört.[34] Zu diesen Mehrdeutigkeiten trägt auch die eigentliche Analyse bei, deren High-Tech-Image doch gerade Unbestechlichkeit suggerieren soll. Sie funktioniert über mathematische Modelle, das heißt, eine Software sucht nach charakteristischen genetischen Markern und berechnet Wahrscheinlichkeiten für Übereinstimmungen im Erbgut von Dreierkonstellationen Vater-Mutter-Kind. Dabei wird, wie der Schlussstein der Untersuchung – ein über fünf Generationen geführter Stammbaum –

verrät, von distinkten Verwandtschaftslinien (väterlicherseits und mütterlicherseits) ausgegangen, was aber ab der zweiten Generation so nicht mehr stimmt. Schon Amenophis III. ist seinem Erbgut nach kein reiner Thutmoside mehr, über seine Mutter Mutemwia (eine Schwester von Juja) hat er Juja-Blut in seinen Adern. Der Genpool ist in Wahrheit noch enger als unterstellt. Konkret gesprochen kommt es nicht erst in der dritten Generation zum Inzest, sondern schon früher. Das haben die Anthropologen und Genetiker im Team natürlich nicht gewusst, aber man hat es ihnen offenbar von ägyptologischer Seite auch nicht mitgeteilt. Wenn dem aber so ist, dann reicht als Partnerin der Person von KV 55 mit hoher Wahrscheinlichkeit (an Stelle der Schwester) schon eine Kusine, um das Genom Tutanchamuns zu erzeugen – womit (um eine mögliche Folgerung anzudeuten) Nofretete, eine Kusine des Echnaton, als potentielle Mutter wieder im Spiel wäre.

Es bleibt in dieser verworrenen Lage nichts anderes übrig, als die DNA-Analyse als fortgeschrittensten Datensatz zur Kenntnis zu nehmen und mit ihren Ergebnissen *bis auf weiteres* zu arbeiten. Freilich haben wir keine neue Theorievariante à la Grimm in Händen, denn es fehlt jede historisch-kritische Linienführung des Materials. Das vorgelegte genetische Netzwerk ist ein Raster von *brute facts* ohne Bezug auf handelnde Personen und ihre Motive – und verlangt deshalb geradezu nach einer entsprechenden Interpretationsfolie, die freilich auf genuin kulturwissenschaftlichen Methoden basieren muss. Vonnöten ist die Erstellung eines Tableaus von Verwandtschaftsbeziehungen zwischen den Thutmosiden und dem Haus Juja, das den aus diesen beiden Familien zusammengewachsenen Stammbaum als eine sich über mehrere Generationen erstreckende Verlaufsgeschichte erzählt. Es ist dies, wie sich zeigen wird, die Geschichte des Aufbaus einer inzestuösen Großfamilie, in der die Grenzen zwischen den Geschlechtern und Generationen nach und nach verschwimmen. Sie nimmt ihren Anfang mit der Beziehung Thutmosis' IV. zur Haremsdame Mutemwia und findet nach Ablauf von fünf Generationen ihr Ende in der skurrilen Scheinehe zwischen Eje und Anchesenamun. Erst die Einordnung in eine komplexe Sinngeschichte dieser Art macht den isolierten Fall des Bruder/Schwester-Inzests, den das »Tut Family Project« präsentiert hat, überhaupt verstehbar.

Könnte es sein, dass auch das Heiratsgesuch der Nofretete, das wir am Ende einer ersten Sondierungsrunde aus dem Blickwinkel eines möglichen Familienzwists betrachtet haben, in diesem Kontext steht und aus ihm begriffen werden will? Die Parallele springt nicht sofort ins Auge, weil der Beziehungsaspekt auf das genaue Gegenteil hinauszulaufen scheint. Hier sind – anders als im Fall des Inzests – nahe Verwandte Gegenstand einer Behandlung, die den sozialen Regeln widersprechen. Die an den hethitischen Hof gerichtete Bitte um einen Prinzgemahl verstößt gegen das etablierte System erlaubter und verbotener Heiraten und verletzt die Rechte des potentiellen Thronfolgers Tutanchaton. Mit Lévi-Strauss (1981) können wir von einer *Unterbewertung verwandtschaftlicher Beziehungen* sprechen. Beim Bruder/Schwester-Inzest handelte es sich demgegenüber um den Fall einer eklatanten *Überbewertung verwandtschaftlicher Beziehungen.* Die strukturale Anthropologie hat diesem Gegensatzpaar den operativen Rang einer binären Schematisierung zuerkannt, die es erlaubt, familiale Handlungszüge als Momente einer widersprüchlichen Einheit zu verlinken. Die Überbewertung im Beziehungsdreieck A kann eine Unterbewertung im benachbarten Beziehungsdreieck B auslösen – und umgekehrt. Wir wollen deshalb diese zunächst formale Entsprechung zum Anlass nehmen, um jenes Geflecht ungeordneter verwandtschaftlicher Beziehungen, das für Amarna (aber auch schon für die unmittelbare Vor-Amarnazeit) so typisch ist, daraufhin zu überprüfen, ob es sich bei den beiden Fällen um die Elemente einer Ergänzungsreihe handelt, die auf ein typisches Familienmuster verweist.

Es war Amenophis III., der Schwiegervater der Nofretete, der das ungeschriebene Gesetz, keine ägyptische Königstochter an einen ausländischen Herrscher zu vergeben, erneut stark geredet hat. Wir haben die Abweisung möglicher Ansprüche auf den Pharaonenthron als Motiv genannt und damit implizit die Erbprinzessinnen-Theorie in Anspruch genommen. Da es sich aber bei den Fällen, auf denen sich das Diktum des Königs bezieht, um eine potentielle Verschickung an ausländische Höfe handelt, war die Gefahr, dass die betreffenden Potentaten aufgrund einer solchen Eheschließung die Hand nach Ägypten ausstrecken könnten, eher als gering einzuschätzen (wenn nicht vernachlässigenswert). Es muss also hinter dem Verheiratungsverbot für ägyptische Königstöchter noch ein anderes Motiv stecken. Ein Papyrus aus der Spätzeit, der sich heute im Kairener Museum befindet, bringt uns indirekt auf die Spur dieses Motivs. Es handelt sich um die Geschichte von Prinz Neneferkaptah und Prinzessin Ahwere, die einander lieben und zu heiraten begehren. Die Sorgen des Vaters lesen sich folgendermaßen:

Wenn es nun so ist, dass ich nur zwei Kinder habe, ist es dann recht, das eine mit dem anderen zu verheiraten? Sollte ich nicht lieber Neneferkaptah mit der Tochter eines Generals verheiraten und Ahwere mit dem Sohn eines anderen Generals, damit unsere Familie sich vergrößert?

Hier ist mit aller Deutlichkeit jenes Moment angesprochen, das Lévi-Strauss zufolge dem universell geltenden Inzestverbot zugrunde liegt: »Der Inzest ist eher sozial absurd als moralisch verurteilenswert. Sein Verbot ist weniger eine Regel, die es untersagt, die Mutter, Schwester oder Tochter zu heiraten, als vielmehr eine Regel, die dazu zwingt, (diese Frauen) anderen zu geben.« Absurd ist es, auf den Tausch der Tochter zu verzichten, weil dies der Weg ist, zu Allianzen zu kommen und Bündnisse zu schließen, welche die Familie größer und stärker machen. Nun liegt der Umkehrschluss auf der Hand: Mit der Praxis konsanguiner Heiraten entziehen die ägyptischen Herrscher ihre Töchter dem allgemeinen Frauentausch. Wohl stiften sie mittels diplomatischer Heiraten mit *fremden* Königstöchtern wichtige Allianzen, aber ein Tausch auf der Basis von Gegenseitigkeit findet nicht statt. Die eigenen Töchter unterliegen einem inzestuösen Vorbehalt. Das also ist das zweite Motiv, nach dem wir gesucht haben; wir können es dem Unbewussten in der Kultur zuordnen. Unbewusst heißt aber keineswegs ungerichtet und ungeformt. Die Regel, keine ägyptische Königstochter an einen ausländischen Herrscher zu vergeben, bedeutet nicht, dass diese Frauen Objekte der Begierde ihrer Väter blieben. Der inzestuöse Vorbehalt gilt für die Brüder als den möglichen Thronfolgern. Soweit sich das überblicken lässt, hat die ägyptische Kultur dauerhaft allein die Praxis der Geschwisterehe legitimiert – und diese zeitweise geradezu gefordert. Dieses Muster dürfte seinen Grund in der Semantik des zentralen Mythos von Isis und Osiris haben. Er erzählt davon, wie Isis – als Geierweibchen über dem Leichnam ihres ermordeten Bruder-Gatten schwebend – von diesem den Horus-Knaben empfängt. Die Verbindlichkeit dieses Narrativs zeigt sich darin, dass nach dem Tod Pharaos auch das nicht-blutsverwandte königliche Paar in die Rolle des mythischen Geschwisterpaares schlüpft: der verstorbene König wird zum Osiris, die überlebende Königin erscheint als Isis, »die sich um ihren Gemahl kümmert«. Ein Gedenkskarabäus von Königin Teje, herausgegeben nach dem Tode Amenophis III., zeugt davon, dass diese Semantik auch am Vorabend der Amarnazeit noch in Geltung war.

Im scharfen Kontrast zu dieser Form kultureller Kontinuität gerät das Heiratsverhalten Amenophis' III. selbst, wenn wir erfahren, dass er ganz offensichtlich Satamun, seine älteste Tochter, geehelicht hat. Mehrfach ist für Satamun, die als *grande dame* in der gewaltigen Palaststadt von Malqata einen eigenen Gebäudekomplex bewohnte, der Titel »Große Gemahlin des Königs« belegt; und da sich die betreffenden Zeugnisse auf Gegenständen befinden, die neben ihrem Namen den ihres Vaters tragen, ist, so Cyril Aldred (1968), »die Folgerung unausweichlich, dass sie die Gattin ihres eigenen Vaters Amenophis III. gewesen sein muss«. Für den großen Ägyptologen besteht kein Zweifel, dass eine solche Heirat zwischen Vater und Tochter »sogar für altägyptische Verhältnisse und nach altägyptischen Begriffen etwas Ungewöhnliches dargestellt haben muss«. Nicholas Reeves (2002) bringt die Beunruhigungsqualität des Vater/Tochter-Inzests auf den Begriff, wenn er schreibt: »Da hier, im Unterschied zu anderen Formen des Inzest, kein göttlicher Präzedenzfall zitiert werden konnte, muss ein solches Arrangement sogar in den Augen von Zeitgenossen als verabscheuenswürdig erschienen sein.«

Amenophis III. hat seine Töchter – in Übereinstimmung mit der Tradition – diplomatischen Heiraten mit fremden Herrschern vorenthalten; aber entgegen der Tradition reklamierte er – zumindest für den Fall der Satamun (und vielleicht auch für seine zweitälteste Tochter Isis, deren Fall aber nur am Rande mitlaufen soll) – den damit verbundenen inzestuösen Vorbehalt für sich selbst. Wir sind mit der Tatsache einer weiteren deutlichen *Überbewertung verwandtschaftlicher Beziehungen* konfrontiert. Wir wollen daher den Vater/Tochter-Inzest von Amenophis III. und Satamun als Gründungsereignis einer bemerkenswerten Reihe eintragen, die – der Logik binärer Strukturen zufolge, mit denen Lévi-Strauss bevorzugt arbeitet – in Opposition zum Block der »unterbewerteten Verwandtschaftsbeziehungen« steht. Mit dieser ersten illegitimen Verbindung tritt die Struktur einer Inzestfamilie ins Leben, deren Geschichte und Fortsetzung in die Amarnazeit zu verfolgen sein wird. Natürlich wirft diese befremdliche Sexualpolitik eine Reihe von Fragen auf. Worin könnte der tiefere Grund für die Erhebung der eigenen Königstochter zur königlichen Gemahlin gelegen haben? Sind aus der Verbindung zwischen Amenophis III. und Satamun Kinder hervorgegangen? Warum wurde die Erbprinzessin nicht nach traditioneller Weise mit ihrem Bruder und Kronprinzen Amenophis IV. verheiratet?

Dass Amenophis III. eine besondere Vorliebe für das weibliche Geschlecht besaß, ist ein offenes Geheimnis. Wie die diplomatische Korrespondenz belegt, fädelte er – wann immer die diplomatischen Beziehungen dies erlaubten[35] – nicht nur zahlreiche Heiraten mit den Töchtern befreundeter oder verbündeter Herrscher ein, in manischer Weise forderte er darüber hinaus als Brautbegleitung die Zusendung »besonders schöner Mädchen, die keinen Makel aufweisen«. Des Königs Hunger nach Sex war offensichtlich immens. Doch wie mit diesem Phänomen umgehen, ohne das Klischee vom zügellosen Orientalen zu bedienen, der die eigenen Töchter nicht schont? Sagen wir es so: In der pharaonischen Dynastie zählte die Sorge um den legitimen Erben zur erklärten Staatsräson. Folglich waren Fragen nach der Zeugungsfähigkeit und genitalen Entwicklung des Kronprinzen, später nach den sexuellen Interessen des Königs, deren Wahrnehmung und Befriedigung traditionell der Institution des Harem oblag, keine Privatangelegenheit. Dies ist die Seite pflichtschuldiger Sexualpolitik. Die Erhebung von Satamun zu Großen Königlichen Gemahlin steht (jenseits der Frage nach den Aspekten des ehelichen Vollzugs, zu der wir nichts beitragen können) auf einem anderen Blatt. Diese Verbindung war nicht vorgesehen und muss die Ritualexperten am Hofe in Verlegenheit gestürzt haben. Aber gerade wegen des hohen Ranges der Prinzessin konnte die Sache nicht als königliches Capriccio behandelt werden; sie musste vielmehr in hoch ritualisierter Form über die Bühne gehen. Das heißt, noch die Grenzüberschreitung wird sich auf ein mythisches Vorbild berufen haben. Vielleicht dürfen wir den sogenannten Memnonkolossen – zwei gewaltigen Sitzfiguren des Königs, die einst am Eingang seines Totentempels platziert waren – einen Hinweis dieser Art entnehmen (Abb. 15). In dieser Statuengruppe wird Amenophis III. von drei Generationen königlicher Frauen begleitet, die sich in Form kleinerer Statuen links und rechts vom Thron sowie zwischen den Beinen des Königs befinden. Es sind dies seine Mutter Mutemwia, seine Gemahlin Teje und eine Prinzessin, bei der es sich wahrscheinlich um Satamun handelt.[36] Eine ansprechende Vermutung könnte sein, dass die drei Gestalten des Eros um den vergöttlichten Pharao (»die blendende Sonne« hieß in den letzten Regierungsjahren dessen bevorzugter Beiname) sich an die Imago der Hathor anschließen, jener großen Göttin, die im Mythos die verschiedenen Rollen von Mutter, Frau und Tochter des Sonnengottes Re innehat. Notieren wir sofort die brisante Konsequenz, die sich ergibt, wenn den symbolischen Ordnungen die-

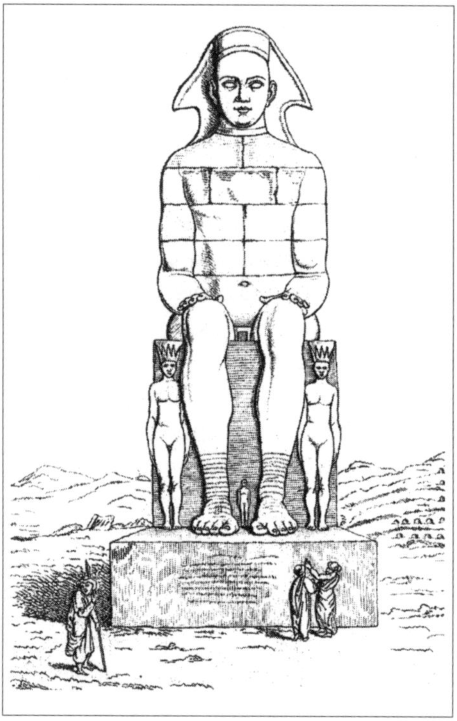

Abb. 15: Einer der beiden Memnonkolosse nach einer Zeichnung von Richard Pococke (1743/45)

ses theologischen Paradigmas »ein Sitz im Leben« eingeräumt wird. Dann wird nämlich sowohl der Mutter/Sohn-Inzest als auch der Vater/Tochter-Inzest zu einer realen Möglichkeit. Das ist freilich *post festum* betrachtet und erklärt nicht den Ursprungsimpuls. Psychoanalytisch gedacht, das heißt im Nachspüren der Logik der Wiederkehr einer verdrängten traumatischen Erfahrung, wird gerade umgekehrt ein Schuh daraus. Das Eingehen einer inzestuösen Beziehung mit seiner Tochter (oder seinen Töchtern) spricht dafür, dass Amenophis III. als Kind selber Opfer eines (manifesten oder auch nur latenten) sexuellen Übergriffs geworden ist.

Dies ist, wohlgemerkt, was wir im Lichte der psychoanalytischen Grundannahmen über die Mechanismen der menschlichen Seele erwarten würden. Ein ethnopsychoanalytisches Argument wird daraus erst, wenn es gelänge, die mutmaßliche psychosexuelle Entwicklung der betreffenden Person im Lichte frühkindlicher Szenen, aber zugleich im Gegenlicht des ethnisch Unbewussten – jenes Sets kulturtypischer Verdrängungsleistungen, der für »die Heimlichkeit der gleichen seelischen Konstruktion« (Freud) innerhalb einer bestimmten Ethnie verantwortlich ist – zu analysieren. Ein gänzlich hoffnungsloses Unterfangen, so scheint es, wenn der Einzelne Amenophis III. heißt, dessen Kindheit sich im Dunkel der 80er Jahre des 14. Jahrhunderts vor unserer Zeitrechnung verliert. Oder gibt es etwa eine bislang übersehene Quelle, in der sich Spuren eines pharaonischen Kindheitsmusters erhalten haben? Was sich findet, ist eine äußerst seltene Bildfolge im Luxor-Tempel Amenophis' III., die als Zyklus von der »Geburt des Gottkönigs« bekannt geworden ist.[37] Die Reliefs zeigen die rituell wichtigsten Etappen der frühesten Kindheit des Königs, darunter als Vorspiel das Werben des Gottes Amun um die Königin, sodann die Zeugung des Sohnes, seine Geburt, das erste Stillen sowie den Akt der Beschneidung. Niemand wird verkennen, dass die Szenenfolge (nach dem treffenden Ausdruck von Assmann [1982]) etwas wie ein »fiktives Ritual« darstellt, die Sequenz also der gefahrvollen *rites de passage* des kommenden Königs, die nur mit göttlichem Beistand bewältigt werden können. Mit der Lebenswirklichkeit des Knaben Amenophis hat dieses Schema folglich nur ganz am Rande zu tun. Dies gilt auch deshalb, weil nicht der Prinz, sondern die Königsmutter Mutemwia die eigentliche Zentralgestalt des Zyklus zu sein scheint. Seinem propagandistischen Wert nach dürfte er der nachträglichen Legitimierung der Haremsdame nicht-königlicher Herkunft gedient haben, die hier mit einem Schlag zur Gottesgemahlin des Amun erhoben wird. (Eine durchaus ambivalente Botschaft für eine gewiss ungehaltene Amunpriesterschaft.) Und doch halten wir viel mehr in Händen, als wir je zu hoffen wagten. Ich möchte deshalb einige Einfälle zu zwei bestimmten Szenen notieren, die sich der Kombination der royalen Kindheitsmuster mit den Besonderheiten der Vita Amenophis' III. auf der einen, dem allgemeinen Wissen um die Kindheit im Alten Ägypten auf der anderen Seite verdanken.[38] Es handelt sich um die Ritualszenen des Stillens und der Beschneidung.

Die wunderbare Aufzucht des Königskindes vollziehen göttliche Ammen und göttliche Kühe, in Anwesenheit der mit einer Geierhaube bekleideten Königin (Abb. 16). Der Akt des Stillens führt dem Prinzen nicht nur Lebenskräfte zu, das Königtum selbst wird ihm einverleibt. Offensichtlich eine Sache der Frauen. Vorausgegangen ist die Verbindung Mutemwias mit dem göttlichen Gatten Amun, die den irdischen Gemahl zu einer Randfigur herabsetzt; Thutmosis IV. verblasst zum abwesenden Vater. Genau so muss es im wirklichen Leben zugegan-

Abb. 16: Die Stillszene im Zyklus von der Geburt des Gottkönigs

gen sein, und dies nicht nur aufgrund seines frühen Todes. Nach der Geburt kam der Sohn des Königs in die Obhut einer Säugamme, zweifellos die wichtigste Bezugsperson der frühesten Kindheit. Nimmt man die hohe Säuglingssterblichkeit für gegeben, dann entschied eine gute Stillbeziehung buchstäblich über Leben und Tod des Neugeborenen. Mindestens zwei erbberechtigte Halbbrüder überlebten die ersten Jahre nicht und ermöglichten Amenophis erst den Aufstieg zum Kronprinzen. Eine starke Beziehung zur Ersatzmutter dürfen wir daher auf der Habenseite der ersten Jahre verbuchen. Dieses emotionale Polster könnte durch die Fürsorge der Mutter verstärkt, aber auch umgewichtet worden sein. Wir wissen, dass Mutemwia zu Lebzeiten Thutmosis' IV. niemals den Rang einer Königlichen Gemahlin bekleidete, das heißt, sie blieb eine Haremsdame, die sich intensiv um ihren Sohn kümmern konnte. Im Schatten der beiden Hauptgemahlinnen Nefertari und (ab dem 7. Jahr) Iaret, aber ihnen an Ehrgeiz gleich (wenn nicht überlegen), wird sie ihren Sohn auf die erhoffte Rolle des Thronfolgers eingestimmt haben, indem sie ihm die süße Milch der Macht zu kosten gab. Amenophis wäre demzufolge ein Kind unter Einfluss gewesen, ein Delegierter seiner Mutter aus dem machtbewussten Hause Juja. Ein Falke im Nest, der unter allen Umständen in den Königring eintreten sollte.

In der Beschneidungsszene befindet sich der Prinz (zusammen mit seinem Ka, dem als Ebenbild hinter ihm stehenden Inbegriff der Lebens- und Zeugungskraft) zwischen den Geschlechtern: Hockende Frauen bringen und halten ihn, ein kniender Mann empfängt den Knaben mit der Jugendlocke, um den rituellen Akt zu vollziehen. Zwei männliche (Anubis und Chnum) und eine weibliche (Seschat) Schutzgottheit flankieren das Gründungsereignis männlicher Geschlechtsidentität, über dessen nähere kulturelle Bedeutung auch die Beischriften nichts verlauten lassen. Amenophis – vielleicht schon mit dem Nimbus eines Kronprinzen umgeben – wird den schmerzhaften Schnitt, der ihn männlicher machte und von den Frauen schied, als wichtigen Einschnitt in seinem Leben empfunden haben. So kümmerte sich fortan ein Tutor um seine Erziehung. Er konnte nicht wissen, dass die symbolische Wunde ein Geheimnis barg, das dem Unbewussten der ägyptischen Kultur zugehört. Psychoanalytische Forschung[39] hat es wahrscheinlich gemacht, dass das verlorene oder verletzte Stück Vorhaut im System des Unbewussten als ein Stück eigener Weiblichkeit begriffen wird und die Verlusterfahrung eine komplexe seelische Reaktionsbildung in Gang setzt. Da die Mutter das vom eigenen Leib abgetrennte Weibliche verkörpert, wird sie zum Objekt eines inzestuösen Begehrens: des Verlangens nach der (Wieder-)Vereinigung des beschnittenen Penis mit der Vulva-Vagina, die als Ersatz für die Vorhaut fungiert. Unter der Hand entpuppt sich das »Trennungsritual« (van Gennep) der Beschneidung als heimliches »Bündnisritual«. Das hat mit ödipalen Triebregungen à la Freud nichts zu tun.[40] Der beschnittene Knabe sucht nicht die Befriedigung genitaler Sexualität, er sucht vielmehr das Objekt, um die Verletzung seiner körperlichen Integrität ungeschehen zu machen. Fügen wir hinzu: ein verbotenes Objekt (seine

Abb. 17: Die Beschneidungsszene im Zyklus von der Geburt des Gottkönigs

Mutter). Könnte es sein, dass die altägyptische Kultur den Geschwisterinzest erlaubt hat, um das verpönte Begehren in der Milderungsform der Bruder/Schwester-Liebe zum Zuge kommen zu lassen? Wie auch immer, der Vollzug der Beschneidung in den mittleren Jahren der Kindheit macht den ägyptischen Jungen seiner psychosexuellen Struktur nach zu einem Muttersohn. Neben den (in dieser Hinsicht auffälligen) Ahmosiden passt auch Thutmosis IV., der sich sehr viel häufiger mit seiner Mutter Tiaa als mit seinen beiden königlichen Gemahlinnen hat abbilden lassen, gut in dieses Bild. Nun hat Amenophis nicht nur das Schicksal eines beschnittenen Knaben durchlaufen; er hat es mit einer dominanten Mutter zu tun gehabt, die ihren Sohn in den Jahren der frühen Regentschaft in einer Art von Ersatzpartnerschaft an sich fesselte – und zugleich die kleine Pforte einer ehelichen Verbindung mit der Schwester versperrte. Das kumulativ erworbene Muster einer engen Mutterbeziehung könnte verantwortlich sein dafür, dass Amenophis als königlicher Horus nicht in die (durch den Osiris-Mythos vorgegebene) Konstellation des väterlichen Erbes eintrat, sondern die drei Frauenzimmer im »Haus des Horus« (= Hathor) bewohnte. Als wahrer Sonnenkönig Ägyptens war er der Horus par excellence (noch spätere Generationen erinnerten ihn als den großen »Hor«); aber er spielte gerade nicht die Rolle des Schoßkindes der Isis, sondern die des Gefährten und Liebhabers der Hathor. Konsequenterweise wurde er nach seinem Tode zum Aton, nicht zum Osiris. Wir dürfen hierin (auch) eine List des Unbewussten erblicken.

Die Frage, ob aus der inzestuösen Verbindung von Amenophis III. und Satamun Kinder hervorgegangen sind, ist in der Ägyptologie immer wieder aufgeworfen worden – in der Regel im Zusammenhang mit der ungeklärten Elternschaft königlicher Nachkommen. So hat Nicholas Reeves – einer der wenigen Forscher, die dem Vater/Tochter-Inzest als »eines der außergewöhnlichsten Merkmale dieser Zeit« die gebührende Aufmerksamkeit schenken – nachgefragt, ob nicht Baketaton ein spätes Kind aus jener hier in Rede stehenden Verbindung sein könne. Die geheimnisvolle Prinzessin tritt etwa in der Mitte der Amarnazeit ikonographisch in Erscheinung, und zwar immer in Begleitung der Königsmutter Teje. Reeves muss daher unterstellen, dass Satamun zu dieser Zeit bereits verstorben ist und wir in Teje die fürsorgliche Großmutter zu erblicken haben, die sich ersatzweise um ihr Enkelkind (das gleichzeitig ihre Stieftochter gewesen wäre) kümmert. Das ist gleichsam im privaten Umgang denkbar; die strenge Etikette am Hof, welche die wirkliche Filiation der Königskinder überwacht, verbietet aber eine gemeinsame Darstellung von Großmutter und Enkelkind. Auch die Tatsache, dass Satamun in Amarna nicht belegt ist, lässt sich ganz anders aufklären. Sie könnte dort, da ihr mit Amun gebildeter Name in Achetaton gewiss untragbar war, unter anderem Namen in Erscheinung getreten sein – eine Vermutung, auf die ich später zurückkommen werde. Es sprechen aber noch zwei weitere Punkte gegen die Annahme von Reeves. Baketaton wird stets als kleines Mädchen abgebildet, das vom Alter her in etwa der Meritaton entspricht; sie passt damit schwerlich in die Ära Amenophis' III. In gleicher Weise spricht ihr mit Aton gebildeter Name gegen eine solche Einordnung; man würde aus der Vor-Amarnazeit eher traditionelle Namen vermuten, wie sie etwa die Schwestern der Satamun tragen (Henuttaunebu, Isis, Nebetah). Baket*aton* scheint – ganz so wie Tutanch*aton* – ein Kind von Amarna zu sein.

Günther Roeder (1969), dem wir die wissenschaftliche Aufarbeitung der Amarna-Reliefs aus Hermopolis verdanken, hat einen männlichen Nachkommen ins Spiel gebracht. Angesichts der unsicheren Herkunft des Semenchkare gibt er zu bedenken, ob es sich bei ihm nicht um einen Sohn von Amenophis III. und Satamun handeln könnte. Scheidet Semenchkare als Platzhalter von KV 55 aus, entfällt die Möglichkeit, diese These über das mutmaßliche Alter der Mumie zu überprüfen. Aber allein schon der Eigenname Semenchkare (»Der mit dem wohltätigen Ka des Re«) passt besser zu einer früheren Datierung, denn gleich die ersten Namen der Kinder Amenophis' IV. und Nofretetes (Meritaton, Maketaton) enthalten wie selbstverständlich mit Aton gebildete Namen. Da der spätere Amarnakönig aber mit Sicherheit ein Königssohn war, wäre die Vaterschaft Amenophis' III. wahrscheinlich – und die Mutterschaft von Satamun zumindest eine diskussionswürdige Option. Spinnen wir diesen Faden weiter, so wäre Semenchkare als jüngerer Halbbruder von Amenophis in Malqata groß geworden. Als Kind einer (wie wir hörten) illegitimen Verbindung zwischen Vater und Tochter müsste Semenchkare im gewissen Sinne als ein Bastard gelten, der vielleicht deswegen lange Zeit nicht in Erscheinung trat und unter normalen Umständen keine Chance gehabt hätte, nach dem Tod Echnatons in der Thronfolgeregelung eine Rolle zu spielen. Ein außergewöhnliches Ereignis wie der (nach dem Scheitern der Hethiterinitiative erfolgte) Sturz Nofretetes könnte eine solche Konstellation eröffnet haben. Roeders Vorschlag erweist sich als überraschend anschlussfähig und stellt damit eine ernstzunehmende Diskussionsgrundlage dar. Beweisbar ist seine Deutung so wenig wie andere Hypothesen, sie kann aber viel innere Wahrscheinlichkeit in Anspruch nehmen.

Die letzte noch offene Frage (die nach dem Grund für die zunächst nicht vollzogene Geschwisterheirat zwischen Amenophis IV. und Satamun) ist implizit bereits beantwortet worden. Stellen wir zunächst fest, dass diese Entscheidung mit der zeitlich früher erfolgten Vaterehe der Satamun nichts zu tun hat. Mit dem Tod Amenophis' III. war der Weg für eine erneute Verheiratung wieder frei. Vorentscheidungen anderer Art standen offenbar der traditionellen Lösung einer Bruder/Schwester-Heirat im Wege. Mit der Einheiratung des Hauses Juja (in Gestalt der Mutemwia) hat der Königshof der Thutmosiden praktisch eine neue Thronfolgeregelung akzeptiert. Schon Amenophis III. wird wie selbstverständlich mit Teje, der Tochter des Mutterbruders, verheiratet. In ostentativer und nie gekannter Weise annoncieren dabei sogenannte Heiratsskarabäen die Namen der bürgerlichen Schwiegereltern (Juja und Tuja). Ein unübersehbarer Affront gegenüber den Traditionalisten am Hof und zugleich ein deutliches Zeichen dafür, wie fest das Haus Juja schon zu dieser Zeit im Sattel saß. Ersichtlich ging der politische Wille dahin, auch den nächsten Kronprinzen nach diesem Muster zu verheiraten. Das heißt, eine Ehe des Prinzen Amenophis (der nach dem Tod des älteren Bruders Thutmosis in der Thronfolge zum Zuge kam) mit seiner Schwester Satamun wurde höchstwahrscheinlich gar nicht mehr in Betracht gezogen; er heiratete mit Nofretete wiederum die Tochter des Mutterbruders. An die Stelle der für lange Zeit vorbildlichen Geschwisterehe war die Kreuzkusinenheirat getreten. Dieses System stellt nicht nur keine ungewöhnliche, sondern eine in vielen Kulturen vorbildliche Heiratsform vor. Lévi-Strauss begreift die Kreuzkusinenheirat geradezu als Mittelpunkt der Heiratsinstitutionen in vielen alten Kulturen. Es lohnt daher, den Implikationen der Präferenzheirat zwischen Kreuzvettern und Kreuzkusinen nachzugehen und herauszufinden, welche Querverbindungen zu möglichen inzestuösen Verwandtschaftsbeziehungen bestehen.

Nach der wiederholten Verheiratung einer Tochter aus dem Hause Juja mit dem Prinzgemahl aus dem Hause der Thutmosiden bilden die beiden Häuser – unbeschadet des Gefälles königlicher und nicht-königlicher Herkunft sowie der Beschränkung auf den singulären Fall der Thronfolge – verwandtschaftsterminologisch eine duale Organisation mit exogamen Hälften. Egal ob die Deszendenz matrilinear oder patrilinear ist (es spricht viel dafür, dass sie bilinear angelegt war), stets befinden sich die Kinder des Vaterbruders und die Kinder der Mutterschwester in derselben Hälfte wie der Heiratskandidat. Zur anderen Hälfte, in der sich die Verwandten befinden, mit denen die Heirat möglich ist, zählen die Kinder der Vaterschwester und die Kinder des Mutterbruders. In diesem System wiederholt der Sohn des Königs mit der Heirat der matrilateralen Kreuzkusine die Heirat seines Vaters, während die Nichte der Königin mit der Heirat des Kreuzvetters die Heirat ihrer Kreuztante wiederholt. Die duale Organisation mag angesichts der willkürlichen Aufteilung der Cousins in zwei Gruppen, als irrational erscheinen; aber es darf nicht übersehen werden, dass mit der Einführung verbotener Verwandtschaftsgrade die Schaffung und Bekräftigung sozialer Allianzen verbunden ist. Lévi-Strauss hat deshalb vollkommen zu Recht gefolgert, mit der Kreuzkusinenheirat sei ein »partiell wirksames Mittel konzipiert worden, um den Inzest zu verhindern«. Partiell bedeutet, das System der Hälften vereitelt automatisch nur den Inzest zwischen Geschwistern. Erst in einem strikt patrilinearen System wird auch der Inzest zwischen Vater und Tochter, entsprechend in einem reinen matrilinearen System der Inzest zwischen Mutter und Sohn vereitelt.

Es lässt sich nun plausibel machen, dass keine der beiden unilinearen Deszendenzregelungen Geltung beanspruchen konnte. Spätestens mit dem demonstrativen Akt, die nicht-königliche Herkunft Tejes publik zu machen, hatte der Hof die alte Weise der Legitimierung der Königsherrschaft Pharaos, die eine Verheiratung mit der Erbprinzessin vorsah, außer Kraft gesetzt. Dies bedeutete aber keinen Schwenk von der matrilinearen zur patrilinearen Abstammungslinie, sondern vielmehr die Anerkennung der beiden Linien als gleichberechtigt. Amenophis III. und Teje etablierten das System einer bilinearen Deszendenz, wonach beide Linien gleichermaßen geeignet sind, bei der Weitergabe von Rechten und Pflichten eine tragende Rolle zu spielen. Die Gabe der Satamun (Abb. 18), die zur reich bestückten Grabausstattung von Juja und Tuja unter anderem zwei Sessel beisteuerte, darf hier als instruktives Beispiel angeführt werden: als Indiz nicht nur der emotionalen Nähe zu den Großeltern mütterlicherseits, sondern darüber hinaus einer formalen Pflichterfüllung, wie sie die Etikette des Hofes vorschrieb, um die Gleichrangigkeit der mütterlichen Linie zu betonen. Schon in der nächsten Generation zeigt sich eine weitere bemerkenswerte Verände-

Abb. 18: Sessel der Satamun (Teil der Grabausstattung von Juja und Tuja)

rung. Amenophis IV. und Nofretete erhalten ihren königlichen Status und die damit verbundenen Vorrechte nicht länger über die sich kreuzenden Linien von Vater und Mutter; als Kinder des Aton sind sie göttliche Erben. Ihre Deszendenzlinien verschmelzen miteinander, sie stammen ab »von einem«. Dem mythologischen Index der verfeinerten Atonreligion zufolge sind sie Verkörperungen von Schu und Tefnut, dem ersten gegengeschlechtlichen Zwillingspaar des Urgottes Atum. In die Terminologie von Lévi-Strauss übersetzt, ist die bilineare Deszendenz in eine »undifferenzierte Deszendenz« übergegangen. Freilich trägt sie nach der Anrufung Atons als »Vater« einen patrilinearen Akzent.

Der Blick auf den Strukturwandel, den das System der Verwandtschaftsbeziehungen in der Vor-Amarnazeit durchlaufen hat, lässt massive Verschiebungen im Koordinatenfeld der erlaubten und verbotenen Heiraten erkennen. Die Einführung der Kreuzkusinenheirat verdrängt die ältere Institution der Geschwisterehe, schiebt aber anderen inzestuösen Verbindungen gerade keine Riegel vor. Die zunehmend solar begründete Gottähnlichkeit Pharaos macht alle drei Generationen der Weiblichkeit – Mutter, Frau und Tochter – als Sexualpartner des Königs durchsetzungsfähig. Ihren mythologischen Ort besitzt die neue Sexualpolitik vor allem (wie bereits erwähnt) in den Mysterien der Hathor, aber auch im Vorbild der Maat; ihren rituellen Ort hat sie in den Erneuerungsfesten des Königtums, den sogenannten Sed-Festen, gefunden.[41] Zwei der drei Sed-Feste, die Amenophis III. in den Jahren 30, 34 und 37 seiner Regierung gefeiert hat, sind im Grab des Kheruef (TT 192), eines hohen Beamten, der als Haushofmeister der Teje noch in den frühen Jahren Amenophis' IV. im Amt war, besonders gut dokumentiert. Auf einem der Reliefs sehen wir den König als personifizierten Sonnengott in der Nachtbarke sitzen, begleitet von Teje, die in Gestalt der Hathor die Liebesgöttin und Begleiterin des Schöpfergottes Atum verkörpert. Ausgestattet mit dem Halsband der Wiedergeburt und einer Uräuskrone, die von zwei Federn und einer Sonnenscheibe überragt wird, bietet sie dem göttlichen Gatten ihren magischen Schutz an und verheißt eine Herrschaft von Millionen Jahren. In anderen Szenen erscheinen zwei Prinzessinnen (Satamun und Isis), die der »neue« König jeweils bei Gelegenheit eines Sed-Festes zu »neuen« Königsgemahlinnen erhoben hat. Rückt, wie in einem Kiosk des ersten Erneuerungsfestes zu sehen ist, die Tochtergemahlin (Satamun) als Hathorin neben den Gottkönig, dann tritt Teje in Gestalt der Maat hinter die beiden. Maat, die personifizierte Weltordnung, gilt als Tochter des Re.

In derselben Grabanlage haben sich Abbildungen aus den ersten beiden Jahren Amenophis' IV. erhalten, die durch ihre ikonographische Kontinuität verblüffen. Wir sehen, wie das faktische Regentenpaar, der noch jugendliche König und seine Mutter, Wein für Re-Harachte und Maat sowie Räuchereien für Atum und Hathor opfern. Ein Jahr darauf stehen in Karnak die ersten Aton-Tempel, an deren Wänden wir (nach dem Zeugnis der aufgefundenen *Talatat*-Blöcke) den beispiellosen Auftritt der Nofretete verfolgen können. Und auch sie, die Gattin und mythische Schwester, wird mit Hathor, der Goldenen, identifiziert. Der größte der Tempel (Gempaaton = Aton ist gefunden) avanciert zum Schauplatz für das erste (und einzige) Sed-Fest des jungen Königs. Es wird unter seinem Namen gefeiert, aber es dient nicht seiner Erneuerung. Amenophis IV. gibt vielmehr ein Beispiel, dass auch Götter Sed-Feste feiern. Aton ist nicht nur der allein verehrte Gott im weiten Bezirk des Gempaaton, er ist der wahre »Herr des Festes«. Das Geheimnis dieser besonderen Jubiläumsfeier wird offenbar, wenn der Zeitpunkt seiner Aufführung bewertet wird. Maßgeblich für das »Jahr 3« waren nicht, wie Reeves klar gesehen hat, die Regierungsjahre Amenophis' IV., sondern die seines Vaters. Das Sed-Fest in Karnak setzt die Reihe der Sed-Feste des Verstorbenen fort, denn Aton und der vergöttlichte Amenophis III. sind eins geworden. Der Gott trägt den Titel »mein Vater« gerade so wie einen Königstitel. Und da, wie Gerhard

Fecht (1960) erkannt hat, die Aussprache von Aton (jati) und das ägyptische Wort für »mein Vater« (jat-i) vermutlich gleich lauteten, spielen die Texte ständig mit diesem Gleichklang. Die geheimnisvolle Verbindung zwischen dem göttlichen Vater und dem göttlichen Sohn macht, was im traditionellen Kultus Nachvollzug der Götterwelt bedeutete, zu einer wirklichen Kommunikation unter Göttern. Bezeichnenderweise wird die lehrhafte Namensformel Atons in zwei Kartuschen gesetzt, jene traditionellen Ovale, die den Thron- und Eigennamen eines jeden Königs hervorheben. Die Gleichbehandlung der beiden Ringnamen stellt den himmlischen und irdischen Gottkönig auf ein und dieselbe Ebene; sie sind emblematisch wesensgleich. Das berührt aber auch das Mysterium der göttlichen Zeugung des Königskindes. Ging es in der Bilderfolge von der Geburt des Gottkönigs noch um den *hieros gamos* von Gott und Mensch, so ist innerhalb der heiligen Aton-Familie die Grenze zwischen Götterwelt und Menschenwelt aufgehoben. Wie in den späten »Mammisi« – jenen kapellenähnlichen Geburtshäusern, die sich bei fast allen größeren Tempeln der Spätzeit finden[42] – sind sowohl die Gattin wie das Kind Götter. Die Betonung dieses *für uns* so befremdlichen Sachverhalts will verhindern helfen, die Akte der rituellen Identifikation und performativen Einswerdung mit Hathor und Maat, Aton und Re als Ausdruck eines Denkens in metaphorischen Bildern misszuverstehen. Wir haben es nicht mit literarischen Anspielungen zu tun, sondern mit dem Programm einer politischen Theologie, dem Gründungsakt (nicht einer monotheistischen Religion, sondern) einer im Entstehen begriffenen neuen Dynastie. Beginnend mit der solaren Vergöttlichung Amenophis' III. und eingebunden in die neue Ikonographie des Aton-Kults, stellen Teje und Eje, die mutmaßlichen Hauptakteure dieser Revolution, die Weichen für den Aufbau eines neuen dynastischen Hauses. Durch den von Echnaton errichteten Gottesstaat von Amarna in eigenwilliger Weise konterkariert, wird dieses Projekt nach dem Tod Echnatons mit der Übernahme der Königswürde (zunächst von Nofretete und später von Eje) gekrönt und doch »unvollendet« abgeschlossen. In diesen Horizont gestellt, könnte der profanen Kreuzkusinenheirat von Amenophis IV. und Nofretete, die mythologisch den Sinn der göttlichen Geschwisterehe von Schu und Tefnut angenommen hat, die Rolle einer Drehscheibe zugefallen sein, mittels derer es zu einer Nachahmung und Überbietung des väterlichen Inzestverhaltens durch den Sohn gekommen ist. Beides lässt sich für die königliche Familie von Achetaton nachweisen.

Die (wahrscheinlichen) Verwandtschaftsbeziehungen in der Familie Amenophis' III.

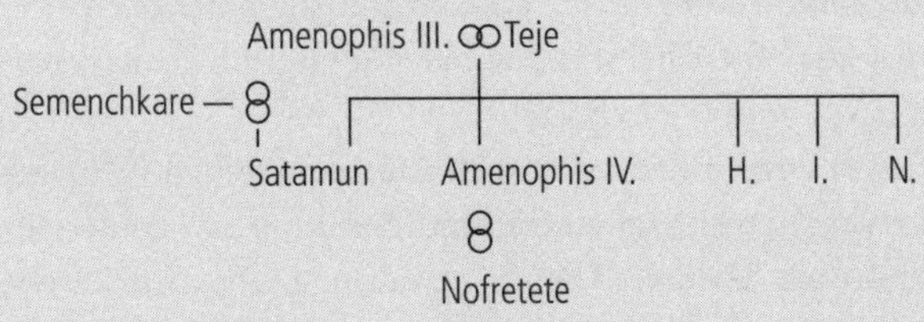

(H./I./N.: die Töchter Henuttaunebu, Isis, Nebetah)

3. Die (un)heilige Familie von Achetaton

Die eheliche Verbindung zwischen Amenophis IV. und Nofretete dürfte zeitlich mit dem Sed-Fest zusammenfallen, das gegen Ende des dritten Regierungsjahres gefeiert wurde. Dafür sprechen unter anderem eine höchst ungewöhnliche Abbildung des königlichen Bettes[43] sowie die Darstellungen von »Hathor-Tänzen« – eine Dublette der Reliefs aus dem Grab des Kheruef, die eine Generation zuvor auf die königliche Hochzeit zwischen Amenophis III. und Teje anspielte. Da in den Szenen vom Sed-Fest keine der Prinzessinnen erscheint, dürfte die älteste Tochter Meritaton im Jahr 4 geboren sein.[44] Maketaton, die zweite Tochter, tritt auf einer der frühen Grenzstelen das erste Mal auf, ihre Geburt ist demzufolge gegen Ende des Jahres 5 zu datieren. Die dritte Prinzessin, Anchesenpaaton, wird im Jahre 6 oder 7 zur Welt gekommen sein. Es folgen in enger zeitlicher Folge bis spätestens zum Jahr 12 (beim großen Aufzug des »Tributs der Fremdländer«, der in dieses Jahr fällt, sind alle sechs Töchter vertreten) die Prinzessinnen Neferneferuaton-tascherit, Neferneferure und Setepenre. Um das Jahr 14 sind drei der Töchter bereits verstorben, neben den beiden jüngsten auch Maketaton, von der wir wissen, dass sie im Königsgrab von Amarna beigesetzt wurde. Während bei Neferneferure und Setepenre nicht auszuschließen ist, dass sie Opfer der Pest geworden sind, liegt der Fall der Maketaton anders. Erhaltene Darstellungen der Totenklage um die Verstorbene zeigen, wie ein Baby auf den Armen einer Amme aus dem Raum getragen wird. Man nimmt deshalb an, dass Maketaton im Wochenbett gestorben ist. Da aber als Vater niemand anderer als Echnaton in Frage kommt, kann die bittere Folgerung nur lauten: Die gerade einmal zehnjährige Maketaton starb bei der Geburt eines Kindes, das aus einer inzestuösen Verbindung mit dem Vater hervorgegangen ist.

Tatsächlich scheint Echnaton mehrere Tochterehen vollzogen zu haben, und zwar (neben Maketaton) mit der ältesten Tochter Meritaton sowie der dritten Tochter Anchesenpaaton. Einige Stücke wiederverbauter Reliefblöcke aus Hermopolis tragen Inschriften, deren einheitliche Titulatur die Geburt zweier Königstöchter offenbart:

> Tochter des Königs von seinem Leibe, von ihm geliebt, Meritaton-tascherit, geboren von der Tochter des Königs von seinem Leibe, Meritaton.
> Tochter des Königs von seinem Leibe, von ihm geliebt, Anchesenpaaton-tascherit, geboren von der Tochter des Königs von seinem Leibe, Anchesenpaaton.

Die wiederholte Namensbildung mit dem angehängten *tascherit* bedeutet Meritaton-die Kleine bzw. Anchesenpaaton-die Kleine (im Sinne von »die Jüngere«). Diese Weise der Benennung war in Amarna bereits in Gebrauch; wir haben sie bei der vierten Tochter von Echnaton und Nofretete namens Nefernefruaton-tascherit kennengelernt: Nefernefruaton (=Nofretete)-die Kleine. Die Ähnlichkeit der Namensbildung spricht für eine Familientradition und damit für die Authentizität der Quellen. Wir müssen uns, so scheint es, an den Gedanken gewöhnen, dass Echnaton nicht nur im Fall der Maketaton, sondern in zwei weiteren Fällen der Vater der »Töchter der Töchter« war. Eine Familientradition der anderen Art, die natürlich an das Vorbild Amenophis III. erinnert. Echnaton wandelt in den Spuren seines vergöttlichten Vaters; wie dieser reklamiert er den inzestuösen Vorbehalt, dem die Königstöchter unterstellt sind, für sich. Die Tatsache, dass sowohl Meritaton als auch Anchesenpaaton erst später (das heißt nach dem Tode Echnatons) offiziell verheiratet wurden – wir begegnen ihnen wieder als den »Großen Königlichen Gemahlinnen« von Semenchkare und Tutanchamun –, liegt ganz auf der Linie dessen, was wir von Satamun gehört haben. Ersichtlich haben wir es mit der Wiederholung und Bekräftigung einer eklatanten Überbewertung verwandtschaftlicher Beziehungen zu tun.

Für Amarna sind insgesamt neun Prinzessinnen dokumentiert, auf welche die Filiationsformel »Tochter des Königs, von seinem Leib« Anwendung findet.[45] Sechs von ihnen tragen auf Inschriften den Zusatz »geboren von der Großen Königsgemahlin Nofretete«. Bei zwei weiteren findet sich (wie soeben gezeigt) die Beischrift »geboren von der leiblichen Königstochter (Meritaton/Anchesenpaaton)«. Es bleibt der Fall der Baketaton, von der bereits kurz die Rede war. Im Grab des Huja (als Haushofmeisters der Teje ist er der Nachfolger des Kheruef) lautet ihre lapidare Beischrift: »Tochter des Königs, von seinem Leib, Baketaton«. Die Nennung der Mutter unterbleibt. Ihr Name liegt gleichwohl offen zutage. In auffälliger und suggestiver Weise erscheint Baketaton stets in Begleitung der Teje, und zwar ikonographisch in der gleichen Weise, wie wir sie von Nofretete und ihren Töchtern kennen. Auch die sonstigen Begleitumstände – die prominente Darstellung ausgerechnet in der Grabanlage des Majordomus der Teje, darunter eine Szene aus der Werkstatt des Bildhauers Iuty, der im Auftrag »der Königsmutter und königlichen Gemahlin« eine Statue der Baketaton anfertigt – verweisen auf Teje. Es stellt somit keine große Kühnheit dar, eine Mutter/Tochter-Beziehung für wahrscheinlich zu halten. Aber warum wird der Name der Teje nicht genannt? Warum findet die volle Filiationsformel auf Baketaton keine Anwendung? Warum wird zwischen den Töchtern der Nofretete (und deren Tochtertöchtern) und der mutmaßlichen Tochter Tejes, die doch gleichzeitig in Amarna lebten, ein so gravierender Unterschied gemacht?

Die unterschiedliche Ausführung der genealogischen Beischriften ist in der Forschung als Problemlage erkannt worden. Cyrel Aldred spricht von dem Nebeneinander einer älteren Tradition (der Teje und ihre Tochter verpflichtet waren) und einer amarnatypischen Neuerung (die für Nofretete und ihre Töchter zur Anwendung kam). Nicht die kürzere, sondern die längere Fassung der Hieroglyphen-Beischrift gilt es demnach zu erklären: »Man gewinnt den Eindruck, dass in beiden Fällen zwar der Vater ein und dieselbe Person war, wogegen im Fall Nofretetes – da es sich bei ihr ja um die jüngere der beiden Königinnen handelte – die Notwendigkeit bestanden hat, ihre Mutterschaft ausdrücklich zu beurkunden.« Eine bemerkenswerte Einlassung, die ihr Gewicht aber gerade nicht der Erklärung jener ikonographischen Differenz verdankt, sondern der eher beiläufig mitgeteilten Einschätzung, die wiederkehrende Formel »Tochter des Königs, von seinem Leib« spreche für die Vaterschaft ein und derselben Person. Des Echnaton? Diesen Einwurf würde Aldred mit ungläubigem Kopfschütteln quittiert haben, obwohl zur fraglichen Zeit ein einziger König unter der Strahlensonne residierte, eben Echnaton. Um sich mit dem Undenkbaren, einer möglichen inzestuösen Beziehung der Teje mit ihrem Sohn, nicht befassen zu müssen, ist er bereit, Echnatons Vaterschaft insgesamt in Frage zu stellen. Als gemeinsamen Vater aller Amarnaprinzessinnen imaginiert er (entlang einer unter dem Stichwort Mitregentschaft verschobenen Zeitachse) Amenophis III.: Der soll nicht nur mit Teje die Baketaton gezeugt, sondern (bezüglich der Töchter Nofretetes) »die ehelichen Pflichten seines unfruchtbaren Mitregenten [Echnaton] auf sich genommen haben«. Man reibt sich die Augen. An die Stelle einer nüchternen Bestandaufnahme ist eine bizarre Phantasmagorie getreten, die das Naheliegende zu verleugnen trachtet.[46]

Nun ist Aldred beileibe kein Einzelfall. Ein Blick in die Literatur zeigt, dass hier ein Tabu berührt ist. Den meisten Ägyptologen ist schon die bloße Erwähnung »blutschänderischer Beziehungen« im ägyptischen Königshaus ein Gräuel. Nach Art einer stillschweigenden Übereinkunft spürt man allenthalben das Bemühen, den Inzest kleinzureden. Dass hier eigene normative Besetzungen im Spiel sind, ist offensichtlich und zeigt sich besonders deutlich an der Staffelung der Abwehr. Während der Bruder/Schwester-Inzest als kulturtypisches, wenngleich fremdes Moment diskursfähig ist, bereitet der Vater/Tochter-Inzest den meisten schon erhebliches Kopfzerbrechen. Der Mutter/ Sohn-Inzest ist Anathema und wird vollends mit Schweigen übergangen. Die sichtbar gewordene Richtschnur sexualpolitischer Korrektheit ist aber auch Ausdruck der Hilflosigkeit, das peinliche Gerede seriös zu verarbeiten. Die ständige Fluchtlinie lautet, es handele sich doch nur um rituelle Muster, nicht um konkretes Verhalten. Hier offenbart sich ein Mangel an psychoanalytischem Rüstzeug, um sexuell abweichendes Verhalten, das gerade nicht in der traditionellen Semantik von Mythos und Kultus untergebracht werden kann, *sine ira et studio* zu analysieren. Umso dringlicher ist daher die Nachfrage zu stellen: Gibt es weitere Hinweise, die den aufgetauchten Verdacht, bei Teje und Echnaton handele es sich möglicherweise um ein inzestuöses Paar, erhärten könnten?

Überprüfen wir zunächst das Alter von Teje, um in der Frage ihrer potentiellen Gebärfähigkeit Klarheit zu gewinnen. Nach Aldred war Teje »wahrscheinlich nicht mehr als zwei oder drei Jahre alt«, als sie mit Amenophis III., der »damals weniger als neun Jahre alt war«, vermählt wurde. Da Amenophis III. eine Regierungszeit von 38 Jahren zugeschrieben wird, hätte Teje beim Regierungsantritt ihres Sohnes Amenophis IV. am Anfang ihres vierten Lebensjahrzehnts gestanden. Auf der Basis der augenscheinlichen Gleichaltrigkeit von Baketaton und Meritaton dürfte die Geburt im Jahr 4 stattgefunden haben. Damit kommen wir auf ein Alter von Mitte vierzig, das – bei allen Unwägbarkeiten des Einzelfalls – sicherlich nicht zu hoch liegt, um eine späte Schwangerschaft und Geburt für möglich zu halten. Dass diese Einschätzung gut mit der Lebenswirklichkeit im Alten Ägypten übereinstimmt, vermag eine Briefstelle aus der zeitnahen Korrespondenz zwischen Ramses II. und Hattuschili zu belegen. Der hethitische König hatte in Sorge um seine kinderlose, aber schon etwas ältere Schwester Matanazi den Pharao gebeten, er möge ihm einen Mann senden, der es verstünde, eine Arznei zu bereiten, um seine Schwester gebären zu lassen. Das Antwortschreiben Ramses' II. hat sich erhalten:

> Nun siehe, was die Matanazi betrifft, die Schwester meines Bruders – der König, dein Bruder [d.h. Ramses] kennt sie. Eine Fünfzigjährige oder eine Sechzigjährige ist sie! Und siehe, eine Frau, die fünfzig Jahre alt ist, oder eine, die sechzig Jahre alt ist, für die kann man keine Arznei bereiten, um sie noch gebären zu lassen. Aber dennoch: Der Sonnengott oder der Wettergott mögen ihr zuliebe einen Befehl geben [dass die gewünschte Schwangerschaft eintritt]. Und ich, der König, dein Bruder, will einen fähigen Beschwörungspriester senden und einen fähigen Arzt und sie werden für sie eine Arznei für ihr Gebären bereiten.

Mit dieser zeitgenössischen Einschätzung im Rücken gewinnt unsere Annahme, Teje habe noch mit Mitte vierzig ganz ohne magische Heilbehandlung eine Tochter gebären können, zunächst an biologischer Glaubwürdigkeit. Die Mutter des Echnaton füllt die prestigeträchtige Rolle einer Mutter der Baketaton aber nicht nur in einem formalen Sinn aus. Sie war offenbar der Typ von Frau, der das Spiel mit der Macht beherrschte wie kaum eine andere jener Epoche und deswegen alles daransetzte, ihr großes Lebenswerk zu vollenden. Wir wissen von der außergewöhnlichen Machtfülle der Teje schon an der Seite Amenophis' III. An allen wichtigen politischen wie kultischen Ereignissen nahm sie aktiv teil; sie »leitete Ober- und Unterägypten« (wie amtliche Urkunden beglaubigen) und korrespondierte eigenständig mit fremden Herrschern; sie trug die Insignien der Macht wie die Uräuskrone, die von zwei Federn und einer Sonnenscheibe überragt wird, und verkörperte diese Potenz zum ersten Mal in der Geschichte Ägyptens in der Gestalt einer weiblichen Sphinx. Schon zu Lebzeiten erwies man ihr, etwa im nubischen Sedeinga, kultische Ehren. Wir wissen aber auch, dass Tejes Ausnahmestellung mit dem Tod Amenophis' III. nicht einfach endete. Sie (und nicht Satamun) trägt den Titel einer Erbprinzessin, der gewöhnlich der ältesten lebenden Tochter des Königs vorbehalten war. Wie Briefe des mitannischen Königs Tuschratta (EA 26, 28 und 29) belegen, führt sie für ihren noch minderjährigen Sohn Amenophis IV. anfänglich die Regierungsgeschäfte, das heißt, sie ist auch die von den auswärtigen Höfen anerkannte Regentin. In dieser thebanischen Frühphase vollzieht sie (wie uns die Reliefs aus dem Grabe des Kheruef gezeigt haben) Seite an Seite mit dem neuen König kultische Handlungen, die Mutter und Sohn in ein rituelles Königspaar verwandeln. In der späteren Hauptstadt Achetaton bewohnt sie einen eigenen Palastbezirk und ist als Herrin eines der geheimnisvollen *Sonnenschatten*-Tempel eine der zentralen Gestalten des Aton-Kultes. Schließlich wird sie nach ihrem Tod nicht in Theben an der Seite ihres Gatten Amenophis III. sondern – worauf Fragmente eines aufgefundenen und entsprechend beschrifteten Sarkophages hindeuten – im Königsgrab von Amarna, an der Seite ihres Sohnes Echnaton, beigesetzt.

Die ungewöhnlich starke Stellung, die Königin Teje zeitlebens am Hof ihres Sohnes innehatte, spricht für eine machtbewusste Persönlichkeit – eine, die nicht lockerlässt und zum Äußersten bereit ist. Glücklicherweise können wir diese Einschätzung anhand von zwei kleinen Köpfen, welche die Forschung im Gegensatz zum eher unpersönlichen Charakter altägyptischer Bildhauerkunst als authentische Porträts einstuft, *ad hominem* überprüfen. Es handelt sich um einen Kopf aus Steatit, der in einem Sanktuar in Serabit-el-Chadim im Sinai gefunden wurde und sich jetzt im Ägyptischen Museum von Kairo befindet, sowie um einen Kopf aus Eibenholz aus Medinet Gurob, der im Ägyptischen Museum von Berlin aufbewahrt wird. Wir schauen, so Christian Jacq (2000) in seiner Bewertung, in das Gesicht einer äußerst energischen Frau: »Die Augen sind schmal, die Backenknochen stehen hervor, die Lippen sind hart zusammengepresst und das Kinn ist klein und spitz. All dies unterstreicht ihre Willenskraft und ihr hochmütiges, herrschsüchtiges Wesen.« Im zweiten Porträtkopf findet er sein Urteil bestätigt: »Die gleiche Unbändigkeit, die gleiche Entschlossenheit, die gleiche innere Kraft. Offenkundig eine Frau von großem Machtwillen.«

Wir werden physiognomische Einschätzungen dieser Art gewiss nicht überbewerten; gleichwohl vermögen sie die Bereitschaft zu erhöhen, den hypothetisch unterstellten Inzest von Teje und Echnaton zunehmend als eine realistische Möglichkeit in Betracht zu ziehen. Vor dem Hintergrund der einzigartigen Parität zwischen Amenophis III. und Teje erscheint der Mutter/Sohn-Inzest als das genaue Pendant zum Vater/Tochter-Inzest, das heißt, die inzestuöse Vorgeschichte lässt ihn zumindest plausibel, wenn nicht erwartbar erscheinen. Die religionspolitisch motivierte Bereitschaft zu einer (weiteren) »heiligen Hochzeit« innerhalb der Aton-Familie könnte zudem durch ein zusätzliches Motiv einen Schub erhalten haben: den Wunsch nach einem männlichen Thronfolger. Für den eingeleiteten dynastischen Wechsel war er ein »Muss« – und sein Ausbleiben gewiss die brennende Sorge der Königinmutter.

Abb. 19: Der berühmte Berliner Kopf der Königin Teje

Subtile Ketten von Schlüssen wie diese reichen indes nicht aus, um die brisante Inzest-These wirklich zu erhärten. Was fehlt, ist ein Mehr an materieller Evidenz. Ersichtlich haben wir die Überzeugungskraft der archäologischen Fundstücke noch nicht ausgeschöpft. Ich möchte deshalb einen zweiten Blick auf das verfügbare Material werfen, um zu überprüfen, ob die unterstellte Grenzüberschreitung in Richtung einer sexuellen Beziehung zwischen Teje und Echnaton nicht doch bislang übersehene Spuren hinterlassen hat. Lassen sich entsprechende Gestalten des Eros aus der Formensprache der Bildwerke irgend ablesen?

Das Verhältnis der Königinmutter zu ihrem Sohn ist am besten in der Grabanlage des Huja dokumentiert. Hier muss eine erneute Sichtung ansetzen. Bei der Anlage Hujas (den wir als Kämmerer der Teje bereits kennengelernt haben) handelt es sich um das wohl besterhaltene Privatgrab in der Nekropole von Amarna (AT 1). Seine pure Existenz beweist, dass Teje am Ort lebte und ihn nicht nur gelegentlich besuchte. Das Grab stammt aus dem 12. und 13. Jahr der Regentschaft Echnatons und enthält eine Reihe relativ gut erhaltener Basreliefs, die unsere Aufmerksamkeit verdienen. Ich möchte einige von ihnen nach den Zeichnungen und in der Reihenfolge von Norman Davies (1905) ausführlicher besprechen.

Auf der Südwand der Vorhalle befindet sich die Darstellung eines »königlichen Banketts« zu Ehren von Teje (Tafel IV bei Davies). Unter der Strahlensonne vereint sitzt man an reich gedeckten Tischen, auf der linken Seite (hintereinander) Nofretete und Echnaton, ihnen gegenüber Königin Teje. Diese ist erkennbar die Hauptperson, gekrönt mit Doppelfeder und gehörnter Sonnenscheibe, während die Königswürde ihres Sohnes und ihrer Schwiegertochter (und Nichte) nur durch den Uräus angedeutet ist. Tejes Titel lautet: »Mutter eines Königs und Große Gemahlin eines Königs, sie lebe ewig.« An ihrer Seite befindet sich ihre Tochter, von der es heißt: »Tochter des Königs, von ihm geliebt, Baketaton«. Hinter Königin Nofretete, in vergleichbarer Position, sehen wir zwei Töchter aus deren Ehe mit Echnaton. Die ältere von beiden, die der Bildgröße nach Baketaton entspricht, ist Meritaton; der Name der jüngeren Prinzessin ist nicht erhalten. Die gleichzeitige Abbildung der Töchter von Nofretete und Teje ist das eigentlich Aufregende an diesem Relief. In den offiziellen Darstellungen von Amarna treten die Kinder der Nofretete nach einer strikt befolgten Regel niemals zusammen mit den Kindern eines anderen weiblichen Mitglieds des königlichen Hofes in Erscheinung. So fehlen in allen sonstigen Reliefbildern, in denen Baketaton und ihre Mutter Teje auftreten, stets die Töchter der Nofretete. Die verschiedenen Abstammungslinien werden sorgsam auseinandergehalten. Hier ist es anders. Kommt unter der gleichsam herabgesetzten Zensur einer inoffiziellen Darstellung zusammen, was zusammengehört: Kinder von verschiedenen Müttern, aber vom gleichen Vater?

Auf der Ostwand der Vorhalle zeigt uns ein anderes Relief (Tafel VIII bei Davies) die Szene eines Tempelbesuchs. Eine direkt vor Echnaton angebrachte Inschrift hält fest: »Führung der Großen Königin und Königsmutter, um ihr ihren Sonnenschatten zu zeigen.« *Sonnenschatten* ist ein amarnatypischer Tempel bzw. Tempelbereich, der neben einem Sanktuar eine Statuenhalle umfasst und ausschließlich gewissen weiblichen Mitgliedern des Königshauses gewidmet war.[47] Das Bild könnte also die Einweihung des Sonnenschatten-Tempels der Teje darstellen. Unter dem Strahlenfächer des Aton sehen wir Echnaton, wie er Teje liebevoll bei der Hand fasst und ins Innere des Tempels geleitet. Echnaton trägt eine offene Tunika, die seine typischen Proportionen markant ins Relief treten lassen. Teje ist nahezu nackt und von ausgeprägt sinnlicher Präsenz, eine erotische Figur, wie wir sie von anderen intimen Familienszenen der Amarnakunst kennen. Man gewinnt den Eindruck, hier schritten Liebende – und nicht ein Sohn mit seiner Mutter. Echnatons Arm aber, dessen Hand den Körper des Königs mit dem der Teje verbindet, erscheint im Fächer der Sonnenstrahlen wie ein leibhaftiger Strahlenarm, Abkömmling des lebenspendenden Aton, von dem es in seiner Kartusche heißt: »Der lebende Aton im Sonnenschatten der Königsmutter und Großen Königin, die von ihm lebt.«

Ein aus zwei Hälften zusammengesetztes Relief am Türsturz des inneren Ganges soll unsere Erkundung der Grabanlage des Huja abschließen. Abgebildet sind zwei parallele Familienszenen (Abb. 20a, b). Die linke Bildhälfte zeigt uns das königliche Paar von Amarna, Echnaton und Nofretete, in lässiger Pose auf Thronen unter der Strahlensonne sitzend, ihnen gegenüber vier ihrer Töchter; sie wedeln ihren Eltern mit Fächern zu. Auf der rechten Bildhälfte ist eine zweite, aber nicht ganz eindeutige Familienszene unter der Sonnenscheibe dargestellt. Dem König gegenüber erkennen wir Teje in Begleitung ihrer Tochter Baketaton; beide erheben ihre Hand zu einer Geste der Ehrerweisung, welche der König erwidert. Alle auf dem Relief abgebildeten königlichen Figuren sind nackt.

Abb. 20a: Echnaton und Nofretete mit vier ihrer Töchter

Auf den ersten Blick ist der König, der vis-à-vis von Königin Teje sitzt, ebenfalls mit Echnaton zu identifizieren. Dafür spricht die eindeutige Referenz des Aton, aber auch die Physiognomie der dargestellten Person, die erkennbar die Züge des Amarnakönigs trägt. Schließlich darf auf unübersehbare Ähnlichkeiten verwiesen werden, die ein Vergleich mit der »Bankett-Szene« zutage fördert: Nicht nur die Komposition der beiden Reliefs verrät Gemeinsamkeiten, auch Details der Darstellung wie Pose und Handstellungen der Protagonisten, vor allem aber die Kopfbedeckung der beiden Könige, sind nahezu gleich. Allerdings wirft eine Inschrift auf dem rechten Türpfosten Fragen auf, die gegen eine vorschnelle Gleichsetzung des Königs-zur-Rechten mit Echnaton sprechen. Sie lautet im Wortlaut:

> [Lang] lebe der Vater – Gott und König – der lebende Re, Herrscher der beiden Horizonte, erfreut am Horizont im Namen des Glanzes, der als Aton kommt, welcher Leben gibt für immer und ewig, der König des Südens und des Nordens, der in der Wahrheit lebt, Herr der beiden Länder, Neferchepeperure Uaen-re, der Leben spendet, [...] der König des Südens und des Nordens, Herr der beiden Länder, der in der Wahrheit lebt, Nebmaatre, und die große Königin und Königs-Mutter, Teje, sie lebe für immer und ewig.

Die Inschrift enthält offensichtlich zwei verschiedene Königsnamen. Bei *Neferchepeperure Uaen-re* handelt es sich unstrittig um den Thronnamen des Echnaton. *Nebmaatre* ist dagegen als Thronname von Amenophis III. bekannt. Norman Davies hat denn auch mit seinem Urteil nicht gezögert: Die linke Bildhälfte des in Rede stehenden Re-

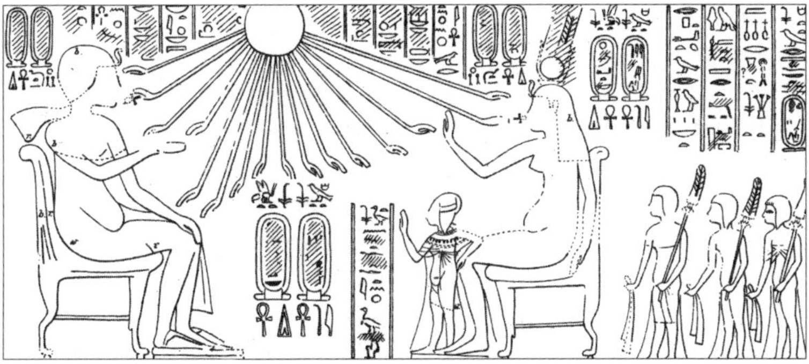

Abb. 20b: Echnaton und Teje mit Tochter (rechts drei Hofdamen)

liefs zeige Echnaton mit seiner Frau und seinen Kindern (also im Kreis seiner eigenen Familie), die rechte Bildhälfte aber seine Herkunftsfamilie – seinen Vater Amenophis III., seine Mutter Teje und seine kleine Schwester Baketaton. Zahlreiche Ägyptologen sind ihm in dieser Deutung gefolgt. Nun sind die solchermaßen aufgedeckten Identitäten bei näherem Zusehen auch in diesem Fall alles andere als eindeutig. Schon Davies selbst hat eingeräumt, dass der Thronname Amenophis' III., *Nebmaatre* (»Herr der Maat, ein Re«), »in einer ungewöhnlichen Form« geschrieben ist. Das hängt einerseits mit der Kultreform zusammen, deren Radikalisierung dazu führte, dass man Wörter wie *Maat* (Wahrheit) oder *Mut* (Mutter), die traditionell mit Hieroglyphenzeichen gebildet wurden, welche Gottheiten evozieren, durch phonetisches Buchstabieren zu ersetzen versuchte. Wörter, die den verpönten Gottesnamen *Amun* enthielten (wie beim Geburtsnamen »Amenophis« der Fall), waren überhaupt nicht mehr zitierfähig. Andererseits hat Echnaton, immer wenn es notwendig war, den Namen seines Vaters inschriftlich zu verwenden, den verpönten Geburtsnamen einfach durch den Thronnamen ersetzt, so dass der volle Name *Nebmaatre-Nebmaatre* zu lesen war – mit dem interessanten Zusatz, dass bei dieser Schreibregelung das Wort Maat gerade nicht buchstabiert, sondern mit dem Zeichen der Gottheit wiedergegeben wurde. Im vorliegenden Fall liegt aber nicht nur ein Verstoß gegen die Regel der Namensdoppelung vor, auch das Wort Maat ist (anders als in den Vergleichsfällen, wo zweifelsfrei von Amenophis III. die Rede ist) durchbuchstabiert. Die Unsicherheit, ob wir das inschriftliche Nebmaatre wirklich auf Amenophis III. beziehen dürfen, wächst, wenn wir berücksichtigen, dass unmittelbar vor diesem Namen der Beiname »der in der Wahrheit lebt« steht – ein Appellativ, das ansonsten zur Königsformel des Echnaton gezählt wird.

Selbst wenn wir uns über diese Ungereimtheiten hinwegsetzen, bleibt der Sinn des Dargestellten schwer verständlich. Was kann es bedeuten, König Amenophis III. auf einem Bild aus dem 12 oder 13 Regentschaftsjahr seines Sohnes in Amarna unter der Atonscheibe dargestellt zu sehen? Zwei unterschiedliche Ansätze sind in der Forschung diskutiert worden. »Es hat nicht an Gelehrten gefehlt, die die Gegenüberstellung der beiden Königshöfe, wie sie hier stattfindet, als Hinweis auf eine gemeinsame Herrschaft beider Pharaonen gewertet haben. Andere dagegen haben die Ansicht vertreten, die Einbeziehung Amenophis' III. in die Szene sei eine Äußerung der Pietät Echnatons gegenüber seinem verstorbenen Vater.« Beide Hypothesen können heute als widerlegt gelten; die letztere war es schon zur Zeit der Niederschrift der Sätze durch Aldred im Jahre 1968. Mehr als dreißig Jahre zuvor hatte John Pendlebury (1935) aus der Tatsache, dass dem König-zur-Rechten durch einen Strahl des Aton das *ankh*-Zeichen für »Leben« an den Mund gehalten wird (ganz so wie der Königin Teje), den richtigen Schluss gezogen: »Es gibt keinen Unterschied zwischen den beiden Gruppen in dem Sinn, als handele es sich in dem einen Fall um Lebende und in dem anderen Fall um Tote.« Aber auch die erste Position, die Aldred selber prominent vertreten hat, ist an ein Ende gekommen. »Als Ergebnis einer langen und heftigen Diskussion«, so Erik Hornung, kann man »nur festhalten, dass eine längere Mitregentschaft der beiden Könige nicht zu halten ist.« Was folgt daraus?

Wenn es sich bei dem König auf der rechten Bildhälfte des Reliefs weder um den herrschenden noch um den verstorbenen Amenophis III. handeln kann, dann müssen wir zur Sicherheit des ersten Blicks zurückkehren und in ihm Echnaton (an)erkennen – Echnaton, der »im Namen des Vaters« erschienen ist? Dialektisches Denken ist gefragt. Anstatt das Rätsel mit dem Nimbus des Unlösbaren zu umgeben, müssen wir die Gegensätze zur Aufhebung des Widerspruchs nutzen. Die Imago des Vaters wird von Bild und Text sehr wohl evoziert. Aber anders, als es die Vertreter der Mitregentschaftsthese wahrhaben wollten, scheint Echnaton (wie der Eingangstext der Inschrift andeutet) den Gottkönig Aton als seinen Vater anzurufen. Erinnern wir an den Gleichklang des Aton-Namens (Jati) mit dem ägyptischen Wort für *mein Vater* (jat-i). Es ist sein göttlicher Vater, mit dem Echnaton eine Koregentschaft inszeniert. Im Namen Atons ist er erschienen, um die Stelle seines leiblichen Vaters Amenophis einzunehmen. An der Seite von Teje ist der Sohn des Aton der wiedergekehrte Nebmaatre, so wie dieser sich schon zu seinen Lebzeiten als »Strahlende Sonnenscheibe« vergöttlichen ließ. Als Revenant des Vaters ist ihm Königin Teje freilich nicht länger Mutter, sondern Gemahlin, mit der er eine eigene zweite Familie gegründet hat. In einer weiteren Inschrift wird die Muttergattin ganz in diesem Doppelsinn gepriesen, als eine Gestalt des Eros und als Erbprinzessin:

> Die Erbprinzessin, sie steht hoch in der Gunst, eine Frau von Anmut, süß in ihrer Liebe, die den Palast mit ihrer Schönheit erfüllt, Herrin des Südens und des Nordens, die Große Gemahlin des Königs, die er liebt, die Herrin der beiden Länder, Teje.

Dieses Hohelied der Liebe hat Theodore M. Davis, dem Ausgräber von KV 55 (der dieses Grab anfänglich Königin Teje zuordnete), einst einen gehörigen Schrecken eingejagt: Klingt die Passage von der »Großen Gemahlin des Königs, die er liebt« nicht ganz so, fragte er sich, als würde Tejes Ehemann noch leben? Zu der schockierenden Antwort (Ja, in der Person ihres Sohnes!) hat freilich auch er nicht gefunden. Und doch hat der sprechende Text gerade im Grab KV 55 seine genaueste bildliche Entsprechung erhalten. In jenem mysteriösen Grab fand sich – in einem stark zerstörten Zustand – ein vergoldeter Schrein der Teje, den Echnaton ursprünglich seiner Mutter anlässlich ihrer Beisetzung im Königsgrab von Amarna gestiftet hatte. Ein weiteres Mal sehen wir den Amarnakönig die Position seines Vaters einnehmen; denn auch in diesem Fall, so scheint es, reklamiert er die Vorrechte eines Gatten. Dokument dieser Beziehung ist die vergoldete Rückwand des Schreins, die ein Flachrelief geziert hat. In der Zeichnung von Harold Jones, die angefertigt wurde, als die Schrein-Rückwand noch *in situ* auf dem Boden der Grabkammer lag, erkennen wir Teje und Echnaton, die vor Altären Trankopfer für Aton darbringen. Das Bildnis des Echnaton hat man später ausgehackt, das Bildnis der Teje ist erhalten geblieben. Es vermittelt den bestimmten Eindruck einer erotischen Ikone: das stilisierte Konterfei einer Göttin der Liebe von verführerischer Schönheit (Abb. 21).

Der Schrein der Teje als Gabe des Geliebten (Echnaton) ist ein Dokument ersten Ranges, das die Implikationen der Reliefs zu bestätigen scheint. Interessanterweise ist im Grab des Tutanchamun ein (seinem sentimentalen Wert nach) vergleichbares Dokument der Zuneigung und Liebe gefunden worden. Die Ausgrabung förderte einen mit dem Namen der Teje beschrifteten Miniatursarg zutage, in dem sich als Familienerbstück eine Haarlocke der Großen Königlichen Gemahlin und Königinmutter befand.[48] Bei allem Vorbehalt enthält dieses Souvenir einen nicht zu übersehenden Hinweis auf die Abstammung des Kindkönigs: War Tutanchaton ein Sohn oder Enkel der Teje? Wir werden die erste Möglichkeit aus zwei Gründen nicht in Betracht ziehen. Zum einen wurde Tutanchaton in einer Zeit geboren (um das Jahr 12), in der Teje schon deutlich über fünfzig Jahre alt war. Sie hätte, anders als im Fall der Baketaton, wohl nur im Vertrauen auf die Hilfe der Götter und eines kundigen Beschwörungspriesters hoffen dürfen, in jenem fortgeschrittenen Alter noch ein Kind zu gebären ... Zum anderen spricht die DNA-Analyse in diesem Punkt eine deutliche Sprache: Bei der Mutter Tutanchatons handelt es sich mit großer Wahrscheinlichkeit um eine Schwester Echnatons, deren Identität sich hinter der anonymen Maske der »Jüngeren Dame« (KV 35 YL) verbirgt. Teje verkörpert damit so etwas wie eine doppelseitige Großmutter (mütterlicher- wie väterlicherseits). Es wäre so gesehen mehr als verständlich, wenn sie ihrem einzigen männlichen Enkelkind, dem ersehnten, aber wegen seiner schwächlichen Konstitution besonders schutzbedürftigen Thronfolger eine besondere Fürsorge zuteil werden ließ.

Es bleibt das Rätsel um die »Jüngere Dame«. Schlagen wir noch einmal den Fächer der Verwandtschaftsbeziehungen auf, die von ihr bekannt sind. Sie ist 1. die Tochter von Teje und Amenophis III., 2. die Schwester von Echnaton, 3. die (nach Nofretete) zweite Frau Echnatons, 4. die Mutter von Tutanchaton/-amun. Wenn ich recht sehe, löst von diesen familialen Markern nur der drittgenannte ein deutliches Nachdenken aus: Gilt nicht Kija als zweite Gemahlin Echnatons? Von der Forschung relativ spät wahrgenommen und als »Nebenfrau« lange unterbelichtet, hat sich das Bild der Kija nach und nach aufgehellt und zu einer imposanten Größe zusammensetzen lassen. Sie war keine einfache Haremsdame, sondern ganz offensichtlich ein anerkanntes Mitglied der königlichen Familie, das in der ersten Hälfte der Amarnazeit Macht und Einfluss erwarb. Die »Große geliebte Ehefrau des Königs von Ober- und Unterägypten« (so der offizielle Titel Kijas) besaß in Achetaton eine eigene Domäne und spielte auch im Atonkult eine wichtige Rolle. Das zutage geförderte Material legt nahe, dass

Abb. 21: Königin Teje auf der Rückwand des von ihrem Sohn gestifteten Schreins

Kija zumindest für einige Jahre die große Gegenspielerin der Nofretete war und dieser den Rang einer *First Lady* streitig machte. Ein Relieffragment zeigt die Köpfe von Echnaton und Kija eng nebeneinander liegend und praktisch im selben Maßstab, wie wir es sonst nur von Echnaton und Nofretete kennen. Auf einer anderen Darstellung erscheint sie hinter dem König schreitend, während gleichzeitig zwei Nofretete-Töchter in Verehrung auf dem Boden liegen.

Der Auftritt der Kija zerstört mit einem Schlag die Mär vom monogamen Königspaar, die als Ausweis einer neuen Sittlichkeit so gut zum Mythos vom ersten Monotheismus gepasst hat. Es ist deshalb alles andere als eine Überraschung, wenn wir erfahren, dass die zweite Gemahlin Echnatons die herkömmliche Genealogie der Amarnafamilie durcheinandergebracht hat. Auf einem Relief des New Yorker Brooklyn Museums sehen wir Kija, wie sie – ganz im Stil der frühen Amarnakunst – unter dem Schutz einer Hand des »lebendigen Aton« zärtlich ihre Tochter küsst. Kein Zweifel, dass wir hier ein Kind Echnatons vor uns haben, seine achte (für uns leider ohne Namen gebliebene) Tochter von der (insgesamt) dritten Frau. Es gibt starke Hinweise darauf, dass dies nicht das einzige Kind ist, das Kija dem König geboren hat. Eine Spur führt in das Königsgrab von Amarna, in dem die »Gemahlin und große Geliebte des Königs Kija« mutmaßlich beigesetzt wurde. Dafür spricht unter anderem, dass Teile ihrer Grabausstattung in KV 55 wieder aufgetaucht sind, wohl anlässlich der Umbettung Echnatons von Amarna nach Theben-West. Im sogenannten Raum Alpha des Königsgrabes ist ein Relief zu sehen, das in zwei Bildregistern die Geburt eines Kindes und nachfolgend die Trauer um den Tod einer königlichen Person darstellt. Geoffrey T. Martin (1989) hat die verwirrende Szenenfolge als Umschlag eines zunächst freudigen Ereignisses in dessen genaues Gegenteil gedeutet, wobei die verknappte Darstellung die beiden Handlungsstränge, die in Wirklichkeit einige Tage auseinandergelegen haben können, unmittelbar zusammenbringt. Im oberen Bildabschnitt sieht er zunächst das Königspaar mit den führenden Höflingen und Hofdamen versammelt, um die ersehnte Ankunft eines Prinzen zu bezeugen – und (wie die beladenen Tische am oberen Bildrand andeuten) zu feiern. Während das königliche Kind, dessen Status durch den Fächer angezeigt wird, durch eine Amme hinausgeführt wird, deuten die Gesten des in den Geburtsraum blickenden Königspaares Unheil an. Im unteren Bildabschnitt wird der Grund des Umschlages offenbar. Auf einer Bahre liegt eine könig-

Abb. 22: Relief im Königsgrab von Amarna, das möglicherweise die Geburt Tutanchatons und den Tod seiner Mutter Kija darstellt.

liche Frau, wahrscheinlich die Mutter des Neugeborenen, die (vielleicht noch im Wochenbett) kurz nach der Geburt verstarb und nun vom Königspaar im Verein mit Klageweibern (ohne Hofbeamte) betrauert wird.[49]

Wenn Kija, wie es ihr Status erwarten lässt, im Königsgrab von Amarna bestattet wurde, dann dürfen wir ihr mit guten Gründen die Grabkammer Alpha zuweisen und davon ausgehen, dass auf deren Wand das bedeutendste Ereignis ihres Lebens festgehalten worden ist: die Geburt des einzigen Sohnes Echnatons, des nachmaligen Thronfolgers, der den Geburtsnamen Tutanchaton, »lebendes Abbild des Aton«, erhielt. Für die Stimmigkeit dieses so wichtigen Steins im Puzzle von Amarna sprechen eine Reihe von Fakten, die sich erstaunlich passgenau anschließen lassen. Die Geburt Tutanchatons muss um das Jahr 12 erfolgt sein; das ist eben die Zeit, in der Kija für uns von der Bildfläche Achetatons verschwindet. Aus der Tatsache, dass Kija bereits Mutter einer Tochter war, folgt, dass Tutanchaton eine Schwester gehabt haben muss. Genau dies scheint ein Reliefblock aus Hermopolis mit dem Bildnis einer Prinzessin zu belegen, den Günther Roeder für das Pendant jenes Tutanchaton gewidmeten Blockes hält, der ihn als Königssohn auszeichnet. Auch eine späte Entdeckung beim Roten Kloster von Sohag – einem am westlichen Nilufer gegenüber von Achmim (Tejes Heimat) gelegenen Ort – passt in das Bild. Dort fand man das Grab eines »Gottesvaters« Sennedjem, dem offensichtlich die Erziehung des jungen Prinzen anvertraut war. Die Pointe aber, die aus diesem Fund zu ziehen ist, lautet, dass Tutanchaton seine Kindheit außerhalb Amarnas in der Gegend von Achmim verbracht haben könnte, weil seine Mutter Kija verstorben war und seine Großmutter sich ersatzweise um ihn kümmerte.

Wie vielversprechend diese Übereinstimmungen auch immer sein mögen, sie können zur Lösung des Kernproblems nichts beitragen. Dieses besteht darin, dass unsere historische Rekonstruktion zwar mit Kija eine geeignete Kandidatin für die doppelt notierte Stelle »Ehefrau Echnatons/Mutter Tutanchamuns« präsentiert hat, diese aber mit der Person aus dem Steckbrief der DNA-Analyse »Schwester Echnatons/KV 35 YL« nicht zusammenpasst. Für die einen ist Kija eine Haremsdame unbekannter Herkunft, für die anderen eine Prinzessin mitannischer Herkunft. Eine Abstammung aus der Königsfamilie wurde meines Wissens bislang nie in Erwägung gezogen. Umgekehrt gilt der Verbleib ihrer Mumie als gänzlich unbekannt. Und dennoch muss der Spagat unternommen werden, um die beiden scheinbar auseinanderlaufenden Wege zu überbrücken. Doch wo(mit) anfangen? Ich schlage angesichts des unwegsamen Geländes vor, ein zweites Mal auf die Stimme von Geoffrey T. Martin zu hören, dessen kluger Aufschließung des rätselhaften Bildwerkes im Königsgrab von Amarna wir gefolgt sind. Mit Blick auf die nicht enden wollende KV-55-Diskussion hat er an »Occams Rasiermesser« erinnert, das heißt an den Rat des gewieften Scholastikers, die Anzahl der zu verhandelnden Dinge durch Wegschnitt des Überflüssigen überschaubar zu halten.[50] Für uns liegt das »Zuviel« in der Geschwisterfolge Echnatons, in der vier namentlich bekannte Schwestern auftauchen: Satamun, Henuttaunebu, Isis und Nebetah. Formal käme jede von ihnen als Gattin des Bruders und Mutter Tutanchatons/-amuns in Frage – und damit als mögliches *alter ego* der Kija. Die Problemverkleinerung à la Occam, die ich vorschlagen möchte, besteht darin, sich beim Versuch, die Gestalt der Kija mit der Figur einer Königsschwester probeweise zur Deckung zu bringen, auf eine Person zu beschränken. Die Wahl fällt nicht schwer; aus naheliegenden Gründen werden wir für die Gegenüberstellung mit Kija Satamun auswählen. Nach der herrschenden Rangfolge am Hof müsste sie bei einer anvisierten Geschwisterehe als älteste Königstochter zum Zuge gekommen sein. Satamun ist zugleich die einzige Schwester, die uns als eine lebendige Persönlichkeit gegenübertritt und über vorhandenes Quellenmaterial Anknüpfungspunkte anbietet. Hier ist vor allem von Belang, dass wir (neben den Funden aus Theben) über zwei Belege aus Amarna verfügen[51], kleinteilige Objekte von minderem Wert, die aber den Fingerzeig geben, dass das Gedächtnis an Satamun mit dem Umzug von Theben nach Achetaton nicht erloschen war. Um mögliche Korrespondenzen zwischen Kija und Satamun aufzuspüren, bietet sich der Abgleich von drei Persönlichkeitsmerkmalen an: der Namen, des Aussehens, der Mumien.

Kija ist kein ungewöhnlicher Name. Er enthält die Grundbedeutung »Affe«, was dafür spricht, dass es sich um einen Kosenamen handelt: »Äffchen«. Ungewöhnlich ist die Verwendung dieses sehr persönlichen Kürzels in der offiziellen Titulatur Kijas:

> Gemahlin und Große Geliebte des Königs von Ober- und Unterägypten, der von der Wahrheit lebt, Echnaton, das vollendete Kind des lebenden Aton, das leben wird jetzt und auf ewig, Kija.

Ausgesprochen wurde der Name Kije, ein Umstand, der Cyril Aldred zu einer interessanten Überlegung angeregt hat. Ihn erinnert *Kije* an den Klang der Namen aus dem Hause Juja – Namen wie Eje und Teje. Könnte es sein, dass Juja und Tuja, die Großeltern der Teje-Töchter, eine ihrer Enkelinnen mit diesem Namen gerufen haben? Wenn wir dem Raum geben, wäre sofort an Satamun zu denken. Wie wir hörten, hat sie als Grabbeigabe für ihre verstorbenen Großeltern zwei wertvolle Sessel gestiftet, ein deutliches Zeichen einer besonderen Verbundenheit. Bei Satamun könnte es sich also um jene Lieblingsenkelin gehandelt haben, die den Kosenamen Kije erhielt. Dass sie ihren alten Eigennamen »Tochter des Amun« in Amarna nicht behalten konnte, versteht sich von selbst. Ähnlich könnte es sich mit dem Titel einer Großen Königlichen Gemahlin verhalten. Wird er Kija vorenthalten, weil Satamun ihn bereits trug, freilich als Gemahlin ihres Vaters, so dass es in Amarna nicht länger opportun erschien, ihn zu tragen? Dann wäre mit »Große Geliebte des Königs« die Ersatzformel gefunden worden, unter der Satamun alias Kije ihre zweite Karriere beginnen konnte.

Darstellungen der Kija haben sich vielfältig erhalten, in Form von Reliefs, als Gipsmodelle aus der Werkstatt des Bildhauers Thutmosis oder in Gestalt der filigran gearbeiteten Köpfe, die ihre in KV 55 aufgefundenen Kanopendeckel zierten. Diese Porträts vermitteln den Eindruck von einer zarten, sanften Schönheit, deren Züge etwas runder sind als die der Nofretete, ihrer vergleichsweise kühlen und hochmütigen Rivalin. Als Besonderheiten Kijas gelten das Tragen der sogenannten »nubischen Perücke«, die im Nacken hoch geschnitten mit fünffach gestaffelten Löckchenreihen nach vorne abfällt, sowie die Vorliebe für große, runde Ohrringe. Die Kombination von Perücke und Ohrringen gilt in der Literatur geradezu als Kijas Markenzeichen, Accessoires mit Wiedererkennungswert. Ähnlich persönliche Darstellungen der Satamun sind selten, einfach deshalb, weil sie aus der Vor-Amarnazeit stammen und noch dem alten, formalisierten Kunststil verpflichtet waren. Den vielleicht authentischsten Eindruck vom Aussehen der Prinzessin gibt einer ihrer mehrfach erwähnten Sessel wieder, auf dessen Rückenlehne Satamun zweimal dargestellt ist. Das wunderschön gearbeitete Sitzmöbel ist unzählige Male abgebildet und besprochen worden, das Geheimnis um die Physiognomie seiner Besitzerin tritt jedoch erst zutage, wenn man das Gesicht Satamuns fokussiert und vergrößert. Die Überraschung ist perfekt. Die Prinzessen trägt eine kurze Löckchenperücke und noch die jugendlichen Königskindern eigene Seitenlocke, unter der ein großer, runder Ohrring hervorschaut. Das

Abb. 23: Kija, die zweite Frau Echnatons

Porträt ist ein Jugendbildnis, das Relief der Kija zeigt eine Frau von etwa Mitte zwanzig. Von einem Beweis der Identität der beiden Personen sind wir weit entfernt; aber man wird immerhin für möglich halten dürfen, dass die schlankeren Züge der Kija aus den noch fülligeren Partien der Satamun hervorgegangen sind – während sich die frühe Vorliebe für Perücken und Ohrringe erhalten hat.

Über den Verbleib der Mumie Kijas, so sagte ich, wissen wir nichts. Machen wir an dieser Stelle die Einschränkung: solange wir unter ihrem Namen danach suchen. Ich schlage ein Gedankenexperiment vor, um über einen verdeckten Weg doch etwas über das Schicksal der

Abb. 24: Prinzessin Satamun (Detail)

Mumie zu erfahren. Anonymisieren wir zu diesem Zweck Kijas Mumie, die im Königsgrab von Amarna (AT 26) bestattet wurde, und nennen die sterblichen Überreste einer ca. 30-jährigen Frau nach bekannter Manier AT 26 YL. In der Hauptkammer desselben Grabes befand sich die Mumie einer älteren Frau von etwa 55 Jahren (AT 26 EL), von der wir wissen, dass es sich hierbei um Königin Teje handelte.[52] Im Zuge der großen Umbettungsaktion königlicher Mumien am Vorabend der Aufgabe von Achetaton, die Echnatons Leichnam nach KV 55 brachte, wurde die Mumie Tejes aller Wahrscheinlichkeit nach endlich an der Seite ihres wahren Ehemannes (in KV 22) beigesetzt. Erwähnen wir kurz, dass das Königsgrab Amenophis' III. von Anbeginn auch als Grabstätte für zwei seiner Frauen dienen sollte: eben für Teje, aber auch für Satamun. Von KV 22 gelangte Tejes Mumie schließlich etwa 300 Jahre später in das Grab Amenophis' II. (KV 35), das in dieser Zeit als Mumienversteck eingerichtet wurde. Seit ihrer Auffindung firmiert sie deshalb unter KV 35 EL. Teje tat diese letzte Reise jedoch nicht allein; an ihrer Seite befand sich, wie erwartbar, ihr Mann Amenophis III., aber noch eine andere Mumie, die einer (den späteren Ausgräbern unbekannten) jüngeren Dame

(KV 35 YL). Dieser Hinweis muss uns stutzig machen. Wurden aus KV 62 nicht zwei, sondern in Wirklichkeit drei Mumien überführt? Wenn ja, dann kann es sich bei der jüngeren Dame nur um Satamun handeln; auch sie hatte (wie von Amenophis III. bestimmt) zwischenzeitlich in das Grab ihres Vatergemahls Einzug gehalten. Aber wie ist sie dort hingelangt? Zusammen mit AT 26 EL = Teje? Wenn wir den verschlungenen Umbettungsweg, den wir jetzt in umgekehrter Richtung folgen, zu Ende gehen, wird schlagartig klar, dass Teje schon das Königsgrab von Amarna nicht allein verließ, sondern in Begleitung der jüngeren Frau AT 26 YL, ihrer ältesten Tochter, auf die ebenfalls ein Platz im Grab Amenophis' III. wartete. Das Fazit unserer verdeckten Aufklärung, die hier zu ihrem Ende kommt, kann daher nur lauten: Die Mumie AT 26 YL (Kija) und die Mumie KV 35 YL (Satamun) dürften identisch sein.

Eine letzte bedrückende Bestätigung dieser Identitätsthese liefert der Autopsiebericht der Mumie. Das Gesicht der »jüngeren Dame« ist entstellt; ihre linke Wange weist eine klaffende Wunde auf, die ihr mit einem harten Gegenstand beigebracht worden sein muss. Entweder fiel sie einem Mordanschlag zum Opfer oder sie wurde posthum geschändet. Wenn wir jetzt einblenden, dass das Gedächtnis der Kija einer wütenden Verfolgung anheimfiel, schließt sich der Kreis. Keines ihrer Bilder blieb unberührt; manche wurden ausgemeißelt und (von den Töchtern der Nofretete) usurpiert, andere in bösartiger und nie gekannter Weise attackiert, indem man zum Beispiel ihre Augen ausgestochen hat. Diese symbolische Schändung und die reale Gewalttat, die der Körper erfuhr, dürfen wir für die zwei Seiten einer Medaille halten, das heißt, sie galten ein und derselben Person.

Unsere Erkundung der besonderen verwandtschaftlichen Beziehungen, wie sie im Königshaus von Amarna geherrscht haben, hat zu einem ganz erstaunlichen Ergebnis geführt. Amenophis IV.-Echnaton hat nicht nur in drei Fällen die von seinem Vater begonnene Tradition inzestuöser Tochterehen fortgesetzt, er hat zudem ein inzestuöses Verhältnis mit seiner Mutter Teje und mit seiner Schwester Satamun-Kija unterhalten.[53] Neben der Hauptehe mit Nofretete, seiner Cousine, hat der erste Amarnakönig folglich mit fünf weiteren weiblichen Familienangehörigen ersten Grades Parallelfamilien gegründet, aus denen zahlreiche Töchter, aber nur ein Sohn hervorgegangen sind. Das Phänomen, das es zu verstehen gilt, ist die – unter dem religionspolitischen Dach einer Heiligen Atonfamilie sich vollziehende – Errichtung des mehr-

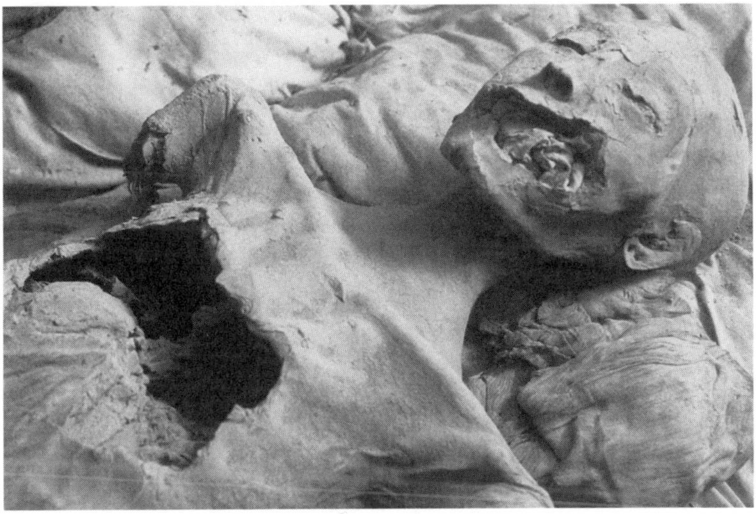

Abb. 25: Mumie KV 35 YL. Schwere Verletzungen deuten auf ein gewaltsames Ende hin.

stöckigen (in drei Generationsebenen unterteilten) Hauses einer inzestuösen Großfamilie, das mit dem Tode Echnatons keineswegs verfiel, sondern bis zum Ende der Amarnazeit von den ihrerseits inzestuös verbundenen Nachkommen bewohnt wurde. Die Thronfolge der letzten Thutmosiden, die in enger Verwandtschaft mit dem Hause Juja leben, ist gleichsam bis zum letzten Atemzug durch den sich fortzeugenden Frevel des Inzests gezeichnet. Mit Semenchkare und Meritaton heiratet der Kronprinz noch einmal die Tochter des Mutterbruders, es heiratet aber zugleich der Halbbruder die Nichte und zwei Kreuzenkel untereinander. Mit Tutanchaton und Anchesenpaaton heiraten nicht nur Halbgeschwister, es heiratet der Onkel seine Nichte und wiederum zwei Enkelkinder untereinander. Schließlich zeigt uns die für möglich gehaltene Heirat zwischen Eje und Anchesenamun die Verbindung zwischen Großvater und Enkelin.

Wir haben es mit einem durchgängigen inzestuösen Familienmuster zu tun, das (in guter Übereinstimmung mit psychoanalytischen Erkenntnissen unserer Zeit)[54] für das beschriebene Phänomen der Ununterscheidbarkeit zwischen den Geschlechtern und Generationen verantwortlich ist – und für die massiven Konflikte, die im kurzgeschalteten Spannungsbogen zwischen (positiv geladener) Idealisierung und (negativ geladener) Entwertung entstehen. Schillernde Liebe und lauernde Grausamkeit bilden in Amarna eine widersprüchliche Einheit. Das heißt, wir haben es in der Tat mit zwei Ergänzungsreihen zu tun, die sich zueinander wie kommunizierende Röhren verhalten. Wenn der in jeder Hinsicht ungewöhnliche Mutter/Sohn-Inzest den Gipfelpunkt einer *Überbewertung verwandtschaftlicher Beziehungen* markiert, dann ist umgekehrt mit der Vernichtung (vielleicht Ermordung) der Kija der Tiefpunkt einer *Unterbewertung verwandtschaftlicher Beziehungen* erreicht. Heißen die Handelnden im ersten Fall Teje und Echnaton, so lauten die Kontrahenten im zweiten Fall Satamun-Kija, die Mutter der beiden Prinzen Semenchkare und Tutanchamun, und Nofretete, eine Königin »Ohnesohn«. Wir waren, wie erinnerlich, einem Familiengeheimnis auf der Spur, in dem wir die Motive der rätselhaften Dachamunzu-Affäre vermuteten. Des Rätsels Lösung ist nun in Sicht.

Kehren wir nach dem Versuch, die verwickelten Familienbeziehungen von Amarna zu verstehen, an jene Geschichtsstelle zurück, an der – nach dem Tod Echnatons – Königin Nofretete die Zügel der Macht in Händen hält. Das »vollendete Kind des lebenden Aton« ist im Königsgrab von Amarna beigesetzt worden, wo drei seiner Frauen auf ihn warteten: Maketaton, die früh verstorbene Tochtergattin, Satamun-Kija, die Große geliebte Ehefrau, und Teje, die dominante Muttergemahlin. Was wird Nofretete, die »eigentliche« Gattin des Echnaton,

Die (wahrscheinlichen) Inzestbeziehungen Echnatons (E.)

E. ⚭ Meritaton	E. ⚭ Satumun/Kija	E. ⚭ Teje
Meritaton-tascherit	N.N.(♀) Tutanchaton	Baketaton
E. ⚭ Maketaton		
N.N.		
E. ⚭ Anchesenpaaton		
Anchesenpaaton-tascherit		
Vater/Tochter-Inzest	Bruder/Schwester-Inzest	Mutter/Sohn-Inzest

die alle ihre Konkurrentinnen überlebt hat, empfunden haben? Hat sie das Schicksal ihrer Töchter irgend berührt? Hat sie das unvermeintliche Gerede am Hof und in ganz Achetaton über das skandalöse Verhältnis des Königs zu seiner eigenen Mutter verletzt? Vielleicht, aber jetzt war die Sache ausgestanden und Baketaton stellte für sie keine Bedrohung dar. Ganz anderer Art dürften die Gefühle gegenüber der Schwester ihres Mannes gewesen sein. Satamun-Kija, die Tochter eines Königs, hat – sicherlich zur Freude der royalistischen Partei – der bürgerlichen Königin aus dem Haus Juja faktisch die Macht entwunden, wenn (weibliche) Macht am Hofe bedeutete, den Kronprinzen zu gebären. Die Einbuße an Prestige und die Zurücksetzung durch Echnaton dürfte Nofretete als eine ganz persönliche Kränkung erlebt haben. Ihre ärgste Feindin war tot, doch deren Söhne lebten: Tutanchaton, der Kronprinz, und Semenchkare, auch er ein potentieller Thronanwärter in Wartestellung. Als das zentrale Motiv hinter der Dachamunzu-Affäre bestätigt sich die Vermutung, dass Nofretete mit allen Mitteln danach trachtete, die Herrschaftsansprüche der beiden Königssöhne Semenchkare und Tutanchaton zu vereiteln. Es geht um den Machterhalt des Hauses Juja, aber aus der Innenperspektive eines dramatischen Familienkonflikts verstehen wir jetzt besser, wie viel Nofretete daran gelegen war, das offene Geheimnis um verpönte Heiraten in politisches Kapital umzumünzen. Selber Opfer einer verschlungenen (und verschlingenden) Sexualpolitik, sorgt ihr Rachebedürfnis zunächst für eine *tabula rasa*. Deshalb erscheint ihr Begehren nach einem Sohn des Hethiterkönigs zugleich als Ausbruch aus dem verhängnisvollen Netzwerk der Inzestfamilie. Es ist, als würde die Königin sich mit ihrer anvisierten diplomatischen Heirat demonstrativ auf den Boden der Exogamieregel stellen (und objektiv einer Auffrischung des Genpools das Wort reden). Hatti aber bietet sich als Partner dieser Politik in ganz besonderer Weise an. Die hethitische Kultur postuliert nicht nur eine außergewöhnlich starke Stellung der regierenden Königin, der Tawannana, die ihr Amt bis zu ihrem Lebensende ausüben durfte; sie stellt darüber hinaus die »barbarische Sitte« der Verwandtenehe – wie wir aus der Korrespondenz des Šuppiluliuma mit dem Fürsten von Hajasa wissen – ausdrücklich unter Strafe:

> Ferner hat meine Schwester, die ich, die Sonne, dir zur Gattin gegeben habe, viele Schwestern verschiedenen Verwandtschaftsgrades. Es sind nun auch deine Schwestern geworden, weil du ihre Schwester

> zur Gattin hast. Für das Land Hatti aber gibt es eine wichtige Vorschrift: Der Bruder darf nicht mit der eigenen Schwester oder der Kusine geschlechtlich verkehren. Das ist nicht Sitte. Wer so etwas doch tut, der bleibt in Hattusa nicht am Leben, er wird getötet.

Die eindeutige Verpönung des Inzests ist bemerkenswert; sie mag die Entscheidung Nofretetes, gerade einen Hethiter als Prinzgemahl zu erbitten, mit beeinflusst haben. Sie könnte zugleich dafür verantwortlich gewesen sein, dass der hethitische Gesandte Hattusaziti, der im Auftrag Šuppiluliumas die Lage in Ägypten sondierte, bereit war, die beiden Kronprinzen Semenchkare und Tutanchaton als nicht-existent, nämlich als Abkömmlinge illegitimer und (nach dem Gesetz von Hatti) todeswürdiger Verbindungen zu betrachten. Nofretetes Herrschaftsanspruch zielte aber nicht nur nach innen, ihre neue Heiratspolitik war zugleich eine kluge Bündnispolitik. Was sie plante, war nicht weniger als ein außenpolitischer Coup von großer Kühnheit, dessen visionäre Züge sich erst viele Jahre später zeigen sollten – im späten Friedensschluss mit Hatti. Neben dem Bruch mit der Tradition muss also auch die Linie dynastischer Kontinuität innerhalb der 18. Dynastie gesehen werden. Nofretete steht (wie vor ihr schon Teje) in einer Reihe mit starken, weiblichen Herrschergestalten wie den Königinnen der Gründerzeit Tetischeri, Ahhotep und Ahmose-Nerfertari (Großmutter, Mutter und Gattin des Ahmose) sowie Königin Hatschepsut; ihre Taten sind ohne Zweifel von diesen Vorbildern inspiriert. Es gilt daher an dieser Stelle das Missverständnis abzuwehren, Glanz und Elend von Amarna könnten allein als Geschichte situations- und personengebundener Intrigen gelesen werden. Personen, Handlungen und Ereignisse der Amarnazeit sind unverkennbar in intra- wie interkulturelle Sinnbezüge eingebettet. Die vielschichtige Krisenzeit, die psychohistorisch in der Gestalt eines neuen Eros und religionsgeschichtlich in der Form einer neuen Religion ihren Ausdruck findet und machtpolitisch auf einen Dynastiewechsel hinausläuft, ist nur vor dem größeren Hintergrund des Zusammenspiels und des Zusammenpralls zweier Kulturen zu verstehen; zweier Kulturen, deren semantische Paradigmen nicht einfach auf den Begriff zu bringen sind. Der nachfolgende Exkurs will diesen weltgeschichtlichen Vorgang, der die Epoche der späten Bronzezeit im gesamten östlichen Mittelmeerraum geprägt hat und ägyptischerseits etwa den Zeitraum vom Ende der Hyksos bis zu Ramses II. umfasst, in einer knappen Skizze aufblitzen lassen.

EXKURS

Die beiden Kulturen

Wenn im Folgenden versucht wird, das Wechselspiel der beiden zentralen semantischen Formationen in einem Abschnitt der ägyptischen Geschichte von nahezu dreihundert Jahren – in etwa der Zeitraum von 1550 bis 1250 v.u.Z. – nachzuzeichnen, dann kann es nur um einen äußerst gedrängten Abriss gehen – eine Sinngeschichte »in der Nussschale«. Was unter einer Sinngeschichte zu verstehen ist, das hat Jan Assmann (1996) in seinem gleichnamigen Buch so umrissen: »Die ereignisgeschichtlichen Daten bilden den Hintergrund und werden auf das Gerüst des Wichtigsten reduziert. Die Geschichte selbst interessiert hier vor allem in ihren Wendepunkten, die Wandlungen der herrschenden Sinnformation entsprechen. Die Sinnformationen oder semantischen Paradigmen dagegen bilden den Vordergrund der Beschreibung.« Dieser vordergründige Sinn zeichnet sich durch eine sperrige Textur aus. Nur teilweise lassen sich die im kulturellen Gedächtnis gespeicherten Sinnbestände auf sinnstiftende und sinnreflektierende Diskurse beziehen, also dem Willen und Bewusstsein handelnder Individuen oder Kollektive unmittelbar zurechnen. Zu einem nicht geringen Teil verläuft die Zirkulation kulturellen Sinns hinter dem Rücken der Individuen, zählt also zum Unbewussten in der Kultur und bedarf damit einer Deutung. Hier liegt der Grund, warum die rekonstruierte Sinngeschichte – notabene: der Wandel der Sinnwelt der ägyptischen Oberschichten – nicht (jedenfalls nicht durchgängig) in der Weise einer Entwicklungsgeschichte erzählt werden kann, sondern eher durch Wiederholungen und überraschende Wiederbelebungen, durch ein Oszillieren und Changieren um zentrale Brennpunkte imponiert.

Die Gründungssemantik des Neuen Reichs gewinnt ihre Kontur in den Befreiungskriegen gegen die Hyksos. Nach herkömmlicher Auffassung waren schon die thebanischen Gaufürsten, die sich den Hyksoskönigen entgegenstellten (König Seqenenre und seine beiden Söhne Kamose und Ahmose), Herrscher eines völlig neuen Zuschnitts. Im Bemühen, ihre Unterlegenheit wettzumachen, hatten sie die militärische Vorstellungswelt ihrer Feinde übernommen. Sinnbild des neuartigen militärisch-aristokratischen Weltbildes dieser Zeit ist die Streitwagenkultur. Tatsächlich waren es die kanaanäisch-semitischen Hyksos, die das Pferd nach Ägypten brachten, waren es die *Marjannu* der syrischen Stadtstaaten, jene Adelsschicht bewaffneter Wagenkämpfer, die der Gesellschaftsstruktur des bronzezeitlichen Vorderasien ihren Stempel aufprägten. Es ist daher eine plausible Annahme, dass die thebanischen Fürsten, um die Hyksos vertreiben und die asiatische Grenze dauerhaft sichern zu können, sich nicht nur sämtlicher neuer Waffen ihrer Gegner bedienen mussten, sondern sich gleichzeitig gezwungen sahen, deren militärische Gliederung und Sozialstruktur zu übernehmen. Mit der Übernahme der hurritischen Streitwagenkultur durch die Ägypter – die hierin den Hethitern nacheiferten – hat die Herrschaft patriarchaler Männer – die Welt der aus der Ilias so wohlbekannten homerischen Helden, die im Speerwurf und im Umgang mit dem neuen, zusammengesetzten Bogen geübt waren, sportliche Wettkämpfe liebten und Pferde hielten – rasant an Boden gewonnen. Der epochale Siegeszug der Ideale und des Verhaltenskodex eines neuen Kriegeradels lässt sich vor diesem Hintergrund als Initialzündung für die schrittweise Militarisierung der ägyptischen Gesellschaft begreifen. Im Gefolge einer neuen Semantik des Krieges nimmt die Erfahrung der Befreiung schon früh die Konnotation der Vertreibung in sich auf; sie bleibt bei der Rückgewinnung annektierten Territoriums nicht stehen, sondern drängt auf »Erweiterung der Grenzen«. Spätestens unter Thutmosis I. schlagen die Befreiungskämpfe vollends in Eroberungsfeldzüge um. Thutmosis III. überbietet diese Strategie, indem er im Stile einer imperialen Weltmacht eine systematische Unterwerfungspolitik betreibt. Schließlich kommt es beim Übergang von der 18. zur 19. Dynastie zur Machtübernahme durch die Militärführer selbst (Haremhab und das nachfolgende Ramessidengeschlecht). Wenn Ramses II. auf den Bildern der berühmten Schlacht bei Qadesch als der auf seinem Streitwagen voranstürmende Pharao dargestellt wird, den seine Feinde in Gestalt einer schreckauslösenden Theophanie erleben (»Das ist kein Mensch, sondern Seth, groß an Kraft«), dann schließt sich der Kreis. Mit dem Kult des zum Kriegsgott avancierten Seth, dem Ramses eine 400-Jahr-Stele zur Erinnerung an den Beginn der kultischen Verehrung des Gottes in Avaris, der Hyksos-Kapitale, widmet, wird das Gedächtnis an die asiatischen Fremdherrscher durch Einnahme ihrer Machtposition noch einmal wachgerufen – und zugleich gelöscht. Der Herrscher in Per-Ramesse, der auf den Trümmern von Avaris errichteten neuen Residenz, hat die alten Machtverhältnisse, welche die ägyptischen Kriegsgeister zuallererst wachriefen, durch den »Sieg« über die Hethiter (den neuen asiatischen Feind) endgültig ins Gegenteil verkehrt.

Eine bellizistische Lesart der kulturellen Hauptströmung der 18. und 19. Dynastie lebt natürlich von Ausblendungen und Stilisierungen. Dass sich bedeutende Herrschergestalten wie Königin Hatschepsut und König Echnaton, aber auch schon Thutmosis IV. und Amenophis III., in das unterstellte Programm einer aggressiven militärischen Asienpolitik nicht einfügen lassen, ist nur der augenfälligste Hinweis für das Vorhandensein einer zweiten kulturellen Strömung; sie ist mit dem Label »pazifistisch-matriarchal« nur unscharf umschrieben, in ihrer Wirkung jedoch nicht minder machtvoll und in allen Phasen der in Rede stehenden Geschichte präsent. Schon der Begründer der 18. Dynastie, Ahmose, dürfte Echnaton den Ruf eines unter dem Einfluss mächtiger Frauen stehenden »Muttersohnes« streitig machen. Wie viele der späteren Thutmosiden nach ihm kam der Held von Avaris und Scharuhen im kindlichen Alter (von ca. 5 Jahren) auf den Thron. Zunächst übernahm seine Großmutter, die (bereits verwitwete) Königsgemahlin Tetischeri, die Regentschaft; anschließend führte die Mutter des Königs, die ebenfalls verwitwete Königsgemahlin Ahhotep, die Regierungsgeschäfte für ihren Sohn. Ahmose hält beide Frauen hoch in Ehren: »Niemals haben frühere Könige Ähnliches getan für ihre Mütter«, lässt er verlauten. Für seine Großmutter Tetischeri errichtet er in Abydos eine Kenotaph-Pyramide und eine Gedächtniskapelle. Seiner Mutter Ahhotep erweist er auf andere Art eine ganz außergewöhnliche Reverenz. Auf einem Denkstein im Amuntempel von Karnak trägt sie den Titel »Herrin des Landes« (d.i. Ägyptens) sowie »Fürstin der Haunebut« (d.i. der Ägäis) und wird gepriesen mit den Worten: »Ihr Name ist hoch in jedem Fremdland, sie leitet die Menge, die Frau eines Königs und Schwester eines Königs, die Tochter eines Königs und Mutter eines Königs, die Erhabene und Kundige, die für Ägypten sorgt; sie hat sein Heer zusammengebracht und beschirmt, sie sammelte die Vertriebenen und brachte die Flüchtlinge zurück; sie beruhigte Oberägypten und entfernte seine Rebellen, die Königliche Gemahlin – sie lebe.«

König Ahmose lebte ersichtlich in einer Welt, in der Männer zwar Kriegstaten verrichten durften, aber deswegen (noch) keine Heroen waren. Ein Zeitalter der Frau und der weiblichen Idole. Man hat spekuliert, ob Ahhotep mit Hilfe der kretischen Flotte ägyptische Flüchtlinge zum Kampf ins Delta gebracht und damit entscheidend zur Niederlage der Hyksos beigetragen hat. Die Meinungen in dieser Frage gehen auseinander. Man wird aber Eduard Meyer in seinem Urteil sicherlich Recht geben, wenn er feststellt, die Königin erscheine in den Worten ihres Sohnes »als die Schöpferin des neuen Ägypten, als die Seele seiner Erhebung und seiner Erfolge«. Ahhotep wurde für ihre Leistung mit der höchsten militärischen Auszeichnung, den »drei goldenen Fliegen«, bedacht. Ihre Rolle als Befreierin Ägyptens bezeugt, dass die neue Semantik des Krieges polyphon gestimmt war; auf ihre Melodie haben nicht nur die patriarchalen Männer ihren Text gegeben. Gehen wir der kriegerischen Gesinnung der großen Königin nach, so stoßen wir auf ein Kraftfeld, das um einen anderen Machtpol als den der Streitwagenkultur zu kreisen scheint. Eine erste Spur findet sich in Ahhoteps vielsagendem Namen: »Der Mondgott (Ah) ist in Frieden (hotep).« Der theophore Name bezieht sich auf den Himmelskörper selbst, *Ah* (gesprochen: I'oh) – in ähnlicher Weise wie bei den in der Amarnazeit mit *Aton* gebildeten Namen, die den Gott in Gestalt der Sonnenscheibe meinen. Die »Sonne der Nacht«, im Altägyptischen maskulin, wird im Mythos häufig mit einem Stier verglichen, ist also eine gefährliche Kämpferin. Durch ihren Namen verkündet die Königin also etwas wie ein politisches Programm; es dementiert die Ansicht, Krieg oder Frieden sei eine Frage des Geschlechts.

Dass wir es hier mit einer kulturellen Sinnwelt zu tun haben, in deren Horizont Menschen handeln, erfahren und erinnern, zeigt der Blick auf die anderen Mitglieder des dynastischen Hauses. König Ahmose (»Der vom Mondgott Geborene«) steht mit seinem Geburtsnamen ganz in der Tradition des kriegerischen Geistes seiner Mutter. In einer Inschrift rühmt er, dass er »mit seinem Gefolge zu beiden Seiten hervorbreche wie der Mond unter die Sterne«. Auch Ahmes-Nefertari, seine Gemahlin, sowie Ahmose, die Gattin Thutmosis' I., sind ihren Namen nach »Mondgeborene«. Aber schon Kamose (»Der Stier ist geboren« bzw. »Ein Kind des Stiers [=des Mondes]), der ältere Bruder von Ahmose, der den thebanischen Aufstand von Ahhotep und Sekenenre bis vor die Tore von Avaris getragen hat, bekennt in einer Inschrift auf seiner Speerspitze: »Ich bin ein tapferer Herrscher, geliebt von Re, Sohn des Mondes, geboren von Thot.« Thot ist – neben Chons – eine der Göttergestalten, in denen sich der Mondgott Ah offenbart. In verschlüsselter Form – als *Tao*, d.i. »Djehuti-a = Thot ist groß« – taucht er das erste Mal im Geburtsnamen von König Sekenenre auf. Es ist zugleich der Name, der (späterhin) dem berühmten Geschlecht der *Thut*mosiden eingeschrieben ist. Die Vertreibung der Hyksos, und das heißt umgekehrt: die Etablierung der 18. Dynastie, vollzieht sich im »Zeichen des Mondes«[55], im Geiste der Mondgötter Ah und Thot.

Im Geiste dieser Gottheiten, nicht in ihrem Namen. Derselbe Kamose, der sich »Sohn des Mondes, geboren von Thot« nennt, lässt keinen Zweifel daran, dass er die Vertreibung der Asiaten »auf Befehl des Amun« ausführt. Mit der Verlegung der Residenz (von Memphis) nach Theben in der Regierungszeit des Ahmose (aber auf Betreiben der Königsmutter Ahhotep?) vollzieht sich der Aufstieg des thebanischen Lokalgottes zum mächtigsten Reichsgott Ägyptens. Von großer Bedeutung ist hierbei die Verleihung eines erblichen Priesteramtes an die regierende Königin: Ahmose-Nefertari erhält den Titel einer »Gottesgemahlin des Amun«. Das impliziert zweierlei: Einerseits spricht diese Einführung dafür, dass das Königshaus wahrscheinlich von Amunpriestern abstammt, somit beim besonderen Verhältnis der Regenten zum thebanischen Stadtgott über staatspolitische Rücksichten hinaus persönliche Bindungen eine Rolle spielen. Andererseits wird hier die Thronfolge über die Königsschwester ins Leben gerufen, die allein gewährleistet, dass der Thronerbe als legitimer leiblicher Sohn des Amun geboren wird. Zweihundert Jahre lang, bis zum Vorabend von Amarna, berufen sich alle Pharaonen in der Nachfolge des Kamose bei ihren wichtigsten religiösen und politischen Entscheidungen auf den Götterkönig Amun; und ebenso lange wird die Amunpriesterschaft ihr (zumindest ideelles) Anrecht auf die Thronfolge reklamieren.

Es ist indes nicht die Gestalt des Amun, die das Licht des Mondgottes allmählich verblassen lässt. Im Kultus des Chons, Sohn des Amun und der Mut, weiß sich die thebanische Dynastie dem Mondgott noch lange verbunden. Der Umschwung kommt von einer anderen Seite. Amun verdankt seine panägyptische Machtstellung der Verschmelzung mit Re, dem traditionellen Sonnengott von Heliopolis. An der erweiterten Form des Gottesnamens Amun-Re setzt eine theologische Arbeit am Wesen dieses Gottes ein. Der zu Innovationen einladende Dynastiewechsel, der sich mit der Thronbesteigung von Thutmosis I. vollzog – der Namensgeber der Thutmosiden war mit seinen Vorgängern nicht verwandt und brachte eine neue Abstammungslinie an die Macht –, dürfte dieser Entwicklung förderlich gewesen sein. Jedenfalls erscheint schon »die Zeit Hatschepsuts und Thutmosis' III. als eine Blütezeit der Sonnenreligion« (Assmann). So bürgert sich in dieser Zeit die Bezeichnung »südliches Heliopolis« für Theben ein, welche die Stadt des Amun unter anderen mit dem Ausweis großartiger Obelisken zum oberägyptischen Pendant der unterägyptischen Sonnenstadt macht. In den Totentempeln finden sich die ersten Hinweise auf die neue kultische Rolle des Königs als vom Sonnengott selbst eingesetzter Sonnenpriester. In dieser Tradition steht die Verheißung des Thrones durch den Gott Harmachis (Horus im Horizont), wie sie Thutmosis IV. auf seiner berühmten Sphinxstele festgehalten hat. Theologisch wird dieser Wandel durch eine neue Vorstellung vom Lauf der Sonne begleitet; dieser ist nicht mehr das kollektive Werk der Götterwelt, sondern die alleinige Tat des einen Sonnengottes.

Die Auswirkungen dieser kosmotheologischen Innovation auf das ägyptische Weltbild lassen sich schwer überschätzen. Deutlich ist zu erkennen, dass in der (um den Gott Amun-Re kreisenden) Semantik einer neuen Sonnentheologie die spätere Atonreligion ihren genauen Platz finden wird. Auf dem Großen Skarabäus Thutmosis' IV. ist die Privilegierung des Aton bereits vorgedacht, in der Formel, die der vergöttlichte Amenophis III. für seinen gigantischen Totentempel in Theben-West gefunden hat (Palast der »Strahlenden Sonnenscheibe«), ist sie schon vollzogen. Und man fragt sich, ob diese und die weitere Entwicklung nicht wiederum die Handschrift von starken Frauen aus der Königsfamilie trägt. Auffällig die Parallele, dass sowohl Amenophis III. wie sein Sohn Amenophis IV. jeweils im Kindesalter auf den Thron gelangten und das Land erneut von verwitweten Königmüttern, Mutemwia und Teje, regiert wurde. Nofretete regierte von der ersten Stunde an gleichberechtigt mit. Ein neues, sich wiederholendes Zeitalter weiblicher Macht. Und ein weiteres Mal war der nächste Schritt einer Radikalisierung der Sonnentheologie machtpolitisch an einen (impliziten) Dynastiewechsel gebunden. Das Haus Juja, dem die drei Königsgemahlinnen entstammten, griff nach der Macht. Da eine dauerhafte Legitimierung dieser Frauen nicht-königlicher Herkunft über das alte Institut der Gottesgemahlin des Amun nicht möglich war, bot die Atonreligion (zunächst ein Widerpart, aber kein Ersatz für die Amunreligion) einen Ausweg. Über ein inzestuöses Verwandtschaftsgeflecht wurden alle Mitglieder des königlichen Hofes Teil der »göttlichen Familie des Aton«.

Mit dem Gottesstaat von Amarna – ein Werk des Echnaton – wird das Band, das Re jahrhundertelang mit Amun verbunden hatte, endgültig durchschnitten. Eine Entwicklungslinie von langer Dauer und identitätsstiftender Kraft findet ihr (vorläufiges) Ende. Aber die Amarnakönige setzen auch etwas fort, freilich mit unerwarteter Radikalität: die Religion des Lichts (die keineswegs auf Ägypten beschränkt ist). Die neue Atonreligion begrenzt den Sonnenlauf gewissermaßen auf die Tagesfahrt; die gefährliche Passage der Rückkehr in der »Nachtbarke« bleibt ausgespart. Die Abblendung der dunklen Seite einer ursprünglichen Zweiheit (von Tag und Nacht, Diesseits und Jenseits, Tod und Wiedergeburt, Chaos und Ordnung, Krieg und Frieden) zeigt die Welt im Zustand einer neuen Leichtigkeit des Seins. Erst mit Amarna, so scheint es, findet die altägyptische Kultur den Anschluss an eine kulturelle Strömung, die im minoischen Kreta ihr strahlendes Paradigma hatte – in der landschaftsbezogenen Architektursprache nicht weniger als in der Bildsprache eines spielerischen Umgangs von Mensch und Natur. Unter den Strahlenhänden des Aton, die alle Geschöpfe berühren und mit der Kraft eines heiligen Eros beseelen, gewinnt diese kreatürlich-hedonistische Lebenseinstellung an Kontur; sie steht uns durch die Arbeiten der Amarnakünstler eindrücklich vor Augen. Etwa in den Fresken des sogenannten Nordpalastes von Achetaton, wo im friedlichen Beieinander von Tauben und Königsfischern im leicht gefächerten Papyrusdickicht der ganze Zauber des Naturschönen eingefangen ist; in der Fülle der Bildnisse und Skulpturen von Nofretete und ihren Töchtern, den Schönen von Amarna, auf deren Körpern die Sonnenenergie unmittelbar die zwanglose Kraft erotischer Ausstrahlung annimmt, Vorschein einer *Jeunesse dorée*; oder in der neuartigen Wiedergabe eines fruchtbehangenen Ölzweiges in der feinnervigen Hand des Königs, der diesen dankbar dem Aton darbringt, Inbegriff des Jubels der ganzen Schöpfung angesichts der Wohltaten der Sonne: »Alles, was du [Aton] geschaffen hast, tanzt vor deinem Angesicht!«

Es wäre jedoch ein groteskes Missverständnis, in der Geste des Königs eine Art Friedensbotschaft unter der Herrschaft des Lustprinzips sehen zu wollen, gleichsam den Ausdruck eines hippieesken »Liebe statt Krieg«. Wenn Echnaton ein Freak war, dann sicher nicht in dem Sinne, dass er seine Untertanen dazu anhielt, Blumen im Haar zu tragen, wenn sie nach Achetaton kamen, sondern eher im Gegenteil, indem er sie spüren ließ, wie eine zur Macht gekommene Elite ihre schöne neue Welt absichert, unter anderem mittels einer Geheimpolizei. Nicht friedlich war Amarna, wohl aber eine Welt des Luxus und des kultivierten Müßiggangs für die herrschenden Kreise am königlichen Hof. Nirgends tritt dieser Zug stärker ins Relief als in der Art und Weise, mit der Echnaton die neue Ikone pharaonischer Macht *(Der König als Streitwagenkämpfer)* aufgegriffen und verändert hat. Tatsächlich gibt es in keiner anderen Epoche so viele Darstellungen von Wagenfahrten; aber der Wagen erscheint jetzt immer weniger als Streitwagen im Kampf oder bei der Jagd, sondern als Sportgefährt. Ein Rausch der Geschwindigkeit durchweht die Wagenszenen, in denen Echnaton in lässiger Manier mit dem Pferdegespann über den Sunset-Boulevard von Achetaton jagt – ein Dandy, kein Heros. Aber auch ein Gottgleicher, der mit seinem Sonnenwagen – ein ägyptischer Helios – den schnellen Lauf seines himmlischen Vaters Aton nachahmt.

Der staatlich verordnete und zur Schau gestellte Hedonismus von Amarna bleibt ein Ausnahmefall, die Vision einer anderen, friedfertigen und kunstliebenden Gesellschaft trügerisch. Gleichwohl sind wir Zeuge des erneuten Sichtbarwerdens einer lange unterirdisch verlaufenen Strömung. Verfolgen wir den Weg zurück, so gelangen wir über den singulären Trittstein der berühmten Puntreliefs am Terrassentempel der Hatschepsut unweigerlich in den Palastbezirk des von Ahmose eroberten und umgebauten Avaris – zu den einzigartigen minoischen Fresken auf ägyptischem Boden. Diese von minoischen Künstlern ausgeführten Wandmalereien (im Thronsaal für Königin Ahhotep?) atmen den Geist der späten Palastzeit von Kreta. Sie rufen – unvermutete Spiegelbilder einer ganzen Epoche – all die Gestalten wach, die in unserem Bildgedächtnis mit dem ausgegrabenen Palast von Knossos verbunden sind: die leichtfüßigen Stierspringer/innen, die kokette »kleine Pariserin«, die anmutige Krokuspflückerin, den geheimnisvollen Lilienprinzen. Die enge Verbindung der minoischen Welt mit der frühen 18. Dynastie, mit Herrschern im Kampf also, lässt die Vorstellung von einem matriarchalen Pazifismus wie eine Fata Morgana vergehen. Die Brücke der schönen Künste schloss kriegerische Unternehmen gerade nicht aus. Da das Rückgrat der thebanischen Streitmacht die Flotte bildete – auf Schiffen erreichten Kamose und Ahmose den Pelusischen Nilarm, an dem die Hyksos-Kapitale lag – so wäre es nur plausibel, wenn ihnen die verbündeten Minoer, die damals die führende Seemacht im ostmediterranen Raum waren, von Norden zur Hilfe kamen. Der im Preislied der Ahhotep genannte Titel einer »Fürstin der Haunebut«

sowie das Auftauchen minoischer königlicher Embleme im erneuerten Palast von Avaris eröffnen die Möglichkeit, dass das Bündnis zwischen Ägypten und Kreta durch eine politische Heirat besiegelt wurde: Ahhotep, die verwitwete Königinmutter, könnte den minoischen König geheiratet haben[56] – und wäre so gesehen eine Vorläuferin der Dachamunzu alias Nofretete. Traute man sich zu, den Kern der späteren griechischen Mythenbearbeitung für jene Zeit der Entscheidung in Anspruch zu nehmen, so wäre ein schwimmender Stier, der Königin Ahhotep auf dem Rücken (ins Delta) trägt, das passende Sinnbild. Die Mondgeborene im Kampf, unterstützt durch die Kraft des kretischen Sonnenstiers.

Für Kreta selbst gibt es für die Abfolge der beiden hier in Rede stehenden Kulturen eine klare Zäsur. Um 1450 übernehmen die griechischen Achaier – nach ihrem mächtigsten Fürstensitz Mykener genannt – die Herrschaft auf der Insel. Im Zuge der Mykenisierung verliert sich der Kult der »Herrin der Tiere« zugunsten von Zeus Kretagenes, gehen die Hinweise auf weibliche Machtausübung zurück; die offenen Paläste mit ihren raffiniert gestaffelten Lichthöfen verschwinden, befestigte Zitadellen treten an ihre Stelle, in denen die neue Herrscherschicht (die in den Linear B- und den homerischen Texten als *wanax* bezeichnete mykenische Aristokratie) ihre Macht ausübt. Die *Pax Cretensis* (Ranke-Graves) ist unwiderruflich vorbei; es gibt keine Wiederkehr und damit auch keine Erneuerung. Nicht an Ort und Stelle, muss die Einschränkung lauten. Denn wir wissen um die großen Parallelen zwischen den minoischen und mykenischen Palastkulturen und Festungsanlagen und jenen von Hatti und Ugarit. Und nirgendwo sonst als im vielgerühmten *desert modernism* von Achetaton hat die klare Formensprache der kretischen Minoer, deren Architektur mit ihrer Horizontalität und Transparenz ein neues Lebensgefühl verkörperte, ihr eindrucksvollstes Revival erlebt. Paradox formuliert war Amarna keramisch (d.i. mit Blick auf die materielle Kultur) mit der mykenischen Zivilisation verknüpft, mental dagegen eher mit der älteren minoischen Kultur, die gleichsam erst mit einer gewissen Zeitverzögerung in Ägypten angekommen ist.

Es ist das Besondere der ägyptischen Entwicklung, dass der Impuls zu einem sich stetig erneuernden Austarieren der gegensätzlichen Pole nicht erlischt. Man wird nicht fehlgehen, wenn man im vorgeschichtlichen Großereignis der »Vereinigung der beiden Länder« (Unter- und Oberägypten) die Urform dieser perennierenden Anstrengung erblickt.

In diesem Sinne dürfte es kaum zufällig sein, dass der Militärführer Haremhab seine Machtstellung an der Seite des jungen Tutanchamun mit der Stellung des Mondes neben der Sonne verglichen hat. Tatsächlich findet das Sonnengeschlecht von Amarna nach seiner überhitzten Phase wieder Anschluss an den (um den lunaren Aspekt erweiterten) kosmotheologischen Pool. Auf dem berühmten Mondpektoral aus dem Grabschatz Tutanchamuns wird der König von den Göttern der Sonne (Re-Harachte) und des Mondes (Thot) umsorgt – und ist selber mit dem Mond gekrönt. In der Ramessidenzeit wird innerhalb der erneuerten Rhetorik des Krieges Seth, der Gott der Unordnung und der Wildnis, die Stelle des kriegerischen Mondes einnehmen – und diese neu gewonnene Machtposition in theophoren Namen wie Sethos und Sethnacht zum Ausdruck bringen. Und es ist wiederum Ramses II., der – nach den erbittert geführten Feldzügen gegen die Hethiter – mit seiner überraschenden Wende zum Frieden zu erkennen gibt, dass die Sinnenergie des »wahren Ägypten« aus dem Wechselspiel zweier Kulturen fließt, die sich nicht einfach in den Gegensatz der Geschlechter übertragen lassen. Als im Jahre 1245 der Frieden mit Hatti durch die Heirat Ramses' II. mit einer hethitischen Prinzessin (der nachmaligen »Großen Königlichen Gemahlin« Maat-Hornefrure) endgültig besiegelt wird, erfüllt sich eine Politik, die (wie wir gesehen haben) niemand anders als Königin Nofretete – inspiriert durch die großen weiblichen Herrschergestalten der Gründerzeit – knapp 100 Jahre zuvor inaugurierte. Die hethitischen Truppen, die aus Anlass der diplomatischen Heirat in die Ramses-Stadt einrücken, machen für jedermann augenfällig, dass »beide Länder zu *einem* Land geworden sind«. Sie stehen auf dem Boden des überbauten Avaris, wo sich einst ägyptische und minoische Soldaten verbrüderten. Teile von Echnatons Erbe aber, das auf ägyptischem Boden anzutreten durch eine weitreichende *damnatio memoriae* unmöglich war, bewahrt in jenen Tagen – Ironie der Geschichte – ausgerechnet der mit Ägypten verbündete Hof von Hatti. So heißt es in einem Sonnengebet des hethitischen Königs Muwatalli, des Gegenspielers Ramses' II. in der Schlacht von Kadesch:

> Sonnengott des Himmels, mein Herr,
> des Menschenkindes Hirte.
> Herauf aus dem Meer kommst du,
> Sonnengott des Himmels,
> an den Himmel trittst du.

Sonnengott des Himmels, mein Herr,
den Rechtsstreit des Menschenkindes,
des Hundes, des Schweins und der Lebewesen der Flur
entscheidest du täglich, o Sonnengott.

Dieser hethitische Text aus der Ramessidenzeit enthält nicht nur eine deutliche Reminiszenz an den Sonnengesang von Amarna, der an Ort und Stelle seit mehr als einem halben Jahrhundert verstummt ist; er ist auch ein Echo auf ein noch ferneres Sonnenlied, das mutmaßlich aus dem minoischen Kulturkreis stammt, denn nur eine Insel wie Kreta bot die Gelegenheit, die Sonne »aus dem Meer herauskommen« zu sehen. Das war weder im anatolischen noch ägyptischen Kernland möglich. Der Transfer von starken Sinnbildern wie diesem bezeugt, wie die eng verbundenen Kulturen des östlichen Mittelmeerraumes ihre Botschaften intermittierend weitergegeben haben. Das gilt wohl auch für den berühmt gewordenen Psalm 104 aus biblischer Zeit. Dessen Nähe zu amarnatypischen Hymnenmotiven bezeugt das Fortleben eines alten Sonnenkults in Jerusalem (*Uru-Schalem* = »Stadt des [Sonnengottes] Schalem«) – nicht die Weitergabe monotheistischen Geistes.

Abb. 26: Der äußere Sarg des Juja

III
DER AUFSTIEG DES HAUSES JUJA

1. Juja und Mutemwia

Mit einem Aplomb ohnegleichen hat der ägyptische Königshof etwa um das Jahr 1388 vor unserer Zeitrechnung die Verheiratung Amenophis' III. bekannt gegeben. Der noch kindliche König – er dürfte etwa acht Jahre alt gewesen sein – hatte zwei Jahre zuvor nach dem Tod seines Vaters Thutmosis IV. als ältester überlebender Königssohn den Thron bestiegen. Nun erfährt die Welt – die Hofbeamten und die Priesterschaft, die Militärführer und Provinzadligen, die eigenen Vasallen wie die fremden Mächte – den Namen und die Herkunft der künftigen Großen Königlichen Gemahlin. Auf einem der Gedächtnisskarabäen, dem sogenannten »Heiratsskarabäus«, findet sich die Botschaft eingraviert, um in der Stadt und über den Erdkreis zu zirkulieren:

> *Lebender Horus* Starker Stier, der in der Wahrheit erscheint. *Die beiden Herrinnen* Der die Gesetze macht, der die beiden Länder befriedet. *Goldhorus* Groß an Tapferkeit, der die Asiaten niederschlägt, König von Ober- und Unterägypten, Herr der beiden Länder; Nebmaatre, Sohn des Re; Amenophis, Herrscher von Theben, der Leben gibt; und die Große Königliche Gemahlin Teje, sie möge leben. Der Name ihres Vaters ist Juja, der Name ihrer Mutter ist Tuja. Sie ist die Gemahlin eines mächtigen Königs, dessen Südgrenze bei Karoy und dessen Nordgrenze bei Naharin liegt.

So ungewöhnlich wie das Verfahren, Skarabäen[57] als Medien königlicher Propaganda in großer Stückzahl in Umlauf zu bringen, auf die Zeitgenossen gewirkt haben muss, so beispiellos dürfte in ihren Augen die Präsentation eines jungen Mädchens nicht-königlicher Herkunft als der neuen Königin gewesen sein. Vor allem die selbstherrliche Nennung ihrer Eltern, Juja und Tuja, muss erstaunen. Wer waren sie, dass ihre Namen gegen die Etikette bei Hof auf einem königlichen Dokument erscheinen durften? Sicherlich keine Unbekannten, sondern Personen von Rang und Einfluss. Wie ein Lauffeuer wird sich die

Nachricht in den aristokratischen Kreisen von Theben und Memphis verbreitet haben: Der junge König heiratet eine Juja. Oder sollte die schockierende Neuigkeit, die von Mund zu Mund ging, gelautet haben: Königin wird *wieder* eine Juja?

Um Licht in die Angelegenheit zu bringen, müssen wir einen Blick auf die Nekropole von Juja und Tuja werfen, denn wie so oft im Alten Ägypten sind auch hier die Toten die lebendigsten Zeugen. Die Entdeckung des Grabes durch den amerikanischen Ausgräber Theodore M. Davies im Jahre 1905 barg eine doppelte Sensation. Die erste Überraschung bestand daran, die Anlage im Tal der Könige (heute KV 46) zu finden. Die Ehre, hier begraben zu werden, wurde nur ganz wenigen Personen nicht-königlicher Abstammung zuteil und spricht für die anhaltende Machtstellung, welche die Schwiegereltern Amenophis' III. am Hofe innehatten. Die zweite Überraschung hielt die unerwartet reiche Grabausstattung bereit, welche die Aktion zur aufsehenerregendsten Graböffnung vor Tutanchamun machte. Die beiden außerordentlich gut erhaltenen Mumien lagen, angetan mit vergoldeten Masken, in reich verzierten Särgen. Zu den besonderen Grabbeigaben zählten unter anderem exquisites Mobiliar und ein Streitwagen. Wie zu erwarten, hat die Ausgrabung eine Fülle inschriftlichen Materials zutage gefördert, das über Herkunft und Titel Auskunft gibt und uns gestattet, dem Haus Juja zumindest ansatzweise Kontur zu verleihen. Wir erfahren auf diese Weise, dass Jujas wichtigster Titel »Gottesvater« lautete; eine Bezeichnung, die auf eine vaterähnliche Beziehung zum König (der hier als »guter Gott« firmiert) verweist und während der 18. Dynastie manchmal im Sinne einer entsprechenden Stellung (wie z.B. der eines königlichen Erziehers) gebraucht wurde, in anderen Fällen (so offensichtlich auch im Fall Jujas) ein reales Verwandtschaftsverhältnis (»Schwiegervater des Königs«) meinte. Vier weitere Titel sind im Grab beziehungsweise auf dem Sarkophag bezeugt. Juja heißt »Priester des Min« und »Aufseher der Rinder des Min, des Herrn von Achmim«, ferner »Vorsteher der Pferde« und »Stellvertreter Seiner Majestät bei der Streitwagentruppe«. Diese Titel reflektieren eine doppelte Karriere. Juja war offensichtlich ein Provinzialer, der es zunächst in seiner Heimatstadt Achmim zu Rang und Namen in der Priesterschaft des Min brachte, um dann später bei Hofe als Marschall einer Elitetruppe eine militärische Spitzenposition einzunehmen.

Tuja, die nahezu gleichrangig bestattete Gemahlin Jujas, führte die Titel »Königsmutter der Großen Königlichen Gemahlin«, »Oberste Haremsdame des Min«, »Haremsdame des Min«, »Sängerin des Amun«, »Oberste Haremsdame des Amun« und »Sängerin der Hathor«. Ersichtlich diente auch Tuja, bevor sie in Theben mehrere Ämter bei Hofe übernahm, dem Ortsgott Min, dem »Herrn von Achmim«. Die von den Griechen (aufgrund der Gleichsetzung von Min mit Pan) *Panopolis* genannte Stadt, auf halbem Wege zwischen Theben und Amarna am Ostufer des Nils gelegen, war also nicht nur in einem geographischen

Abb. 27: Der Gott Min

Sinn die Heimatstadt von Juja und Tuja; sie muss ebenso als geistige Heimat der königlichen Schwiegereltern gewürdigt werden – eine Tatsache, die bis heute nicht jene Aufmerksamkeit auf sich gezogen hat, die sie verdient. Seit alters her ist Achmim (neben Koptos) als das kultische Zentrum des Min bekannt. Der stets ithyphallisch dargestellte Gott war ursprünglich ein Fruchtbarkeitsgott und hieß als Regenmacher »Herr der östlichen Wüsten«. Erst im Neuen Reich wurde dieser Sinn um den geheimnisvollen Aspekt einer göttlichen Selbsterzeugung, des *Kamutef*, erweitert.[58] Das älteste Zeugnis der neuen Konstellation eines Min-Kamutef findet sich auf dem Obelisken der Hatschepsut; sie ist von Thutmosis III. in Gestalt des Min-Amun aufgegriffen und an einen kultischen Ort gebunden worden, womit die Grundlage für den späteren Kamutef-Tempel vor dem Mut-Tempelbezirk von Karnak geschaffen wurde. Seit der 19. Dynastie wird Amun an diesem Ort als Amun-Re-Kamutef verehrt. Entsprechend hatte der Kult des Min-Amun (mit der Prozession der verhüllten Statue des Gottes in Begleitung eines weißen Stieres) unter Ramses II. und III. seinen Höhepunkt. Aber die früheste uns erhaltene Darstellung einer Prozession der ithyphallischen Gottesstatue stammt vom Tempel-Pylon Amenophis' III. in Luxor. Auch im Zyklus von der Geburt des Gottkönigs, den der königliche Schwiegersohn von Juja und Tuja an anderer Stelle desselben Tempelbezirks anbringen ließ, scheint das Kamutef-Motiv erkennbar durch – mit Amun-Re als Kamutef, Mutemwia als »Mutter-Gattin« und dem Prinzen als göttlicher Sohnesform. Mit der Gottwerdung des Königs am Ende seines Lebens erfährt die Verbindung von göttlichem Vater und göttlichem Sohn eine geheimnisvolle Verwandlung. Als Angehörige der »Heiligen Familie des Aton« treten die »Töchter der Gottesväter« nicht länger als Gottesgemahlin des Amun, sondern als Gottesgemahlin des Aton in Erscheinung. Das gilt uneingeschränkt auch für Teje (auch sie die Tochter eines Min-Priesters). Ihr Sohn aber sieht sich im längst etablierten Szenario inzestuöser Verwandtschaftsbeziehungen mit einer gleichsam auf den Kopf gestellten Kamutef-Konstellation konfrontiert: Amenophis IV.-Echnaton wird zum »Stier seiner Mutter«. So gesehen wird deutlich, dass der Faden der Aton-Religion, den die Forschung als Leitfaden zur Erkundung des schwierigen Geländes von Amarna begreift, nicht nur mit der heliopolitanischen Tradition verwoben ist, sondern ebenso mit dem Min-Kult. Ist die Vorliebe für den Sonnenkult ein untrügliches Zeichen des Geschlechts der Thutmosiden, so führt die zweite Spur direkt nach Achmim, der Heimat des Juja-Klans.

Der Sarg der Tuja enthält noch eine andere bedeutungsvolle Inschrift. Zweimal findet sich auf ihm der Name des Anen, der ausdrücklich als Sohn der Tuja (und des Juja) benannt wird; er ist damit ein Bruder der Teje. An anderer Stelle, von einer eindrucksvoll gearbeiteten Granitstatue Anens, die interessanterweise jede Anspielung auf eine Verwandtschaft mit der königlichen Familie vermissen lässt, erfahren wir Näheres über die geistliche Laufbahn des »Siegelträgers des Königs von Unterägypten, der sich seinem Herrn nähern darf«. Demnach war Anen »der Größte der Schauenden im Tempel des Re-Atum« von Theben und zugleich »zweiter Prophet des Amun«. Der erste Titel enthält eine eindeutige Reminiszenz an den Sonnenkult von Heliopolis, der in Theben, dem »südlichen Heliopolis«, in jenen Tagen zunehmend Fuß fasste. Es stellt so gesehen keine Kühnheit dar, in Anen einen Agenten und Wegbereiter der heliopolitanisch inspirierten Aton-Bewegung zu sehen, die sein königlicher Schwager inaugurierte oder doch zumindest förderte. Der zweite Titel gemahnt an einen der religionspolitisch wichtigsten Gründungsakte der 18. Dynastie, als König Ahmose dieses Amt seiner Gemahlin Ahmes-Nefertari übertrug und das Institut einer »Gottesgemahlin des Amun« schuf.[59] Dass dieses symbolisch so bedeutsame Amt ausgerechnet in die Hände eines Abkömmlings aus der Min-Priesterschaft übergehen sollte, muss den Traditionalisten ein Dorn im Auge gewesen sein. Da das thebanische Grab (TT 120) von Anen, der fast während der gesamten Regierungszeit Amenophis' III. amtierte, völlig zerstört wurde, fehlen uns weitere Informationen; aber sein Einfluss auf die folgenden Ereignisse dürfte beträchtlich gewesen sein.

Juja und Tuja hatten außer Anen zumindest einen weiteren Sohn, Eje, den jüngeren Bruder der Teje. Cyril Aldred hat das wiederholte Vorkommen ähnlich klingender Namen als eine Familienvorliebe des Hauses Juja gedeutet und auf eine Verwandtschaft zwischen den Namensträgern geschlossen. Aber es gibt stärkere Gründe für die Annahme, dass es sich bei Eje, der etwa im ersten Jahrzehnt der Regierung Amenophis' III. geboren sein dürfte, um einen Spross des Juja-Klans handelt. Einen mehrschichtigen Familienhintergrund bildet, wie wir hörten, die Gegend von Achmim; das gilt nicht nur für die Elterngeneration. Teje besaß südwestlich von Achmim ausgedehnte Güter, die von einem eigenen Distriktvorsteher verwaltet wurden. Mit Achmim hatte aber auch Eje zu tun. Als Pharao ließ er dort in späteren Jahren eine Felsenkapelle errichten, die dem Lokalgott Min geweiht war. Auf einer Stele sieht man den König in Begleitung seiner (zweiten) Frau Tij unter einer geflügelten Sonnenscheibe vor dem ithyphallischen Gott stehen. Am unteren Rand wird ein gewisser Nachtmin als Bauleiter des Heiligtums genannt; er trägt den Titel eines Hohepriesters des Min, muss aber auch bei Hofe ein einflussreicher Mann gewesen sein, denn im Grab des Tutanchamun wurden von ihm gestiftete Uschebtis[60] gefunden. Er wird später zum obersten Heerführer ernannt und darf sich »Erbprinz« nennen. Dies könnte dahingehend verstanden werden, dass Eje mit diesem Schachzug seinem Nachfolger (dem eigenen Sohn?) den Weg zur Macht ebnen wollte (was dann Haremhab vereitelt hätte). Wie auch immer, der mit dem Gottesnamen Min zusammengesetzte Personenname des Nachtmin steht nicht allein und bedeutet ein *nomen est omen*. Denn es ist auffällig, dass in der Zeit, da Eje seinen größten Einfluss ausübte (als faktischer Regent unter Tutanchamun und nachfolgend als König), in Hofkreisen Anspielungen auf Min zunehmen und entsprechend gebildete theophore Namen Mode werden.

Die Vermutung, der kultische Auftritt in Achmim reflektiere die Verbindung zu seinem Geburtsort, wird nahezu zur Gewissheit, wenn wir erfahren, dass Eje unter Echnaton die gleichen Ämter innehatte wie eine Generation zuvor Juja unter Amenophis III. Beide nannten sich »Gottesvater« – ein Titel, den Eje so wichtig nahm, dass er ihn später sogar in die Kartusche seines Geburtsnamens setzen ließ. Beide waren »Vorsteher der Pferde« und damit nacheinander die machtvollen Befehlshaber der Streitwagentruppe. Somit deutet alles darauf hin, dass Eje nach altägyptischem Brauch in die Fußstapfen seines Vaters Juja trat. Während Anen in der Familientradition offensichtlich die Linie der priesterlichen Karriere fortsetzte, erbte Eje auf dem Feld der militärischen Laufbahn die hohe Position eines Marschalls; er erneuerte aber zugleich die verwandtschaftlichen Beziehungen mit dem Königshof, indem er in die Rolle eines Schwiegervaters des Pharao schlüpfte. Denn hierin liegt, über einen bloßen Ehrentitel hinaus, die Würde eines wirklichen »Gottesvaters«. Nach Lage der Dinge wäre demnach Ejes Tochter die Große Königliche Gemahlin Amenophis' IV.: Nofretete.

Ejes Vaterschaft passt gut zum Muster der Familienpolitik des Hauses Juja, weshalb Thomas Schneider (1997) dieser These »am meisten

Plausibilität« zubilligt. Völlig unklar ist dagegen, wer Nofretetes Mutter war. Ejes Hauptgemahlin Tij scheidet als Kandidatin aus, da sie stets nur als »Amme« oder »Erzieherin« genannt wird. Eine ansprechende Vermutung geht dahin, dass Nofretetes leibliche Mutter, die erste Ehefrau Ejes, früh verstarb und deshalb auf den späteren Inschriften nicht mehr auftaucht. Ejes zweite Frau Tij wäre so gesehen eigentlich die Stiefmutter, welche die Halbwaise Nofretete erzogen hat. Viel spricht dafür, dass aus dieser zweiten Ehe eigene Kinder hervorgegangen sind. Erwähnt wurde der Hohepriester und spätere General Nachtmin, den Eje als seinen Nachfolger aufgebaut zu haben scheint. Eine (leider schwer beschädigte) Doppelstatue im Ägyptischen Museum von Kairo zeigt ihn mit seiner (unbenannten) Gattin und weist ihn als »Sohn eines Königs …« aus. Der Rest ist weggebrochen und unleserlich, könnte sich aber gut auf König Eje beziehen. Weniger verwickelt ist der Fall einer prominenten Hofdame aus dem Gefolge der Königin, Mutnedjmet. Sie taucht mehrmals in Grabdarstellungen von Amarna auf (darunter im Grab des Eje), unter anderem als Hüterin der Töchter des Königspaares, deren älteste Meritaton sie nur um wenige Jahre übertrifft. Sie wird für die jüngere (Halb-)Schwester Nofretetes gehalten. Überraschenderweise begegnet man ihr am Ende der 18. Dynastie als Gemahlin an der Seite Haremhabs wieder, den wohl erst die Heirat mit der »Königstochter« des Eje zur Herrschaft legitimierte. Wenn also auch die beabsichtigte männliche Erbfolge – die Inthronisierung des Nachtmin – misslang, so triumphierte mit der Erhebung von Mutnedjmet zur Königlichen Gemahlin dennoch ein letztes Mal der Einfluss der Erbtöchter aus dem Hause Juja.

Die Karriere der *Mutnedjmet* lässt (in den Worten von Aldred) »erkennen, wie verzweigt diese einflussreiche Familie war, welche Machtpositionen sie innehatte«, und des weiteren die bereits erwähnte »Vorliebe für einige wenige, stets wiederkehrende Namen«. Weibliche Personalnamen, die mit dem Namen der Göttin Mut – der als Geier dargestellten »Mutter« – zusammengesetzt sind, waren zeitgenössisch eher selten.[61] Es dürfte daher kaum zufällig sein, wenn wir innerhalb des Juja-Klans auf zwei ganz ähnliche Namensverbindungen stoßen. Ein im Brooklyn Museum aufbewahrter Würfelhocker setzt uns darüber in Kenntnis, dass eine Schwester von Königin Tij *Mutemnub* hieß. Sie war die Ehefrau eines ehrenwerten Nachtmin – ein weiterer Name, der (wie wir hörten) im Haus Juja nicht unbekannt war. Bei dem als Blockstatue Dargestellten handelt es sich um den zweiten

Sohn aus dieser Verbindung mit Namen Aj, einer anderen Schreibweise für Eje. Er trägt die Titel eines »Zweiten Propheten des Amun« und »Obersten Propheten der Mut« und war als Beamter zugleich der Verwalter des Vermögens seiner Tante Teje. Die wiederkehrenden Namen, die wie farbige Bojen auf dem Meer der Verwandtschaft schwimmen, lassen erneut das festgeknüpfte Netzwerk politischer Macht erahnen, über das der Juja-Klan verfügte und die Politik der letzten Thutmosiden entscheidend mitzubestimmen vermochte.

Von Mutnedjmet über Mutemnub führt der Weg zwangsläufig zu *Mutemwia* (»Mut-im-Boot«), die als Haremsdame Thutmosis' IV. zur Mutter Amenophis' III. wurde. Wer war diese Frau – eine Zeitgenos-

Abb. 28: Mutemwia: Rebusdarstellung ihres Namens

sin von Juja und Tuja –, die es als Regentin für ihren noch minderjährigen Sohn billigte, dass Teje als Große Königliche Gemahlin an dessen Seite trat? Die Dringlichkeit dieser Frage ergibt sich aus der Bewertung der bislang skizzierten Stellung Jujas; sie war einflussreich, aber nicht wirklich stark. Wenn es stimmt, dass Juja der erste seiner Familie war, der eine steile Karriere am Hof machte: wie sollte er sozusagen aus dem Stand in der Lage gewesen sein, drei seiner Kinder (Teje, Anen und Eje) in die höchsten Positionen zu bringen? Doch nur mittels einer massiven Unterstützung durch den Hof selbst. Aldred hat an dieser Schnittstelle möglicher Entwicklungslinien auf einen Fund aufmerksam gemacht, der es erlaubt, einen Blick auf die Vorgeschichte zu werfen. Im New Yorker Metropolitan Museum befinden sich zwei Uschebtifiguren, deren Aufschrift lautet: Für den »Gottesvater, den

Vorsteher der Pferde, Jej.« Der erste Titel ist exakt der, den auch Juja trug – und den er gleichsam an seinen Sohn Eje weitergab. Wenn in der Inschrift die gleiche Semantik (»Schwiegervater des Königs«) zum Zuge kommen würde, dann wäre fast mit Sicherheit davon auszugehen, dass Jejs Tochter Gemahlin eines Pharao war. Der erste Eindruck erfährt eine erhebliche Bekräftigung durch den zweiten Titel. Denn auch den (Marschall-)Titel führte Juja. Eine weitere Bestätigung für die Annahme, dass Jej sehr wohl der Vater von Juja gewesen sein könnte, sieht Aldred im Gleichklang der Namen. Schon Jej erinnert an die Reihe der ungewöhnlichen Personalnamen des Hauses Juja. Aber erst wenn wir einblenden, dass Jejs Gattin Jij hieß, ist die Verblüffung perfekt. Jej-Jij, Juja-Tuja, Eje-Teje, Teje-Tij – die Fülle eigensinniger Namen, die sich nach Geschlecht und Generation abwechseln, als variierten sie ein gemeinsames Thema, riecht – Aldreds Spürnase sei Dank – nach Verwandtschaft.

Nehmen wir aus der Diskussion zunächst die Einschätzung mit, dass schon Juja ein Erbe war, der nicht bei null anfing, sondern – wie nach ihm sein Sohn Eje – in die Fußstapfen seines Vaters Jej trat. Dadurch gewinnt Juja naturgemäß an Statur und Prestige. Akzeptieren wir die weitergehende These, dass Jej den Titel eines Gottesvaters aus demselben Grund trug wie seine Nachkommen, dann erkennen wir – da an dieser historischen Zeitstelle nur Thutmosis IV. als König in Frage kommt – in Mutemwia die gesuchte Tochter und Königsgemahlin. Sie, die einer anderen Klasse gleichgeformter Namen angehört, wäre zugleich die Schwester des Juja. Unter dieser Perspektive weitet sich der (für gewöhnlich auf den Auftritt Echnatons hin verengte) Blick für die Wahrnehmung einer atemberaubenden Entwicklung: der sich über einen Zeitraum von vier Generationen erstreckenden Machtübernahme des Hause Juja, die einen dynastischen Taumel auslöst und den Untergang der Thutmosiden heraufbeschwört.

Und so könnte die Bildfolge lauten: Mutemwia ist die erste Abgesandte des Hauses Juja in das königliche Haus der Thutmosiden. Anfänglich eine einfache Haremsdame, dann eine Nebenfrau des Königs, macht sie der Zufall zur Mutter des Kronprinzen. Nach dem plötzlichen Tod Thutmosis' IV., im Vakuum der Macht, ergreifen Mutemwia und Juja, das mächtige Geschwisterpaar, die Gelegenheit beim Schopfe. Noch im Kindesalter verheiraten sie Amenophis III. mit Teje; eine zweite Juja wird Königin. Eine Generation später heißen die Drahtzieher am Hofe Teje und Eje. Ein nicht minder mächtiges Geschwisterpaar, das dafür sorgt, dass der junge Nachfolger auf dem Thron, Amenophis IV., wiederum eine Juja zur Gattin erhält: Nofretete. Die Wirrnisse des Inzests bringen die Dinge ins Wanken. Unter Echnaton eskaliert der schwelende Konflikt, der Knoten platzt – aber an falscher Stelle (im Streit um die Aton-Religion). Nofretete sucht als regierende Königin den Ausweg in einem Bündnis mit den Hethitern, doch die Exit-Strategie scheitert. Die Inzestkinder Semenchkare und Tutanchaton, lebende Zeugen einer verfehlten Thronfolgeregelung, werden gerufen, die Lücke zu füllen. Das Erbe Echnatons anzutreten sind sie zu schwach. Der alternde Eje, bei Machtantritt schon ein unzeitgemäßer Pharao und dennoch der erste männliche Juja auf dem Thron, bildet den nur scheinbar krönenden Abschluss.

Unser schöner Plot wird sicherlich nicht auf ungeteilte Zustimmung stoßen. Ausgerechnet die Eingangssequenz dürfte vielen Ägyptologen Probleme bereiten, denn hartnäckig hält sich in der Zunft die Meinung, bei Mutemwia handele es sich in Wahrheit um eine mitannische Prinzessin. Der Fisch stinkt also vom Kopf her. Nun, was hat es mit dieser Herkunftsvermutung auf sich? Der historische Hintergrund ist schnell erzählt. Beim Regierungsantritt Thutmosis' IV. befand sich Ägypten im Krieg mit Mitanni, jenem Großreich am Oberlauf des Euphrat, das die Herrschaft über Nordsyrien und damit die Oberhoheit über die dortigen Fürsten anstrebte. Thutmosis' Vater Amenophis II. hatte mehrere Feldzüge an der nördlichen Grenze des ägyptischen Einflussgebietes geführt, mit wechselndem Erfolg. Immerhin brachte er einen Freundschaftsvertrag mit den Hethitern, der dritten großen Kriegspartei, zustande (den weiter oben erwähnten Kuruštama-Vertrag, den König Muršili in seinen Pestgebeten erwähnt), mit dem er »Naharin« (so der ägyptische Name für Mitanni) unter Druck setzen konnte. Unter Thutmosis hatte sich das Blatt insofern gewendet, als Mitanni erfolgreich gegen Hatti kämpfte. Ägyptischerseits gehörten aber die Tage aktiver Eroberungspolitik der Vergangenheit an; die Zeichen standen auf Entspannungspolitik. Beim »ersten siegreichen Feldzug« dürfte es sich daher um eine begrenzte militärische Aktion gehandelt haben. Im Grab des Nebamun, der als Standartenträger an den Kämpfen teilgenommen hat, wird erwähnt, dass Beute und »Fürstenkinder aus Naharin« nach Ägypten gebracht wurden. Dieses Ereignis war für König Mencheperure (wie Thutmosis IV. mit seinem Thronnamen hieß) Anlass genug, einen Gedenkskarabäus herauszugeben:

> Die Prinzen von Naharin, die ihre Geschenke tragen, erblicken (Mencheperure), als er aus seinem Palast tritt. Sie hören seine Stimme wie jene des Sohnes der Nut, seinen Bogen in seiner Hand, wie der Sohn des Nachfolgers des Schu. Wenn er sich selbst aufrüttelt zum Kampf, Aton im voraus, zerstört er die Gebirgsländer, zertrampelt die Wüstenländer, zieht bis Naharin und Karoy, um die Bewohner der Fremdländer für immer zu Untertanen der Herrschaft des Aton zu machen.

Der Große Skarabäus Thutmosis' IV. ist ein bemerkenswertes Dokument, und das in mehrfacher Hinsicht. Er klärt uns erstens darüber auf, wie früh Aton nicht nur als eigenständige solare Gottheit, sondern virtuell als neuer universeller Reichsgott zu Ehren kam – und zwar in der Funktion eines Kriegsgottes, wie wir es von Amun kennen. Er macht zweitens deutlich, dass die erwähnten Gedächtnisskarabäen Amenophis' III. einen Vorläufer hatten, der mit der Nennung der nördlichen und südlichen Reichsgrenze (von Karoy bis Naharin) nahezu wörtlich zitiert wird. Er kann drittens als Lehrbeispiel für nationale Propaganda am ägyptischen Königshof dienen, denn hinter der martialischen Pose des »Pharao siegt immer« wird die wahre Lage wie so oft verdunkelt. Längst hatte Thutmosis IV. seine Fühler in Richtung Friedensverhandlungen ausgestreckt; doch die mitannische Gegenseite, militärisch im Vorteil, hatte es offenbar nicht eilig. Wann genau der Friedensschluss zustande kam, wissen wir nicht; aber gewiss werden ihm langwierige Verhandlungen vorausgegangen sein. Dies gilt auch und im besonderen Maße für die anvisierte diplomatische Heirat zwischen Thutmosis IV. und einer Tochter des mitannischen Königs Artatama I., welche die Allianz der ehemaligen Feinde besiegeln sollte. Viele Jahre später ist König Tuschratta, der Enkel des Artatama, der mit der Verheiratung seiner Tochter Taduchepa an Amenophis III. schon am Ende einer traditionsbildenden Reihe steht[62], in einem Brief (EA 29) auf die Anfänge der freundschaftlichen Beziehungen zwischen Mitanni und Ägypten zu sprechen gekommen, in einer Mischung aus Süffisanz und Wehmut angesichts der verschobenen Machtverhältnisse:

> Als Manchpiria [Mencheperure] meinem Großvater Artatama schrieb, hielt er um die Hand der Tochter meines Großvaters an, der Schwester meines Vaters, und zwar fünfmal, sechsmal. Ein siebentes Mal schickte er zu meinem Großvater, und dann gab er sie sofort zur Frau (…).

Die diplomatische Korrespondenz verschweigt uns zwar den Namen der Prinzessin, um die Thutmosis IV. warb, aber sie liefert uns unverhofft Informationen, die es erlauben, zumindest annähernd den Zeitpunkt zu bestimmen, an dem die mitannische Königstochter am ägyptischen Hof eingetroffen sein dürfte. Fünf-, sechsmal, so hören wir, »schrieb« Pharao an den Fürsten von Naharin, das heißt in dichter Folge unternahmen Boten eine etwa dreiwöchige Reise zur mitannischen Hauptstadt Waschukkanni, um die keilschriftlich verfassten Tontafel-Briefe ihres Herrn zu überbringen. Wir wissen aus ähnlich gelagerten Fällen, dass ausländische Boten nicht immer zuvorkommend behandelt wurden und oftmals lange ausharren mussten, bis sie – mit Antwortbriefen versehen – die Rückreise antreten konnten. Umgekehrt wird Thutmosis IV., um sein Gesicht zu wahren, nicht postwendend die nächste Depesche auf den Weg gebracht haben. Die Verhandlungsmasse, um die es ging, waren abzugleichende Geschenklisten – das geht aus den in den Amarnabriefen gut dokumentierten Heiratsverhandlungen Amenophis III. mit den Mitanni-Königen Schuttarna und Tuschratta hervor, die als Präzedenzfälle gelten dürfen. Das Zögern des Artatama ist deshalb auch nicht als plumpe Hinhaltetaktik abzutun; neben der Demonstration der Stärke darf ihm getrost unterstellt werden, dass er den Brautpreis hochzutreiben gedachte. Als Thutmosis zum guten Ende eine Gesandtschaft »schickte«, ging offenbar alles ganz schnell. Die zuletzt angebotenen Geschenke (darunter sicherlich Gold, wertvolle Gewänder und Stoffe, Beschläge für Streitwagen) waren endlich zufriedenstellend. Wenn wir hochrechnen, wie viel Zeit die gesamte Werbungskampagne gekostet haben dürfte, wird der Rahmen mit zwei Jahren eher knapp bemessen sein.

Mit der dynastischen Eheschließung haben wir schon eine Fortsetzungsgeschichte betrachtet; das auslösende Ereignis, der Vertragschluss zwischen Ägypten und Mitanni, bedarf einer gesonderten Bewertung. Der Blick auf den berühmten Staatsvertrag zwischen Ägypten und Hatti aus ramessidischer Zeit (mit Ramses II. und Hattuschili III. als Protagonisten) gibt uns ein sehr genaues (und *mutatis mutandis* übertragbares) Bild von der zähen Prozedur: der langen Phase des *good will*, in der beide Seiten bemüht sind, den noch immer bestehenden Kriegszustand zu beenden, das heißt »umzukehren«; der eigentlichen Phase der Vertragsverhandlung und schließlich dem rituell gestützten Abschluss der Vertragsunterzeichnung.[63] Vor allem die Aushandlung der Vertragsklauseln sowie die Niederlegung des Vertragstextes war keine Sache von wenigen Monaten, da mehrköpfige Delegationen, die aus mitannischen Würdenträgern und ägyptischen Beamten bestanden, zwischen den Residenzen hin und her reisen mussten. Lassen wir nicht unerwähnt, dass die neue Friedenspolitik, die als Abkehr von der Gründungssemantik des Neuen Reiches verstanden werden konnte, innenpolitisch nicht unumstritten war. Für die gesamten Friedensverhandlungen ist deshalb ein Zeitraum von zwei Jahren gewiss als Minimum zu betrachten. Beachtung verdient der Umstand, dass die Vertragsverhandlungen nicht bruchlos in die Heiratsverhandlungen übergingen. Der Frieden und die nachfolgende diplomatische Heirat zwischen Ägypten und Hatti ist hier ein weiteres Mal instruktiv. Dem Vertragsabschluss folgte die Übersendung von Geschenken; er wurde dann durch eine jahrelange persönliche Korrespondenz zwischen den Königen, Königinnen und anderen Familienmitgliedern der beiden Höfe untermauert. Erst nach dieser Vorbereitungszeit kam das Projekt der Verheiratung einer Tochter des hethitischen Königs mit Ramses II. zum Zuge. Zwischen Vertragsschluss und Heirat vergingen damals volle dreizehn Jahre (wobei allerdings hethitischerseits ein Regierungswechsel zu Buche schlug). Wir wollen in unserem Fall (wiederum minimalistisch argumentierend) ein Intervall von einem Jahr zugrunde legen. In der Summe der drei Zeitabschnitte (Friedensverhandlungen, Zwischenzeit, Heiratsverhandlungen) kommen wir somit auf einen Wert von annähernd fünf Jahren. Was folgt aus dieser Bilanzierung?

Wenn der »erste siegreiche Feldzug« Thutmosis' IV. (wie anzunehmen) im Jahr 1 oder 2 seiner Regierung stattfand, dann könnte die ominöse mitannische Prinzessin etwa im Jahr 6 oder 7 am ägyptischen Hof erschienen sein – und knapp übers Jahr einen Thronfolger geboren haben. Ohne Ansehen der Person kommt sie damit als Mutter des wirklichen Kronprinzen Amenophis nicht in Frage, denn dieser muss innerhalb der ersten drei Jahre der Regierung Thutmosis' IV. geboren worden sein. Das ergibt sich aus seinem Alter zum Zeitpunkt der Thronbesteigung (es wird auf sechs bis acht Jahre geschätzt)[64] in Relation zur maximal neunjährigen Regierungszeit seines Vaters (höchstes belegtes Regierungsjahr Thutmosis' IV. ist das achte). Die Schlussfolgerung ist m. E. zwingend und sollte helfen, die Phantomdebatte um die Identität zwischen Mutemwia und der Mitanni-Prinzessin zu beenden. Aber warum haben sich so viele Forscher dazu verleiten lassen, so leichtfertig auf die These von der ausländischen Herkunft Mutemwias zu setzen?

Es sind im Wesentlichen drei Gründe, die hier zu nennen sind. Zum einen führt Mutemwia im Gegensatz zu den Hauptgemahlinnen ihres Mannes, den Königinnen Nefertari und Iaret, eine Schattenexistenz. Niemals wird sie zu Lebzeiten Thutmosis' IV. als Königliche Gemahlin bezeichnet. Aber auch auf den zahlreichen Monumenten aus der Regierungszeit ihres Sohnes trägt sie ausschließlich den Titel einer Königsmutter, nie heißt sie Königstochter, Königsschwester oder Gottesgemahlin des Amun, das heißt, ihr fehlen alle Insignien königlicher Abstammung. Aber kann es wirklich sein, dass eine einfache Haremsdame bürgerlicher Herkunft die eherne Tradition der Erbberechtigung außer Kraft gesetzt hat? Die Annahme, Mutemwia sei sehr wohl königlicher Herkunft, aber eben Ausländerin, für die die ägyptische Titulatur nicht greift, verspricht, den Schock zu mildern. Zum anderen wird Mutemwia in den besprochenen Geburtsszenen des Luxortempels eine ganz außergewöhnliche Ehre zuteil. Der Gott Amun erwählt sie zur Gattin, um mit ihr den kommenden Gottkönig zu zeugen. Wäre sie wirklich eine Bürgerliche gewesen, so müsste dies in den Augen der Amunpriesterschaft als eine Ungeheuerlichkeit empfunden worden sein – ein Empfinden, das eine Vielzahl von Ägyptologen angesichts der Konsequenzen für die Geschichtsschreibung zu teilen scheint. Als Werk der Legitimierung einer ausländischen Prinzessin erscheint der Bilderzyklus dagegen erträglich. Schließlich fällt das Erscheinen der Mutemwia mit dem Ausbau und der Reorganisation der Streitwagentruppe am Ende der kriegerischen Auseinandersetzungen mit Mitanni zusammen. Was liegt näher, als den Friedensschluss auch im Sinne einer militärischen Zusammenarbeit mit der führenden Marjannu-Kultur zu deuten und parallel die Mitanni-Prinzessin zur Königlichen Gemahlin aufsteigen zu lassen.

Bei der These um die mitannische Herkunft der Mutemwia handelt es sich ersichtlich um eine Hilfskonstruktion, die dem mangelnden Verständnis für die Wucht einer *innerägyptischen* Entwicklung geschuldet ist; einer Entwicklung, die nacheinander von drei starken Frauen – Mutemwia, Teje und Nofretete – (mit)bestimmt wurde und die nicht besser als mit der Formel »Aufstieg und Fall des Hauses Juja« auf den Begriff gebracht werden kann. Typischerweise wiederholt sich bei Teje und Nofretete die Spekulation um eine ausländische Abstammung, ohne dass damit irgendein Erkenntnisgewinn verbunden wäre. Wird dagegen die Abstammung der drei königlichen Frauen aus dem Hause Juja ernst genommen, dann öffnet sich der Blick für die Wahrnehmung eines dramatischen Wendepunktes in der Geschichte der 18. Dynastie: des wiederholten Bruchs mit der Tradition der Erbfolge und daran gekoppelt des sich zuspitzenden Affronts gegenüber der dominanten Amunpriesterschaft – deutliche Zeichen einer dynastischen Machtverschiebung. Unter diesem Blickwinkel betrachtet, versteht es sich nahezu von selbst, dass auch die Aufwertung der Streitwagentruppe ohne jeden Rekurs auf Mitanni verstanden werden kann. Die Leitung dieser Eliteeinheit lag in den Händen von Juja höchstpersönlich, des Bruders der Mutemwia. Der Oberbefehl über diese Truppe, den schon Jej ausgeübt hatte, bedeutete ein Machtinstrument ersten Ranges; er definiert nichts anderes als die Hausmacht der Juja. Die Fäden dieser Macht sind also ganz und gar oberägyptischer Natur. Die »Vornehme von Naharin« aber (so lautet eine Inschrift im Grabkegel eines gewissen Bengay, die sich gut auf unsere mitannische Prinzessin beziehen könnte) dürfte ganz so wie ihre Nachfolgerinnen unter Amenophis III. im königlichen Harem verschwunden sein, wo sie ein luxuriöses, aber gänzlich unpolitisches Leben erwartete.

Ganz anders Mutemwia, von der wir wissen, dass sie über ein Jahrzehnt lang die Regierungsgeschäfte für ihren noch minderjährigen Sohn ausübte. Eine unglaubliche Machtfülle, die natürlich nicht allein erklärt werden kann mit dem Verweis auf die militärische Machtposition ihres Bruders. Aling (1977) ist deshalb unbedingt zuzustimmen, wenn er feststellt, »Mutemwia muss die Unterstützung von Schlüsselbeamten in allen Zweigen der Regierung erhalten haben«. Der wichtigste Parteigänger der Mutemwia dürfte Ptahmose gewesen sein, der in den letzten Jahren des Thutmosis IV. das Amt des Hohepriesters des Amun bekleidete und zusätzlich den einflussreichen Titel eines Vorstehers der Priester Unter- und Oberägyptens trug. Aus dem Norden stammend war Ptahmose gerade kein Vertreter der alteingesessenen Thebaner Amunpriesterschaft; er war vielmehr ein Mann des Königs, der die Interessen des Hofes vertrat. Er scheint diese Loyalität auf die Königsmutter (und ihren Sohn) übertragen zu haben, denn wir erfahren, dass er eine seiner Töchter Mutemwia nannte, ein in Hofkreisen nach wie vor ungewöhnlicher Name. Mit dem Regierungsantritt Amenophis' III., das heißt mit Beginn der Regentschaft Mutemwias, stieg Ptahmose deshalb folgerichtig zum (südlichen) Wesir auf. Eine weitere Stütze des Regimes war Merire, dem die beiden wichtigen Ämter eines Vorstehers des Schatzhauses und Vermögensverwalters des Königs übertragen wurden. Auch er hatte seine Karriere unter Thutmosis IV. begonnen, wo er unter anderem als Erzieher der königlichen Kinder diente. Die Bekanntschaft mit Mutemwia, damals noch eine einfache Haremsdame, aber Mutter eines Prinzen, könnte aus dieser Zeit stammen. Als Zeugnis seiner Verehrung gegenüber der Königsmutter darf eine Abbildung aus seinem Privatgrab (TT 226) verstanden werden, die Mutemwia in einer bemerkenswerten Szene zeigt: Sie steht hinter dem sitzenden König und greift ihn förmlich bei den Schultern. Ein weiterer Parteigänger der Mutemwia könnte Merimose gewesen sein, der spätestens im Jahr 5 (wohl im Zusammenhang mit dem »ersten siegreichen Feldzug gegen das elende Kusch«) auf den Posten eines Königssohns von Kusch berufen wurde – und damit die gesamte Goldproduktion in den südlichen Territorien (das »Gold von Kusch und Wawat«) überwachte. Merimose war zugleich Aufseher über das Vieh des Amun. Schließlich wäre aus den Kreisen des Militärs, über Juja hinaus, Haremhab (ein Namensvetter, aber kein Verwandter des späteren Pharao) zu nennen, ein bei Regierungsantritt schon älterer Soldat mit langer Karriere, der das für die militärische Organisation einflussreiche Amt des Rekrutenschreibers übernahm.

Dies ist nicht viel mehr als eine flüchtige Skizze, die leicht verdichtet werden könnte. Sie soll plausibel machen, dass es das Haus Juja offensichtlich verstanden hat, einflussreiche Funktionsträger zur Unterstützung und Absicherung ihrer riskanten Machtpolitik zu gewinnen. Diese Allianzen waren (über die militärische Hausmacht hinaus) notwendig, um den großen Coup im Jahr 2 der neuen Regierung landen und durchstehen zu können: die Verheiratung des jungen Königs wiederum mit einer Juja. Dieser wiederholte Schritt bedeutete religionspolitisch die endgültige »Verleugnung des Königsdogmas vom Gottesweib des Amun« (Hermann Kees) und machtpolitisch eine enorme Aufwertung jenes Klans aus Achmim. Beides dürfte den Unwillen der alteingesessenen thebanischen Familien, vor allem der am Hauptkultort des Amun ansässigen Priesterfamilien, erregt haben. Der Konflikt mit der Amun-Priesterschaft, der unter Echnaton eskalieren sollte, darf daher nicht vorschnell auf einen wirtschaftlichen Machtkonflikt eingeengt werden. Erinnern wir an dieser Stelle noch einmal daran, dass die Ahmosiden, die Ägypten von der Fremdherrschaft der Hyksos befreiten, väterlicherseits von Amunpriestern abstammten. Diese persönliche Bindung ist der Grund, warum die Amunpriesterschaft während der 18. Dynastie ein ideelles Anrecht auf die Thronfolge beanspruchte. Dieses alte Vorrecht geriet jetzt ins Wanken. Teje

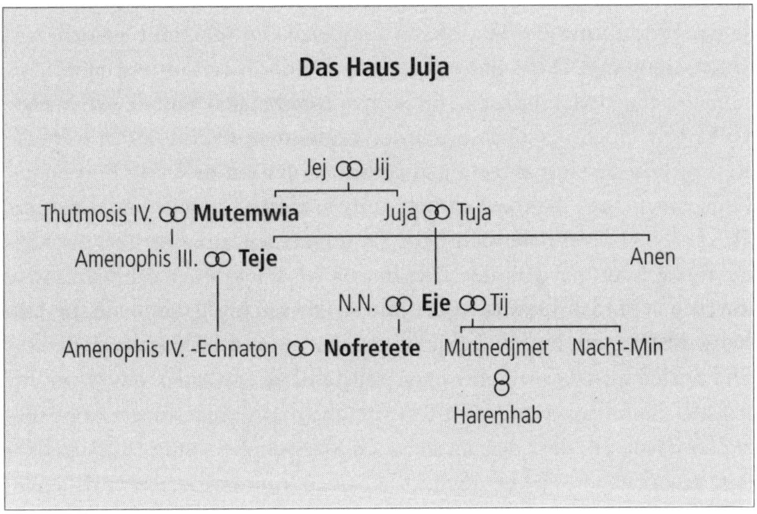

stand nicht länger in der Nachfolge von Ahmes-Nefertari, die (wie wir hörten) einst das Amt des »zweiten Propheten des Amun« von ihrem königlichen Gemahl verliehen bekam – jenes Amt, das jetzt (unter der Ägide Amenophis' III.) in den Händen von Anen, Tejes Bruder, lag. Der Triumph des Min-Priesters Juja dürfte unter Amun-Priestern als Kriegserklärung empfunden worden sein.

2. *Teje und Eje*

Über das Ende der Mutemwia wissen wir nichts. Aber einige Indizien sprechen dafür, dass sie um das Jahr 12 der Regierung ihres Sohnes gestorben sein könnte. Dieser Zeitpunkt ist in der Forschung (Aling 1977) als eine deutliche Zäsur wahrgenommen worden, die am besten mit der vollen Übernahme der Regierungsverantwortung durch den König, jetzt ein junger Mann von etwa 18 bis 20 Jahren, erklärt werden kann. Auffällig ist etwa der abrupte Stop der fünf Serien von Gedenkskarabäen, die besondere Ereignisse der frühen Regierungszeit verewigen: neben der Verheiratung mit Teje eine erfolgreiche Jagd nach Wildstieren, eine Bilanz der von Amenophis in den ersten 10 Jahren erlegten Löwen, die diplomatische Heirat mit der Mitanni-Prinzessin Giluchepa sowie die Anlage eines (Vergnügungs-)Sees für die Königin. Die Ähnlichkeit der Abweichungen der Einzelstücke quer durch alle Serien hat die Frage aufkommen lassen, ob nicht die gesamte Produktion der Skarabäen zeitgleich (um das Jahr 11 oder 12) vonstatten ging. Dann hätten wir es mit einer Bilanzierung *en bloc* zu tun, welche den Eindruck, im Jahr 12 habe sich eine Zeitenwende vollzogen, noch verstärken würde. Mutemwia blickte als abtretende Regentin noch einmal (und nicht ohne Stolz) auf die erste Etappe der Regierung ihres Sohnes zurück und schlösse damit dieses Kapitel gleichsam ab. Der offensichtliche Einschnitt hat auf eine überraschende Weise auch jenseits der Zwölfermarke seine Spuren hinterlassen: durch das Fehlen jeglicher Quellen für die nachfolgenden sieben Jahre; das heißt, die Regierungsjahre 12 bis 19 sind faktisch nicht belegt und muten an wie ein politischer Stillstand. Wir werden das kaum für zufällig halten und angesichts der problematischen Mutter/Sohn-Beziehung folgern, dass der immer noch jugendliche König Mühe gehabt hat, aus dem übergroßen Schatten seiner (mutmaßlich verstorbenen) Mutter herauszutreten. Anders als sein berühmter Urgroßvater Thutmosis III., der das Ende der Herrschaft seiner Stiefmutter Hatschepsut wie eine Befreiung erlebt zu haben scheint und voller Tatendrang die Bühne der Politik betrat, hat Amenophis das Ableben seiner Mutter nicht in Aufbruchstimmung versetzt, sondern – wenn wir dem *argumentum e silentio* folgen – eher gehemmt. Die Ergänzung dieses Beziehungsaspektes liegt auf der Hand: Teje, seine damals vielleicht 15-jährige Gemahlin, war noch zu jung, um die Königsmutter als dominante Frau an seiner Seite ersetzen zu können. Dass sie diese Rolle später glänzend auszufüllen wusste, davon zeugt ihre beispiellose Karriere.

Amenophis III. scheint zeitlebens eine starke weibliche Führung gebraucht zu haben. Diese besondere Gefühls- und Bewusstseinslage des Pharao eröffnete Teje und ihren Parteigängern erst den Raum, ihre anfänglich durchaus prekäre Stellung zu festigen und gezielt auszubauen. Es lässt sich zeigen, dass Teje auf diesem Weg stets eine Juja geblieben ist, das heißt, die Interessen ihres Hauses im Blick hatte. Sie folgt hierbei deutlich den Spuren, die ihre Tante vorgegeben hat. Mutemwia, die selber niemals als Königin an der Seite Thutmosis' IV. zitiert wurde, verfügt kraft ihres Amtes[65], dass auf allen Gedenkskarabäen der Name der Königin einen integralen Bestandteil der Königstitulatur bildet:

> *Horus* Starker Stier, der in der Wahrheit erscheint. *Die beiden Herrinnen* Der die Gesetze macht und die beiden Länder befriedet. *Goldhorus* Groß an Tapferkeit, der die Asiaten niederschlägt, König von Ober- und Unterägypten, Herr der beiden Länder; Nebmaatre, Sohn des Re; Amenophis, Herrscher von Theben, der Leben gibt; und die Große Königliche Gemahlin Teje, sie möge leben.

Was hier zum ersten Mal in der ägyptischen Geschichte vollzogen wird, sollte sich als wichtiger Präzedenzfall für die nahe Zukunft erweisen. Wann immer der Name Amenophis' III. nachfolgend erscheint, stets wird auch Teje mit genannt. Diese Regel gilt, wie Reeves gesehen hat, sogar für kleine Massenware wie die »*kohl*-Röhrchen aus Fayence, die zusammen mit anderen billigen, grellbunten Kleinigkeiten bei festlichen Anlässen wie Konfetti unter das sie bewundernde gemeine Volk gestreut wurden«. Der Sinn der Übung liegt auf der Hand. Die Verehrung und Begeisterung, die dem Pharao entgegenschlägt, wird auf die allgegenwärtige Königin übertragen. Nach und nach wird sie als weibliches Gegenstück zum gottähnlichen König wahrgenommen. »Wie Maat zum Gefolge des Re zählte, so gehört sie zum Gefolge Seiner Majestät« – heißt es bald von Teje. Wie wir hörten, vollzieht sich dieser Schulterschluss ebenso in den verschiedenen Gestalten der Hathor, der Gefährtin des Sonnengottes. Höhepunkt dieser Entwicklung ist schließlich der Bau eines ihr geweihten Tempels im nubischen Sedeinga; als Ergänzung zu dem ihres Gatten im nahe gelegenen Soleb errichtet, erfährt Teje in ihm tatsächlich kultische Ehren.

Man kann die Eitelkeit und den Machtwillen der Teje gewiss nicht hoch genug veranschlagen, aber ebenso sicher erschöpft sich das Crescendo ihres Aufstiegs nicht im Persönlichen. Das ehrgeizige Ziel des Hauses, das sie vertritt, und der Kreise, die sie stützen, ist eindeutig auf etwas Größeres gerichtet, als es der singuläre Erfolg einer einzelnen Person darstellt. Die Politik der Juja zielt erkennbar darauf ab, den göttlichen Status der königlichen Familie insgesamt zu propagieren; die Aufwertung der Rolle der Königin ist Mittel zu diesem Zweck. Der eingeschlagene Weg, den Kronprinzen mit der Tochter eines Gottesvaters aus dem Hause Juja zu vermählen, soll nicht immer wieder von vorne gegangen werden; auf erweiterter Stufenleiter treten die erwählten Frauen als Gottesgemahlinnen des Re (Aton) in ihr Amt ein, ein Verfahren, das sie auf diskrete Weise zu Erbprinzessinnen macht. Angestrebt wird also nicht weniger als die Etablierung einer neuen

Thronfolge, um auf Dauer in den Genuss der Macht zu gelangen. Nutznießer der ersten Stufe dieser Entwicklung sind die Eltern von Teje: Juja und Tuja erhalten ein luxuriöses Grab im ehrwürdigen Tal der Könige. Nutznießerin der zweiten Stufe ist Nofretete: Tochter eines Gottesvaters wie Teje (und vor ihr Mutemwia), ist sie jeder Legitimierung enthoben, weil sie unmittelbar als ein Kind des Aton, nämlich als Schwestergemahlin (Tefnut) eines Gottkönigs (Amenophis-Schu) auf den Tempelwänden in Erscheinung tritt.

Dass Teje tatsächlich traditionsstiftend gewirkt hat, lässt sich unter anderem am Schauplatz des ihr geweihten Tempels aufzeigen. Auf dem Oberteil einer Scheintür der Tempelanlage von Sedeinga befindet sich ein Relief, das die Königin als schreitende Sphinx zeigt. Es ist nicht die einzige Abbildung, in der Teje als weibliche Verkörperung der ursprünglich männlich gedachten Potenz des Sonnengottes (wie sie etwa der große Sphinx von Gizeh eindrücklich manifestiert) erscheint; es ist der auffällige Kopfputz, welcher diese Darstellung von anderen unterscheidet: die hohe, oben abgeplattete Königinperücke, die mit Bän-

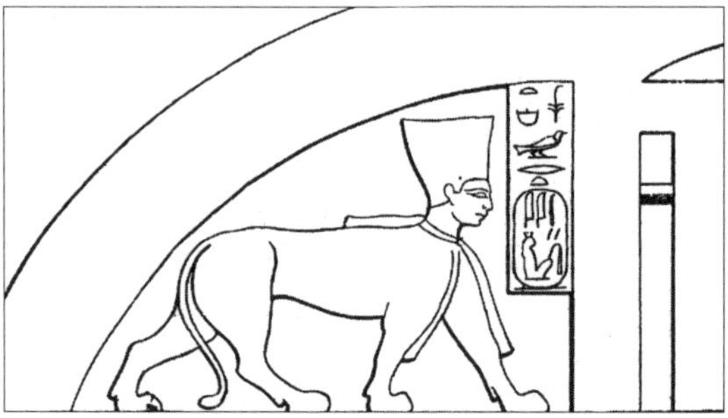

Abb. 29: Königin Teje als Sphinx

dern gehalten wird. Diese Insignie der Macht und Gottähnlichkeit sollte unverhofft wiederkehren. Als die Deutsche Orient-Gesellschaft in Amarna die bunte Büste der Nofretete fand, war den Ausgräbern sofort klar, dass sie die eigentümliche Krone der Königin schon einmal gesehen hatten.[66] Ludwig Borchardt lüftete das Geheimnis in seinem Grabungsbericht (1923): Die dunkelblaue, mit Bändern verzierte Krone der Nofretete, die schnell zum ersten Erkennungszeichen der Amarnakönigin avancierte, war »schon unter ihrer Vorgängerin, der Königin Teje, der Gemahlin Amenophis' III., nachgewiesen«. Umgekehrt trägt Nofretete (wie uns Talatat-Blöcke aus Karnak überliefert haben) die Kopfbedeckung auch in der rituellen Gestalt einer »die Feinde nieder-

Abb. 30: Königin Nofretete

trampelnden Sphinx«. Borchardt fügte damals hinzu, dass er kein weiteres Beispiel dieser Königinperücke kenne, hielt dies aber – richtigerweise – für zufällig. Pierre Montet (1937) verdanken wir die Veröffentlichung eines dritten Falles, der das Tragen der Sedeinga-Krone durch eine Königin der späten 18. Dynastie belegt. Es handelt sich um die (heute im Museum von Turin aufbewahrte) Krönungsstatue Haremhabs, die den König zusammen mit seiner Königlichen Gemahlin darstellt; auf ihrer Seite des Throns befindet sich eine geflügelte weibliche Sphinx im Angesicht der Namenskartusche der Königin. Die besagte Herrscherin ist keine andere als Mutnedjmet, die Schwester von Nofretete – die dritte Königin also aus dem Hause Juja, welche die nämliche Kopfbedeckung trägt.

Unsere Rekonstruktion macht auf eine Traditionslinie aufmerksam, die zwar dem kulturellen Gedächtnis der Thutmosidenzeit zugehört, aber eindeutig die Handschrift eines anderen mächtigen Geschlechts trägt. Es sind Juja-Königinnen, die sich als Erste selbstbewusst als Töchter des Harmachis, des »Horus im Horizont«, zeigen und diesem Status durch eine spezielle Krone Ausdruck verleihen.[67] In der Imago der weiblichen Sphinx lassen sich (mindestens) zwei unterschiedliche

Abb. 31: Königin Mutnedjmet

Sinnkomponenten nachweisen, eine asiatische und eine innerägyptische. Montet hat seinen Fund in den vorderasiatischen Kontext gestellt und Syrien als Heimat der weiblichen Sphinx ausgewiesen. Die Verwandlung der ursprünglich furchterregenden Gestalt einer fremden Göttin (wie Anat) in eine solare Schutzpatronin des eigenen Königtums interpretiert er als Ausdruck und Anspruch geistiger Überlegenheit Ägyptens gegenüber der Kultur der syrischen Vasallenstaaten. Nicht nur geographisch verkörpert die Sedeinga-Krone einen semantischen Gegenpol. Mit dem Stichwort »Nubien« stellt sie eine Verbindung zum ägyptischen Mythos um die ferne Göttin her, etwa zur Legende um die Löwengöttin Tefnut, die »nubische Katze«, die das gefährliche Sonnenauge verkörpert und deren Heimholung verschiedene Weisen der Besänftigung erforderlich macht. Diese etwas andere Domestizierung der Wut (auf die Feinde Res oder Atons) mag in der stets wachsamen und angriffsbereiten Uräusschlange ihren Ausdruck gefunden haben, ohne die zumindest die blaue Krone der Nofretete nicht zu denken ist. Und es ist wiederum Nofretete, die den ungeheuren Machtzuwachs, den die Königinnen aus dem Hause Juja sukzessive erzielt haben, am entschiedensten greifbar werden lässt: An den Ecken des für Echnaton bestimmten Sarkophags aus rotem Granit, der völlig zerstört im Königsgrab von Amarna gefunden wurde, aber inzwischen wieder rekonstruiert werden konnte, nimmt sie (und sie allein!) die Position ein, die dort üblicherweise von den Schutzgottheiten Isis, Nephthys, Selket und Neith wahrgenommen wird.

Das Königsgrab AT 26, das Echnaton in einem Wadi des östlichen Gebirges von Achetaton für sich anlegen ließ, birgt noch eine weitere Überraschung. Aus der Gründungsurkunde einer der Grenzstelen geht hervor, dass der König die Grabanlage von Anfang an als Familiengruft plante:

> Man baue mir ein Grab in dem Berg von Achetaton, wo die Sonne aufgeht, und bestatte mich darin nach Millionen von Regierungsjubiläen, die mein Vater Aton mir zugewiesen hat. Man bestatte darin (auch) nach Millionen von Jahren die Große Königliche Gemahlin Nofretete; und man bestatte darin nach Millionen von Jahren die Königliche Tochter Meritaton. Wenn ich (aber) nach Millionen von Jahren an irgendeinem (anderen) Ort sterben werde, sei er nördlich, sei er südlich, sei er westlich oder da wo die Sonne aufgeht, dann soll man mich holen, damit mein Begräbnis in Achetaton gemacht werden kann.

Tatsächlich zeigt der Grundriss der Anlage zwei zusätzliche Suiten von Räumen, die vom zentralen Korridor (der absteigend zur königlichen Grabkammer führt) abzweigen. Aber weder Meritaton, die älteste Tochter, noch Nofretete, die Große Königliche Gemahlin, fanden an diesem Ort ihre letzte Ruhe, wie es die Steleninschrift ursprünglich bestimmte. Von Echnatons Töchtergattinnen war es vielmehr (wie erwähnt) die zweitälteste Tochter Maketaton, die im Raum Gamma begraben wurde, nachdem sie mutmaßlich im Kindbett verstorben war. Im benachbarten Raum Alpha wurde dagegen Echnatons Gemahlin und Große Geliebte Kija, Nofretetes große Gegenspielerin, die wir mit Satamun identifiziert haben, beigesetzt. Die Dritte im Bunde der Königsfrauen, die nach Kija und Maketaton in der königlichen Nekropole ihr (vorübergehendes) Grab fand, war niemand anders als Teje, Echnatons Mutter. Fragmente eines für Teje gefertigten Sarkophages sowie Spuren einer ihr gewidmeten Wanddekoration belegen[68], dass die Gemahlin Amenophis' III. nicht in dessen Thebaner Grab (KV 22), sondern im Königsgrab ihres Sohnes begraben wurde, und zwar im Zentrum der Anlage, der Königskammer. Hier stand also anfänglich jener vergoldete Schrein aus erlesenem Holz, ein Geschenk des Sohnes an seine Mutter und Geliebte, der dann in KV 55 gefunden wurde und Davis, den Ausgräber, glauben ließ, das Grab der Teje entdeckt zu haben. Als Echnaton nur wenige Jahre später starb, wurde er – wie es seinem frühen Wunsch und offensichtlich seinem späteren Seelenzustand entsprach – in den Hügeln im Osten von Achetaton bestattet, genau »dort, wo seine Mutter bereits glanzvoll begraben lag« (Reeves).

Das ist ein ganz bemerkenswerter Befund. Er straft alle diejenigen Lügen, die den Lebensweg der Teje – trotz der nicht zu leugnenden Extravaganzen – traditionell im Schatten ihres Mannes Amenophis III. verorten. Doch bei der Geschichte von der durch Liebesheirat Erkorenen, die ihrem Gatten zeitlebens loyal zur Seite stand und die Amarnapolitik ihres Sohnes mit Skepsis begleitete, um sich schließlich auf den Witwensitz von Medinet el-Ghurab zurückzuziehen, handelt es sich um eine Legendenbildung. Teje war von Anbeginn Dienerin zweier Herren; ihre Einflussnahme auf die Politik der Thutmosiden berücksichtigte stets die Interessen des Hauses Juja. Die frühe Aton-Reform der Thebaner Jahre Amenophis' IV. trägt ihre (und ihres Bruders Eje) Handschrift. Es dürfte stimmen, dass sie dem Plan, Theben zu verlassen, anfangs skeptisch gegenüberstand. Aber mit der glanzvollen Inbesitznahme Achetatons änderte sich das Bild. Sie hat der neuen Hauptstadt nicht nur, wie immer wieder kolportiert wird, einen beiläufigen Besuch abgestattet; sie hat dort (wovon das Grab ihres obersten Haushofmeisters Huja auf dem Nordfriedhof von Amarna Zeugnis ablegt) residiert und war vor Ort, wie Dorothea Arnold (1996) mit Blick auf einen ihr geweihten Tempel (»Sonnenschatten«) gesehen hat, »ein integraler Teil des religiösen Bau- und Kultprogramms«. Als Gottesgemahlin ihres in Amarna posthum als alternder Sonnengott verehrten Mannes[69] und als

Königsmutter und Muttergattin der jugendlichen Gotteserscheinung des Aton war die Große Teje die heimliche Zentralgestalt der Königlichen Frauen von Achetaton. Gut möglich, dass sie im sich zuspitzenden Konflikt zwischen Nofretete und Satamun-Kija eine vermittelnde Rolle eingenommen hat, um nach dem Tod ihrer Tochter ihre schützende Hand über den kleinen Tut zu halten, den einzig männlichen Spross ihres Sohnes. Wenn es eines letzten Beweises dieser nie zuvor erreichten Ausnahmestellung bedurft hätte, dann dürfte der Umstand, dass Echnaton und Teje Seite an Seite, als wären sie ein Ehepaar, im Königsgrab von Amarna bestattet wurden, dafür gelten.

An dieser Stelle ist Gelegenheit, auf einige Ungereimtheiten zu sprechen zu kommen, die das Grab KV 55, Echnatons zweite Grabanlage, betreffen. So rätselt die Forschung bis heute, wie der Schrein der Teje als Teil ihrer originären Grabausstattung, aber auch die Kanopen der Kija von Amarna in das obskure Thebaner Grab gelangt sind – um dann bei ihrer Auffindung für so viel Verwirrung zu sorgen. Mit der Entscheidung, Achetaton als Residenz aufzugeben, reifte ganz offensichtlich der Plan, das Königsgrab (komplett?) zu evakuieren. Der Hof des jungen Tutanchaton spürte heftigen Gegenwind seitens der traditionalistischen Partei, aber von einem Bruch mit den Idealen der Amarnazeit war er (entgegen der gängigen Lesart) weit entfernt. So darf die Bergung der Überreste des ersten Amarnaherrschers getrost als Ausweis einer stummen Gefolgschaft bewertet werden. Echnatons Mumie ist – pikant genug – im Zuge der Umbettungsaktion in das altehrwürdige Tal der Könige gebracht worden, gleichsam in die Höhle des Löwen. Für die Überführung und zweite Bestattung verwendete man einen älteren, für den König noch in seinen Thebaner Jahren angefertigten Sarg, der wohl aus dem Grabinventardepot von Amarna stammte. Dieser osirianische Rischisarg widersprach mittlerweile den Postulaten der großen Aton-Reform aus dem Jahre 9, kam aber vielleicht gerade deswegen den Absichten der Verantwortlichen entgegen.[70] Die führenden Männer am Hofe, allen voran Eje, waren sich gewiss darüber im Klaren, dass Echnaton zu einem veritablen Hassobjekt geworden war, das es vor Verfolgung zu schützen galt. Es ist daher eine plausible Annahme, dass die irritierende Anonymisierung der Mumie Echnatons vorgenommen wurde, um eine schnelle Identifizierung zu verhindern und so die neue Bleibe in ein halbwegs sicheres Versteck zu verwandeln. Die Mumien von Teje und Satamun-Kija, der »älteren Dame« und »jüngeren Dame« aus AT 26, dürften etwa zeitgleich in das Königsgrab Amenophis' III. überführt worden sein. Warum einige zentrale Teile ihrer Grabausstattung vom Transport nach KV 22 ausgespart blieben, darüber schweigen die Quellen. Die Wiederverwendung des vergoldeten Schreins der Teje, ein sehr persönliches Geschenk des Sohnes an die Mutter, könnte als nicht opportun erachtet – und deshalb nach KV 55 verbracht worden sein. Der Verzicht auf die Mitnahme der Kanopen der Kija lässt dagegen eher an eine ungeordnete und nervöse Aktion denken, die vielleicht schon unter Zeitdruck vonstatten ging. Insgesamt fällt es schwer, sich vorzustellen, wie die Öffnung eines versiegelten Grabes vor sich ging. In einer Zeit des Umbruchs und der Unsicherheit dürfte man den Aufwand so gering wie möglich gehalten haben; vielleicht wurden deshalb tatsächlich nur die beiden königlichen Mumien umgebettet und die sonstigen Grabbeigaben außen vor gelassen. Für eine Zweitbestattung Tejes und ihrer Tochter an der Seite Amenophis' III. spricht insgesamt, dass alle drei Mumien gemeinsam in einem königlichen Mumienversteck, der hierfür umfunktionierten Grabanlage Amenophis' II., wieder aufgefunden wurden.

Echnaton wurde anonym wiederbestattet, aber sein für das Begräbnis verantwortlicher Nachfolger hat in KV 55 die herrschaftlichen Siegelabdrücke sehr wohl hinterlassen; sie lauten auf den Namen des Tutanchaton. Müssen wir aber die Umbettung des ersten Amarnakönigs dann nicht als Akt der Pietät des Sohnes gegenüber seinem Vater begreifen? In einem gefühlten Sinn mag dies zutreffen, aber in einem pragmatischen Sinn war der junge Regent nicht wirklich Herr des Verfahrens. Ein Relief aus dem in Saqqara entdeckten Grab der Maja, der Amme des Königs, führt eindrücklich vor Augen, dass Tutanchaton bei seinem Regierungsantritt ein Kind von etwa acht Jahren war; beim Verlassen Amarnas dürfte er mithin gerade einmal zehn gewesen sein. Es wiederholt sich also eine Situation, wie wir sie bei Amenophis III. und Amenophis IV. kennengelernt haben: Nahe Verwandte aus der Königsfamilie – wie die Mütter Mutemwia und Teje – müssen einspringen, um für den Minderjährigen die Regierungsgeschäfte zu führen. Für den jungen Tutanchaton verbietet sich jedoch die identische Lösung, denn seine Mutter Kija lebte nicht mehr. Es steht außer Frage, wer die verwaiste Stelle eingenommen hat: Zunächst Teje, die Großmutter, die den Enkel und Kronprinzen unter ihre Fittiche nahm, und nachfolgend (d.h. nach ihrem Tod) Eje, der um einige Jahre jüngere Bruder der Teje, der unter Echnaton zum mächtigsten Mann am Hofe aufgestiegen ist:

»Fächerträger zur Rechten des Königs«, »Aufseher der Pferde des Herrn der beiden Länder«, »Wirklicher königlicher Schreiber« lauten seine wichtigsten Titel. Ebenso unstrittig sollte sein, dass der »Gottesvater« Eje anfänglich weit mehr als nur der maßgebliche Berater des Königs war; er führte faktisch die Staatsgeschäfte in dessen Namen. Nach den wechselvollen Auftritten der Juja-Königinnen stand um 1330 vor unserer Zeitrechnung erstmals ein männlicher Spross des mächtigen Juja-Klans im Vorhof der Macht, auf dem Sprung an die Spitze des Reiches.

Was wie eine zielstrebige Karriere aussieht, ist soziologisch betrachtet ein ganz und gar unwahrscheinlicher Fall. Das wird deutlich, wenn wir nach Art einer Familienaufstellung die ganze Szene betrachten, und zwar für den hier interessierenden Zeitraum vom Regierungsantritt Nofretetes bis zur Thonbesteigung Tutanchatons. Wir sehen Nofretete ihren Kampf mit der toten Kija ausfechten, die im Königsgrab von Amarna ruht – und deren anhaltende Macht sich in der Gestalt des Kronprinzen Tutanchaton verkörpert, des »lebenden Abbilds des Aton« und einzig legitimen Thronfolgers. Wo steht Eje in diesem ungleichen Kampf um das Erbe des Echnaton? Auf der Seite der Royalisten oder auf der Seite seiner Tochter? Wir sehen ferner, wie Nofretete die Hand nach Hatti, dem asiatischen Feind, ausstreckt, um sich mit einem hethitischen Prinzen zu vermählen. Wie hat sich Eje in der durch diesen beispiellosen Akt ausgelösten Staatskrise verhalten? Warum hat ihn der »Verrat« seiner Tochter – so dürfte das Urteil der Machtelite am Hof gelautet haben – nicht selber kompromittiert? Die einzig überzeugende Antwort auf diese Fragen kann nur lauten: Eje hat die Pläne Nofretetes zutiefst missbilligt; in kluger Einschätzung der Machtverhältnisse hat er den erbitterten Kampf gegen die rechtmäßige Thronfolge als verloren angesehen. Gut möglich, dass er in der Dachamunzu-Affäre mit General Haremhab gemeinsame Sache gemacht hat, sprich: an der Beseitigung des hethitischen Prinzgemahls beteiligt war – und so selber den Kopf aus der Schlinge ziehen konnte. Wir verstehen jetzt besser den Sinn der Worte, die Nofretete dem Šuppiluliuma so fordernd wie hilfesuchend ausrichten ließ: *Die Königin ist allein.* Es fehlte nicht nur ein Gemahl an ihrer Seite; sie hatte den Rückhalt der eigenen Familie und sicher auch den der führenden Militärs verloren. Königin Nofretete stand in jenen dramatischen Tagen mit dem Rücken zur Wand. Aber wäre sie erfolgreich gewesen, dann hätte Eje statt ihrer das Spiel verloren.

Eje übersteht den Sturz der Nofretete, von deren Ende wir nichts wissen. Aber die Macht der Juja bröckelt; jedenfalls ist Tutanchaton, der legitime Thronfolger, (noch) nicht durchsetzbar. Die Traditionalisten, darunter die deprivierte Amun-Priesterschaft, welche die Etablierung eines Gottesstaates des Aton zutiefst verstört hat, wittern ihre Chance. Für sie ist der Sohn Echnatons ein rotes Tuch, der eher für Kontinuität als für Wandel (sprich: Restauration) steht. So macht Semenchkare, ein Königssohn wie Tutanchaton, aber aus »den Lenden Amenophis' III.« und als Sohn der Satamun ein Halbbruder des jüngeren Prinzen, als eine Art Kompromisskandidat der verfeindeten Parteien das Rennen. Wir wissen, dass Semenchkare in Amarna gekrönt und mit Meritaton, der ältesten Tochter von Echnaton und Nofretete, verheiratet wurde; aber er ist kein Kind von Amarna, auch wenn er überraschend seinen Eigennamen wechselt und den von Nofretete getragenen Namen *Neferneferuaton* übernimmt. Die befremdliche Usurpation dieses Namens könnte (wie weiter oben bereits angedeutet) darauf abgezielt haben, das Gedächtnis der verfemten Königin zu tilgen und ihre Regierungszeit der eigenen zuzuschlagen. Die ephemere Gestalt Semenchkares hat wenig Spuren hinterlassen, aber das wenige, das wir erfahren, spricht eine ziemlich deutliche Sprache. So der bereits erwähnte Graffito aus dem Jahr 3 mit einem Hymnus an Amun sowie die Anlage eines Totentempels in Theben-West. Ferner das überraschende Ergebnis einer genauen Untersuchung der Grabausstattung Tutanchamuns: Einige der Gegenstände – darunter vier Eingeweidesärge *en miniature* sowie der zweite innere Sarg – wurden ursprünglich für Semenchkare angefertigt und enthalten Texte, in denen Osiris als Totengott angerufen wird – ein mit der Atonreligion nicht vereinbarer Vorgang. Der in Theben geborene König, der mit etwa 22 Jahren auf den Thron kam und damit von Anfang als zurechnungsfähig zu gelten hat, lebte nicht lange genug, um sein religionspolitisches Programm umsetzen zu können. Aber alle Anzeichen sprechen für eine Politik der Rückkehr zum alten Kult; sie zeigen uns zugleich den Verlauf einer zweiten Konfliktlinie, an der sich Eje damals befand.

Erst der frühe Tod Semenchkares, der ein weiteres Mal an die Bedrohung durch die im Lande wütende Pest denken lässt, ermöglicht das überraschende Comeback des Gottesvaters an der Seite Tutanchatons, an dessen Inthronisierung nun kein Weg mehr vorbeiführt. Unter dem Einfluss Ejes, dem Rang nach Wesir und Privatsekretär des Königs, schwingt das Pendel wieder (wenngleich moderat) in die Gegenrichtung. Der Position Echnatons? Der Sache der Aton-Religion? Wenn es denn so einfach wäre. Fest steht, Eje war ein loyaler Gefolgsmann des Echnaton, der sich den Idealen der Aton-Religion verpflichtet fühlte. Für seine Verdienste wurde ihm vom Königspaar (wie anderen Beamten und Würdenträgern am Hofe) wiederholt Ehrengold verliehen. Auf einer der Abbildungen sehen wir ihn über und über mit Goldketten behangen. Nach der Mode der Zeit trägt er auf seiner Perücke einen Salbkegel aus fester Pomade, die unter der Hitze des Tages allmählich zergehen und Haupt und Körper mit Wohlgerüchen überströmen soll-

Abb. 32: Eje nach der Verleihung des Ehrengoldes mit roten Handschuhen

te; an seinen Händen sieht man rote Handschuhe, die er der staunenden und preisenden Menge präsentiert. Vor uns steht ein aristokratischer Beau, der in seiner hemmungslosen Outriertheit perfekt in das vielbeschworene Bild einer morbiden Spätkultur passt. Ein Leichtes, dieses Bild, wie Egon Friedell (1936) es getan hat, auszuschmücken und den gesteigerten Drang nach raffiniertem Genuss zum Leitmotiv der Zeit zu erklären, das dann das Schwelgen in offenen Wagenfahrten, die opulenten Mahlzeiten und lasziven Tänze am Hof, den Kitzel von Ränkespiel und verbotener Liebe, aber auch die spirituellen Feinheiten der Sonnengesänge und Hymnen zu einem Gesamtkunstwerk verbindet: einem »Werk der Décadence«.

Platziert in die Kulissen eines gleichsam barocken Amarna dürften wir Eje freilich kaum Prinzipientreue unterstellen, sondern eher grenzenlosen Opportunismus. Genau diesen Vorwurf, nämlich ein ausgesprochener Wendehals zu sein, hat Davies (1908) erhoben, und zwar mit Blick auf die beiden so unterschiedlichen Grabanlagen, die Eje für sich bauen ließ, das Beamtengrab auf dem Südfriedhof von Amarna (AT 25) und das spätere Königsgrab im Westtal von Theben (KV 23). Hier die den Betrachter »einnehmenden Bilder glücklicher Familienverhältnisse, die gewinnenden Gedanken von Ejes Hymnus, die überschwänglichen Bekundungen seiner Loyalität und die bezaubernden Beispiele der Amarnakunst«, dort »die seinen früheren Glauben dementierende Anbetung des ganzen ägyptischen Pantheons im steifsten und schlimmsten Gepräge des Thebaner Stils«.

Davies hat den schockierenden Gegensatz treffend eingefangen; doch was meint er in diesem Zusammenhang mit »Ejes Hymnus« (Ay's hymn)? Nichts anderes als die höchst bemerkenswerte und zugleich interpretationsbedürftige Tatsache, dass sich der Große Aton-Hymnus in seiner langen Version einzig im Grab des Eje erhalten hat. Die Inschrift, bestehend aus 13 vertikalen Kolumnen, befindet sich als Texttafel über den knienden Figuren des Grabbesitzers und seiner Frau. Eje und Tij haben ihre Hände zur Anbetung des Aton erhoben, so dass man den Eindruck gewinnen kann, der Hymnus würde von ihnen gesprochen: ein Hinweis auf die Autorenschaft Ejes, wie sie in Davies' Formel anklingt? Das ist gut möglich, aber natürlich nicht beweisbar. Erstaunlicherweise hat die Forschung diese Annahme nie ernsthaft in Erwägung gezogen und unter anderem darauf verwiesen, dass der König an zwei Stellen als Sprecher in Erscheinung tritt. Nach der Eingangssentenz – sie gibt Titel und Namen von Aton, Echnaton und Nofretete – wird der eigentliche Hymnus mit *Er sagt* eingeleitet, was sich nur auf Echnaton beziehen lässt. An einer anderen Stelle heißt es sinngemäß: *Auch wenn du [Aton] gegangen bist, bist du in meinem Herzen, denn es gibt keinen, der dich kennte, außer deinem Sohn Echnaton.* Die intime Zwiesprache zwischen Gott und König – Vorschein einer »persönlichen Frömmigkeit«, die den theologischen Diskurs der Ramessidenzeit beherrscht – muss aber keineswegs bedeuten, dass der Text auch aus der Feder des Königs stammt. Wer würde etwa behaupten wollen, das berühmte Gedicht auf die Schlacht von Kadesch – es enthält einen anderen Vater/Sohn-Dialog zwischen Gott und König – habe Ramses II. wirklich selbst geschrieben? Es wurde für den Pharao gedichtet und diesem in den Mund gelegt; und so dürfte es die Regel gewesen sein. (Unter den Ramessiden hat nur Ramses III. den Ruf, einige Hymnen verfasst zu haben.) Nun kommt es nach altägyptischem Verständnis bei Inschriften nicht auf den Verfasser, sondern auf den Stifter oder Auftraggeber an. Aber *für uns* bedeutet es natürlich einen gewaltigen Unterschied, ob wir in dem

Abb. 33: Eje und Tij in Anbetung (über ihren Köpfen der Große Sonnenhymnus)

Herrscher, der für einen epochalen Text einsteht, nur den politischen Repräsentanten oder aber den wirklichen Schöpfer erblicken dürfen. Auch die Zeit der Entstehung des Hymnus lässt es eher als unwahrscheinlich erscheinen, in Echnaton den Autor oder Vordenker des Sonnengesangs zu sehen. In den Eingangszeilen findet sich die ältere Form des sogenannten »lehrhaften Namens« des Aton (»Es lebt Re-Harachte, der im Horizont jubelt in seinem Namen Schu, welcher der Aton ist«), der, von Kartuschen umschlossen, ab dem dritten Regierungsjahr bezeugt ist und im Jahr 9 abgeändert wurde. Die Arbeiten an und in der neuen Hauptstadt Achetaton begannen im fünften Regierungsjahr; Ejes Grab, das größte von allen, war eines der ersten, das in Angriff genommen wurde, aber der Text des Hymnus wird dort sicher nicht vor dem Jahr 7 oder 8 aufgezeichnet worden sein – aber auch nicht später, denn dann hätte der zweite dogmatische Name des Aton auftauchen müssen. Wenn wir Amenophis IV. bei Regierungsantritt ein Alter von »höchstens 9 oder 10 Jahren« (Gabolde) zubilligen, so müsste der junge König den Großen Hymnus im Alter zwischen 16 und 18 Jahren verfasst haben. Ein noch immer jugendliches Alter, das nicht recht passen will zur Kraft der religiösen Vision und der poetischen Größe des Textes.

Wenn es sich so verhält: warum beharrt dann die große Mehrheit der Ägyptologen auf der Sprachregelung, beim Großen Hymnus handele es sich um »Echnatons Sonnengesang«? Der Grund liegt auf der Hand. Für die meisten Forscher ist Amenophis IV.-Echnaton die unaufgebbare Zentralfigur einer religiösen bzw. religionspolitischen Revolution, deren Credo sich am deutlichsten im Großen Sonnenhymnus niedergeschlagen hat. Vor allem die Verfechter der Monotheismusthese begreifen den Hymnus als den »Grundtext der Amarna-Religion« (Assmann). Stellt man die Autorenschaft des Königs in Frage, gerät die ganze Konstruktion ins Wanken; der strahlende Religionsstifter verliert seinen Nimbus, die Revolution ihren Kopf. Als ein intellektuelles Gespinst ohne historische Bodenhaftung hängt die Monotheismusthese plötzlich in der Luft – in der dünnen Luft reiner Textexegese. Erst mit der Preisgabe dieser überanstrengten Position wird klar, dass für den zurechtgestutzten (auf ein menschliches Maß gebrachten) Echnaton kein Ersatz gesucht werden muss; kein neuer Kandidat ist für die Rolle eines Religionsstifters vonnöten. Würde Eje probeweise als Schöpfer des Sonnenhymnus anerkannt, müsste man in ihm einen Impulse gebenden Intellektuellen und Schöngeist erblicken, aber keinesfalls den Kopf einer intoleranten Aton-Sekte. Wohl geht die forcierte Aton-Reform der Thebaner Jahre (Thema des nachfolgenden Kapitels) auf das Konto von Eje, Teje und (wenn man die formative Phase unter Amenophis III. mit einbezieht) Anen, aber das Haus Juja ist in erster Linie auf Machtgewinn aus, seine Politik zielt auf einen dynastischen Umsturz; die religionspolitische Wende ist ein Mittel zu diesem Zweck. Ein so verstandener Atonismus, weit davon entfernt, als Monotheismus gelten zu wollen, katapultiert Nofretete als dritte Juja-Königin tatsächlich in eine nie für möglich gehaltene Machtposition. Und genau darum geht es.

Die Triftigkeit der hier vorgeschlagenen Rekonstruktion erweist sich nicht zuletzt in der Reichweite der an sie anschließenden Argumentation. Wenn Eje nicht sekundär über Echnaton zur Aton-Religion gekommen ist, sondern zusammen mit seiner Schwester Teje die Fundamente dazu gelegt hat, dann ist es plausibel anzunehmen, dass ihm die (wie moderat auch immer vollzogene) religionspolitische Kehrtwende des Semenchkare ein Dorn im Auge war. Wir verstehen jetzt auch besser, wie es geschehen konnte, dass Eje in den ersten beiden Regierungsjahren des Tutanchaton in dessen Namen die Bau- und Ausbesserungsarbeiten an den Aton-Tempeln in Karnak wieder aufnahm. Fünf, sechs Jahre nach dem Tod Echnatons zeigte diese Reaktion auf die in Gang gekommene Gegenreformation, dass die neue Naturphilosophie und Königstheologie noch nicht an ihr Ende gekommen war. Nicht nur Achetaton und sein Kult zeigten ungebrochene Vitalität, auch die Aton-Tempel landauf und landab blieben in Funktion und behielten ihr Personal. Selbst der Namenswechsel, den Tutanchaton im Jahr 3 oder 4 vornahm – er nannte sich jetzt Tutanchamun, seine Halbschwester und Gattin Anchesenamun – sowie das sogenannte »Restaurationsdekret« bedürfen einer Neubewertung. Jedenfalls kann von einer politischen Restauration im Sinne der Rückkehr zum *Status quo ante*, wie immer wieder behauptet wird, nicht die Rede sein. Tutanchamun und Eje spüren den Druck der Gegenseite, aber sie geben ihm nicht wirklich nach, es sei denn unter taktischen Gesichtspunkten. Ihre Politik zeichnet vor allem eins aus: das »Widerstreben, sich Atons als einer unabhängigen göttlichen Macht zu entledigen« (Reeves) – und das mit Erfolg. So ist die Zeit nach dem angeblichen Bruch mit Amarna in Wahrheit eine Zeit der gedeihlichen Koexistenz zwischen Aton und Amun. Das sichtbarste Zeichen hierfür ist der goldene Thronsessel des Königs, der mit dem Strahlenaton nicht nur die

Ikonographie von Amarna bewahrt, sondern in ausgewogener Weise die beiden Namensformen Tutanchaton und Tutanchamun gleichberechtigt nebeneinander stehen lässt, als Vorder- und Rückenansicht ein und derselben Medaille.

Das Fortlaufen von Amarnalinien lässt sich auch an den Karrieren einiger verdienter Höflinge aufzeigen. So bleibt Pentu, der Leibarzt Echnatons, »einer, der sich dem Körper des Gottes nähert«, in Amt und Würden. Parennefer (»Der mit dem schönen Namen«), der zu Beginn seiner Laufbahn schon einmal das Amt eines »Aufsehers der Propheten aller Götter« bekleidete, tritt die jahrelang verwaiste Stelle eines Hohepriesters des Amun an. Aber sein Name, der einen eindeutigen Bezug zum Atonkult herstellt, wird bezeichnenderweise erst unter Ramses II. verfemt. In seinem in der thebanischen Nekropole angelegten Grab findet sich, wie dessen Entdeckerin Friederike Kampp-Seyfried (2003) zeigen konnte, das Leit-Ikon der Amarnatheologie, das sogenannte »Sonnengesangsmotiv«. Als ein bildhaftes Zitat des Sonnenhymnus bezeugt es – von der neuen Entwicklung offenbar unbeeindruckt – den (über)lebenden Geist des Aton.

Weniger eindeutig und doch unverkennbar amarnatypisch ist auch eine Szene im Thebaner Grab von Eje, das ansonsten mit den erwartbaren traditionellen Motiven (wie der ersten Stunde des Amduat, der Sonnenbarke und Teilen des Totenbuches) ausgeschmückt ist. Sie zeigt (ungewöhnlich genug) den König und seine Frau in den Papyrussümpfen und nutzt diese Szenerie für den Lobpreis des Naturschönen, der ansteckenden Lebensfreude von Tieren und Pflanzen, der einst das Dekorations- und Architekturprogramm von Amarna beherrschte. Eje, so viel wird man sagen können, war davon bis zu seinem Lebensende erfüllt; er ist davon nicht losgekommen. Dem Geist der Zeit aber, und das ist entscheidend, war diese Formensprache des Atonismus nicht fremd; das heißt, Amarna als Naturphilosophie unter dem Baldachin des alten ägyptischen Sonnenglaubens war eine konsensfähige Position. Die erstaunlich maßvolle Reaktion der Ägypter auf Amarna hat hier ihren Grund. Stein des Anstoßes war vielmehr das Regime des Gottesstaates, der ureigensten Schöpfung Echnatons, welche die frühe Atonreform radikalisierte und als Provokation empfunden wurde. So will es im Nachhinein so scheinen, als habe Eje mit dem (in der Regierungszeit Tutanchamuns vollzogenen) Rückzug aus Achetaton die dogmatische Position Echnatons preisgegeben, um *Achnaton*, den Geist Atons, wie er ihn verstand (und machtpolitisch brauchte), zu retten.

Dann hätte er, salopp gesprochen, nicht Kreide gegessen, sondern wäre auf jene vergleichsweise moderate Stufe der Atonverehrung zurückgekehrt, die er zusammen mit Teje zwanzig Jahre zuvor in Karnak (damals im Namen Amenophis' IV.) ins Leben gerufen hatte.

Es bleibt ein erstaunliches Phänomen, dass es dem alternden Gottesvater nach all den Irrungen und Wirrungen der Amarna- und Nach-Echnaton-Zeit gelang, doch noch den Thron zu besteigen, als mit Tutanchamun der letzte Thutmoside gestorben war. Die Schicksalsfrage: Wie weiter mit Ägypten? entschied Eje durch den raschen Zugriff auf die Macht: Mit dem Hause Juja. Es reicht indes zur Erklärung nicht aus, darauf zu verweisen, dass Haremhab, der andere starke Mann der Zeit, zur fraglichen Zeit in Syrien an der Front weilte. (Seit der Ermordung des hethitischen Prinzen Zannanza waren etwa vierzehn Jahre vergangen. Der erste Rachefeldzug Šuppiluliumas war durch die Pest zunächst zum Stillstand gekommen; aber die Feindseligkeiten zwischen Ägypten und Hatti – wo inzwischen König Muršili regierte – flammten immer wieder auf.) Nein, das Knifflige und Paradoxe der Situation muss genauer erschlossen werden. Einerseits hat Eje die Macht usurpiert, andererseits vertrat er jenen Halbpart der Macht, den in einer langen Reihe die Königinnen Mutemwia, Teje und Nofretete verkörpert hatten. Im gewissen Sinne war er also ein Erbe der Macht, und doch nicht wirklich legitimiert. Anders als seine Tochter Nofretete wurde er nie als Mitglied in die »heilige Aton-Familie« aufgenommen; stets blieb er ein Beamter. Die Inschrift eines Ringes, welche die Kartusche des Königs zusammen mit der von Anchesenamun zeigt, könnte dafür sprechen, dass Eje die Witwe Tutanchamuns heiratete, um seinen bürgerlichen Status zu kompensieren (Abb. 34). Dann hätte er denselben Weg zur Legitimation beschritten, den Haremhab nach ihm einschlug, als er Mutnedjmet, Nofretetes Schwester, zur Großen Königlichen Gemahlin erhob. Anders als sein Nachfolger hätte der König zugleich die Struktur der Inzestfamilie noch einmal bestätigt und, wie formal auch immer, fortgesetzt. Auf öffentlichen Monumenten zeigte sich König Eje allerdings ausschließlich mit seiner Frau Tij; so auf den Reliefs der bereits erwähnten Felsenkapelle, die er in der Nähe von Achmim, seinem Geburtsort, erbauen ließ.

Das Bauprogramm Ejes ist in den vier Jahren seiner Herrschaft nicht gerade üppig ausgefallen. Deshalb muss die Errichtung eines dem Lokalgott Min geweihten Tempels im Distrikt seiner Heimat-

Abb. 34: Ring mit den königlichen Namen von Eje und Anchesenamun

stadt als ein deutliches Zeichen verstanden werden – als ein »Zurück zu den Wurzeln« der Macht, die dem Hause Juja zunächst als Juniorpartner der Thutmosiden zugewachsen war, um durch die Übernahme der Königsherrschaft gekrönt zu werden. Zeitgenossen von Eje mögen geglaubt (oder gehofft) haben, der neue König sei ein passabler Übergangskandidat ohne große Ambitionen. Spätestens mit der Ernennung des Nachtmin, seines Zeichens Hohepriester des Min und Bauleiter des Felstempels, zum »Erbprinzen« und Generaloberst dürfte den Eliten des Landes klar geworden sein, dass Eje anderes als nur die Verwaltung des Königsamtes im Schilde führte. Nachtmin, wahrscheinlich ein Sohn des Königs, nahm als oberster Heerführer die Position Haremhabs ein; als Erbprinz galt er als potentieller Thronfolger. Im Lichte der Vorgeschichte, meine ich, sind dies untrügliche Zeichen für die ehrgeizige Absicht, auf dem Weg zu einer neuen Dynastie weiter voranzuschreiten. Der Mann, der diese Pläne durch einen Staatsstreich vereitelte und die Weichen für eine ganz andere Dynastie (die der Ramessiden) stellte (ohne ihr selbst anzugehören), war ohne Zweifel Haremhab. Die Sache aber, die dem kommenden Soldatenkönig am Herzen lag, war gewiss nicht – jedenfalls nicht in erster Linie – die Religionspolitik, sondern vielmehr die Außenpolitik: der unerledigte Konflikt mit den Hethitern. In Ejes Titulatur hieß der Nebti-Name sicher aus gutem Grund: *Mit mächtiger Stärke, der die Asiaten bezwingt.* Aber dies war bestenfalls eine Absichtserklärung, kein wirkliches Regierungsprogramm.[71] Was Echnaton verschlafen hatte, woran die visionäre Nofretete gescheitert war, das vermochte auch der gewiefte Taktiker und Schöngeist Eje nicht zu lösen. Die Stabilisierung der kanaanäischen Einflusszone sowie die Sicherung der Nordgrenze des Reiches blieben eine offene Wunde. Es war nicht die Abwesenheit der Götter, die eintreten ließ, was auf der Restaurationsstelle so lautete: »Wenn man ein Heer nach Syrien aussandte, um die Grenzen Ägyptens zu erweitern, so war diesem nicht der geringste Erfolg beschieden.« Es war das Fehlen eines Herrschers, der sich dem asiatischen Feind entgegenwarf, wie die frühen Thutmosiden dies so bravourös getan hatten. Der ehemalige Chef der Streitwagentruppe hat, so scheint es, zu spät realisiert, dass die Zeit der Kutschfahrten und Landpartien, in der die Schönen und Reichen von Amarna und Memphis die Kunst des Müßiggangs pflegen konnten, unwiderruflich abgelaufen war.

Abb. 35: Nofretete beim Opfer im Haus des Benben-Steins

IV
AM WENDEKREIS DES ATON

1. Die Thebaner Jahre

Das erste Großereignis, das der neue Thronfolger Amenophis IV. zu bewältigen hatte, war das Begräbnis seines Vorgängers und Vaters. Amenophis III., der reichste und mächtigste Herrscher der damals bekannten Welt, starb im Jahre 1352 nach einer ungewöhnlich langen Regierungszeit von 38 Jahren. Nach altägyptischem Glauben vereinte sich der »gute Gott« (d.i. der tote König) mit der Sonne (Re oder Aton). »Sein Gottesleib wurde eins mit seinem Erzeuger«, heißt es in einem alten Text. »Die Residenz war in Schweigen. Der Hofstaat saß, den Kopf auf den Knien, das Volk klagte.« Nicholas Reeves (2002) imaginiert die Bestattung Amenophis' III. zu Recht als »ein ehrfurchtgebietendes Schauspiel« unter großer Anteilnahme des Volkes und im Beisein zahlreicher diplomatischer Vertreter aus aller Herren Ländern. »Nachdem einmal der Prozess der Einbalsamierung und der damit verbundenen feierlichen Riten abgeschlossen worden war, wird sich der Begräbniszug vom prächtig ausgestatteten Totentempel des Königs langsam zur Stätte der Königsgräber im nun berühmten Tal der Könige bewegt haben.« Ziel war das im Westtal gelegene Königsgrab KV 22, eine ebenso geräumige wie opulent ausgestattete Anlage, die der Bedeutung des erhabenen Herrschers entsprach. Die Nekropole war nicht nur für die Beisetzung des Königs konzipiert worden, sie sollte auch als Grabstätte für zwei seiner Frauen dienen: für Teje, die Große Königliche Gemahlin, und für Satamun, die (erste) Tochtergemahlin.

Beide königlichen Frauen lebten noch; als Mütter der beiden (überlebenden) Königssöhne Amenophis' III. standen sie an der Spitze des Hofstaates: Teje als faktische Regentin an der Seite des etwa zehnjährigen Thronfolgers Amenophis IV., Satamun als (mutmaßliche) Mutter des vielleicht dreijährigen Prinzen Semenchkare. Protokollarisch die Nummer zwei, hatte Satamun das Spiel um die Macht zu diesem Zeitpunkt allem Anschein nach schon verloren. Entgegen der alten Tradition wurde ihr der Titel einer Erbprinzessin vorenthalten; für die

Rolle einer Schwestergemahlin ihres Bruders Amenophis war sie nicht vorgesehen. Ihre Mutter, die große Teje, damals Anfang vierzig, hatte andere Pläne. Als Heiratskandidatin für den jungen König stand längst eine andere bereit, die Tochter des Mutterbruders, Nofretete, die ihren Vater Eje durch diesen Zug im vollen Sinn des Wortes zum »Gottesvater« machte. Aber man ließ sich Zeit. Wahrscheinlich hat Nofretete am Begräbnis Amenophis' III. gar nicht teilgenommen; und noch zwei lange Jahre danach tritt sie nicht in Erscheinung. Der Coup, mit dem 36 Jahre zuvor Teje selbst in den Rang einer Großen Königlichen Gemahlin Amenophis' III. erhoben worden war, ließ sich nicht einfach wiederholen. Das endgültige Festzurren der neuen Thronfolgeregelung, die Verheiratung des Kronprinzen mit einer Tochter aus dem Hause Juja, bedurfte einer soliden religionspolitischen Legitimierung. Ich möchte im Folgenden ansatzweise nachzeichnen, wie Teje und Eje die ersten Jahre der neuen Regierung Amenophis' IV. nutzten, um den Auftritt Nofretetes vorzubereiten und in Szene zu setzen.

Fragen wir zunächst nach den Rahmenbedingungen ihres Handelns. Was hatte Amenophis III. als Erbe hinterlassen? In welcher Lage befand sich das ägyptische Reich? Der mächtige König hatte das Land, dessen Grenzen (wie wir schon von Thutmosis IV. hörten) »von Karoy bis Naharin« reichten, zwar nicht erweitert, aber auf andere Weise gesichert und befriedet. Er stand im Ruf eines glänzenden Diplomaten, der auf ein militärisches Eingreifen weitgehend verzichten konnte. Er setzte auf Verträge, diplomatische Heiraten und Geschenke (vor allem das begehrte Gold). Unter den Großen seiner Zeit war er der anerkannte Erste, entsprechend der ägyptische Hof das Zentrum der damaligen Welt. Der geographische Horizont umspannte dabei nicht nur die klassischen Großreiche von Babylon, Mitanni, Hatti und Assur; enge Beziehungen bestanden auch zu Arzawa (einem kleinasiatischen Königtum südwestlich von Hatti) und zur Ägäis; eine Ortsnamenliste aus dem Totentempel des Königs nennt etwa Mykene, Knossos, Kythera, Nauplia und sogar Ilion (Troia). Im Ägypten des frühen 14. Jahrhunderts v.u.Z. herrschte eine Atmosphäre der Weltoffenheit, einschließlich der Aufgeschlossenheit anderen Religionen gegenüber. So verehrte man asiatische Gottheiten wie Baal, Astarte oder Reschef; und der König persönlich scheute sich nicht, auf einer Statuette in asiatischer Tracht dargestellt zu werden oder vom mitannischen König das heilkräftige Bild der Ischtar von Ninive zu erbitten.

Gravierender als die sich hier andeutende Aufweichung des Feindbildes vom »elenden Asiaten« war eine religionspolitische Verschiebung im Inneren. Amenophis III. setzte die Propaganda für den Sonnenglauben, die schon sein Vater betrieben hatte (Sphinx-Stele, Aton-Skarabäus) unvermindert fort. Schon im Jahr 11 seiner Regierung taucht der Name der »Strahlenden Sonnenscheibe (Aton)« auf, als Name der königlichen Barke, mit der der König den (für Teje errichteten) See befahren hat. Am Ende seiner Regierung, im Palast von Malqata, wird diese solare Formel, die längst zum bevorzugten Beinamen Amenophis' III. avanciert ist, in Gestalt einer Rebusschreibung seines Thronnamens *Nebmaatre* wieder auftauchen und sich vollenden. Die Figur des Königs *(neb)* trägt eine Feder *(maat)* in der Hand und eine Scheibe *(re)* auf dem Kopf; so besetzt sie in der mythischen Sonnenbarke den Platz der Sonne selbst: »Nebmaatre ist die strahlende Sonnenscheibe«.

Abb. 36: Rebusschreibung des Namens Nebmaatre

Die Vereinigung mit Aton, die Amenophis noch zu Lebzeiten vollzieht, ist beispiellos. Aber man sollte sie nicht vorschnell über den ideengeschichtlichen Leisten schlagen und als einen Fortschritt in der Geistigkeit preisen: wahlweise als subtile Angleichung der Religionspolitik an die Erfordernisse einer imperialen Machtpolitik oder als Ausdruck einer »Neuen Sonnentheologie«, die sich in Amarna vollendet hat. Es scheint mir viel realistischer zu sein, sie als Zeichen der Selbstverherrlichung und als Menetekel des Größenwahns eines Despoten zu begreifen, der in einem unvorstellbaren Überfluss jedes Maß verloren hatte – als eine Art von geistigem Monumentalismus also, der sein genaues Spiegelbild in den (über tausendfachen) Kolossalstatuen des bauwütigen Pharao gefunden hat. Jedenfalls stellt weder der Kult in den angebauten Sonnenhöfen der Tempelanlagen von Karnak und Luxor noch der vielzitierte Hymnus der beiden Baumeister Suti und Hor[72] religionspolitisch einen ernsthaften Eklat dar. Beide nutzen vielmehr den Spielraum, den die synkretistische Formel des Amun-Re vorgegeben und der sich so treffend in der Auszeichnung Thebens als dem »südlichen Heliopolis« manifestiert hat. Sicher ist, um ein anderes Beispiel zu nennen, die Aufstellung des Großen Skarabäus am Heiligen See von Karnak auch als eine programmatische Tat zu verstehen, aber sie wird durch das Bauprogramm an den Tempeln des Amun-Re, der Mut sowie des Chons, der nach wie vor dominanten Göttertriade, mehr als aufgewogen. Deshalb geht die Vorstellung, Amenophis' geistig-theologische Wende habe das Ziel verfolgt, die lästige Amun-Priesterschaft in die Schranken zu weisen, wohl ebenso in die Irre wie die (auf Breasted zurückgehende) Annahme, diese sei einfach den Spuren eines politischen Universalismus gefolgt.

Die wirklichen Grenzüberschreitungen der Ära Amenophis' III. lagen woanders. Der siebte Thutmoside auf dem Thron war nicht der erste, der von einer »Bürgerlichen« geboren wurde; das war schon bei Thutmosis III. der Fall. Aber er war der erste, der erneut mit einer Bürgerlichen verheiratet wurde, die zudem aus demselben Hause stammte wie seine Mutter und die er in bislang unbekannter Weise an der Macht beteiligte. War Isis, die nicht-adelige Mutter Thutmosis' III., noch die Ausnahme, welche die Regel der traditionellen Thronfolge bestätigte, so erhob Amenophis III. in Person von Teje die Ausnahme Mutemwia zur Regel. Die alte, von den Ahmosiden eingeführte und von den Thutmosiden *cum grano salis* übernommene Regelung besagte, dass der Thronfolger von einer Prinzessin abstammen sollte, die Tochter und Schwestergemahlin eines Königs und Tochter einer Gottesgemahlin des Amun sein sollte. Die Aufkündigung dieses altehrwürdigen Königsdogmas war ein Affront ohnegleichen, der die Identität und Kontinuität der Dynastie in Frage stellte und damit die angestammten Rechte der Amunpriesterschaft von einer ganz anderen Seite her antastete. Erst das machtpolitische Bündnis des Hofes mit dem Hause Juja verlieh dem religionspolitischen Kulissenwechsel seine Brisanz.

Die zweite (mit der ersten korrespondierende) Grenzüberschreitung vollzog Amenophis III. auf dem Gebiet der Sexualpolitik. Mit der Erhebung Satamuns zur Tochtergemahlin wurde das Institut der

Geschwisterehe ausgehebelt und der kulturell eng bemessene Rahmen eines Bruder/Schwester-Inzests generationsübergreifend aufgesprengt. Diese schockierende (weil die heilige Ordnung der Maat verletzende) Tat schuf Platz für das neue Institut einer Kreuzkusinenheirat (zwischen thutmosidischem Kronprinz und Juja-Tochter), verwandelte aber zugleich die Königsfamilie in eine Inzestfamilie – ein sich fortzeugender Frevel mit weitreichenden Folgen, wie sich zeigen sollte. Wie die traditionellen Stände mit dieser Tatsache umgegangen sind, ob es über den Kreis städtischen Geredes hinaus zu einer Skandalisierung unter den Zeitgenossen gekommen ist: das alles ist schwer einzuschätzen – und noch schwerer zu belegen.

Im außen-, religions-, macht- und sexualpolitisch abgesteckten Geviert des Regierungshandelns, das Amenophis III. hinterlassen hatte, bewegten sich die informellen Machthaber, die Juja-Geschwister Teje und Eje, erstaunlich souverän – und doch erkennbar im Stil von Emporkömmlingen. Die ersten Anzeichen eines befremdlichen Politikwechsels zeigen sich in der Art, wie die Korrespondenz mit den Herrschern der anderen orientalischen Großmächte sowie den Stadtfürsten Syrien-Palästinas fortgeführt wird. Aufschlussreich ist vor allem der Briefwechsel mit dem mitannischen König Tuschratta, der dem ägyptischen Hof durch mehrere diplomatische Hochzeiten besonders verbunden war. Hatte Tuschratta nach dem Tode seines »geliebten Bruders« (Amenophis' III.) noch die Hoffnung geäußert, dass sich nichts an den freundschaftlichen Beziehungen zwischen den beiden Ländern ändern werde, so wurde er rasch eines Besseren belehrt. Schon bald beschwerte er sich über die Nicht-Lieferung von zwei Goldstatuen sowie das Festsetzen der mitannischen Boten. Ein Feilschen über die Geschenklisten und eine Verzögerung bei der Auslieferung des Erbetenen war auch unter Amenophis III. gang und gäbe; aber die »Großkönige« wahrten stets eine formelle Höflichkeit und sparten nicht an überschwänglichen Freundschaftsbeteuerungen. Und genau dieser vertraute Ton hatte sich geändert. Einen weiteren Brief (EA 26) adressierte der irritierte Tuschratta deshalb direkt an die Königswitwe Teje:

> Du weißt, dass ich selbst immer Freundschaft hegte gegenüber deinem Gemahl, und dass andererseits dein Gemahl immer Freundschaft mir gegenüber zeigte. […] Möge nun dein Sohn mir keinen wie immer gearteten Kummer bereiten.

Doch das Beschwören der guten alten Zeit blieb folgenlos. Im nächsten Brief (EA 29) meldet sich ein enttäuschter Tuschratta zu Wort, der seinem Ärger freien Lauf lässt – unter anderem durch die absichtliche Auslassung des Titels *Großer König*: »Die Angelegenheit meines Bruders (Amenophis' IV.) ist nun zu einem Gegenstand der Rüge geworden.« Es wäre gewiss nur ein schwacher Trost gewesen, hätte Tuschratta erfahren, dass er nicht der einzige ausländische Herrscher war, der Schwierigkeiten im Umgang mit dem neuen Pharao hatte. Andere Amarnabriefe (EA 41 und 42) informieren uns darüber, dass sich etwa der hethitische König Šuppiluliuma mit ganz ähnlichen Problemen konfrontiert sah. Der hatte Amenophis IV., ganz auf der Basis des alten Freundschaftsvertrages zwischen Hatti und Ägypten, zum Regierungsantritt gratuliert – und wider Erwarten ein ungehöriges Antwortschreiben erhalten:

> Und nun zu der Tafel, die du mir geschickt hast: Warum setzt du deinen Namen über meinen Namen? Und wer ist es nun, der die guten Beziehungen zwischen uns erschüttert? Ist solch ein Benehmen allgemein üblich? Mein Bruder, schriebst du mir in friedlicher Absicht?

Die Reaktionen von Tuschratta und Šuppiluliuma dulden keinen Zweifel daran, dass die hohe Kunst der Diplomatie mit dem Regierungsantritt Amenophis' IV. ein jähes Ende fand. Was war der Grund für das provozierende Verhalten des ägyptischen Hofes? Tuschratta mochte eine Weile unsicher gewesen sein, ob es sich nicht um die Jugendsünden des noch minderjährigen Thronfolgers gehandelt haben könnte – und sich deshalb an die erfahrene (und von ihm als Partnerin Amenophis' III. geschätzte) Königsmutter gewandt haben. Die ausgebliebene Einflussnahme Tejes hätte ihn indes darüber belehren können, was für uns klar vor Augen steht: Die frühen Briefe der Thebaner Regierungszeit stammen nicht von der Hand des zehnjährigen Kindkönigs, der als gekrönter Monarch gleichwohl formell als Schreiber firmiert. Sie verraten vielmehr die Handschrift der Teje selbst, die sich – ihres Gemahls ledig – als *eine Juja* entpuppt und zusammen mit ihrem Bruder Eje das Sagen hat. Das mächtige Geschwisterpaar bietet das (psychologisch bestens bekannte) Bild von Parvenüs, die endlich im Zentrum der Macht angekommen sind und deren erste Kostprobe darin besteht, den wirklichen Königen auf der Nase herumzutanzen, weil sie ihr kleinliches Gehabe (wie das Betteln und Feilschen um Gold) verachten. Ihre Überlegenheit speist sich aus dem Gefühl, den Blick fest auf Höheres gerichtet zu haben.

Was es damit auf sich hat, ist schon der Inauguraladresse der neuen Regierung, einer großen Felsinschrift am Gebel Silsile, eingeschrieben. Im Namen des jungen Königs ergeht an die höchsten Beamten und Offiziere der Befehl, im ganzen Land (»von Elephantine bis Sambehdet«) Arbeiter zu rekrutieren, um aus den örtlichen Steinbrüchen Sandstein für den Bau eines Obeliskentempels zu brechen und nach Karnak zu transportieren. Der Name des geplanten Heiligtums – »großer *benben* des Re-Harachte, der im Horizont jubelt, in seiner Gestalt als Licht (Schu), das die Sonnenscheibe (Aton) ist« – erinnert mit seiner Terminologie an den heliopolitanischen Kult. Im Zentrum der altägyptischen Sonnenreligion[73] war der sogenannte Benben-Stein ein hochverdichtetes Symbol für die schöpferische Kraft des Urgottes Atum: ein urtümlich gedrungener Stein in Form eines stilisierten Phallus, der auf dem »Urhügel« (dem ersten Stück Land, das aus dem Urgewässer auftauchte) »emporstieg« und dessen Spitze (der erwählte Lieblingsplatz der Sonne) »leuchtete« – Urgestalt der späteren, in einem Pyramidion auslaufenden Obelisken. In den Tagen Amenophis' IV. bedeutete das Aufstellen eines solchen Kultobjektes im Thebaner Tempelbezirk des Amun-Re nichts Außergewöhnliches. Längst waren die hochaufragenden Sonnensteine nicht mehr auf die »nördliche Pfeilerstadt« beschränkt. Praktisch alle Thutmosiden hatten Obelisken auch für das »südliche Heliopolis« anfertigen und dort (stets paarweise) aufrichten lassen. Der junge Pharao wandelte also durchaus in traditionellen Spuren, ein Umstand, der auch ikonographisch abgesichert ist. Das Bildfeld der Stele von Gebel Silsile ist völlig konventionell gestaltet und zeigt Amenophis IV. beim Opfer vor Amun-Re. Umgekehrt tritt der Sonnengott Re-Harachte-Aton ebenso orthodox in Erscheinung: in anthropomorpher Gestalt mit Falkenkopf und Sonnenscheibe, ausgeführt in der traditionellen Technik des erhabenen Reliefs.

Vorderhand findet sich nirgends ein Hinweis auf den grundstürzenden Aton-Kult der späteren Jahre. Und dennoch fällt dieser frühe Tempel, der nach seiner Fertigstellung *Hut-benben* (»Haus des Benben-Steines«) genannt wurde, aus dem Rahmen des Erwartbaren. Die erste Auffälligkeit zeigte sich bei der Rekonstruktion des genauen Standortes. Als das berühmt gewordene »Akhenaten Temple Project« Mitte der 60er Jahre damit begann, in Karnak nach den Überresten der ersten Tempelanlagen Amenophis' IV. zu suchen, war vor Ort (östlich des Amuntempels) von den einst geschleiften und abgetragenen Bauten außer rudimentären Fundamenten praktisch nichts mehr erhalten. Ihr Geheimnis steckte in den *Talatat* genannten Blöcken, die von den Pharaonen der Nach-Amarnazeit als Füllmaterial für neu errichtete Gebäude wieder verbaut wurden. Die Bergung und das passgenaue Zusammensetzen dieser Elemente hat es möglich gemacht, einzelne Szenenfolgen zu rekonstruieren und nach und nach ganze Tempelwände neu entstehen zu lassen. Donald Redford ist im Zuge dieser Arbeit auf *Talatat* gestoßen, die erkennbar aus dem »Haus des Benben-Steines« stammten. Sie weckten sein Interesse durch die Besonderheit, mit der das Wort *benben* geschrieben wurde: an Stelle des zu erwartenden Bildes eines Pyramidion stand als Determinativ stets ein einzelner Obelisk. Redford wusste als intimer Kenner der Topographie von Karnak, dass sich auf dem Tempelbezirk neben den zahlreichen paarweise aufgestellten Obelisken einst tatsächlich ein Solitär befand, und zwar im Rücken des Amuntempels nahe dem Osttor (also in der gesuchten Gegend). Enthielt die ungewöhnliche Schreibweise einen Hinweis auf den Standort des Tempels? War es möglich, dass *Hut-benben* um den vorhandenen Einzelobelisken herum gebaut wurde?

Redfords Vermutung ist heute nahezu zur Gewissheit geworden.[74] Das spirituelle Zentrum der riesigen Tempelanlage von Karnak-Ost – zu ihm zählten neben dem Hut-Benben die Tempel *Gempaaton* (»Aton ist gefunden«), *Rud-menu* (»Andauernd in den Denkmälern«) und *Tenj-menu* (»Verherrlicht in den Denkmälern«) – war ein usurpierter Obelisk. Was wissen wir über seine Herkunft? Natürlich hat Redford nicht vergessen, darauf hinzuweisen, dass es Thutmosis IV., der Großvater Amenophis' IV., war, der den besagten Obelisken aufrichten ließ und dass dieser bezeichnenderweise dem Re-Harachte gewidmet war. Das könnte so verstanden werden, als hätte der Enkel das Heiligtum willentlich erkoren, um demonstrativ das Erbe der thutmosidischen Sonnentheologie anzutreten. Doch diese Sicht der Dinge hält einer sorgfältigen Überprüfung nicht stand. Zur ganzen Geschichte dieses vielbegehrten Obelisken gehört nämlich, dass er ursprünglich von Thutmosis III. stammt, der ihn in den Steinbrüchen von Syene schneiden und nach Karnak bringen ließ, wo er – ausweislich der Inschriften des Pyramidion – dem Amun-Re geweiht wurde. Doch kurz vor seiner Aufrichtung starb der große König; der Plan wurde fallen gelassen – und Gras wuchs über die Sache. Thutmosis IV. bekennt in seinen

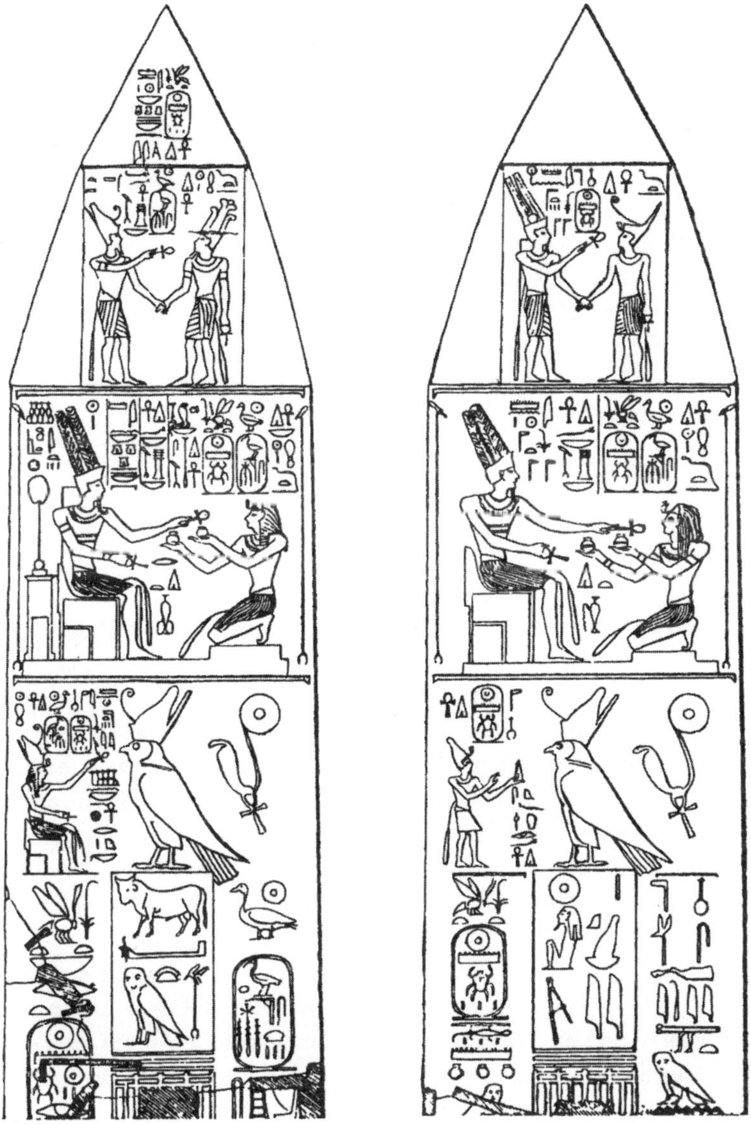

Abb. 37: Die Spitze des Obelisken, Süd- und Ostseite. Auf dem Pyramidion überreicht Amun König Thutmosis III. das Lebenszeichen.

nachträglich angebrachten Inschriften, der Monolith sei fünfunddreißig Jahre lang, von den Handwerkern unbeachtet, auf der Seite liegen gelassen worden; erst er habe ihn wiederentdeckt und das Werk vollendet.[75] Diese besonderen Umstände haben gerade diesem Obelisken eine Botschaft eingeschrieben, die eigentümlich zwischen der Verehrung Amun-Res und Re-Harachtes changiert und dadurch die beiden gleichmächtigen Unterströmungen thutmosidischer Religionspolitik zur Anschauung bringt. Deshalb ist er als Speerspitze eines religiösen Umsturzes nicht geeignet. Man nimmt ihm die Funktion, gleichsam den ersten Strahlenarm des Aton zu symbolisieren, nicht ab.

Falsch ist allerdings nicht das Gedächtnis an Thutmosis IV. Fragwürdig ist vielmehr die gängige Praxis, in Amenophis IV. die treibende Kraft zu sehen, *spiritus rector* und Pate in einer Person. Wenn wir dagegen, wie vorgeschlagen, die *agency* der Thebaner Jahre in Teje und Eje verkörpert sehen, gelingt ein überraschender Perspektivenwechsel. Sofort muss ins Auge springen, dass die Juja-Geschwister in Thutmosis IV. nicht den solaren Schwärmer wiedererkannt haben dürften, sondern in erster Linie den Gemahl der Mutemwia, ihrer königlichen Tante. Ist nicht anzunehmen, dass Mutemwia, die stolze Königsmutter, in späteren Jahren ihrer Nichte und ihrem Neffen davon erzählt hat, wie sie zusammen mit ihrem Sohn, dem Kronprinzen (und nachmaligen König Amenophis III.), dem Spektakel der Obeliskeneinweihung beiwohnte? Die Errichtung des Obelisken fiel in das vorletzte oder letzte Regierungsjahr Thutmosis' IV. und war vielleicht seine letzte größere Amtshandlung. Im Familiengedächtnis der Juja könnte dieses Ereignis daher durchaus den Charakter eines End- und Wendepunktes eingenommen haben. Wenn dem so wäre, dann könnte hinter der Entscheidung für den Obeliskentempel die Absicht stehen, den Erinnerungsort des großen Aufbruchs als Bühne für den Auftritt der jüngsten Repräsentantin des Hauses Juja, Königin Nofretete, zu nutzen.

Wenn wir unter diesem Blickwinkel das Dekorationsprogramm des »Hauses des Benben-Steins« in Augenschein nehmen, werden unsere Erwartungen nicht nur erfüllt, sondern in schier unglaublicher Weise noch übertroffen. In den Reliefs der zutage geförderten *Talatat* tritt eine einzige königliche Person in Erscheinung, Nofretete, die junge Königin. Sie allein – auf einigen Abbildungen von ihrer ältesten Tochter Meritaton begleitet – vollzieht vor den Opfertischen die heiligen Riten im Kult des Re-Harachte, der erstmals die neue Form des Atonkultes angenommen hat: der Huldigung der in Strahlenhänden auslaufenden Sonnenscheibe. Man gewinnt den Eindruck, als würde in diesen Szenen Nofretete anstelle ihres Gemahls als Pharao eingeführt, denn als Adorantin des Sonnengottes vertritt sie die Rolle des gottgleichen Königs, des Sohnes des Re. Es wäre indes ein grobes Missverständnis, die überraschende Szenenfolge so zu interpretieren, als träte uns mit Nofretete nun die wahre Schöpferin der Kultreform entgegen. Auch Nofretete, die nur um wenige Jahre älter als ihr Gemahl Amenophis IV. gewesen sein dürfte, war nicht die Herrin des Geschehens. Es gibt an dieser frühen Geschichtsstelle, die zur Katastrophe von Amarna führen sollte, nur eine plausible Erklärung. Die Mächtigen im Hintergrund, die Königsmutter Teje und der Gottesvater Eje, sind das riskante Wagnis einer solaren Kultreform eingegangen, um den Makel der bürgerlichen Herkunft der Juja-Königinnen endgültig zu tilgen. Hatte Amenophis III. seine Mutter Mutemwia noch mit Rückgriff auf die Amun-Theologie zu nobilitieren versucht (über den Mythos von der Geburt des Gottkönigs wurde sie zu einer Gottesgemahlin des Amun), so bedienen sich Eje und Teje jetzt der populär gewordenen Sonnentheologie für ihre machtpolitischen Zwecke. Nofretete, die dritte Juja-Königin in Folge, hat ihr *coming out* als gottgleiche Königin in Gestalt von Tefnut, der Tochter des Atum, der heliopolitanischen Urgestalt des Sonnengottes (der sich umstandslos in Re, Re-Harachte oder Aton zu verwandeln vermag). Die Sistren, welche diese atemberaubende Inthronisierung begleiteten, haben gewiss die Nerven der traditionellen Amun-Priesterschaft strapaziert; mit dem Urknall des Monotheismus haben sie indes nichts zu tun.

Ich werde auf die heliopolitanische Schöpfungslehre, die Teje und Eje gekannt haben müssen, an anderer Stelle näher eingehen – und zwar im Kontext der Kolossalstatuen des Königs, die einst vor dem größten Tempel *Gempaaton* aufgestellt waren. Zunächst soll jedoch ein zweiter Gebäudekomplex inspiziert werden, der – ganz ähnlich wie der Obeliskentempel von Osten – an den vorhandenen Amun-Tempel von Westen her anschloss. Hier, am Haupteingang, der durch die (unvollendete) Säulen-Kolonnade Amenophis' III. gebildet wurde, ließ der königliche Hof eine aus (mindestens) zwölf Pfeilern bestehende Fassade errichten (Abb. 38). Das bedeutet, dass der bedeutendste Teil des Tempelbezirks des Amun-Re, an dem seit Sesostris I. Generationen von Pharaonen gebaut hatten, durch die beiden für Re-Harachte-Aton errichteten Neubauten gleichsam eingerahmt wurde. Die Verblüffung über dieses architektonische Detail verwandelt sich

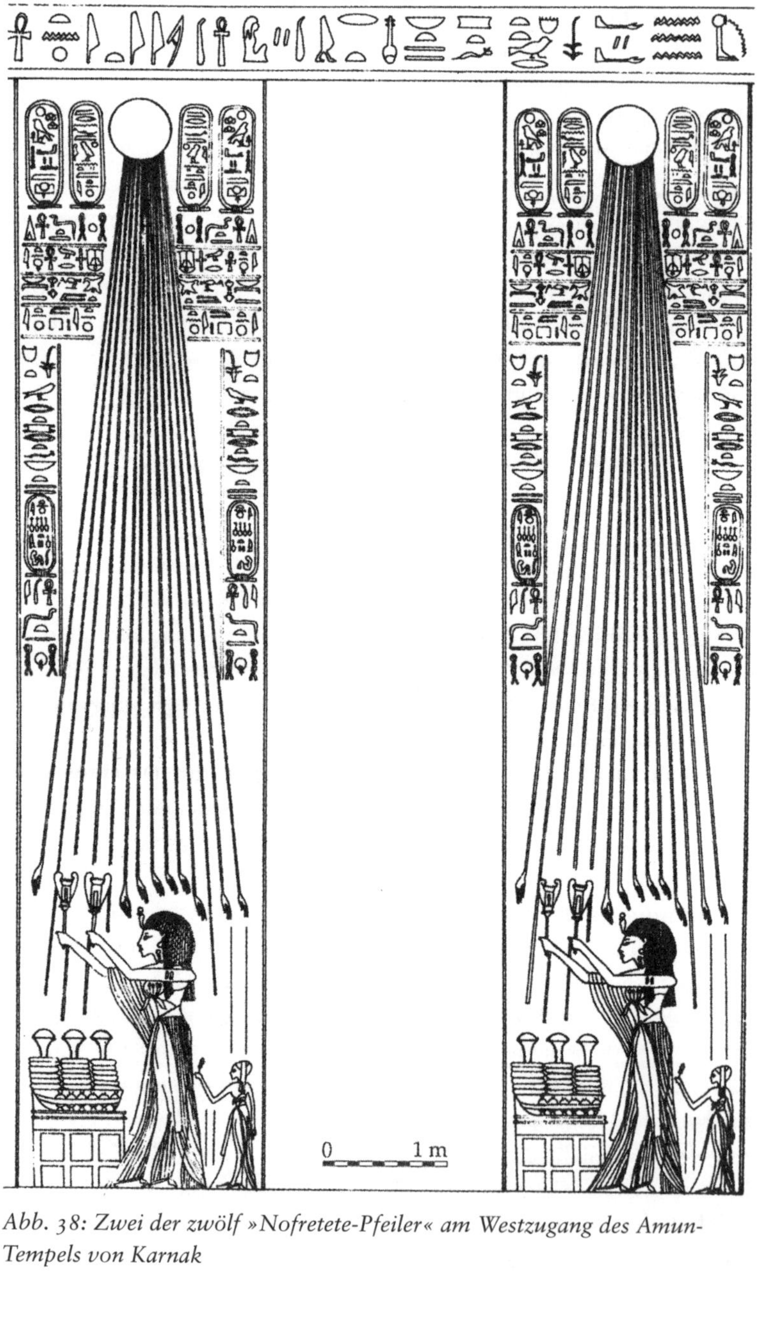

Abb. 38: Zwei der zwölf »Nofretete-Pfeiler« am Westzugang des Amun-Tempels von Karnak

in ungläubiges Staunen, wenn wir erfahren, dass das Reliefdekor der Pfeiler-Fassade die gleiche Eigentümlichkeit aufweist wie das des *Hut-benben*. Als Adorant(in) im Kult des Sonnengottes tritt einzig und allein Nofretete auf. Unter Ausschluss des Königs (auf einigen Abbildungen nur von ihrer Tochter Meritaton begleitet) huldigt die Königin an den Opfertischen dem Strahlenaton, als wäre sie und nicht ihr Gemahl der erste Prophet des Gottes.

Erstaunen muss nicht minder die Reaktion der Forschung auf diesen (eigentlich) aufsehenerregenden Befund. Nur wenige Autoren, darunter Redford (1984), Loeben (1994) und Reeves (2002), zeigen ein Gespür für das Gewicht der neuen Faktenlage. Aber auch ihre Kommentare beschränken sich darauf, vom »hohen Status, den Nofretete in den ersten fünf Jahren der Regierung genossen hat« auf ihre »politische Bedeutung« resp. ihre »fundamentale Rolle als weibliches Element in der Verehrung Atons« zu schließen. Das ist ersichtlich zu wenig und schöpft die Semantik des Dargestellten bei weitem nicht aus. Die Fixierung auf die Person Echnatons und der eherne Fokus auf Amarna scheinen wie Scheuklappen zu wirken, die den Blick wieder und wieder auf die ausgetretenen Pfade thutmosidischer Religionspolitik lenken. Die Privilegierung solarer Gottheiten unter Thutmosis IV. und die Atonverehrung Amenophis' III. sind nach gängiger Auffassung die Trittsteine, auf denen Echnaton nach Amarna fortgeschritten ist. Demgegenüber wird der Prospekt der Macht, die das Haus Juja zeitgleich und auf wachsender Stufenleiter gebildet und befestigt hat, regelmäßig übersehen – als handele es sich um verwehte Spuren im Wüstensand. Dabei ist die Dominanz Nofretetes (um auf die Tempelreliefs zurückzukommen) keineswegs auf die beiden erwähnten Bauten beschränkt. Wer sich einen Überblick über das gesamte Bauprogramm der frühen Thebaner Jahre verschafft, wird erkennen, dass die Königin aus dem Hause Juja nahezu doppelt so oft dargestellt wird wie ihr Gemahl. Sie spielt ganz ohne Zweifel die Hauptrolle in dieser Phase der Kultreform – auch wenn sie den Pharao in den Szenen, die sich auf das Sed-Fest beziehen, naturgemäß den Vortritt einräumen muss. Das *cui bono* dieser einmaligen Konstellation liegt, dem Einfluss des Amarnazentrismus zum Trotz, auf der Hand: Sie nährt Nutzen und Macht des Hauses Juja. Die Einführung der Aton-Religion dient, kurzfristig gesehen, der Legitimierung Nofretetes. Mittelfristig flankiert der religionspolitische Schwenk, der in der Regie von Teje und Eje vollzogen wird, die Bildung einer neuen Dynastie.

Dass die politischen Ambitionen der Juja alles andere als Hirngespinste waren, zeigen die nachfolgenden Jahre. Mitregentin schon zu Lebzeiten Echnatons, besteigt Nofretete nach dessen Tod den ägyptischen Thron – als zweiter weiblicher Pharao nach Hatschepsut. Wenige Jahre später ergreift Eje die Macht; als erster männlicher Juja-König beendet er definitiv die Linie der Thutmosiden. Keiner von beiden, weder Nofretete noch Eje, ist in den verfügbaren Regierungsjahren durch religiösen Eifer aufgefallen. Das trifft sich, meine ich, mit den Intentionen der Thebaner Jahre. Die Religionspolitik der Juja in den ersten vier Jahren der Regierung Amenophis' IV. als Auftakt zu einer Häresie zu bezeichnen, wäre völlig verfehlt. Ganz aus der Frühzeit – Amenophis IV. war noch nicht mit Nofretete verheiratet, Königin Teje die faktische Regentin des Landes – stammt ein einzigartiges Dokument, das dem Miteinander und Gegeneinander der rivalisierenden Kulte von Amun und Aton auf eine einfallsreiche und geradezu witzige Weise Ausdruck verliehen hat. Es handelt sich um einen Hymnus aus dem Thebaner Grab des (bereits mehrfach erwähnten) Kheruef, der die Lobpreisung der beiden Götter nach Art eines »Kreuzworträtsels« arrangiert hat – des ältesten erhaltenen, übrigens, der antiken Welt.[76] In einem Quadratfeld, gebildet aus 13 horizontalen Zeilen und ebenso vielen vertikalen Spalten, in denen der Hieroglyphentext eingetragen ist, liest man waagerecht die Anbetung des Amun-Re und senkrecht die des Re-Harachte. Im Vergleich zu anderen Litaneien haben wir es mit einer eher handwerklichen Montage von Atum-, Amun- und Min-Hymnen zu tun, aber die Botschaft ist eindeutig. Sie lautet auf Gleichrangigkeit und Koexistenz (also ganz ähnlich wie diejenige, die wir auf dem Obelisken Thutmosis' III. und IV. gefunden haben). Zahlreiche andere Zeugnisse belegen, dass – über Amun hinaus – der Kult der alten Götter trotz des aufblühenden Atonismus weiterging, und zwar mit offizieller Duldung und Teilhabe des Hofes. So nennt ein königliches Steuerdekret zur Zeit der Errichtung der Aton-Tempel in Karnak u.a. die ortsgebundenen Tempeldomänen von Osiris, Hathor, Chnum, Month und Nechbet, die offensichtlich weiterhin als eigenständig arbeitende Verwaltungseinheiten fungieren. Noch im Jahr 4 wird ein gewisser May, seines Zeichens Oberpriester des Amun, mit der Leitung einer Expedition in die Steinbrüche des Wadi Hammamat beauftragt.[77] Und selbst ein Jahr darauf berichtet ein Verwalter namens Ipi routinemäßig an den König, dass der Kult im Ptah-Tempel von Memphis ordnungsgemäß vonstatten gehe. Und doch hat sich die

Lage gegen Ende der Thebaner Zeit geändert. Die massive Präsenz Atons auf den Tempelwänden und im Kultvollzug, unter anderem in den Festlichkeiten des Sed-Festes (das gegen Ende des dritten Regierungsjahres gefeiert wurde), hat den Sonnengott an die Spitze des alten Pantheons geführt. Im Grab des Parennefer, der sich – notabene – immer noch »Prophetenvorsteher aller Götter« nennt, ist die neue hierarchische Ordnung in einem eindrücklichen Bild festgehalten: »Man misst die Leistungen für jeden anderen Gott mit gestrichenem Maß, doch für Aton misst man so, dass es überquillt.« Re-Harachte hatte in der Gestalt der vergöttlichten Sonnenscheibe den alten Ehrentitel des Amun, »Erster von Karnak«, übernommen.

Vielleicht kann das Bild vom »überquellenden Maß« als Gleichnis dienen für den Eindruck, den die ersten Tempelanlagen in Karnak bei den Zeitgenossen hinterlassen haben dürften. Die Pfeiler-Fassade darf hier als instruktives Beispiel gewählt werden. Das imposante Ensemble der »Nofretete-Pfeiler« (wie die Elemente aufgrund der singulären Darstellung der Königin in der Literatur auch genannt werden) muss den westlichen Eingangsbereich des Amun-Tempels vollkommen beherrscht haben. Eine Wandmalerei im Grab des Neferhotep hat uns die großzügige Anlage dieses Bezirks überliefert. Die zentrale Zugangsallee des Tempels stieß im Westen (über herabführende Treppen und Rampen) an ein geräumiges Hafenbecken, das über einen Kanal mit dem Nil verbunden war, das heißt, der Haupteingang war nur über diesen Wasserweg erreichbar. Er mag anfänglich als der bequemste Transportweg für Baumaterial gedient haben; aber gegen Ende der 18. Dynastie war diese Wasserstraße in einen großartigen »Garten des Gottes (Amun)« verwandelt worden. So gab es beiderseits des Kanals einen üppigen, kunstvoll angelegten Baumbestand gesäumt von Papyrus- und Lotosteichen. Nun stelle man sich die Szenerie einmal vor: Diese mit einer besonderen Aura aufgeladene Passage nahm etwa eine Barke bei ihrer Rückfahrt von Medinet-Habu am Westufer. Was mögen die Priester, die Beamten und Höflinge, aber auch die Ruderer und anderen Bediensteten gefühlt und gedacht haben, wenn sie bei ihrer Rückkehr schon von weitem die monumentale, zu einer Höhe von neuneinhalb Metern aufragende Pfeiler-Fassade erblickten, auf ihr in unzähliger Wiederholung das Bildnis der jungen Königin, einer »Bürgerlichen«, deren unwirkliche Erscheinung ihnen den Blick auf den »eigentlichen« Tempel des Amun-Re verstellte? Muss der exzentrische Gebäudekomplex, ein Blickfang wider Willen, nicht als eine ungeheure Provokation empfunden worden sein – Ausdruck einer »verkehrten Welt«?

Zumindest all diejenigen, die sich (gerade an diesem heiligen Ort) einer Tradition von langer Dauer verpflichtet fühlten, könnten die aufdringliche Architektur mit ihrem verstörenden Bildprogramm in der Tat als »überquellend« empfunden haben, als ein Zuviel an Zumutbarkeiten: die Einkastelung des Amun-Tempels entlang seiner Ost-West-Achse, die Aufgabe der traditionellen solaren Ikonographie zugunsten des Strahlenaton, die Einnahme der gottgleichen Stellung Pharaos durch eine Königin aus nicht-königlichem Geblüt, der expressionistische (zwischen ungewohntem Realismus und überschießendem Surrealismus schwankende) Kunststil. Haben die Mächtigen am Hofe die kontraproduktive Wirkung dieser Überdosis an Neuerungen möglicherweise unterschätzt? Haben sie nicht voraussehen können, dass ihre »neue Politik« unmittelbar die Empfindlichkeiten der alten Machteliten berührte und entsprechende Reaktionen provozieren musste? Haben sie nicht gewusst, dass Aversionen, die aus der Verletzung der kollektiven Identität hervorgehen, rasch in Motive des Widerstandes umschlagen können?

Vielleicht sind diese Fragen falsch gestellt, weil die Politik von Teje und Eje ganz eigenen Gesetzmäßigkeiten folgte und sich der Kraft eines »geheimen dämonischen Motors«[78] verdankte. Jedenfalls steht der Verdacht im Raum, dass sich die alle Konventionen sprengende (Religions-)Politik der Juja aus der gleichen Quelle gespeist hat, die wir als Grund für die rätselhafte Aufkündigung einer rationalen Außenpolitik angeführt haben. In beiden Fällen sehen wir jene unbändige Lust an der Provokation des Alten am Werke, die im scheinbar selbstsicheren Bewusstsein, Träger des geschichtlich Neuen zu sein, ausagiert wird. Der letzte Punkt aber, das Aufblitzen eines historischen Wandels, mag als Brückenschlag zu einer tiefsitzenden kollektiven Gefühlsstruktur im Lande fungiert haben, die Teje und Eje instinktiv zu bedienen wussten. Akzeptieren wir diese Einschätzung, dann hätten die Neuerungen, die das Haus Juja im Interesse eines dynastischen Wechsels vorantrieb, auch den Nerv der Zeit getroffen. Der Wunsch nach Befreiung vom Zwang der Tradition lag im weltoffenen Ägypten der späten 18. Dynastie gleichsam in der Luft. In der (lange unterirdisch verlaufenden) Strömung eines neuen Lebensgefühls und Zeitgeistes war der »lebende Aton« – jenseits des spitzfindigen Streits esoterischer Theologen – ein untrügliches Zeichen für den Aufbruch: Symbol des Lichts gegenüber dem Dunkel einer mythischen Vergangenheit mit ihren unverständlichen Riten. Nichts konnte die Bedeutung des »Hier und Jetzt« besser veranschaulichen als die Gegenwart der Tagessonne. Nur weil die Zeit reif war für einen tiefgreifenden Wandel, haben Teje und Eje mit ihrer eigensinnigen Machtpolitik die Lawine einer kulturellen Revolution auslösen können. Die ersten Sakralbauten für den neuen Aton-Kult bedeuten auch Schritte ins Offene und Helle. In die starre Formensprache der alten Zeit kommt Bewegung. Ein Hauch von bisher nicht gekannter Freiheit weht durch die Kunst. Die konventionelle hieroglyphische Idealisierung wird nach und nach preisgegeben, die Schrift gerät in den Fluss des gesprochenen Wortes.

Der neue Politikstil, der auf die Zeitgenossen so schockierend wie faszinierend gewirkt haben muss, war selber nicht frei von Ambivalenz. So kam bei der Errichtung der Tempelanlagen in Karnak-Ost als revolutionäre Bautechnik die erwähnten *Talatat* zum Zuge. Die Verwendung dieser handlichen, immer gleichgroßen Sandsteinblöcke ist Ausdruck einer geradezu modern anmutenden Rationalisierung, denn die Übertragung der Ziegelarchitektur auf Stein erlaubte ein großflächiges Bauen bei geringem Zeitaufwand. Bei der raumgreifenden Ausgestaltung etwa des Großen Aton-Tempels *Gempaaton*[79] bewegte sich der Hof dagegen ganz auf dem Boden des alten pharaonischen Monumentalismus. Die Zugangsseite dieses Heiligtums konnte auf eine Breite von 216 m, die Längsseite auf über 600 m berechnet werden.[80] Damit übertraf dieser Tempel an Größe alles, was bislang in Karnak gebaut worden war. Zu den verblüffendsten Details zählen die bemalten Kolossalstatuen des Königs, die ursprünglich den am westlichen Ende des Tempels befindlichen Peristylhof zierten und 1925 beinahe genau an diesem Standort von Henri Chevrier wiederentdeckt wurden. Mit ihren extremen Verzerrungen von Körperteilen und Gliedmaßen Amenophis' IV. sind diese Statuen Musterbeispiele des revolutionären Stils der Frühzeit. Ikonographisch zeigen sie dagegen eine große Affinität mit der altehrwürdigen Schöpfungslehre von Heliopolis, denn der König trägt nicht nur die Doppelkrone des Herrschers von Ober- und Unterägypten, sondern alternierend die an der Doppelfeder kenntliche Kopfbedeckung des Gottes Schu (Abb. 39). Er hat seinen Auftritt von Anbeginn in der Doppelrolle als weltlicher König und solarer Gott. Das weibliche Pendant findet sich in der bereits erwähnten Identifizierung Nofretetes mit Tefnut, der Zwillingsschwester des Schu. Nach der alten Lehre hat Atum, der androgyne Schöpfergott, Schu

Abb. 39: Amenophis IV. mit Schu-Feder (Kolossalstatue aus Karnak)

und Tefnut durch einen Akt der Selbstbegattung hervorgebracht, als er die beiden, wie es in den Sargtexten heißt, »in Heliopolis gebar, als er Einer war und zu Dreien wurde«. Zusammen bilden der Urgott Atum und seine beiden Kinder Schu und Tefnut die erste göttliche Triade. Die Architekten des neuen Sonnenkults müssen die Trinität von Aton-König-Königin resp. Aton-Amenophis-Nofretete nach diesem mythischen Bild geformt – und das heißt, die entsprechende Theologie des Mittleren Reiches gekannt haben. Nur dort findet sich das Beispiel der Erzeugung »aus Einem«; ansonsten gilt immer die Konstellation: zwei Eltern, ein Götterkind.

Der Rückgriff resp. die Rückbesinnung auf eine alte Tradition erinnert an die Praxis unter Amenophis III. Dort erhielt die ungewöhnliche Statuserhöhung der Mutemwia ihre nachträgliche Weihe durch die Anbindung an den altägyptischen Mythos von der Geburt des Gottkönigs. Die Sed-Feste, in deren Verlauf der König die heilige Hochzeit von Re und Hathor nicht nur mit der Königin, sondern auch mit seinen Tochtergemahlinnen (nach)vollzog, beriefen sich ausdrücklich auf »die Übereinstimmung mit alten Schriften«. Stets wurde das (häufig schockierende) Neue im Gewand des Alten in Szene gesetzt. Eine der Kolossalstatuen Amenophis' IV. scheint sich indes diesem Muster (und damit dem herkömmlichen Verständnis) zu entziehen: sie zeigt den König vollkommen nackt, d.h. ohne den seine Blöße bedeckenden Schurz, aber auch ohne Genital. Diese irritierende Darstellung kann den Pharao unmöglich in der Rolle des Schu, des Sohnes des Re und späteren Trägers des Himmels, zeigen. Nicht wenige Forscher haben deshalb für eine realistische Deutung des geschlechtslosen Kolosses plädiert und Amenophis IV.-Echnaton eine körperliche Anomalie attestiert: Er sei entweder ein Eunuch gewesen oder habe an einer schrecklichen Krankheit gelitten, die seine Geschlechtsmerkmale schwinden ließ.

Abb. 40: Die nackte Kolossalstatue Amenophis' IV.

Ein offensichtlicher Unfug, mit dem die frühen Phantasmagorien über eine *grande morbidezza* fröhliche Urständ feiern. Wer so argumentiert, muss erstens unterstellen, der Hof könnte ein Interesse daran gehabt haben, den König öffentlich bloßzustellen, und zweitens die Frage beantworten, wer dann die sechs Königstöchter gezeugt hat. Andere Ägyptologen haben den schwellenden Formen der rätselhaften Statue einen symbolischen Sinn abgewonnen und gemutmaßt, hier sei der König als »mann-weiblicher Schöpfergott« (Wildung) dargestellt. Diese Formel bezieht sich jedoch eindeutig auf den ungeschaffenen Urgott Atum (und dahinter auf Re und Aton). In der Königstheologie der Thebaner Jahre (und später von Amarna) ist Amenophis IV.-Echnaton aber durchgängig ein Schöpfergott zweiten Grades, und zwar der männliche Teil des jetzt geschlechtlich getrennten Götterpaares Schu-Tefnut. Die Sohnschaft des Königs, der die göttliche Sonne (Jati) als »mein Vater« (jat-i) anruft, ist eines der markantesten Charakteristika der neuen Aton-Religion. Bei der Prominenz und Eigenständigkeit, die Nofretete-Tefnut im Bildprogramm von Karnak-Ost erfährt, ist es zudem mehr als unwahrscheinlich, dass der von ihr vertretene weibliche Part vom König mitvertreten wird. Forscher wie Reeves, welche die überragende Bedeutung der Königin zu würdigen wissen, haben sich deshalb dafür ausgesprochen, den nackten Koloss »tatsächlich als Darstellung von Nofretete als Tefnut« zu betrachten.

Dieser Schwenk ist konsequent; aber ist er auch triftig? Zwei Ungereimtheiten machen eine eindeutige Identifizierung so schwer. Auf allen »bekleideten« Statuen ist die Identität Amenophis' IV. nicht allein durch Kopfbedeckung und Krone verbürgt, sondern in letzter Instanz durch den Thron- und Eigennamen des Königs, die wie üblich in Kartuschen eingeschrieben sind. Während sich die entsprechenden Kartuschen des »Gottkönigs« Aton an mehreren Stellen befinden (so am Handgelenk, auf dem Oberarm, der Brust und dem Bauch), sind die Königsringe des Pharao allein auf dem Gürtel seines Schurzes platziert. Mit dem Wegfall dieses Kleidungsstücks ist daher auch das direkte Identitätsmerkmal verschwunden. Die »nackte« Statue trägt alle Kartuschen des Gottes, aber an keiner Stelle – obwohl sie insgesamt einen vollendeten Eindruck macht – eine Kartusche des Königs oder der Königin. Wir sind also gehalten, die Identität der dargestellten Person allein ikonographisch zu erschließen. Der einfachste Weg, die These von Reeves, hier handele es sich um »Nofretete als Tefnut«, zu bestätigen, wäre ein eindeutiger Hinweis auf diese Göttin. Hier beginnt die zweite Schwierigkeit. Anders als im Fall ihres göttlichen Bruders, der über die sogenannten »Schu-Federn« problemlos identifiziert werden kann, gibt es für Tefnut kein gleichwertiges Erkennungsmerkmal. Am häufigsten wird sie als löwenköpfige Göttin mit Sonnenscheibe dargestellt, aber auch als stehende Göttin mit Zepter und Lebenszeichen, stets angetan mit einem langen Gewand. In den Sargtexten wird sie wahlweise als Verkörperung der Maat (»Gerechtigkeit«), als Auge des Re oder als Uräusschlange des Sonnengottes bezeichnet. Keine dieser diversen Erscheinungsformen ist in der besagten Statue auffindbar. Nun ist gerade der Kopfbereich nicht unerheblich zerstört; so ist kaum zu entscheiden, welche Krone die Figur getragen hat. Folgen wir indes der Zerstörungsspur entlang der Gesichtsachse nach unten, so stoßen wir auf einen überraschenden Befund. Vom Kinn abwärts bis zu der Stelle, an der sich Krummstab und Wedel kreuzen, sind die Reste erhabenen Steins erkennbar, die untrüglich dem Ornat und nicht der Körperpartie selbst zugehören. Ein Vergleich mit einer der bekleideten Statuen[81] lässt erkennen, dass es sich hierbei nur um den Königsbart handeln kann.

Das Rätsel um die Identität der dargestellten Person ist damit gelöst. Der rituelle Königsbart weist seinen Träger unzweifelhaft als den regierenden Pharao aus – und der heißt Amenophis IV. Zwar haben uns einige Talatat-Blöcke mit Abbildungen konfrontiert, die Königin Nofretete beim Ritual des »Erschlagens der Feinde« und als Feinde niedertrampelnde Sphinx zeigen – Handlungen, die traditionell dem König vorbehalten waren; aber das Tragen des Königsbartes seitens der Königin ist nirgends überliefert. Erwartbar wäre dieser (historisch von Königin Hatschepsut bezeugte) Fall allenfalls nach ihrer eigenen Thronbesteigung, sei es als Mitregentin um das Jahr 12 oder als Alleinherrscherin nach dem Tode Echnatons. Beim Ausgang, den Reeves gewiesen hat, der natürlich auch ein Ausweg aus einer Verlegenheit war, handelt es sich um eine »Scheintür«. Wir müssen uns, so scheint es, an den Gedanken gewöhnen, dass der Hof neben den Kolossen, die den jungen Herrscher als König von Ober- und Unterägypten sowie als Verkörperung des Lebensgottes Schu zeigen, (zumindest) eine weitere Statue in Auftrag gegeben hat, die den gottgleichen König im Zustand der Entmannung darstellt. Der Sinn dieser zutiefst ungewöhnlichen Darstellung kann nur in der Semantik der neuen Königstheologie gefunden werden, also im eigentümlich verschobenen Sinnhorizont der solaren Gottheiten Re-Harachte-Aton. Gibt es – entgegen der ersten

Vermutung – auch im Fall der »nackten Statue« einen theologischen Rückgriff auf eine alte mythische Geschichte?

Der Text, der hier zu zitieren wäre, ist eine Glosse aus dem Spruch 17 des altägyptischen Totenbuches, die sich auf eine dunkle, mythologische Szene bezieht, der Entmannung des Sonnengottes:[82]

Ihr, die ihr vor mir seid – reicht mir die Hände!
Ich bin es, der zu euch geworden ist.
Was bedeutet das?
Das ist das Blut, das aus dem Phallus des Re herabfloss,
als er daranging, sich selbst zu verstümmeln.

Im Kontext des Totenbuches steht die Szene der Selbstverstümmelung Res in Opposition zur Tötung und Zerstückelung des Osiris, dessen Mythos der Oberwelt des Sonnengottes die götterweltliche Unterwelt entgegensetzt. Noch im Kampf der Erben, wenn etwa Seth, der Mörder des Osiris, das Auge des Horus verletzt und dieser, der Sohn des Osiris, »die Hoden des Seth packt«, klingen die vielen Schichten dieses Gegensatzes von Oben und Unten, Tag und Nacht, Ordnung und Chaos, Geist und Trieb an. Es sind die Sonnenhymnen des Neuen Reiches, die das Geheimnis der solaren Wiedergeburt endgültig in die Bahn des osirianischen Totenkultes gezwungen haben, und zwar am Leitfaden der gefahrvollen Nachtfahrt der Sonne.[83] Aber im Zuge dieser theologischen Arbeit kommt es auch zu einem radikalen Wandel in der Vorstellung des Sonnenlaufs. Der neuen Konzeption zufolge ist er nicht länger das gemeinsame Werk der Götterwelt; der Sonnengott ist jetzt bei seinem Lauf allein. In den Thebaner Jahren des späten Amenophis III. und des frühen Amenophis IV. vollzieht sich dann die Restauration der alten Mythologie, wonach Chepre (die Morgensonne), Re (die Mittagsonne) und Atum (die Abendsonne) das Spiel von »Stirb und werde« allein zwischen Himmel und Erde, in dem von Schu aufgespannten und von Tefnut bewachten Raum, aufführen. Es gibt keinen Abstieg mehr in die Unterwelt, entsprechend wird der verstorbene Pharao, der Sohn des Re, nicht länger zum Osiris, sondern unmittelbar eins mit Aton. Die Absage an den Osiris-Mythos versteckt sich noch schlau im tektonischen Aufbau der Statuen: Die über Kreuz gelegte Haltung der mit Krummstab und Wedel versehenen Hände ist deutlich dem Vorbild des Osirispfeilers nachempfunden, aber nicht, um diesen zu imitieren, sondern um ihn zu ersetzen.

Selbsterzeugung, Selbstentmannung und Wiedergeburt heißen die Etappen, die der unsterbliche Sonnengott durchläuft. Deshalb dürfte Winfried Barta (1975) das Richtige getroffen haben, wenn er mit Berufung auf das »Märchen von den zwei Brüdern« argumentiert, die nackte Statue Amenophis' IV. zeige den vergöttlichten Pharao »in einem zeugungsunfähigen, d.h. unmännlichen Zustand«, wie ihn auch der Held der Erzählung durchmacht – und überwindet, indem er zu einem »großen Stier« wird, Sinnbild der wiedergewonnenen Zeugungskraft. Die wechselseitige Inkarnation von Gottheit und König hat ihr Geheimnis in jener Konstellation, die als *Kamutef* (»Stier seiner Mutter«) bezeichnet wird und in die als Mutter-Gattin Hathor, die Gefährtin Res, sowie als deren Vertreterin die Königsmutter des Pharao einbezogen ist. Die Kamutef-Konstellation stellt eine Art Gegenentwurf zur »Horus-Konstellation« dar, die einen jenseitigen Vater (Osiris) und einen diesseitigen Sohn (Horus) im Zeichen der Pietät aufeinander bezieht.[84] Die erneute Absage an den Mythos von Osiris, Isis und Horus gilt aber nur eingeschränkt, denn der erste Kamutef der ägyptischen Religion, Min von Koptos und Achmim, ist in diese Geschichte verwoben. Die Mutter-Gattin des Min ist nämlich keine andere als Isis von Koptos; Min selber ist hier Min-Horus, während die ursprüngliche Mutter des Horus Hathor ist (und der ursprüngliche Sohn des Osiris Anubis heißt). Als Kamutef aber vergewaltigt Min seine Mutter Isis, eine dunkle Tat, die im Fest des Min als Mantra nachhallt: »Heil dir Min, der seine Mutter begattet.«

So gesehen könnte der nackte Koloss den Eingeweihten als programmatischer Schatten eines kommenden Ereignisses erschienen sein: der »heiligen Hochzeit« zwischen Teje und Echnaton, welche die Phase der Entmannung durch den Akt der göttlichen Wiedergeburt überwindet. Der maßgebliche Einfluss des Min-Kults, der hier unterstellt wird, ist durch die Abkunft des Juja-Klans aus Achmim mehr als verständlich. Die Stilisierung einer göttlichen Atonfamilie, deren heiliger Eros keinen menschlichen Maßstäben unterliegt, ist auch dem heliopolitanisch inspirierten Bildprogramm der Aton-Tempel eingeschrieben. Das Erscheinen von Echnaton und Nofretete als Schu und Tefnut hat das reale Kreuzkusinenpaar längst wieder in ein inzestuöses Geschwisterpaar verwandelt. Im Licht dieser Ideologie der ersten Jahre mag man den gewaltigen Umbruch ermessen, der stattfand, als Satamun im Horizont des Aton als leibhaftige Schwestergemahlin erschien, um unter dem Namen Kija doch noch ihre angestammte Rolle als Gemahlin des Königs zu spielen und jenen einzigartigen Platz an der Seite Echnatons einzunehmen, den Nofret die Schöne besetzt hielt und mit allen Mitteln zu verteidigen gewillt war.

2. *Der Gottesstaat von Amarna*

Mit einem beispiellosen Vorgang enden die Thebaner Jahre im fünften Regierungsjahr Amenophis' IV. Gegen Ende des dritten Monats der Wachstumszeit ändert der König seine ursprüngliche Königstitulatur.[85] Vierzehn Tage später verkündet er vor dem versammelten Hofstaat seinen Entschluss, Theben zu verlassen und in Mittelägypten eine neue Hauptstadt zu errichten, die den Namen *Achetaton* tragen soll. Mit einem Doppelschlag betritt *Echnaton* um 1347 v.u.Z. die Bühne der Weltgeschichte. Sein neuer, programmatischer Name – er lässt sich neben anderen Anklängen mit »Geist des Aton« wiedergeben – wird zum Omen einer ganzen Epoche avancieren und seinen Träger so berühmt wie verhasst machen. Wie ist diese schicksalsträchtige Zeitstelle gegen Ende der 18. Dynastie, die den Beginn einer folgenreichen Entwicklung markiert, einzuordnen?

Nach herkömmlichem Verständnis lagen die Regierungsgeschäfte von Anbeginn in den Händen von Amenophis IV.-Echnaton. So gesehen stellt das Jahr 5 keinen Bruch dar; es bedeutet lediglich eine weitere, freilich entscheidende Etappe auf dem Weg der begonnenen Kultreform. Der Umzugsentschluss erscheint als ein kluger Schachzug, der die Opposition der traditionellen Kreise ins Leere laufen lässt und es erlaubt, das Experiment eines monotheistischen Utopia unter idealen Bedingungen zu vollenden. Bei der Verlegung der königlichen Residenz handelt es sich also, so Hornung mit Blick auf die Übersiedlung Mohammeds von Mekka nach Medina, »um eine vor allem religiös bedingte Hidschra [›Loslösung‹] des Religionsstifters Echnaton«: Er löst sich von Theben, um in der Provinz zu siegen.

Unsere bisherige Rekonstruktion der Geschichte lässt die Machtverhältnisse am Königshof und damit auch die Wende in der Religionspolitik in einem anderen Licht erscheinen. Nicht der (bei seiner Inthronisierung gerade einmal zehnjährige) Sohn des Amenophis III. lenkte nach dessen Tod die Geschicke des Reiches, sondern die Königswitwe Teje, beraten und unterstützt von ihrem Bruder Eje, dem Vater der Nofretete. Die beiden Geschwister aus dem Hause Juja traten nicht als Gottsucher, sondern als ehrgeizige Machtpolitiker in Erscheinung, die nichts Geringeres als die Gründung einer neuen Dynastie anstrebten. Alle Mittel, die ihnen in ihren Rollen als »Königsmutter« und »Gottesvater« zuwuchsen, setzten sie für dieses Ziel ein, auch und gerade das der Religionspolitik. Von den zwei gleichmächtigen Strömungen des theologischen *mainstream*, der Verehrung Amun-Res sowie der Re-Harachtes, erwies sich in ihren Augen die erneuerte (von Anen, ihrem Bruder, geistig vorbereitete und von Amenophis III., dem Gatten und Schwager, hoffähig gemachte) Sonnentheologie als probates Mittel der Herrschaftssicherung und Machterweiterung. Die heliopolitanisch inspirierte Aton-Religion, die im Tempelkomplex von Karnak-Ost ihren monumentalen, in der Feier des Sed-Festes ihren performativen Ausdruck gefunden hat, ist ihr Werk. Es gipfelt in der Inthronisierung der »Heiligen Aton-Familie«, zu der neben der Trias Aton-Echnaton-Nofrete als Gottesgemahlin der »strahlenden Sonne« (des vergöttlichten Amenophis III.) auch Teje selbst zählt sowie alle Kinder, die aus den inzestuös durchlässigen Beziehungen hervorgehen sollten. Das sind bis zum Jahr 5 die Prinzessinnen Meritaton und Maketaton (die beiden ersten Töchter Nofretetes) sowie Baketaton (die Tochter Tejes aus der Verbindung mit ihrem Sohn Amenophis). Die Übertragung der gottgleichen Stellung Pharaos auf alle Mitglieder der Königsfamilie löscht nicht nur den Makel der bürgerlichen Herkunft der Juja-Königinnen, sie verhilft dem Haus Juja, das über zwei Generationen hinweg als Juniorpartner der Thutmosiden fungierte, zur Ebenbürtigkeit und damit zur angestrebten dynastischen Weihe.

Die Triftigkeit meiner Wiedergabe der Ereignisfolge unterstellt, ist vorderhand kein Motiv erkennbar, das Teje und Eje bewogen haben könnte, ihre so erfolgreiche Politik plötzlich in Frage zu stellen und ihr Heil in der Flucht aus Theben zu suchen. Wie wir sahen, war ihr Politikstil zuweilen provokant, ja arrogant, aber sie blieben berechenbar und spielten gewiss kein Hasard. Dies auch deswegen, weil der Dämon, der sie beseelte, ein sehr irdisches Gesicht trug; er hieß *Wille zur Macht*. Macht nicht nur in der Form der Teilhabe an der Herrschaft (wie sie Teje an der Seite ihres Mannes jahrzehntelang genossen hatte), sondern in der Vollkommenheit der Königsherrschaft; ausgeübt nicht an einer entlegenen Stelle im Irgendwo Mittelägyptens, sondern im Zentrum der Macht selbst. Wenn es sich aber so verhalten hat, dann muss der Entschluss, Theben zu verlassen und auf jungfräulichem Boden eine neue Gottesstadt zu errichten, tatsächlich als ein

Bruch verstanden werden: als Ausdruck einer neuen, eigensinnigen Politik, die in ihrer radikalen Stoßrichtung weit über die von Teje und Eje vorgegebenen Ziele hinausschoss.

Nach Lage der Dinge kann es für diese dramatische Wende nur eine plausible Erklärung geben. Amenophis – in den Thebaner Jahren ein Kindkönig unter dem Einfluss seiner Mutter, bevormundet von seinem Onkel und Schwiegervater, mehr Marionette als souveräner Herrscher – war erwachsen geworden. Im Alter von fünfzehn, vielleicht sechzehn Jahren könnte er den Springpunkt der Adoleszenz als eine »zweite Geburt« erlebt haben. Der Namenswechsel, vor allem die Annahme eines neuen Geburtsnamens, signalisiert jedenfalls (unbeschadet der Kautelen eines höfischen Protokolls), dass der König ein anderer geworden ist, jemand, der sich der Umklammerung durch seine Umwelt entzieht (zu entziehen versucht) und als eigenständige Person auftritt und handelt.[86] Als »Echnaton« ergreift er erstmals die Zügel der Macht, am »Lichtort des Aton« hat er sein *coming out* als Herrscher: Achetaton ist *sein* Projekt, die sehr persönliche Visitenkarte des künftigen Amarnakönigs. Nach dieser Lesart erscheint der Umzugsentschluss (auch) als existenzieller Akt der Selbstbefreiung und Selbstfindung. Die »Loslösung« von Theben, so viel ist Erik Hornung zuzugestehen, lässt den König als Religionsstifter ins Relief treten; aber der Vorgang hat eine zweite, psychodynamische Seite. Ohne Blick auf die (dem Ereigniskomplex des Jahres 5 zugrundeliegende) Motivlage lässt sich die religionspolitische Bedeutung der Tat von Amarna nicht angemessen verstehen. Bevor die Grundzüge der neuen Politik anhand der Texte auf den erhaltenen Grenzstelen diskutiert werden sollen, möchte ich deshalb zunächst die schwierige Ich- oder Identitätsbildung Amenophis' IV. wenigstens in Umrissen nachzuzeichnen versuchen. Zu besichtigen ist das Drama eines begabten Kindes, die Geburt Echnatons aus den Zwängen einer massiven Familienpathologie.

Die frühe Kindheit des Königs scheint sich im Dunkel der Geschichte zu verlieren. Das genaue Geburtsjahr ist unbekannt. Aber wenn Amenophis seinem Vater, der 38 Jahre lang regierte, etwa im Alter von zehn Jahren nachfolgte, dann dürfte er um das Jahr 28 der Regentschaft Amenophis' III. geboren sein. Es ist dies die Zeit langwieriger und äußerst weitreichender Vorbereitungen für die Feier des ersten von drei Sed-Festen, die der Herrscher in den Jahren 30, 34 und 37 seiner Regierung beging und denen er höchste Priorität beimaß. Zur

Vorgeschichte dieser »Jubiläen der Erneuerung« gehört der Abschied von Memphis, der traditionellen Residenz im Norden. Irgendwann in der Mitte seiner Regentschaft hat sich Amenophis III. dafür entschieden, das südliche Theben, das er als kultisches Zentrum nur bei Gelegenheit der Feier der großen Jahresfeste aufsuchte, zu seiner Hauptresidenz zu machen. Zu diesem Zweck ließ er am thebanischen Westufer eine riesige Palaststadt errichten, die er »Haus des Nebmaatre, Herrlichkeit des Aton« nannte – und die in der Forschung nach dem modernen Ortsnamen als Malqata bekannt ist.[87] Wie eine Generation später der Große Atontempel von Karnak-Ost wurde Malqata ganz offensichtlich mit Blick auf das geplante erste Jubiläumsfest geplant und fertiggestellt. Tatsächlich fanden die Feiern der drei Sed-Feste in den Räumen und Festhallen des neu errichteten Palastbezirkes statt, der deshalb auch »Haus des Jubelns« hieß.

Aufgrund der überragenden Bedeutung und Gleichstellung der Königin war das »Haus der strahlenden Sonne« immer auch das Haus der Teje und damit der gesamten königlichen Familie. Mit Malqata, der für den einfachen Ägypter verbotenen Stadt in der Stadt, haben wir offenbar den Ort gefunden, in dem Amenophis aufwuchs und seine Kindheit verbrachte. Die Verbundenheit mit der Stadt wird durch einen Siegelabdruck auf einer Lieferung zu einem der Sed-Feste bestätigt; er trägt die Aufschrift: »Domäne des wirklichen Königssohns Amenophis«. Dieses Fundstück muss unsere Aufmerksamkeit aber vor allem deswegen erregen, weil es sich bei ihm um das einzige Zeugnis des jungen Prinzen überhaupt handelt, das aus der Zeit vor seiner Krönung stammt. Ein auffälliger Befund, der mit dem Hinweis auf das Zufallsprinzip, das alle Ausgrabungen begleitet, nicht wirklich kleingeredet werden kann. »El-Malqata« bedeutet so viel wie »der Ort, an dem man Gegenstände aufliest«, ein sprechender Hinweis auf die ungeheure Menge an zutage geförderten Objekten. Dass es sich hierbei nicht nur um anonyme Kunstgegenstände wie bemalte Keramik und kostbare Fayence handelt, belegen beispielhaft mehrere Fundstücke von Satamun, der älteren Schwester von Amenophis, die wie dieser eine einzige Domäne in der weitläufigen Palaststadt unterhielt, oder von Amenophis, Sohn des Hapu, dem wichtigsten Beamten des Königs, der in Malqata bis in das Jahr 34 belegt ist, unter anderem mit dem Titel eines »Steward der Königstochter und Großen Königlichen Gemahlin Satamun«.

Einige Autoren haben die Merkwürdigkeit, dass der junge Amenophis bis zu seiner Inthronisierung praktisch nicht in Erscheinung getreten ist, mit dem zeitgenössischen Protokoll zu erklären versucht. Am Ende der 18. Dynastie habe bei Hofe, aus welchem Grund immer, eine gewisse Zurückhaltung bestanden, die männlichen Nachkommen an kultischen Handlungen und Auftritten zu beteiligen. Der naheliegende Fall, diese Aussage zu überprüfen, ist der ältere Bruder von Amenophis, Prinz Thutmosis. Er verbrachte seine Kindheit noch in Memphis, also in den Jahren vor dem Umzug nach Theben; entsprechend stammen fast alle Belege seines Namens aus dieser Gegend – und sie sind zahlreich. So tritt Thutmosis mehrfach im Zusammenhang mit der kultischen Tierverehrung in Erscheinung. Er war verantwortlich für das Begräbnis eines Apis-Stiers in den Grüften von Saqqara und stiftete bei anderer Gelegenheit einen kostbaren Sarkophag für eine Katze. Ein Relieffragment zeigt den Thronfolger, der hier noch die Jugendlocke trägt, als Begleiter seines Vaters beim Gottesopfer. Schon durch diese wenigen Beispielen ist die Annahme, der männliche Nachwuchs sei bewusst im Hintergrund gehalten worden, glänzend widerlegt. Erwähnenswert sind weiterhin zwei funerale Figuren, darunter eine ungewöhnliche Statuette des Kronprinzen auf der Bahre. Ob diese beiden Objekte schon der Grabausstattung zugehörten, ist unklar; aber natürlich verweisen sie auf den frühen Tod des Prinzen, der andernfalls als Thutmosis V. den ägyptischen Thron bestiegen hätte. Dass Amenophis erst durch den Tod des Bruders zum Thronfolger aufsteigen konnte, ist an dieser Stelle nicht entscheidend. Das kam bei der hohen Kindersterblichkeit nicht eben selten vor. Nein, ein bezeichnendes Licht fällt von der Gestalt des Kronprinzen Thutmosis auf dessen Nachfolger, weil dieser augenscheinlich aus der Schattenexistenz des Zweiten, des Ersatzmannes, nicht herauszutreten vermochte. Annähernd acht Jahre lang lebte Amenophis als Kronprinz in Malqata, als unverzichtbarer Garant der männlichen Thronfolge – und blieb trotzdem ein *nobody*. Wie ist diese mangelnde Präsenz zu erklären? Warum wurde ihm die Gunst und Anerkennung seines Vaters (und darauf läuft es bei einer so übermächtigen Herrschergestalt, wie Amenophis III. sie darstellt, hinaus) nicht in gleicher Weise zuteil, wie dies bei seinem Bruder der Fall war?

Merkwürdigerweise hat sich die Ägyptologie nahezu ein Jahrhundert lang mit der Frage herumgeschlagen, ob nicht Amenophis III. seinen Sohn und Nachfolger (über einen kürzeren oder längeren Zeitraum) zum Mitregenten erhoben hat. Eine Phantomdebatte von gestern, die vielleicht ausplaudert, dass die Mehrheit der mit Amarna befassten Ägyptologen den schwächelnden Sohn des wirklichen Sonnenkönigs insgeheim für nicht regierungsfähig hielt (wie sein Vater?) und die unliebsame Tatsache (dass nämlich ein Bruder Leichtfuß wie Echnaton gleichsam aus dem Nichts imstande war, das große ägyptische Reich an den Rand des Abgrunds zu führen) über die These einer Mitregentschaft von Senior- und Juniorkönig abzumildern versuchte. Wie auch immer. Von einer wirklichen Beziehung zwischen Amenophis III. und Amenophis IV., wie sie eine Koregentschaft zweifellos vorausgesetzt hätte, wissen die Quellen nichts zu berichten. Im Gegenteil. Die drei Sedfeste, welche die letzte Regierungsdekade des Königs, aber nicht minder das erste Lebensjahrzehnt des Kronprinzen prägten, waren gesellschaftliche Großereignisse ersten Ranges. Um den Kern eines alten, bis in die Zeiten der 1. Dynastie zurückreichenden Rituals gab es eine vielschichtige Bühne für Begegnungen und Auftritte aller Art. Prozessionen und Umzüge, Empfänge und Bankette, Tanz- und Musikdarbietungen wechselten sich im Laufe mehrerer Tage ab. Ganz Theben war auf den Beinen, um zu sehen und gesehen zu werden. Neben dem königlichen Gefolge und den ersten Damen des Harems hatten die höchsten Repräsentanten des Landes ihren Part zu spielen, die Wesire und Provinzgouverneure, die Hohepriester und Hofbeamten, die königlichen Schreiber und Militärs. Und natürlich waren auch die Fürsten und Könige der befreundeten Mächte geladen, eine Frage der Ehre. Wer hier übergangen wurde (wie etwa Kadashman-Enlil I.), hatte es mit einem gezielten Affront zu tun (der babylonische König ließ seinem Ärger in einem Brief an Amenophis III. dann auch freien Lauf). Der mondänen Atmosphäre tat das offenbar keinen Abbruch. Die Freiheiten der persönlichen Inszenierung und die Lust an der öffentlichen Zurschaustellung lassen sich jedenfalls unschwer in Schrift und Bild wiederfinden. Die prominenten und weniger prominenten Teilnehmer wurden, ungewöhnlich genug, zweifach benannt, mit Namen und Titel: »Nebmerutef, oberster Vorlesepriester«, »Amenophis Sohn des Hapu, Königlicher Schreiber«, »Minemheb, Bauleiter des Jubiläumstempels«, »Taitai, Spielleiter«, »Mi, Sängerin«. Wie in einem Kaleidoskop fügt sich die Szenenfolge mit den so plastisch dargestellten Akteuren zum Bild einer großen Festgemeinde zusammen, in dem ausgerechnet der Kronprinz durch Abwesenheit glänzt. Dreimal setzt Amenophis III. das betriebsame Räderwerk der Repräsentationshandlungen zum *heb-sed* in Gang. Dreimal, in seinem zweiten, sechsten und neunten Lebensjahr, bleibt Amenophis, der Sohn der »strahlenden Sonne«, von der Teilnahme ausgeschlossen.[88]

Warum Amenophis III. seinen gleichnamigen Sohn anlässlich der Sedfeste nicht in die Pflicht genommen und ihn damit um die Chance gebracht hat, in die Rolle des Thronfolgers hineinzuwachsen, entzieht sich unserer Kenntnis. Es ist müßig, darüber zu spekulieren, ob Amenophis der Kleine etwa unter einer schlimmen Krankheit litt (wie immer wieder behauptet wurde und wird), die den König daran zweifeln ließ, ob sein Sohn überhaupt regierungstauglich war. Nicht vom Tisch ist damit allerdings die Nachfrage, was die väterliche Zurücksetzung in der Seele des Prinzen angerichtet haben könnte. Nach dem Ausweis der späteren Abbildungen scheint Amenophis-Echnaton eher ein zartes, verletzliches Kind mit femininen Zügen gewesen zu sein, das vielleicht gerade in Ermangelung einer robusten Männlichkeit spirituellen Dingen zugänglicher und in besonderem Maße »religiös-musikalisch« war. Die Erfahrung, nicht der begehrte Zweite an der Seite seines Vaters sein zu dürfen, sondern sich in der Rolle des ausgeschlossenen Dritten wiederzufinden, wäre sicherlich Grund genug für eine seeli-

Abb. 41: Gipsbüste des Echnaton

sche Wunde gewesen, die durch ständige Wiederholung nicht vernarben konnte. Die sich einstellenden Gefühle der Minderwertigkeit könnten sich durch die Kehrseite des Liebesentzuges, die Bevorzugung der Schwestern Amenophis', noch verstärkt haben. Wir hörten *en passant*, dass Amenophis, Sohn des Hapu in Malqata unter anderem als Steward Satamuns fungierte. Die Belange und Erziehung der ältesten Königstochter, nicht die des Kronprinzen, lagen also in den Händen des großen weisen Mannes, dem die unvergleichliche Ehre eines eigenen Totentempels zuteil wurde und der in ptolemäischer Zeit zum Gott aufstieg. Psychohistorisch bedeutsamer dürften die Tochterheiraten des Königs gewesen sein, die aller Wahrscheinlichkeit nach zum ersten und zweiten Sedfest vollzogen wurden. Mit dieser sexualpolitischen Grenzüberschreitung riss Amenophis III. auch seinen Sohn mitten in den Mahlstrom eines familialen Inzests hinein, dem dieser nicht entkommen ist. Wie weiter oben ausführlich dokumentiert wurde, ist Amenophis IV.-Echnaton nicht nur in der Nachfolge seines Vaters Ehen mit seinen eigenen Töchtern eingegangen; er hat sich seitenverkehrt auch auf den Inzest mit seiner Mutter Teje eingelassen resp. diesen nicht abzuwehren vermocht.

Der Tod des Vaters bedeutete für Amenophis eine Zäsur, insofern er mit einem Schlag in das gleißende Licht, das das Amt des Königs umgab, gestellt wurde. Aber aus der demütigenden Abhängigkeit seitens der wahren Machthaber wurde er nicht entlassen. Teje, die dominante Mutter, nahm ihn unter ihre Fittiche – ein Weg vom Regen in die Traufe. In Malqata hatte Amenophis das Kind sich und seinen Platz nicht finden können; an dem Platz, an dem man ihn nun stellte, war Amenophis der König deshalb nur ein Schatten seiner selbst. Auf die Missachtung durch den Vater folgte der Missbrauch durch die Mutter. Die Abbildungen aus den ersten beiden Regierungsjahren, die Zeit also vor der Verheiratung mit Nofretete, zeigen den jungen König als unentbehrlichen Ersatzpartner an der Seite der Königin (Abb 42). Tejes neuer Politikentwurf ähnelt dem ihres verstorbenen Gatten darin, dass sie ebenso bedenkenlos den Sexus in den Dienst der Macht stellte; aber die Familienkonstellation, die reale wir die an den Himmel der Götterwelt projizierte, war eine andere. Amenophis III. hatte als »strahlende Sonne« die drei Gestalten der Hathor, der Gefährtin des Sonnengottes, um sich versammelt: Mutemwia als Mutter, Teje als (Haupt-)Gemahlin, Satamun (und nachfolgend Isis) als Tochter (und Nebengemahlin). Sein Sohn und Nachfolger blieb außen vor. Im von

Abb 42: Ein Kindkönig unter Einfluss. Amenophis IV. opfert in Begleitung seiner Mutter den Göttern Atum und Hathor.

Teje neu eröffneten Spiel um die Macht (und das heißt um die Machtverteilung zugunsten des Hauses Juja) kam Amenophis IV. dagegen eine Schlüsselrolle zu. Zum ersten Sohn des Atum-Re (Aton) erhoben, verhalf er seiner bürgerlichen Frau zu einem gottgleichen Status. In der Gestalt der Tefnut konnte Nofretete als ebenbürtige Schwestergemahlin des jungen Königs (Schu) auf der Thebaner Bühne in Erscheinung treten. Als Kamutef war er dagegen wesensgleich mit seinem Vater, der sich selbst zeugte und als Sohnesgemahl die heilige Hochzeit mit der eigenen Mutter vollziehen konnte.

In beiden Rollen spielte der halbwüchsige Amenophis *nolens volens* den Part des missbrauchten Kindes. Wie er den Zwang in diesem doppelten Gehäuse der Hörigkeit erlebt und psychisch verarbeitet hat, können wir natürlich nicht wissen. Psychoanalytischem Verständnis zufolge dürfen wir aber mit der Bildung eines »falschen Selbst« rechnen.[89] Dieses Konzept ist auf eine typische Verlaufsform kindlicher Sozialisation gemünzt, »die vielleicht so alt wie die Menschheit ist« (Alice Miller) und deshalb auch für die Zeit des Alten Ägypten Geltung beanspruchen darf. Aufgrund elterlicher Vernachlässigung gerät das »in einem Zustand beschützter Unbewusstheit heranwachsende Selbst« (Winnicott) ins Stocken. Um die nächsten Bezugspersonen nicht zu verlieren, geht das Kind (zu Lasten der eigenen) auf die Bedürfnisse und Gefühle der Eltern ein. Zunehmend passt es sich den Erfordernissen der Außenwelt an, unterwirft sich der elterlichen Erziehungsgewalt und lernt, die damit verbundenen Zumutungen zu ertragen. Um die Fassade des falschen Selbst aufrechterhalten zu können, dürfen Gefühle wie Zorn und Wut als Reaktionen auf reale Kränkungen und Zurückweisungen nicht zugelassen werden. Das Kind darf sein Leiden nicht merken und ist gehalten, seine widerborstigen Selbstanteile abzuspalten und auf andere zu projizieren. Das eigene Opfersein wird abgewehrt, aber auf der Suche nach dem wahren Selbst bleibt die traurige Verborgenheit eines freieren Lebens eine Quelle inneren Aufruhrs. Wird der Druck, der aus der Unterdrückung der verbotenen Seiten resultiert, zu groß, nimmt das Kind (häufig erst als erwachsene Person) unbewusst Rache an Ersatzobjekten, welche die weiterhin verschonten Eltern vertreten. In häufig gewalttätiger und obszöner Weise wird die Wut, die am Ort und zur Zeit ihrer Entstehung nicht gezeigt werden konnte, ausagiert.

Wenn wir den Aufbau eines falschen Selbst im Seelenhaushalt des jungen Amenophis nicht für historisch wahr, sondern für Zwecke der Diskussion als nützlich unterstellen, dann ist der vorläufige Höhepunkt dieser Entwicklung sicherlich mit dem eigenen Sedfest erreicht. Im Jahr 3 seiner Regierung werden in den neu errichteten Atontempeln von Karnak-Ost die Jubiläumsfeierlichkeiten im großen Stil begangen. Es ist Amenophis IV., der in Übereinstimmung mit der Tradition die Riten vollzieht, der die altehrwürdige Robe trägt und an den »Tagen der weißen und roten Krone« die heiligen Schreine aufsucht. Aber die Inschriften und Begleitformeln enthüllen unmissverständlich, dass es in Wahrheit Aton ist, der – als sei der Gott ein König – das Sedfest begeht. Das Geheimnis der Königswürde des Gottes verbirgt sich in der solaren Göttlichkeit des Königs, bei dem es sich aber um niemand anderen als Amenophis III. handelt. Wie Reeves gesehen hat, vollzieht Amenophis IV. das Sedfest in Karnak in Vertretung seines verstorbenen Vaters, das damit seine wahre Natur offenbart: Es ist das vierte und abschließende Jubiläumsfest der »strahlenden Sonne«. Aton und Amenophis III. sind ein und derselbe geworden. Wenn Amenophis IV., der verstoßene Sohn auf dem Thron Pharaos, den »lebenden Aton« als seinen »geliebten Vater« preist, dann bestätigt er nicht einfach im neuen Jargon der Zeit den alten Status des Königs als Sohn des Re; er huldigt auf der Spitze einer Stufenleiter von Kindheitsdemütigungen in einer sein eigenes Selbst verleugnenden Weise der väterlichen Allmacht.

Der in Karnak in Szene gesetzte Sonnenkult war im Wesentlichen das Werk Tejes, die selbstbewusst die Inthronisierung einer neuen Juja-Königin (in Gestalt der Nofretete), aber auch ihre eigene Erhöhung zur Gottesgemahlin Atons feiern konnte. So gesehen sieht es so aus, als habe sich das fügsame Kind Amenophis unter der Regie seiner Mutter ein letztes Mal dem elterlichen Willen unterworfen. Doch die Medaille hat eine Kehrseite. Zwar stimmt es, dass Amenophis wie selbstverständlich in das von Teje (und Eje) aufgeschlagene Seil einspringt; aber schon nach kurzer Zeit bestimmt *er* das Tempo und verschiebt mit einer Drehung unversehens die Achse des Spiels. Die letzte Facette des falschen Selbst, die an Selbstverleugnung grenzende Feier der solaren Vergöttlichung seines Vaters, bereitet den Umschlag vor. Im Kokon des Vaterkomplexes ist ein *Gotteskomplex* herangereift, der es erlaubt, die unerträgliche Ambivalenz der Gefühle aufzuspalten und abzuführen. Die Imago des »guten Vaters« wird auf Aton übertragen, den Gott der Wärme und des Lichts, der mit seinen Strahlenhänden seinen einzigen Sohn, »das schöne Kind des lebendigen Aton«[90], beschützt. Umgekehrt kommt es zur Verschiebung der Imago des »bösen Vaters« in Richtung des alten Göttervaters Amun (auf diese Abfuhr der aggressiven Selbstanteile werde ich ausführlich zurückkommen). Dass der Versuch der Selbstbefreiung mit der Änderung des Geburtsnamens einhergeht, ist jetzt noch besser zu verstehen. Wenn der neue Gott seinen alten irdischen Namen Amenophis (»Amun ist gnädig«) abstreift und stattdessen im Namen des Vaters (jat-i) Aton (Jati) gerufen wird, dann muss auch der Sohn diesem Beispiel folgen und einen Aton-gefälligen Namen (Achanjati) annehmen.

An der Bruchstelle jenes ominösen Jahres 5 der Regierung Amenophis' IV. steht ein anderer Mensch, Echnaton, der wiedergeborene Sohn Atons. Immer noch der Delegierte seiner Mutter und verstrickt im Gespinst der Inzestfamilie, ist er doch nicht länger nur der brave Erfüllungsgehilfe seiner Eltern, darin geübt, deren Bedürfnisse zu erfüllen. Vor dem versammelten Hofstaat tut er (zum ersten Mal in seinem Leben?) seinen eigenen Willen kund, den er – koste es, was es wolle – durchzusetzen gedenkt: seinem Vater Aton fern von Theben eine neue Stadt zu erbauen. Die Einbeziehung der seelischen Kräfte, welche die dramatische Entscheidungssituation erst ermöglicht haben, erlaubt uns jetzt, den verborgenen Wunsch hinter dem obskuren Entschluss wahrzunehmen und zu verstehen. Achetaton ist der Flucht- und Endpunkt einer langen Suche nach der verlorenen Zeit der Kindheit des Königs. Zugespitzt formuliert will Echnaton nicht Theben, sondern Malqata verlassen, den schlimmen Ort der frühen Jahre, der für ihn nie ein »Ort des Jubelns« war. Sein tiefstes Begehren geht dahin, in der Wüste eine neue und bessere Palaststadt zu bauen, in der er das einzig geliebte Kind seines Vaters Aton ist. Tatsächlich erinnert Achetaton topographisch gesehen (sowohl der Fläche nach als auch in seiner Anlage als Ensemble von Tempel-, Palast- und Wohnstadt) überdeutlich an das Vorbild von Malqata. Psychohistorisch gesehen ist das Projekt Amarna eine Variation über das Paradies-Thema, wobei es sich aber nicht um die Phantasie einer Rückkehr handelt, sondern um die Verwirklichung einer Utopie, die Einrichtung einer nie dagewesenen Welt. Die oft irritierende Darstellung intimer Zärtlichkeit in der Amarnakunst dürfen wir an dieser Stelle als das aufgeschlagene Buch der Psychologie heranziehen: Die Sucht und Gier nach Liebe, die sich in vielen Abbildungen oft unverhüllt ausspricht, ist ein sicheres Zeichen dafür, dass in den verschiedenen Konstellationen des Eros verzweifelt gesucht wird, was es in der Kindheit so nie gab.

Das Projekt von Achetaton stellt einen Ausbruchsversuch dar, nicht schon die gelungene Befreiung. Es ist die Tat einer geschundenen Seele, die auf Wiedergutmachung für das erlittene Unrecht pocht und die nur durch den Umstand, dass sie im Körper eines mächtigen Pharao lebt, hoffen darf, die verrückte Idee eines Asyls in der Wüste umsetzen zu können – statt (modern formuliert) in einem Irrenhaus zu landen. Infantilisierung und Größenwahn erhalten in der Gestalt einer berückenden Vision des mächtigsten Mannes der damaligen Welt die Chance, sich in den kulturellen Räumen einer hochstehenden Zivilisation verwirklichen zu dürfen. Echnatons religiöser Wahnwitz ist – anders, als es die Liebhaber der Monotheismusthese wahrhaben wollen – gewiss keine Frucht vom Baum der Erkenntnis; aber die feinsinnige Einbettung in die Semantik der neuen Sonnentheologie verrät auch, dass er Fleisch vom Fleische der altägyptischen Kultur ist – und sei es vom Unbewussten dieser Kultur. Der Aufbruch des Königs muss eine entsprechend gestimmte kollektive Gefühls- und Bewusstseinslage getroffen und in Schwingung versetzt haben. Nur mit einem beträchtlichen Maß an Unterstützung konnte das Werk gelingen. Die Umsetzung der Idee in die Wirklichkeit ist deshalb *the proof of the pudding*.

Merken wir zunächst an, dass sich der König mit der neu entfesselten Aktivität aus der einst tragischen Passivität, wie sie in Malqata herrschte, regelrecht herauskatapultiert hat. Am Anfang der Selbstfindung und Alleinregierung steht die Tat, mit der die erstarrte Vergangenheit erschüttert wird und einer neuen Lebendigkeit weichen muss. Wir werden sehen, wie Echnaton gleich zu Beginn der Wende den von einem Pferdepaar gezogenen Wagen als Ausdruck dieser neuen Bewegung entdeckt. Die im Fahrtwind flatternden Bänder, die von der Kleidung oder von Kronen herabhängen, sind zu einem wiederkehrenden szenischen Moment der Amarnakunst avanciert. Ganz augenscheinlich signalisiert das allgegenwärtige Tempo den Anbruch einer neuen Zeit. Das ist zunächst die zweite Hälfte der Lebenszeit des Königs, der der schwarzen Sonne seiner Kindheit entronnen ist und nun ins Helle tritt. Aber es ist natürlich der umgedeutete Sonnenlauf, der dem neuen Zeit- und Lebensgefühl als theologische Grundlage dient. Die Jahre des Aton sind angebrochen, die strahlende Tagessonne hat ihren beschleunigten Lauf aufgenommen. Und wieder, wie schon in den Sargtexten, stehen Schu (Echnaton) und Tefnut (Nofretete) in den Gestalten des Götterpaares Neheh und Djet als Himmelsstützen dem Sonnengott Re-Aton zur Seite. Neheh und Djet bedeuten »Zeit und Ewigkeit« und stellen zusammen den gesamten Vorrat an Zeit dar, welcher der Welt gegeben ist: die Lebenszeit des Re-Aton, die dem Kö-

Abb. 43: Echnaton und Nofretete im königlichen Wagen

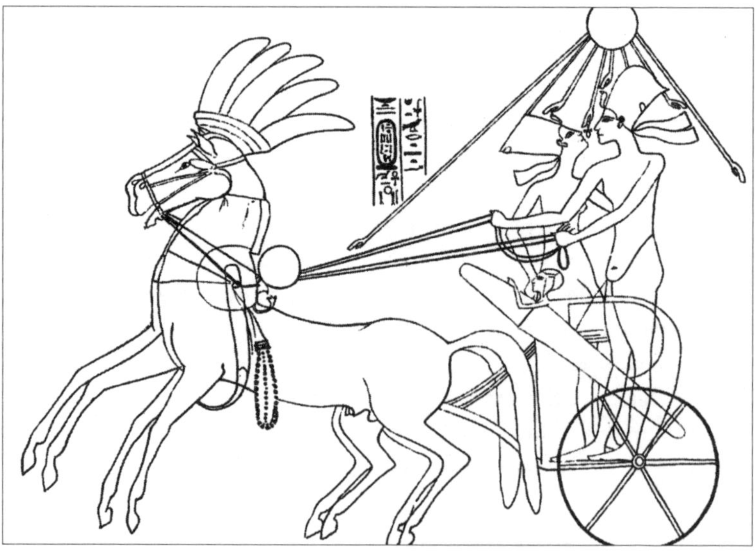

nig, gemessen in »Millionen von Jahren«, immer wieder gewünscht wird. Echnaton ist aus dieser mythischen Vorstellung nicht ausgestiegen. Im Rückgriff auf die Schu-Theologie des Mittleren Reiches hat er sich in die Ahnenreihe der ägyptischen Pharaonen gestellt. Deswegen ist auch davon auszugehen, dass das gewaltige Kult- und Bauprogramm von Achetaton in seinen Augen mit den Grundzügen der Maat, dem Inbegriff der heiligen Weltordnung (»Wahrheit« und »Gerechtigkeit«), übereinstimmte. Ja, vielleicht hat sich kein Pharao vor ihm und nach ihm programmatisch so in den Dienst der Maat gestellt wie eben Echnaton.[91] Weil aber die Vorstellung der Maat niemals theologisiert wurde, ist sie eine verborgene, im Gelingen sich manifestierende Leitidee geblieben. Nach einem Zeugnis aus ramessidischer Zeit, in dem Echnaton als »Verbrecher von Achetaton« gebrandmarkt wird, und dem Urteil der meisten Ägyptologen, die den sogenannten »Ketzerkönig« als den nicht-Maat-konformen Herrscher *par excellence* begreifen, ist dieser genau an diesem Punkt gescheitert.

Doch das muss nicht das letzte Wort in der Sache bleiben. Was die ersten Architekten und Künstler des Landes auf Befehl des Königs erdacht und die besten Bauleute und Handwerker in der Bucht von Tell el-Amarna errichtet haben, das ist als Gesamtkunstwerk einer ganzen Epoche auf jeden Fall ernst zu nehmen und entsprechend zu würdigen. Die Art und Weise, wie dort der lebendige Geist die Materie bewegt hat, wie ein neues Lebensgefühl in die Formensprache der Kunst übersetzt wurde, wie sich subtile Weltbilder in bewohnbare Lebensräume verwandelt haben – das alles spricht dafür, dass der junge König die begonnene Kulturrevolution nicht nur mit großem Elan beschleunigt, sondern in sehr eigensinniger Weise geprägt hat. Wurden die Helden der alten Völker nicht stets als Kulturbringer und Städtegründer gefeiert und erinnert? Im Licht dieser Tatsache steht Echnaton deshalb *auch* als ein großer Heros vor uns. Im Zuge unserer Rekonstruktion kommt es jetzt darauf an, nach der Entzifferung der psychischen Schrift, die uns über verborgene Motive aufgeklärt hat, auf die Handlungsebene zurückzukehren; es gilt, das kulturelle Artefakt, das Echnaton geschaffen und als Erbe hinterlassen hat, genauer in Augenschein zu nehmen. Einen erstaunlich präzisen Überblick vermittelt die offizielle Proklamation auf den Grenzstelen von Achetaton. Diese Schrift, die zum ersten Mal auf der zeitgenössischen Sprechweise des Neuägyptischen basiert und damit ein weiteres Signal des kulturellen Aufbruchs darstellt, ist jetzt passagenweise zu lesen. Der

Abb. 44: Eine der besterhaltenen Grenzstelen von Amarna (die sog. Stele S)

Text enthält in berichtender Form über weite Strecken die beinahe wortwörtliche Rede des Königs. Es gilt somit das gesprochene Wort.

> An diesem Tage [Jahr 5, vierter Monat der Wachstumszeit, Tag 13], als man in Achetaton war, erschien Seine Majestät in einem großen Streitwagen aus Elektron – genauso wie Aton, wenn er aufgeht in seinem Horizont und das Land mit seiner Liebe und Freundlichkeit erfüllt. Er begab sich auf den schönen Weg nach Achetaton, seinem Ort des urzeitlichen Geschehens, den er für sich selbst gemacht hat, um täglich darin zu ruhen, und den sein Sohn Waenre [»Einziger des Re« = Echnaton] für ihn machte, als das große Denkmal, das er für sich selbst errichtete; als sein Horizont, in dem seine Bahn beginnt, wo er erblickt wird mit Freude, während das Land jubelt und wo alle Herzen frohlocken, wenn sie ihn sehen.

Schon diese einleitende Sentenz macht unmissverständlich klar, dass der unberührte Landstrich von Achetaton keinen willkürlich gewählten, sondern einen vorherbestimmten Ort darstellt. »Ort des urzeitlichen Geschehens« wird er mit deutlichem Anklang an die heliopolitanische Schöpfungslehre genannt, ein mythischer Ort also, an dem sich das

Geheimnis der Urschöpfung und die Konstellation von Atum und Schu als Vater und Sohn wiederholen soll – ein Heliopolis in der Nussschale. Es ist sehr wahrscheinlich, dass die suggestive Topographie des Ortes dessen mythische Überhöhung erleichtert hat. Im gebirgigen Osten erinnert eine u-förmige Einkerbung an den Horizont (achet), in dem der Sonnengott (Aton) jeden Morgen erscheint und »seine Bahn beginnt«. Wie die Felsnadel am Gebel Barkal, dem Heiligen Berg der kuschitischen Dynastie, als ein sich aufbäumender Uräus verstanden wurde, der die im Berg thronende Gottheit (Amun) beschützt, so hat Echnaton im Naturbild eines zerklüfteten Felsens die Hieroglyphe *achet* entdeckt, die den heiligen Ort Achetaton als einen ausweist, den der Gott »für sich selbst gemacht hat«. Der Horizont des Aton wurde nicht von Menschenhand geschaffen, und was der König aus ihm macht, geschieht auf Geheiß des Aton.

> Dann sagte Seine Majestät zu ihnen [dem versammelten Hofstaat]: »Seht Aton! Aton wünscht, dass für ihn ein Denkmal mit einem ewigen und immerwährenden Namen errichtet wird. Kein Beamter hatte mich je darauf hingewiesen, noch hatte mich je irgendein anderer Mensch im ganzen Land darauf hingewiesen, mir zu sagen, Achetaton an diesem entlegenen Platz zu bauen. (…) Es ist mein Vater Aton, der mir dazu geraten hat, indem er sagte: ›Siehe, fülle Achetaton mit Vorräten – einem Lagerhaus für alles! Es soll meiner Majestät gehören, um Achetaton zu sein für immer und ewig.‹ (…) Ich werde Achetaton für Aton, meinen Vater, an diesem Ort errichten. Ich werde nicht über die südliche Stele von Achetaton hinausgehen, noch über die nördliche Stele hinaus stromabwärts gehen, um Achetaton dort für ihn zu bauen. (…) Auch soll die Königin nicht zu mir sagen: ›Sieh doch, es gibt einen schönen Ort für Achetaton an einer anderen Stelle.‹ Ich würde nicht auf sie hören.«

Aton wünscht und der König handelt. Das ist das neue Gesicht einer exklusiven Koregentschaft zwischen Gott und Pharao, die durch die (in der Amarnazeit eher selten belegte) direkte Gottesrede besiegelt wird. Das ägyptologische Phantasma einer frühen Mitregentschaft von Vater und Sohn (Amenophis III. und IV.), hier wird es zum Ereignis. Einzig Echnaton kennt den Willen Atons; umso heroischer ist sein einsamer Entschluss. Nach dem bekannten Topos der Königsnovelle erscheint er im Kontrast zu den unwissenden Höflingen, die den Ausführungen dann unterwürfig zustimmen, als eine besonders weise Entscheidung. Die ersten beiden Grenzstelen, mit deren Hilfe der heilige Bezirk von Achetaton zunächst auf dem Ostufer des Nils abgesteckt wird, sind unumstößlich. Die Lage des Gotteslandes ist nicht verhandelbar. Wer immer einen anderen Platz für die Errichtung von Achetaton empfiehlt, wird kein Gehör finden. Dass an dieser Stelle ausgerechnet die Königin genannt wird als diejenige, die Einwände gegen die Wahl des Ortes vorträgt, muss erstaunen. Ist das feierliche Dekret nach Aton und Echnaton nicht auch in ihrem Namen, nämlich dem »der Großen Königlichen Gemahlin Nefernefruaton-Nofretete« datiert? Eine flüchtige Meinungsverschiedenheit im Vorfeld der Kampagne wäre kein hinreichender Grund für das überraschende Auftauchen auf den tief in den Fels getriebenen Texttafeln, die Bestand haben sollen »bis der Schwan schwarz und der Rabe weiß wird, bis die Berge aufstehen zu wandern und das Wasser bergauf fließt«. Es muss vielmehr zwischen Echnaton und Nofretete zu einem schwerwiegenden Dissens in Sachen Achetaton gekommen sein. Es ist plausibel anzunehmen, meine ich, dass die Königin in diesem Konflikt nicht allein stand, sondern die Partei der Juja vertreten hat. Vor allem Teje, die Königsmutter, dürfte von den Umzugsplänen ihres Sohnes *not amused* gewesen sein. In ihren Augen musste die neue Politik als riskant und gefährlich erscheinen, geeignet, das Erreichte in Frage zu stellen und ihr Lebenswerk zu zerstören. Und bestimmt wird sie versucht haben, den Geist des Aton, den sie selber (aber in Verfolgung anderer Ziele) aus der Flasche hat entweichen lassen, wieder einzufangen und zu bannen. Aber ihr Sohn war nicht länger das folgsame Kind der Thebaner Zeit. In jenen Jahren konnte man den Eindruck gewinnen, Nofretete, die Juja-Königin, übertreffe ihren Gatten Amenophis, den Spross der Thutmosiden, an Bedeutung und Einfluss am Hofe. Ein selbstbewusster Echnaton stellt nun klar, wer das Sagen hat. Die deutlichen Worte dürfen deshalb als eine Warnung an Teje verstanden werden, die Kreise ihres Sohnes nicht länger zu stören. Gut möglich, dass sich die Königinmutter einige Jahre auf ihren sogenannten Witwensitz in Kom Medinet Ghurab zurückgezogen hat, um die Entwicklung abzuwarten und erst nach dem triumphalen Herrschaftsantritt ihres Sohnes in Achetaton, der im Jahr 9 stattfand, nach dorthin umzuziehen.

Im Jahre 5 war der Lichtort des Aton noch wüst und leer, nichts weiter als eine mythische Naturkulisse. Aber Echnaton ist bei seinem ersten Besuch nicht nur gekommen, um den heiligen Ort aus den Händen Atons in Empfang und symbolisch in Besitz zu nehmen; er bringt erstaunlich konkrete Pläne für die Bebauung von Achetaton mit. Die frühen Grenzstelen definieren das künftige Aussehen der Gottesstadt über eine Liste von Baumaßnahmen, die durch die verschiedenen, mehr als dreitausend Jahre danach begonnenen Ausgrabungskampagnen Punkt für Punkt bestätigt wurde.

> »An dieser Stelle in Achetaton werde ich den *Großen Aton-Tempel* für meinen Vater Aton errichten.
> An dieser Stelle in Achetaton werde ich den *Kleinen Aton-Tempel* für meinen Vater Aton errichten.
> An dieser Stelle in Achetaton werde ich den *Sonnenschatten(-Tempel)* der Großen Königlichen Gemahlin Nefernefruaton für meinen Vater Aton errichten.
> Auf der Insel des Aton, dessen Jubiläen in Achetaton berühmt sind, werde ich an dieser Stelle das *Haus des Jubelns* für meinenVater Aton errichten.
> Und an dieser Stelle in Achetaton werde ich für mich selbst die *Residenz des Pharao* – Leben! Heil! Gesundheit! – und die *Residenz der Großen Königlichen Gemahlin* errichten.
> Macht mir ein *Grab* in den östlichen Bergen von Achetaton und macht mein Begräbnis darin nach den Millionen Jahren, die mein Vater Aton mir zugewiesen hat. Macht das Begräbnis der Großen Königlichen Gemahlin (...) und das Begräbnis der Königstochter Meritaton darin.
> Und macht einen *Friedhof für den Mnevis-Stier* in den östlichen Bergen von Achetaton, damit er darin begraben werde. Macht dort *Grabkapellen* für die Größten der Schauenden und für die Gottesväter des Aton, damit sie darin begraben werden.«

Die hier bezeichneten Tempel, Paläste und Grabanlagen bilden gewissermaßen den kultischen Kernbestand der neuen Stadt. Um ihn herum gruppierten sich weitere Kultbauten wie Altäre und Prozessionshallen, wurden Gärten und Seen angelegt, entstanden Verwaltungsgebäude und Villen, Werkstätten und Wohnhäuser.[92] Dieses städtische Ensemble bildete ein schmales Band entlang der Ostseite des Nils, das in seiner Längsachse von der königlichen Prachtstraße durchzogen und zusammengehalten wurde. Es war das Herzstück von Achetaton und doch nur der kleinere Teil eines größeren Ganzen. Genau ein Jahr nach der Gründung, am gleichen Kalendertag des Jahres 6, sind endlich die restlichen Grenzstelen fertiggestellt, versehen mit einer erneuerten Proklamation. Drei von ihnen befinden sich weit auf dem Westufer des Nils, am gebirgigen Rand einer fast 20 Kilometer breiten Fläche fruchtbaren Landes. Auch dieses für die Versorgung der Stadtbewohner so wichtige Anbaugebiet, das vom Josephskanal und zahlreichen von ihm abgeleiteten Bewässerungskanälen durchzogen wird, gehört zum Größeren Achetaton. In den neuen Inschriften wird der jetzt abschließend eingegrenzte Bezirk feierlich seinem göttlichen Besitzer geweiht, mit allem, was er umfasst und enthält.

> »Alles, was sich innerhalb der Stelen befindet, angefangen mit den östlichen Bergen von Achetaton bis hin zu den westlichen Bergen, es ist Achetaton in seiner Gesamtheit. Es gehört meinem Vater Aton (…) bestehend aus Hügeln, Hochland, Marschland, Neuland, entwässerten Flächen, Feldern, Wasserflächen, Ortschaften, Ufern, Menschen, Herden, Pflanzen und allem, was mein Vater Aton immerdar hervorbringt.«

Was bedeutet es, wenn wir erkennen müssen, dass Echnaton für das Projekt Achetaton ein Gebiet von mehr als 200 Quadratkilometern ins Auge gefasst hat, auf dem eine Bevölkerung von schätzungsweise 50 000 bis 100 000 Menschen zu leben vermochte? Es könnte bedeuten, dass die gängige Formel von der Errichtung einer neuen Hauptstadt für das ägyptische Reich irreführend ist; dass Echnaton im Grunde genommen etwas ganz anderes plante, keine Stadt für den Staat, sondern einen eigenen, vom restlichen Reichsgebiet abgekoppelten »Staat im Staate«. Wir wissen – vor allem durch die Amarnabriefe – vom demonstrativen Desinteresse, das der König dem Ausland gegenüber an den Tag legte; seine imperiale Politik erschöpfte sich in einer einzigen Razzia in Nubien, das syrisch-palästinensische Einflussgebiet gab er praktisch kampflos preis. Ist es möglich, dass die Vernachlässigung der imperialen Interessen des Landes als Symptom eines viel weitergehenden Rückzugs des Königs von der Außenwelt verstanden werden will? Ein Rückzug, der tendenziell (das heißt trotz der spärlich bezeugten Bautätigkeit in wenigen anderen Orten wie Heliopolis oder Memphis) das alte Kernland von Ober- und Unterägypten einschloss und darauf hinauslief, Achetaton den Status eines

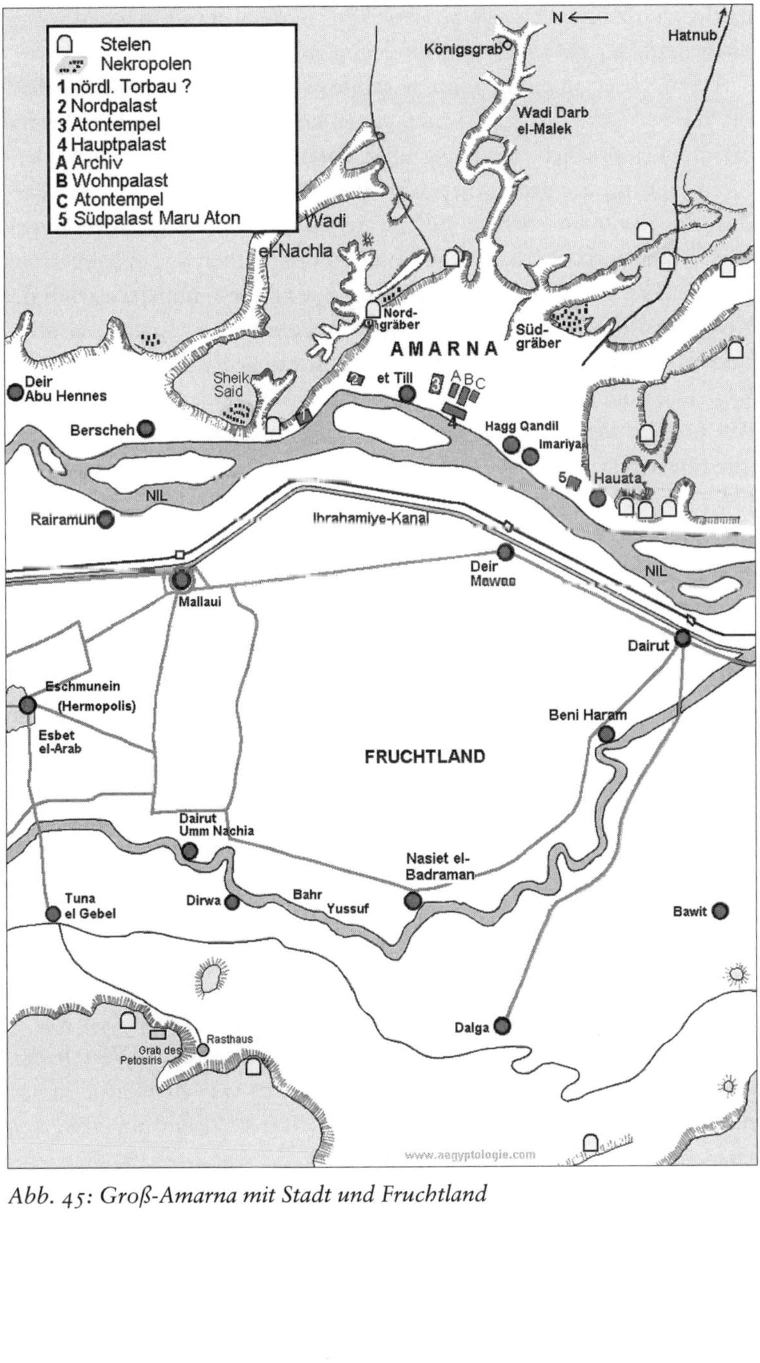

Abb. 45: Groß-Amarna mit Stadt und Fruchtland

exklusiven Zufluchtsortes zu verleihen, in dem der »Einzige des Re« nach Art einer *splendid isolation* leben wollte?

Das Dekret aus dem Jahre 6 schließt mit einem königlichen Eid, der dieser Mutmaßung Nahrung geben könnte. Echnaton legt das feierliche Versprechen ab, nicht über das durch die Grenzstelen definierte Terrain hinauszugehen. Das kann man zwanglos so verstehen, dass der König die Absicht äußert, Achetaton nie wieder zu verlassen. Vieles spricht dafür, dass Echnaton es wortwörtlich so gemeint haben könnte. Erst unter dieser Voraussetzung wird verständlich, warum der König anordnete, seine Nekropole in Achetaton errichten zu lassen – und damit die lange Tradition einer Bestattung im Thebaner Tal der Könige zu unterbrechen. Auch als Toter wollte er den neuen Lichtort, den Ort der täglichen Wiedergeburt Atons, nicht verlassen. Ähnliches gilt für seinen festen Wunsch, im Ostgebirge einen Friedhof für den heiligen Mnevis-Stier bauen zu lassen. Dieser alte heliopolitanische Tierkult war ersichtlich ein unverzichtbarer Bestandteil der Amarna-Religion, der vor Ort vollzogen werden wollte – und der selbstredend die Lesart, bei der neuen »Religion des Lichts« handele es sich um einen weltgeschichtlichen »Fortschritt in der Geistigkeit«, massiv in Frage stellt. Auch der Kult um den *Benben*-Stein, der in Karnak-Ost im Obeliskentempel zelebriert wurde, hielt in Achetaton in der herabgesetzten Form eines Stelenheiligtums Einzug. Aufgrund dieser zentripetalen Bewegungen und Verschiebungen gewinnt man den Eindruck, Echnaton sei von der Vision eines vollkommen Idealstaates beseelt gewesen, der Herrschaft und Heil in sich vereinigen sollte. Als Ort der von Aton empfangenen und in der heiligen Aton-Familie zirkulierenden Liebe war er ein umgewandeltes Malqata; mit der Bewahrung des kultischen Erbes von Karnak und Heliopolis, und sei es in Form symbolischer Substitute, war er der Inbegriff kultischer Reinheit; als Empfänger unermesslicher Ströme an Steuern und Gütern aller Art war er auch wirtschaftlich autark, ein Ort des Reichtums und der Verschwendung. Zugeschnitten auf die Person Echnatons war Achetaton in seiner Abgeschiedenheit ein nahezu kompletter Ort, der ein Verlassen tatsächlich unnötig machte.

Doch wie verträgt sich dieser Solipsismus mit der Universalität Atons, die immer wieder ins Feld geführt wird, um die These zu untermauern, Echnaton habe mit Aton die erste monotheistische Weltformel gefunden. Natürlich ist die Sonne, die über allen Menschen scheint, in besonderer Weise dazu prädestiniert, als universelle Gottheit zu dienen. Richtig ist ferner, dass einige Passagen des Großen Sonnenhymnus die Semantik einer religiös interpretierten Naturphilosophie zur Geltung bringen, in der die Lebens- und Zeitläuf(t)e der Welt auf ein einziges Prinzip zurückgeführt werden. Doch gerade dieser Hymnus stammt, wie ich weiter oben zu zeigen versucht habe, schwerlich von Echnaton. Aufgezeichnet im Felsgrab des Eje atmet er den weltmännischen Geist, der im hunderttorigen Theben Amenophis' III. (der »strahlenden Sonne aller Länder«) geherrscht und den Königin Teje aus machtpolitischen Gründen in die frühe Form der Aton-Religion überführt hat. Die Amarna-Religion ihres Sohnes stellt gerade keine Fortsetzung dieser Linie dar. Echnatons (Religions-)Politik reimt sich weder auf Weltreich noch auf Weltreligion. Wenn wir den Grenzstelentexten Glauben schenken – und es handelt sich bei ihnen um den einzigen O-Ton des Amarnakönigs, der auf uns gekommen ist –, dann ist das Gegenteil der Fall. Mit der Gründung von Achetaton wird der Geltungsbereich der neuen Religion in extremer Weise eingeschränkt und praktisch auf den durch die Stelen markierten heiligen Bezirk begrenzt. Im engen Horizont der Bucht von Amarna lautet der Wahlspruch des Königs: *hic Aton, hic salta!* Die eigenwillige Inszenierung entpuppt den neuen »horizontischen Herrscher« als Lokalgott, dessen bevorzugte Anrufung als »mein Vater« zugleich den Ahnengott in ihm verrät. Nirgends ist auch nur der Hauch eines universalistisch-monotheistischen Geistes zu spüren. Unwahrscheinlich, dass Echnaton je die Absicht hatte, seinen sehr persönlichen Glauben an Aton für ganz Ägypten verbindlich zu machen, geschweige denn über die Grenzen Ägyptens hinaus. Er mag einigen als Ketzer erschienen sein, aber er war gewiss kein Missionar. Wie Hornung gesehen hat, ist der Aton-Glaube in den Dokumenten des diplomatischen Archivs eine Angelegenheit Ägyptens. Innerhalb des Reiches ist die Lage von verwirrender Unübersichtlichkeit. Noch bis weit in das Jahr 6 hinein erhält Achetaton regelmäßige Weinlieferungen von der Amun-Domäne im Delta. Und noch Jahre später sind dort, trotz der königlichen Aton-Alleinverehrung, mit dem Gottesnamen Amun gebildete Personennamen verbürgt. Im nur 25 Kilometer entfernten Neferusi werden zur selben Zeit weiterhin die alten Gottheiten Thot, Chnum und Osiris verehrt.

Es ist der Zerrissenheit dieser Zeit (und nicht der Widersprüchlichkeit unserer Argumentation) geschuldet, dass die besondere Kulturbedeutung der Gründung von Achetaton, und das heißt: die Gestalt Echnatons als Religions- und Kulturstifter, so schwer zu umreißen ist.

Zwischen dem Fortleben der alten Kulte mit ihrer tief empfundenen Vielheit an Göttern und dem Fortknüpfen der neuen Sonnentheologie mit ihrem kühnen Denken des Einen[93] hat Echnaton ein Drittes gestellt: die Idee des Gottesstaates. Die Gründung der ersten Theokratie der Weltgeschichte ist sein Werk. Der Gottesstaat von Amarna ist als radikal-monotheistische Variante der Atonreligion missverstanden; er hat seine *raison d'être* vielmehr in der Radikalisierung des Verhältnisses von Gott und König. Wir haben im Nebenbei bereits auf die Königsherrschaft Atons hingewiesen; aber erst unter dem Gesichtspunkt einer theokratischen Erneuerung wird deren Bedeutung ganz verständlich. Aton herrscht als König über den heiligen Bezirk von Achetaton. Zu den wichtigsten Insignien seiner Macht zählt die in zwei Kartuschen eingeschriebene königliche Titulatur, die zu seiner Amtseinführung im Jahre 9 noch einmal geändert wird und den Titel des »Herrschers« besonders unterstreicht: »Re, der Herrscher im Horizont, der jubelt im Horizont in seinem Namen des Re, der Vater, der zurückgekommen ist als Aton«. Ferner trägt Aton den königlichen Uräus, der – wie sonst an der Stirn Pharaos – am unteren Rand der Sonnenscheibe erscheint und diese in einen (Götter-)Kopf verwandelt, eine anthropomorphe Formengebung, die sich in der Darstellung der in Händen auslaufenden Strahlen wiederholt. Schließlich feiert der Gottkönig sogar königliche Sed-Feste, um seine Herrschaft zu erneuern. Mit der Übernahme von Titulatur, Uräus und *heb-sed* fällt Aton

Abb. 46: Die beiden dogmatischen, in Königsringe gesetzten Namen des Aton. (a) die frühe Form, (b) die im Jahr 9 eingeführte Spätform

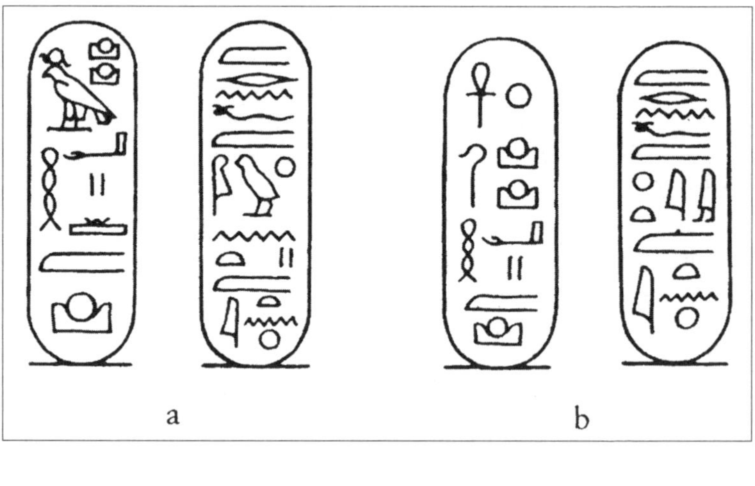

die Königsherrschaft zu, eine Rangerhöhung, die in Amarna dogmatische Kraft erhalten und den wirklichen König in eine neue Konstellation zu seinem Gott zwingen sollte. Nach dem klassischen Sohnschaftsdogma der ägyptischen Königstheologie wird die göttliche Sonne zum »Vater«, dem der Pharao als königlicher »Sohn« gegenübertritt. Das neue Dogma entzieht dagegen dem Pharao implizit die Königswürde. Zwar behält Echnaton formell den Königstitel, aber er stuft das Konzept seines Königtums auf einen priesterlichen Rang zurück. »Erster Prophet des Re-Harachte« nennt er sich zu Beginn seiner Regierung, später dann »Hohepriester des Aton«.

Echnaton hat als Erster den Weg der reinen Theokratie beschritten und deren umstürzende Regularien erprobt, teilweise in spielerischer und experimentierfreudiger Form.[94] Im Amarnastaat wurde die Regierungsgewalt nur stellvertretend ausgeübt, im Auftrag von Aton als dem eigentlichen Herrscher. Der König *in persona* agierte als Priester seines Gottes und ließ sich in diesem Amt nicht repräsentieren. Mit der Anerkennung der Gottesherrschaft wurde die Politik als selbständiger Faktor aus dem staatlichen Leben ausgeschaltet. Im Bemühen, die göttliche Wahrheit dennoch politisch zu realisieren, verzichtete der König auf jede imperiale Politik; das heißt, der Gottesstaat nahm die typische Form einer Enklave an. In der Frage der Erkundung des göttlichen Willens schlug Echnaton einen (im Wortsinn) eigenwilligen Weg ein. In Amarna wurde weder das klassische Mittel des Orakels eingesetzt, noch waren andere Techniken der Willensbefragung Atons bekannt. Per Dekret erklärte sich der König zum Einzigen, der den Willen des Gottes kennt. Aus dem obersten Priester wurde der alleinige Sohn des göttlichen Vaters, der nach dem Modell der Koregentschaft dessen Willen vollzog. Hatte Echnaton als irdischer Pharao zunächst die Position des Herrschers geräumt, so trat er nun in vergöttlichter Gestalt zwischen Aton und den Menschen. Die Umbuchung der politischen Bindung auf Gott (Aton) vollzog sich für seine Gefolgschaft ein zweites Mal (auf Gott Echnaton) – mit der Folge, dass die persönliche Frömmigkeit, die dem göttlichen Achanjati galt, von der Loyalität, die der König beanspruchte, ununterscheidbar wurde.[95]

Die Idee des Gottesstaates setzt – über eine bloße Hingabe an die Gottheit hinaus – eine spezifische Unterwerfungsbereitschaft voraus, deren psychodynamischen Kern ich mit dem Blick auf den Vaterkomplex des Königs ansatzweise zu skizzieren versucht habe. Der auserwählte Gott wird als *ens realissimum* wahrgenommen, aber es kann sich bei ihm auch um einen Götterkönig handeln, der die Existenz anderer, untergeordneter Götter nicht in Frage stellt. Die theokratische Idee ist also nicht notwendigerweise an eine exklusiv monotheistische Religion gebunden. Aber wie diese zählt sie zu jenen »besonderen Phänomenen in der Weltgeschichte«, die – wie Kant mit Bezug auf die Französische Revolution festgehalten hat – »sich nicht mehr vergessen«. Schon 250 Jahre nach dem Ende von Amarna wird sich in Theben der theokratische Gründungsakt unter der Führung eines gewissen Herihor wiederholen. Jetzt wurde der Name Amuns in Kartuschen geschrieben – als Zeichen dafür, dass der alte Gegenspieler Atons als einzig wirklicher Gottkönig in der Thebais herrscht. Wir werden (im nachfolgenden Kapitel) gute Gründe dafür beibringen, dass die beiden Ereigniskomplexe, die Theokratie des Echnaton und der von Herihor errichtete Gottestaat des Amun, eine geheime Sinngeschichte verbindet, die sich der Kraft des Unbewussten in der Kultur verdankt. Die zweite theokratische Gründung auf ägyptischem Boden muss, so die These, als eine weitgehend unbewusste Reaktionsbildung der Amun-Priesterschaft auf die traumatische Erfahrung von Göttersturz und eigener Entmachtung, der gewalttätigen Kehrseite von Achetaton, begriffen werden. Der Versuch, jene historische Niederlage ins Gegenteil zu verkehren und damit ungeschehen zu machen, ereignete sich am Ende der Ramessidenzeit. Aber schon in der unmittelbaren Nach-Amarnazeit setzt die Beschäftigung mit der unbequemen Hinterlassenschaft des Echnaton ein. Das Nachsitzen über Amarna beginnt mit mythischen und historischen Nacherzählungen, die in verstellter Form die unheimliche Geschichte aufzuarbeiten versuchen.

V
NACHSITZEN ÜBER AMARNA

1. Aton in der Unterwelt – Re im Himmel

»Wohin geht die Sonne, wenn sie abends untergeht? Und wie gelangt sie an ihren Ausgangspunkt zurück?« Keine Frage hat das Denken der alten Ägypter so sehr beschäftigt wie gerade diese (vorkopernikanische) Frage. Das kosmische Rätsel der sichtbaren und unsichtbaren Sonnenbahn barg für sie das Geheimnis von Leben, Tod und (erhoffter) Wiedergeburt. Ausgerechnet der Sonnenpriester *par excellence* auf dem Pharaonenthron, Echnaton, der sich als erster König zusammen mit Sonnenpavianen abbilden ließ und von sich behauptete, die Geheimsprache dieser »östlichen Seelen« zu verstehen (und damit den geheimen Namen des Re zu kennen), blieb in diesem Punkt eine Antwort schuldig. Die Nekropolen seiner Vorgänger waren traditionell mit Szenen aus der »Schrift des verborgenen Raumes« dekoriert, dem sogenannten *Amduat* (»Was in der Unterwelt ist«). Die Bildfolge vergegenwärtigt die gefahrvolle, sich über zwölf lange Stunden erstreckende Nachtfahrt der Sonne. Sie zeigt, wie sehr die Sonne von den Bewohnern der Unterwelt – den Seelen (Bas) und Göttern, den Schatten und Verklärten (Achs) – ersehnt wird, weil den seligen Toten nur durch den Herabstieg des Sonnengottes ein erneuertes Leben einschließlich der Versorgung mit Atemluft, Nahrung und Kleidung gesichert ist – wie umgekehrt den Verdammten Bestrafung und Vernichtung ihrer Existenz. Sie zeigt aber auch, wie sehr die Sonne ihrerseits angesichts einer Vielzahl feindlicher Wesen auf den Schutz und die Hilfe von Göttern, Menschen und Tieren angewiesen ist, um endlich die ersehnte Wiedergeburt zu erlangen. Im Sonnenstaat von Amarna ist die Konfrontation mit den Chaosmächten des Jenseits mit einem Tabu belegt. Die Trauer des Hofes um verstorbene Angehörige – um die zweite Gemahlin des Königs Kija sowie um die Königstochter Maketaton – ist die äußerste Annäherung an die Todeslandschaft, die im Bildprogramm des Königsgrabes zu finden ist. Die Weigerung Echnatons, einen Blick in die Abgründe der ägyptischen Seele zu werfen und die tiefsten Ängste und Hoffnungen des Volkes zur Kenntnis zu nehmen[96],

Abb. 47: Das Änigmatische Totenbuch (Ausschnitt)

hat gewiss ein (nicht nur theologisches) Vakuum hinterlassen und eine Gefolgschaft nicht eben leicht gemacht. Es verwundert daher nicht, wenn wir hören, dass schon wenige Jahre nach dem Tode Echnatons ein neues »Amduat« aufgetaucht ist, das offensichtlich genau diese Lücke im Sinnhorizont der Atonreligion ausfüllen sollte.

Der nach seiner teilweise kryptographischen Schreibweise »Änigmatisches Unterweltbuch« genannte Zyklus ist im Grab Tutanchamuns gefunden worden, und zwar auf einem der vergoldeten Schreine, welche die Särge und den Steinsarkophag umgaben. Im Text rühmt sich der junge, früh verstorbene König, dieses Amduat über das Wandeln des Sonnengottes in der Unterwelt für seinen Vater Re-Harachte gemacht zu haben. Bei näherem Hinsehen fällt auf, dass wir ein völlig neues (und nie wieder kopiertes) Bildprogramm vor uns haben, das nur an dieser Zeitstelle entstehen konnte. Im Unterschied zur traditionellen Komposition fehlt nicht nur die Sonnenbarke, sondern ebenso die zentrale Einteilung in Stunden. Die Räume sind lichtdurchflutet, geschwungene Strahlenbündel gehen, als handele es sich um energetische Ströme (um die Sonne neu aufzuladen?), von einem Unterweltwesen zum anderen. Die Nachtsonne selbst erscheint nicht in ihrer üblichen widderköpfigen Gestalt oder in Käferform, sondern als Sonnenscheibe, die von langen, in feingliedrige Hände auslaufenden Armen beschützt und gehalten wird (ein Gegenstück zu den liebevollen Strahlenhänden des lebenden Aton?). Schließlich vereinigt sich die Ba-Seele der Sonne mit einem mumiengestaltigen Gott, der ersichtlich die Rolle einnimmt, die im klassischen Amduat Osiris spielt: wie ein Kind ruht sie in seinem Leib in Erwartung ihrer (Wieder-)Geburt. Die zahlreichen Anklänge an die Bildsprache des Sonnenkults von Amarna sind überdeutlich und dulden, meine ich, keinen Zweifel. Mit diesem kühnen Entwurf eines neuen, bahnbrechenden Unterweltbuchs hat Tutanchamun in Wahrheit seinem Vater Echnaton ein Denkmal gesetzt. In geistreichen, aber kaum verstandenen Bildern sehen wir *Aton in der Unterwelt.*

Hier ist nicht der Ort, die komplexe Symbolik der Bilder, geschweige denn den verschlüsselten Text, zu dechiffrieren. Beides ist ein Desiderat der Forschung, und zurzeit sind mehr Fragen aufgeworfen als Antworten verfügbar.[97] Im Kontext unserer Rekonstruktion der innerägyptischen Gedächtnisgeschichte ist aber allein schon die Tatsache einer perennierenden theologischen Anstrengung in Sachen Atonreligion eine kleine Sensation. Tutanchamun ist – der vielzitierten Restaurationsstele zum Trotz – nicht wirklich aus dem Schatten von Amarna getreten. Der Fund aus seinem Grab (KV 62) legt Zeugnis davon ab, dass auch noch fünfzehn Jahre nach dem Tod Echnatons und sieben Jahre nach dem Verlassen Achetatons der Wille und die Mittel vorhanden waren, die begonnene Kultreform zu verfeinern und zu vervollständigen. Zumindest für den (jetzt in Memphis residierenden) Königshof bedeutete also ein Nachsitzen über Amarna keineswegs eine rigorose Verabschiedung von den Neuerungen und eine Verfemung ihres Schöpfers, sondern die Verpflichtung, sich in den schwieriger gewordenen Zeiten gleichwohl dem Erbe zu stellen und den unerledigten Aufgaben zu widmen. Das neue (geradezu ketzerisch anmutende) Amduat zeigt Aton in der Rolle der Nachtsonne und erschließt damit der unter Druck geratenen Sonnenreligion einen neuen kultischen Bezirk – der in den Augen der Tradition zugleich der älteste ist: den »verborgenen Raum« der Unterwelt. Dies bedeutet den endgültigen Abschied von jener (von Amenophis III. eingeführten und von Echnaton radikalisierten) solaren Staatstheologie, wonach der verstorbene Pharao zum Himmel aufsteigt, um sich im himmlischen Jenseits mit Aton zu vereinigen. Um diesen Schritt tun zu können, war sicherlich die Preisgabe des Gottesstaates (und das heißt in erster Linie: des Ausschließlichkeitsanspruchs der Doppelspitze von Gottkönig und Königsgott) eine unabdingbare Voraussetzung. Der inklusive Synkretismus, der hier aufscheint, darf als der religionspolitische Teil einer klugen Politik des Interessenausgleichs verstanden werden. Der neue Pluralismus springt auch bei der Grabausstattung Tutanchamuns ins Auge. Das Änigmatische Unterweltbuch steht nicht allein; es ist Teil einer unglaublichen Vielzahl an Totentexten auf begrenztem Raum, die sich teilweise ergänzen, aber ebenso miteinander konkurrieren. Zu ihnen zählt auch das »Buch von der Himmelskuh«, das auf der linken Innen- und Rückwand des äußersten Schreines steht – und auf das ich nachfolgend ausführlich eingehen werde.

Öffnung und Vielfalt bedeutet aber nicht automatisch Beliebigkeit. Dass es Tutanchamun (und hinter ihm seinem Mentor Eje) ernst damit war, die überspannte Alleinexistenz der Tagessonne mit der Einführung der Nachtsonne (dem wahren *missing link* der Amarnareligion) zu beenden und mit den beiden Hälften eine neue Einheit zur Geltung zu bringen, zeigt ein flüchtiger Blick auf den übrigen Grabschatz. Auf einem in der Form einer doppelten Kartusche gearbeiteten Salbgefäß ist das Motiv des zweifachen Sonnenlaufes – der Querung des Himmels und der Fahrt durch die Unterwelt – im Spiegel des königlichen Thronnamens Neb-cheperu-Re (»Herr von Erscheinungsformen ist Re«) gleichsam auseinandergefaltet. Links ist der hockende König als Nachtsonne (kenntlich gemacht durch schwarze Farbe) abgebildet, rechts als Tagessonne; die Rückseite zeigt ihn als wiedergeborenes Sonnenkind. Die Doppelexistenz der Sonne tritt hier also als Motiv einer neuen Königstheologie in Erscheinung. In die Sprache von Amarna zurückübersetzt, ist der König ineins das Kind des lebendigen und des toten Aton.

Eine ganz ähnliche Weise, die Einheit von Gegensätzen zu denken, kommt in zahlreichen Schmuckstücken zum Ausdruck, die Variationen zum Thema der Bezogenheit von Sonne und Mond darstellen. So zeigt ein Pektoral des Königs einen Skarabäus, der einen auf einer Sichel ruhenden Mond stützt. Dieses Bild spielt mit dem Ikon des Thronnamens, in dessen Kartuschenform die Sonne über dem Käfer steht. Ein anderes Geschmeide fügt beide Momente zusammen: Über der senkrecht stehenden Kartusche, die von zwei sonnenbekrönten Uräusschlangen flankiert werden, sitzt in einer Sichel ein großer silberner Mond. Der unterlegte Sinn evoziert hier weit mehr als nur die mythische Gewissheit, dass es sich beim Mond um das andere Auge des Himmelsgottes handelt. Der König selbst erscheint als Mondgott – und damit ein weiteres Mal als Neuerer und nicht als Restaurator.

Abb. 48: Das Mondpektoral König Tutanchamuns

Dieses Verständnis findet seine volle Bestätigung anhand des aufwendigsten Schmuckstücks des gesamten Grabschatzes, des auf der Brust des Königs zu tragenden sogenannten Mondpektorals (Abb. 48). Ein phantastisches Mischwesen, halb Skarabäus, halb Falke, hält mit seinen Vorderbeinen eine Himmelsbarke, auf der sich das heilige *Udjat*-Auge befindet. Darüber schwebt auf einer Sichel die volle Mondscheibe, die drei goldene Relieffiguren einschließt. In der Mitte steht der an seinen Herrschaftszeichen zu erkennende König; er trägt in ungewöhnlicher Weise auf seiner blauen Krone den Mond. Der solchermaßen als vergöttlichter Mondgott ausgewiesene Tutanchamun wird vom falkenköpfigen Sonnengott Re-Harachte (rechts) und vom ibisköpfigen Mondgott Thot (links) flankiert.

Die Gesamtkonstellation ist ohne Parallele und entzieht sich einer schnellen Interpretation. Aber nach dem zuvor Gesagten gewinnt man den Eindruck, dass hier ein weiteres Mal das Bemühen sichtbar wird, den in Amarna ausgehebelten Dualismus von Tag und Nacht wieder in sein Recht einzusetzen. Während das Änigmatische Unterweltbuch die ausgeblendete Nachtfahrt der Sonne in die Atonreligion einzuführen versucht, wird im vorliegenden Pektoral die Vorstellung der Barkenfahrt der Sonne auf den Mond übertragen; als notwendiges Pendant erscheint jetzt die Himmelfahrt des Mondes als der »Sonne der Nacht«. Vielleicht ist damit der erste Schritt zur Verlegung der Nachtfahrt in die Himmelstiefe (symbolisiert durch den Leib der Himmelsgöttin Nut) getan, wie sie uns später in den Büchern der Ramessidenzeit begegnet (etwa im »Buch vom Tage und von der Nacht«). Dies könnte den Vorschein des Kommenden andeuten, aber fraglos markanter ist der Rückgriff auf eine starke Tradition aus den Anfängen der 18. Dynastie. Wie im Exkurs über »Die beiden Kulturen« gezeigt, vollzog sich der Herrschaftsantritt der Geschlechter der Ahmosiden wie Thutmosiden im Zeichen des Mondes. Unbeschadet der Tatsache, dass Amun zunehmend in die Rolle des Reichsgottes hineinwuchs, handelte es sich bei den beiden Dynastiegöttern doch jeweils um Mondgottheiten, Ah und Thot. Am Ende der 18. Dynastie, in der Zerreißprobe mit der wiedererstarkten Amun-Priesterschaft, versuchte der letzte Thutmoside auf dem Thron[98] offenbar, die verlorene Balance wiederzufinden und den verbliebenen Spielraum einer Religion des Lichts durch die Erweiterung um den lunaren Aspekt abzusichern. Doch die Dreiheit von Re-Harachte, Thot und Pharao wuchs zu keiner Einheit zusammen; sie blieb eine Dialektik im Stillstand, die nicht fruchten wollte.

Schon bald sollte sie durch die Triade von Amun-Re, Re Harachte und Ptah abgelöst werden.

Auch im »Buch von der Himmelskuh«[99] wird der Weltinnenraum vom Sonnen- und Mondgott beherrscht, aber als Mythos will es im Spiegel der Urzeit vom Grund für die unvollkommene Gegenwart erzählen. Einst herrschten Götter und Menschen gemeinsam in einer Welt ohne Scheidung von Himmel und Erde, Tag und Nacht, Leben und Tod. Da empörten sich eines Tages die Menschen, die vor Zeiten aus den Tränen des Schöpfer- und Sonnengottes entstanden waren, gegen den »alt gewordenen Re«. Dieser versammelt daraufhin sein Gefolge – darunter den Urgott Nun, Schu und Tefnut, Geb und Nut – und beschließt, die Rebellen zu bestrafen. In Gestalt der Hathor soll das feurige Auge des Re die Menschen umbringen. Nachdem die richtende Göttin einen Großteil der Menschheit in der Wüste aufgespürt und vernichtet hat, bekommt Re Mitleid mit den übrig gebliebenen Menschen. Mittels einer List soll die Rächerin besänftigt werden: 7000 Krüge Bier, rot wie Menschenblut, werden zubereitet, um die blutdürstige Hathor trunken zu machen. Nachdem das gelungen ist, wird die Welt völlig neu geordnet. Der sich »kraftlos« fühlende Re verzichtet darauf, auf die Stelle des Weltenherrschers zurückzukehren. Auf dem Rücken der Himmelskuh (der in eine Kuh verwandelten Himmelsgöttin Nut) zieht er sich in seinen Palast zurück, nicht ohne zuvor den Mondgott Thot als seinen Stellvertreter eingesetzt zu haben. Eine Gruppe von Menschen, die geflohen war und jetzt auf Seiten Res gegen die restlichen Rebellen zu den Waffen greift, kann den enttäuschten Sonnengott nicht umstimmen. Unter dem von Schu emporgestemmten (und von den acht *Heh*-Göttern abgestützten) Himmel liegt eine von den Göttern verlassene Erde – eine Trennung, mit der ein neues düsteres Zeitalter heranbricht. Es ist »der Ursprung des Gemetzels unter den Menschen«.

Der Umstand, dass der Text des Buches von der Himmelskuh erstmals unter Tutanchamun bezeugt ist und dann in der Ramessidenzeit (namentlich unter Sethos I., Ramses II., III. und VI.) in den Kanon der königlichen Grabdekoration aufgenommen wurde, macht in den Augen vieler Kommentatoren einen deutlichen Bezug zur Krise von Amarna wahrscheinlich. So will Hornung in ihm ein »willkommenes mythisches Vorbild der irdischen Empörung Echnatons gegen die alten Götter« erkennen. Ein so unmittelbares Anschließen an die Zeit von Amarna ist aber nicht unproblematisch. Einerseits sprechen einige Aspekte von Inhalt, Sprache und Illustration des Textes für eine frühere (wenngleich das Neue Reich nicht überschreitende) Datierung. So wäre eine Entstehung etwa unter Amenophis III. eine realistische Perspektive. Andererseits lassen gerade die amarnatypischen Analogien – die Ausstattung Res mit einer Königstitulatur, die in zwei Königsringe eingeschlossen ist; der Pharao in der Rolle des Himmelsträgers Schu – Echnaton nicht als Gegner, sondern als Gefolgsmann des Sonnengottes erscheinen, der die uranfängliche »Zeit des Re« erneuert hat. In dieser unübersichtlichen Lage scheint es ratsam zu sein, zunächst nach intertextuellen Verbindungen Ausschau zu halten, um den Text geistesgeschichtlich einordnen zu können.

Typischerweise ist das Buch von der Himmelskuh als »Mythos von der Vernichtung des Menschengeschlechts« immer wieder mit dem entsprechenden biblischen Bericht verglichen, das heißt als »ägyptische Variante der Sintfluterzählung« verstanden worden. Das ist eine zu Missverständnissen einladende Lesart. Der Bericht der Genesis mit Noah als Helden in seinem Zentrum ist bekanntermaßen um viele Jahrhunderte jünger; in zahlreichen Einzelheiten ähnelt er zudem der babylonischen Geschichte von der Weltenflut, wie sie die berühmte elfte Tafel des Gilgamesch-Epos erzählt. Danach hatte der Götterkönig Enlil einst beschlossen, die Menschheit durch eine große Flut zu vernichten. Ea, der Gott der Weisheit, hatte zwar die Entscheidung mitgetragen, aber unzufrieden mit den unabsehbaren Folgen ließ er Uta-napischti (dem mesopotamischen Noah) durch ein Traumgesicht eine Warnung zukommen. In Erwartung der Flut baute dieser nun in kürzester Zeit eine riesige Arche. Das fertige Schiff belud er mit allen Tieren, die zu Haus und Hof gehören; außerdem nahm der »überaus Weise« (so ein Beiname des Uta-napischti) die Vertreter aller Künste mit an Bord, um das Wissen der alten Kultur in die neue Zeit hinüberzuretten. Auf diese Weise sicherte er das Überleben der Menschheit.

Erkennbar ist die biblische Sintfluterzählung ihrerseits eine hebräische Variante der (hier mit wenigen Strichen nachgezeichneten) Gilgamesch-Passage. Damit steht die Frage im Raum, ob das babylonische Epos nicht auch als Vorlage unseres ägyptischen Mythos gedient haben könnte. Die Überlieferungsgeschichte des Gilgamesch-Stoffes steht dem nicht entgegen.[100] Nach heutigem Forschungsstand ist das Werk etwa in der Mitte des zweiten Jahrtausend vor unserer Zeitrechnung entstanden, mit Vorläufern, die in das 17. und 18. Jahrhundert weisen. Der Übergang von der mittleren zur späten Bronzezeit, der hier in den Blick gerät, ist gerade die Periode, in der sich das Babylonische als internationale Diplomatensprache von Kleinasien bis nach Ägypten durchgesetzt hat. Babylonische Bildung drang überall hin, wo die akkadische Keilschrift benutzt wurde. Textfunde beweisen, dass sich die Gilgamesch-Erzählung an den Königshöfen entlang der Levante großer Beliebtheit erfreute. In den Ruinen der hethitischen Hauptstadt Hattuscha fand man sogar eine hethitische Übersetzung; auch haben sich Bruchstücke einer hurritischen Fassung des Heldenliedes erhalten. Wir dürfen somit davon ausgehen, dass auch die Schreiber der späten Thutmosiden ihr Können erwarben und vervollständigten, indem sie die großen kulturellen Texte Babyloniens auswendig lernten und dann aus dem Gedächtnis niederschrieben. Die akkadischen Epen standen damit den Ägyptern als Material für eigene Nachdichtungen zur Verfügung.

Die Flutgeschichte des Gilgamesch-Epos entbehrt jedoch einiger Motive, die für den Mythos von der Himmelskuh zentral sind. So findet sich kein Hinweis darauf, warum die Götter beschlossen, die Menschheit zu vernichten. Von einer Empörung der Menschen ist nicht die Rede. Auch in der Wahl der Mittel – Flut versus Feuer – eröffnet sich ein Gegensatz. Umgekehrt geht der ägyptische Mythos mit dem Topos vom Altern und Rückzug des Götterkönigs viel weiter als der babylonische Text, um auf der anderen Seite den Platz des Helden Uta-napischti unbesetzt zu lassen. Es reimt sich also einiges nicht zusammen. Die Korrespondenzen werden schlagartig enger, wenn wir neben dem Gilgamesch einen anderen Text der akkadischen Literatur einbeziehen, das sogenannte *Atrahasis*. Bei diesem Titel handelt es sich um die Übersetzung des Beinamens des Uta-napischti (»Der überaus Weise«), das heißt, er und die Geschichte der Flut, im Gilgamesch nur ein Erzählstrang unter anderen, stehen im Mittelpunkt dieses älteren Epos.

Das *Atrahasis* beginnt mit den unvordenklichen Zeiten, »als die Götter nach Menschenart waren« – es also noch keine Menschen gab. Alle Arbeiten (genannt werden Kanäle graben und Dämme aufwerfen) mussten die Götter selber verrichten, wobei die jüngeren Götter den oberen Gottheiten zu Diensten waren. Das führte zum Streit. Die Jungen begehrten auf und traten gegen Enlil, den obersten der Götter, in den Streik. Der listige Ea ersann einen Ausweg aus dem Götterkonflikt: zusammen mit der Muttergöttin Belet-ili erschuf er die Menschen, die nun fortan die Last zu tragen hatten. Doch nach einer Zeit »von 600 und 600 Jahren« sind die Menschen so zahlreich geworden, dass sie mit ihrem Lärmen die Ruhe des Götterkönigs stören. Aus diesem Grund beschließt Enlil, die Menschheit zu vernichten. Drei Versuche werden unternommen, den Plan auszuführen. Zuerst schickt Enlil eine Pest, dann eine Hungersnot, schließlich die große Flut. Es ist jedes Mal Ea, der Gott der Weisheit, der die Anschläge vereitelt und letztlich seinen Schützling Uta-napischti, genannt Atrahasis, die rettende Arche bauen lässt. Der enttäuschte und irritierte Enlil (»Wie hat der Mensch die Vernichtung überlebt?«) wahrt sein Gesicht, indem er den einzig überlebenden Menschen, den Helden der Geschichte, unsterblich macht. Nur so kann er seinen unabänderlichen Entschluss, alle »sterblichen Menschen« auszulöschen, verwirklicht sehen.

Halten wir zunächst fest, dass auch im Atrahasis von einer offenen Rebellion der Menschen gegen die Götter nicht die Rede ist. Aber im Vorspiel, das die schwierig gewordenen Beziehungen der Götter untereinander reflektiert, wird das Motiv von Streit und Aufbegehren sehr wohl eingeführt. Die jüngeren Götter opponieren gegen die alteingesessenen, oberen Gottheiten. Mit diesem Szenario ist unwiderruflich die Frage nach dem Altwerden und Sterben der Götter, also der Götternachfolge, aufgeworfen. Ein Faden, den der ägyptische Mythos erkennbar aufnimmt und fortspinnt. Der Anschlag der Menschen auf den altgewordenen Sonnengott Re wirkt in der Zusammenschau beider Texte wie eine Wiederholung des ursprünglichen Konflikts auf anderer (Beziehungs-)Ebene und zugleich wie die Entbindung einer im altbabylonischen Epos einbehaltenen Sprengkraft. Es ist, als würde die Beunruhigungsqualität des so zurückhaltend formulierten Zustands: *Die Menschen nahmen überhand und die Götter gerieten in Bedrängnis*, offen ausbuchstabiert: *Die Menschen wurden immer mächtiger und ließen die Götter um ihre Vorherrschaft bangen*. Genau in dieser Situation werden die Plagen entfesselt, deren letztendliche Wirkungslosigkeit die (relative) Ohnmacht der Götter bezeugt. Sie können die Menschen wohl dezimieren, aber nicht auslöschen. Dieser Stolz des Menschengeschlechts ist, so meint man zu spüren, den babylonischen Heroen in der Art eines »zynischen Optimismus« (Walter Burkert) regelrecht ins Gesicht geschrieben.

Anders verhält es sich auf der ägyptischen Seite, die überhaupt keinen irdischen Helden kennt. Die Menschenmassen bleiben ohne Namen und Gesicht, sie sind anonymer als die chaotischen Mächte der Unterwelt. Noch die listige Errettung ist Sache der Götter. Zwar passt der Feuertod gut in den Katalog der babylonischen Plagen;[101] aber beim

Gluthauch des Sonnenauges, den Hathor aussendet, handelt es sich nicht um eine (sich im stereotypen Abstand von 1200 Jahren wiederholende) Schutzaktion der Götterwelt, mit der die Bevölkerungsexplosion der Menschen periodisch eingedämmt werden soll, sondern um die gezielte Strafaktion der zürnenden Gottheit. Der hier aufblitzende Fluch der bösen Tat lässt einen Schuldzusammenhang erahnen, in den die Menschen verstrickt sind. Unversehens (aber nicht unerwartet) stoßen wir erneut auf die Zwillingsgestalt von Schuld und Plage, die wir am Beginn unserer Arbeit auf hethitischer Seite – im Kontext der (von der »kanaanäischen Krankheit« überschatteten) kriegerischen Auseinandersetzung mit Ägypten – kennengelernt haben. Erlaubt uns der Mythos von der Himmelskuh, einen zweiten Blick durch das Zeitfenster jener düsteren Jahre zu werfen, in denen eine schier endlose Pest wahllos Menschen dahinraffte? Einen Blick, der jetzt das Drama auf ägyptischer Seite erhellt? Wir haben weiter oben die mehrdeutigen Worte auf der sogenannten Restaurationsstele Tutanchamuns gelesen: »Das Land machte eine schwere Krankheit durch./ Die Götter hatten sich von diesem Land abgewendet.« Ich habe beiläufig angefügt, dass es sich hier um ein literarisches Motiv handelt, das aus einem klassischen Text, den »Prophezeiungen des Neferti«, stammt. Auf dem Stand unserer fortgeschrittenen Rekonstruktion dürfen wir die beiden Zeilen mit noch größerer Triftigkeit auf die mythische Erzählung vom Rückzug des Sonnengottes beziehen. Im Spiegel des Mythos sieht der Hof in Memphis auf eine schwere Leidenszeit zurück, in der beide Gräuel, die Toten der Seuche sowie die Opfer des »Gemetzels unter den Menschen« (also des Religionskrieges), auf eine gesellschaftlich verschuldete Gottesferne bezogen werden können.

Natürlich lautet das nicht ausgesprochene Schibboleth »Achetaton« – aber nicht schon »der Feind von Achetaton«. Wir müssen die Rolle, die der Mythos von der Himmelskuh in der Zeit Tutanchamuns gespielt hat, von der (aus anderen Motiven gespeisten) Rezeption in der Ramessidenzeit klar trennen. Es ist auffällig, mit welch feinem psychologischem Gespür der Verfasser des Buches (in der ersten uns bekannten Fassung aus dem Grab Tutanchamuns) die Frage der Schuld in der Schwebe lässt. Der Text präsentiert ja nicht nur keinen menschlichen Helden, er kennt auch keinen Schurken. Tutanchamun und seinen Beratern geht es ersichtlich nicht um die Verfemung Echnatons, sondern um die Begradigung eines religionspolitischen Irrwegs. Genaues Lesen enthüllt, dass im Grunde die Maximen der »neuen Sonnentheologie«, deren Anfänge weit vor Amarna liegen, in Frage gestellt werden. Der tiefgreifende Wandel hatte sich in der Konzeption des Sonnenlaufs vollzogen: als Wechsel von einer gemeinsamen, auf das Zusammenwirken der verschiedenen Götter angewiesenen Tat zu einer einsamen Handlung Re-Atons. Im Mythos tritt die Revision dieser theologischen Position klar zutage. Der Sonnengott muss (in den Worten von Hornung) »einen Teil seiner bisherigen Alleinherrschaft abgeben; Thot wird als sein Stellvertreter eingesetzt, als Mondgott vertritt er Re in der Nacht, und in der Tiefe führen der Erdgott Geb und der Totenherrscher Osiris das Regiment«. Re-Aton wird also wieder in die Göttergemeinschaft eingebunden. Es ist der Anfang vom Ende seiner Herrschaft. Schon der Schrein von El-Arisch beschreibt Schu als neuen vollkommenen König »auf dem Thron seines Vaters Re-Harachte«. Und schon bald wird Geb, nachdem er seine Mutter Tefnut gewaltsam in Besitz genommen hat, sich seinerseits »auf den Thron seines Vaters Schu« setzen.

Es ist bemerkenswert, wie nahe sich an dieser Stelle Realgeschichte und Mythos kommen. Schu und Tefnut, das erste Zwillingspaar im aufgeschlagenen Fächer der heliopolitanischen Neunheit, wird in der Welt von Amarna durch das Königspaar Echnaton-Nofretete vertreten, mit dessen Kindern – in der Sprache der Kosmogonie Geb und Nut – die Trennung von Himmel und Erde beginnt. Mit Amarna und seiner eingeschworenen Trias von Re/Aton-Schu/Echnaton-Tefnut/Nofretete ist also der Höhepunkt der »Zeit des Re« überschritten. Ein neues Zeitalter wird eingeläutet, das die Begegnung von Gottheit und Mensch auf eine neue Grundlage stellt. Die erbitterten Kämpfe auf der Erde und der gewalttätige Herrschaftswechsel im Himmel sind das eine Kennzeichen der neuen (Un-)Ordnung. Mit der endgültigen Trennung der Sphären kommen aber auch die verwandtschaftlichen und sexuellen Beziehungen zwischen Göttern und Sterblichen zum Erliegen. Das ist, zugegebenermaßen, nicht die Sprache des Mythos; aber die zeitgenössische Realität hinter den Worten vom Ende des einträchtigen Miteinanders von Göttern und Menschen ist die in Auflösung befindliche heilige Aton-Familie. Die Amarnakönige waren das letzte göttergleiche Geschlecht, das sich im sexuellen Verlangen mit den Himmlischen vereinigte und Halbgötter zeugte. Und es ist niemand anderer als das Götterkind Tutanchaton, das zusammen mit seiner Gemahlin Anchesenpaaton die letzte Gestalt dieses Eros repräsentierte. Mit ihnen vergeht die Illusion der auf Erden wandelnden Götter.

Abb. 49: Tutanchamun und Anchesenamun beim Spaziergang im Garten

Im Grab Tutanchamuns, und das heißt am Vorabend der Regierung Ejes, ist das Buch von der Himmelskuh das mythische Vexierbild, in dem in verstellter Form (auch) vom schmerzlichen Ende des »Goldenen Zeitalters« von Amarna die Rede ist. Als literarische Vorlage, genauer: als semantisches Material der Einkleidung des fremd gewordenen Eigenen diente ganz offensichtlich das altbabylonische *Atrahasis*. Gibt es Querverbindungen auch in die andere Richtung? Hat der ägyptische Mythos seinerseits als literarische Quelle für andere, jüngere Texte gedient? Eine Einflussnahme auf die biblische Sintfluterzählung halte ich, wie schon gesagt, für unwahrscheinlich. Zu deutlich tritt hier das Gilgamesch-Epos als Vorlage hervor. Anders verhält es sich, wenn wir die griechische Literatur der archaischen Epoche in den Blick nehmen. Vor allem die Werke Hesiods kommen der ägyptischen Variante einer vom höchsten Gott ausgelösten Menschheitskatastrophe erstaunlich nahe. Nach Hesiod[102] verkörpert Zeus, der seinen Vorgänger und Vater Kronos mit Gewalt entthront hat, nicht nur das Prinzip der göttlichen Herrschaftsfolge, er greift auch aktiv in die Abfolge der Zeitalter ein, indem er »noch ein viertes, gerechteres und besseres Geschlecht« erschuf:

> Das der Heroen, ein göttergleiches Geschlecht; jene, die vor uns auf der grenzenlosen Erde wohnten, wurden auch Halbgötter genannt. Sie wurden teils vom bösen Krieg, teils von schrecklichen Schlachten ausgelöscht, manche vor dem siebentorigen Theben im Land des Kadmos, als sie um die Viehherden des Ödipus kämpften, manche, als sie ihre Schiffe über die weiten Tiefen des Meeres nach Troja brachten, der schön gelockten Helena wegen, wo nicht wenige vom Ende des Todes eingehüllt wurden.

In den *Kyprien*[103] ist der »große Streit des Ilias-Krieges« das Mittel der Wahl, das Zeus – nicht anders als Enlil Pest, Hungernot und Flut – einsetzt, um »die allnährende Erde von den Menschen zu erleichtern«. Das ist noch ganz die Sprache des Atrahasis. Bei Hesiod wird »das Gemetzel unter den Menschen« nicht nur verdoppelt (in Gestalt des Thebanischen *und* Trojanischen Krieges), er führt – am deutlichsten in den *Katalogen*[104] – auch ein neues Motiv ein. Der einsame Entschluss des Zeus, den (wie es heißt) die übrigen Götter »noch nicht« durchschauen, zielt darauf ab, den erotischen Verwirrungen zwischen Himmel und Erde ein Ende zu bereiten: Götter und Sterbliche sollen nicht länger sexuell miteinander verkehren. Das ist ein genuin ägyptisches Motiv, das sich zuerst in der Ramessidenzeit als Korrektur einer überzogenen Vergöttlichung Pharaos bemerkbar macht. Wir haben die alte Vorstellung, dass der König aus der Verbindung seines göttlichen Vaters (Re-Aton oder Amun) mit seiner irdischen (Königs-)Mutter hervorgeht, im Mythos von der Geburt des Gottkönigs kennengelernt; so am Beispiel des Luxortempels Amenophis' III., in dessen Bilderzyklus Mutemwia in der Rolle einer Gottesgemahlin des Amun zu sehen ist. Wie gezeigt hat die Grundkonstellation des Mythos – die Kind-Imago sowie der *hieros gamos* zwischen Gott und Mensch – die gesamte Amarnazeit beherrscht. In der Ausnahmegestalt Ramses' II. hat der Mythos dann (wie einige Blöcke aus dem Ramesseum sowie der berühmte »Segen des Ptah« bezeugen) noch einmal ein Revival erlebt. Aber seine Zeit war abgelaufen. Spätestens mit dem Ende der Ära bronzezeitlicher Zivilisation um 1200 v.u.Z. setzt eine gegenläufige Entwicklung ein. Mit der Errichtung des thebanischen Gottesstaates in der Umbruchzeit zur 21. Dynastie wird »die gewaltige Hoheit« des Gottes (Amun), »der seinen Namen verborgen hält und sein Bild geheim«, noch einmal gesteigert und damit der Abstand zum König (der neu gewonnenen Nähe der »persönlichen Frömmigkeit« zum Trotz) vergrößert. Zwar kommt das Amt der »Gottesgemahlin des Amun« wieder zu Ehren; es wird jedoch schon bald (in der 23. Dynastie) im Zuge einer paradoxen Statuserhöhung ausgetrocknet: Die Gottesgemahlin steigt zum Pontifex des Gottesstaates auf, muss jedoch jungfräulich bleiben. Parallel dazu entwickelt sich in der Zeit der 25. und 26. Dynastie der sogenannte Kult der »Götter-Vorfahren«, der die schon vorgedachte Trinität Amuns vollends zur Anschauung bringt. Im kultischen Vollzug erscheint der Gott nicht nur in der gestorbenen Urform des »Amun-Kamutef« sowie als Reichsgott von Karnak, sondern als »Amun-in-Luxor« auch in jener Sohnesrolle, die der alten Tradition zufolge dem König vorbehalten war. Mit der Unterscheidung einer Vaterform und einer Sohnform des Göttlichen wird das klassische Rollenspiel zwischen Gott und König endgültig in die Götterwelt übertragen. Die Vorstellung einer Theogamie kommt damit zum Erliegen. Endpunkt dieser Entwicklung ist die Einrichtung von Geburtshäusern oder »Mammisi«[105], die – erstmals in der 30. Dynastie unter Nektanbos I. bezeugt – zur Grundausstattung jeder größeren Tempelanlage der Spätzeit gehören. In diesen Kapellen wurde alljährlich ein Ritual mit dem Titel »Die Geburt des Gottes« aufgeführt, das ikonographisch eine erstaunliche Ähnlichkeit mit dem Bilderzyklus des Neuen Reiches aufweist. Die entscheidende Veränderung ist gerade die, dass in der Rolle des Kindes nicht der regierende König, sondern der Kindgott der jeweiligen Göttertriade erscheint. Das heißt, neben Amun als zeugendem Vater sind jetzt sowohl Mutter als Kind ebenfalls Götter.[106]

Es ist angesichts dieser komplexen Entwicklungsgeschichte schwer zu entscheiden, woraus genau das griechische Epos Funken geschlagen hat. Sicher nicht aus dem Mythos von der Himmelskuh selbst, der als narrativer Text gar nicht zur Verfügung stand und zudem seine Botschaft nicht zuletzt in Form von »Beziehungsbildern« (Assmann) transportiert hat – ein Charakteristikum des ägyptischen Mythos überhaupt. Der Vorrang der Ikonizität ist dem modernen Titel (der ägyptische Titel des Buches ist nicht überliefert) insofern eingeschrie-

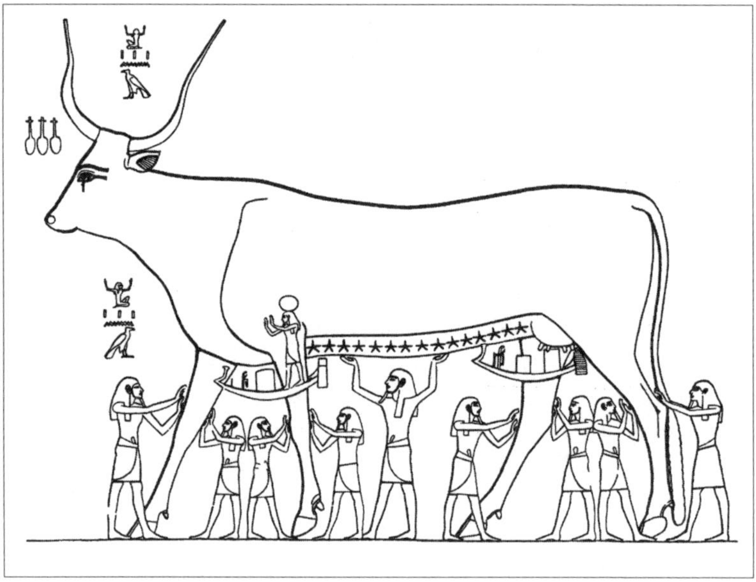

Abb. 50: Die Himmelskuh auf dem äußersten Schrein Tutanchamuns

ben, als im Zentrum der Grabdekorationen die Illustration der Himmelskuh steht. Groß und überragend steht ihr Bild auf der Rückwand des Schreins. Seit vorgeschichtlicher Zeit wird die ägyptische Himmels- und Muttergöttin in Gestalt einer Kuh verehrt, die als »Große Schwimmerin« (Mehet-weret) den himmlischen Ozean durchmisst. In den Sargtexten tritt dann die Beziehung der Himmelskuh zum Sonnengott in den Vordergrund. Sie ist dort seine Mutter: »die Kuh, die Re gebar«. Die vorliegende Abbildung verbindet dieses Motiv mit dem Sonnenlauf. Zwei Götterbarken fahren am gestirnten Bauch der Himmelskuh entlang, unter dem eine Reihe stützender Götter (die acht Heh-Götter mit dem Himmelsträger Schu in der Mitte) versammelt sind. Im Schritt der Vorder- und Hinterbeine markieren die beiden Barken den Osten und den Westen, so dass es sich bei dem in der vorderen Barke stehenden Gott um Atum handelt, die Abendgestalt des Sonnengottes. Ikonographisch ist dies eine ganz und gar konventionelle Darstellung. Das heißt, die entscheidende Textpassage vom sich kraftlos fühlenden Re, der sich »auf dem Rücken der Kuh« zurückzieht, ist im Grab Tutanchamuns nicht bebildert worden – und auch nicht, so ist zu ergänzen, in den Grabanlagen der ramessidischen Könige. Zwar gibt es Zwischenformen, die – analog zur Imago der

Abb. 51: Der Sonnengott Re auf der Himmelskuh

Hathor – die Sonnenscheibe zwischen den Hörnen eines Rinderkopfes zeigen, aber erst in der 21. Dynastie wurde ein (neues) Bildmotiv geschaffen, das den menschengestaltigen Re im Sinne jener Szene aus dem Buch von der Himmelskuh zeigt: »Nun reitet«, so Hornung, »der Sonnengott als Kind oder falkenköpfiger Gott auf dem Rücken oder dem Kopf der Kuh und hält sich an ihren Hörnern fest.«

Die Tragweite dieses Bildes ist imposant; sie reicht weit über die ptolemäische Epoche hinaus bis in die römische Zeit hinein – wobei mehrfach griechischer Geist berührt wird. Die vielleicht erstaunlichste Abbildung findet sich auf den Tempelwänden von Kom Ombo tief im Süden Ägyptens (also weit vom damaligen Zentrum Alexandria entfernt). Wir sehen den Sonnengott, wie er auf dem Rücken einer Kuh schwimmend vor seinen Feinden zu fliehen versucht. Diese Szene evoziert unmittelbar das mythische Bild der Entführung der Europa auf dem Rücken des stiergestaltigen Zeus. Wenn sich hier ein griechischer Einfluss andeutet, so ist doch gewiss das aus archaischer Zeit stammende Motiv einst ägyptischen Schnittmustern nachgebildet worden. Der Ritt der Mondgöttin (Europa) auf dem kretischen Sonnenstier (Zeus) lässt an eine Inversion des starken Bildes vom Ritt des ägyptischen Sonnengottes auf der Himmelskuh denken. In der verwandten

Geschichte von Io, der als Mondkuh umherirrenden Geliebten des stiergestaltigen Zeus, die es nach Ägypten an die Seite des göttlichen Apisstier verschlägt, tritt der Ursprungsort deutlich hervor. Aber haben wir nicht gleichzeitig zu Beginn der 18. Dynastie eine ägyptisch-minoische Verbindung kennengelernt, jene (mutmaßliche) Liaison der (Mond-)Königin Ahhotep mit einem (namentlich nicht überlieferten) kretischen (Sonnen-)König, deren tiefere Symbolik und historische Wahrheit im Stierspringerfries von Avaris zur Anschauung kommen? Die Pfade, auf denen der kulturelle Sinn zirkuliert, sind also durchaus krumm und bar jeder chronologischen Ordnung. Sie ähneln den »Wanderstraßen des Bildgedächtnisses«, die Aby Warburg bei seinen mnemohistorischen Arbeiten im Blick hatte. Bei ihren Trittsteinen handelt es sich um kulturelle Objektivationen, die über Jahrhunderte springen und an gänzlich unvermuteten Orten wieder auftauchen. Wollte man im Geiste des Warburg'schen Mnemosyne-Atlas[107] eine Bildtafel zum Motiv des auf der Himmelskuh reitenden Sonnengottes zusammenstellen, so dürfte neben der ägyptischen Galerie, deren Bildbogen von der kuhköpfigen Hathor bis zum Sonnenkind des Fayum-Papyrus reicht, und den zahlreichen griechischen Adaptionen, die das Thema einer Verbindung von Mondkuh und Himmelsstier variieren,

Abb. 52: Stierspringerin. Minoisches Fresko aus Avaris (Ausschnitt)

das Bild einer minoischen Stierspringerin aus den Fresken von Avaris nicht fehlen. Es markiert genau an dieser Stelle den gemeinsamen Triumph der Kreter und Ägypter über die Hyksos, deren Regime Königin Hatschepsut ein halbes Jahrhundert danach mit der Pathosformel »Sie herrschten ohne Re« brandmarkte – ein Nachsitzen über die Hyksoszeit, das der späteren Erinnerung an Amarna (wie mehrfach gesehen) aufgrund der großen Ähnlichkeitsrelation stets unterlegt blieb. Unter anderem, wie wir gesehen haben, durch das Auftreten einer verheerenden Plage in beiden Epochen, sowohl gegen Ende der Hyksoszeit als auch während der Armanazeit. Dass im »Londoner Medizinischen Papyrus« (er datiert, wie erinnerlich, nicht anders als das Buch von der Himmelskuh unter Tutanchamun) die Beschwörung der »kanaanäischen Krankheit« ausgerechnet in der Sprache der Kreter erfolgt, wird man kaum für zufällig halten. Zwar gehörten die engen Beziehungen zwischen dem ahmosidischen und minoischen Herrschergeschlecht längst der Vergangenheit an, aber eine neue Blüte im Austausch zwischen Ägypten und der Ägäis (jetzt mit Mykene und Theben als Zentren) vollzog sich gerade unter den Regierungen Amenophis' III. und Amenophis' IV.-Echnaton. Eine weitere bemerkenswerte Koinzidenz. In der Ramessidenzeit ist die enge Verknüpfung von Hyksos- und Amarnaerinnerung unter anderem einer volkstümlichen Legende eingeschrieben worden, die nachfolgend als ein weiteres Beispiel der innerägyptischen Gedächtnisgeschichte vorgestellt werden soll. In einem späteren Kapitel, das die Mythen benachbarter Völker ins Visier nimmt, werde ich der Frage nachgehen, ob nicht auch das kulturelle Gedächtnis Griechenlands die Erinnerungsfäden an die dramatischen Geschehnisse von Avaris und Theben-Amarna aufgenommen und weitergesponnen hat.

2. *Das Echo der brüllenden Nilpferde*

Mit der Preisgabe des Gottesstaates von Amarna endete die exklusive Atonverehrung, die Faszination aber, die von dem breiten kulturellen Aufbruch und der Luft eines neuen Lebensgefühls ausging, war damit keineswegs schon erloschen. Unter dem Schirm eines historischen Kompromisses mit den traditionalistischen Kreisen trieb das Fortleben des Atonkults zuweilen seltsame Blüten. Ich habe weiter oben die Berufung des Parennefer zum ersten Hohepriester des Amun der »Nach-

Amarnazeit« erwähnt, gewissermaßen die Bestellung eines Bocks zum Gärtner, weil sich der Auserwählte dem Bildprogramm seiner thebanischen Nekropole zufolge eher als weiterhin loyaler Anhänger Echnatons denn als Verfechter des Amunkultes entpuppte. Fortlaufende Amarnabezüge dieser Art gibt es auch bei Haremhab, dem (neben Eje) zweiten starken Mann in der Zeit Tutanchamuns – und nachmaligen Pharao. Auf einer im Britischen Museum befindlichen Stele des Generals finden sich Wendungen, die direkt einem Atonhymnus entnommen sein könnten. So beginnt die Anrufung des Atum-Harachte mit den Worten: *Du bist erschienen im Horizont des Himmels (...), du bist vollendet und verjüngt als Aton.* Hornung (2001) hat darauf hingewiesen, dass »Aton« an dieser Stelle mit dem Gotteszeichen geschrieben ist, so als »gelte immer noch Echnatons Lehre«. Dies vor Augen fragt man sich erneut, wie der mit Amarna kontaminierte Haremhab es vermocht hat, sich als erster legitimer Herrscher seit Amenophis III. zu positionieren, und wie er als König mit dem Vermächtnis von Amarna umgegangen ist. Zwei Ereignisse aus jener unruhigen Zeit des Übergangs ragen unmittelbar aus dem Geschehen heraus. Wie wir hörten, hat König Eje versucht, mit dem Heeresoffizier Nachtmin mutmaßlich den eigenen Sohn als Erben der neuen Dynastie der Juja einzusetzen. Diesen dynastischen Wechsel verhindert zu haben, ist die Großtat des Haremhab, die ihm selber den Thron beschert und zugleich das Kunststück erlaubt hat, diesen zusammen mit Mutnedjmet, einer Tochter Ejes und Schwester Nofretetes, zu besteigen. Einmal im Amt profilierte sich Haremhab als Mann der praktischen Vernunft, der die schwierige Lage des Reiches mit konventionellen Mitteln (durch Reorganisation von Verwaltung und Militär) stabilisierte. Er ist der Erste, der für die Bauten in Karnak in großem Umfang Talatat-Blöcke aus dem verlassenen Achetaton und Karnak-Ost verwendete. Aber auch hinter dieser Aktion, mit der Aton unter die Sohlen Amuns geriet, um so zugleich, Ironie der Geschichte, für die Nachwelt konserviert zu werden, ist kein religionspolitisches Programm zu erkennen. Das große Nachsitzen über Amarna – die offene Abrechnung nicht weniger als die heimliche Weitergabe des schwierigen Erbes – beginnt erst mit der Herrschaft der Ramessiden.

Die Eröffnung einer Erinnerungspolitik, welche die Verfemung, ja die Auslöschung der Amarnazeit zum Ziel hatte, fällt in die Regierungszeit Sethos' I. Auf dem Denkstein des Königs für die Kapelle seines Vaters Ramses I. findet sich eine dunkle Anspielung auf den chaotischen

Zustand der Welt vor dessen Thronbesteigung, die man motivisch auf den Mythos von der Himmelskuh beziehen kann – und hinter ihm auf das Übel der Amarnazeit: *Alle Welt stritt wie die Jünglinge, die wüteten zur Zeit des Re. Man hörte nicht auf, bis er davonging.*[108] Dieser Blick zurück wird aufgefangen durch die Proklamation eines Neubeginns, der im Gebrauch der formelhaften Wendung von der »Wiedergeburt« seinen stärksten Ausdruck gefunden hat. Was damit gemeint ist, zeigt sich in der Baupolitik des Königs. Sethos leitet die erste Phase der Errichtung der neuen Deltaresidenz der Ramessiden auf dem Gebiet der alten Hyksoskapitale Avaris, deren Einnahme durch Ahmose den Beginn des neuen Reiches markiert. Nichts Geringeres als der Gründungsakt der 18. Dynastie ist also der unterlegte kulturelle Sinn der angekündigten Renaissance. Schon Ramses I., der nur knapp zwei Jahre regierende Begründer der 19. Dynastie, hatte sich durch die Wahl seines Horus- und Thronnamens auf Ahmose bezogen. Sein Sohn und Nachfolger ließ dieser Reminiszenz nun Taten folgen. Auf den Wänden seines Totentempels findet sich eine Liste der königlichen Vorgänger Sethos' I., welche die fünf Amarna-Könige (Echnaton, Nofretete, Semenchkare, Tutanchamun und Eje) komplett ignoriert. In der neu geschriebenen Geschichte geht die späte Thronfolge unmittelbar von Amenophis III. an Haremhab über. Die eindrucksvolle Ahnengalerie spielt hierbei eine doppelte Rolle; sie ist Ausdruck der Vergewisserung einer normativen Vergangenheit und Zeugnis eines unerbittlichen Ausschlusses aus eben diesem Sinnzusammenhang: der *damnatio memoriae* der Amarnazeit.

Ramses II. hat die doppelbödige Geschichts- und Erinnerungspolitik seines Vaters konsequent fortgesetzt. Der anhaltende Impuls, das Gedächtnis von Amarna zu tilgen, zeigt sich etwa in gezielten Namenslöschungen, die bis in das zwanzigste Regierungsjahr hinein festgestellt werden können. Neben dem Aushacken von Kartuschen Tutanchamuns fällt auch die späte Eliminierung des Namens des Parennefer im thebanischen Grab 162 und anderswo unter diese Kampagnen. Der »falsche« Hohepriester des Amun wurde also nachträglich als Günstling des verhassten Regimes enttarnt und symbolisch vernichtet.[109] Dass wir es nicht nur mit einem antiken Fall von *political correctness*, sondern mit dem Ausdruck einer anhaltend aggressiven Affektlage zu tun haben, belegt die berühmte Mes-Inschrift von Saqqara, jene bereits erwähnte Gerichtsakte aus der Zeit Ramses' II. Zum ersten und einzigen Mal in ägyptischen Quellen ist hier (gut kenntlich, aber weiterhin unter Vermeidung seines Namens) von Echnaton als »jenem Feind aus Achetaton« die Rede.

Dieser Feind war schwer zu fassen; und noch schwerer war es, sich von ihm zu lösen. Das Paradoxe der Situation bestand offensichtlich darin, dass sein unannehmbares Erbe nicht angenommen, aber auch nicht einfach ausgeschlagen werden konnte. Ein untrügliches Zeichen für die Verstrickung in ein selbstverschuldetes Trauma, für dessen Bewältigung es keine kollektiv geteilten Spielregeln gab. Der Masterplan der Ramessiden angesichts dieser verfahrenen Situation bestand darin, den politischen Handlungsrahmen in großem Stil sowohl geopolitisch als auch gedächtnisgeschichtlich zu verschieben. Ramses II. vollendete den Bau von Piramesse, der auf den Ruinen von Avaris errichteten Ramsesstadt. Damit war das Machtzentrum des Reiches endgültig von Theben, dem südlichen Heliopolis, in den Norden gerückt. Dieser Bruch mit der Tradition der 18. Dynastie wurde durch den überraschenden Aufstieg des Seth zum Familiengott der Ramessiden untermauert. Auf den ersten Blick muss es befremdlich anmuten, dass – wie Beckerath (1951) gesehen hat – »die Ramessiden gerade Seth zu ihrem Schutzherrn erkoren haben, dessen Name doch in der ägyptischen Religion als unterlegener Gegner des Horus, als Mörder des Osiris und als Gott der Hyksos keinen besonders guten Klang hatte«. Aber gerade die Seth-Verehrung erlaubte es den Ramessiden, einen einzigartigen »Tigersprung ins Vergangene« (W. Benjamin) zu tun. Den unheimlichen und unzugänglichen Zeitraum von Amarna hinter sich lassend, konnte die ramessidische Erinnerungspolitik an die historische Einrichtung des Seth-Kultes von Avaris anknüpfen. Am alten und neuen Ort pharaonischer Machtentfaltung kommt es zu einer erstaunlichen Reise in die Tiefe der Zeit.

Das zentrale Monument dieser Rückerinnerung über mehrere Jahrhunderte ägyptischer Geschichte ist die sogenannte »400-Jahr-Stele« Ramses' II. Auf dem oberen Teil des Monuments sehen wir, wie der König dem Seth (*Sutech* nach ramessidischer Schreibung) ein Opfer darbringt. Dieser Gott ist ein alter Baal, der seine Eigenart schon durch sein Äußeres verrät: »Er trägt die übliche hohe Göttermütze, von deren Spitze eine Pommel an einer langen Schnur herabhängt. Der Gott ist gehörnt und hat ansonsten Attribute, die nach dem Verständnis der Ramessidenzeit den Fremden ausweisen sollen, so die gekreuzten Bänder auf dem Oberkörper und der verzierte, mit Quasten versehene Schurz.«[110] Der seiner Erscheinung nach syrische Wetter-

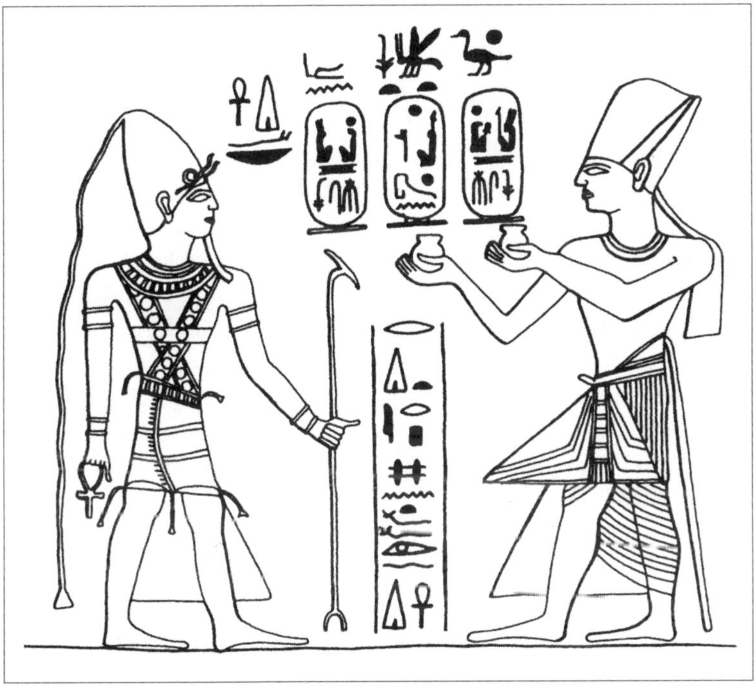

Abb. 53: Ramses II. (rechts) vor Seth-Baal

gott trägt die Bezeichnung »Seth des Ramses von Piramesse«. Nun war die Verehrung vorderasiatischer Götter vor allem im Delta seit längerer Zeit gängige Praxis. Aber eine Eigentümlichkeit der Datierung lässt erkennen, dass es mit der Verehrung des Baal-Seth etwas Besonderes auf sich hatte. Tatsächlich datiert die Stele nicht (wie zu erwarten wäre) nach der Regierungszeit Ramses' II., sondern in nie dagewesener Weise nach der Geschichtsära eines Gottkönigs: *Jahr 400, Monat 4 der Überschwemmungszeit, Tag 4 des Königs von Ober- und Unterägypten Seth.*

Verschiedene Autoren haben diesen ungewöhnlichen Sachverhalt mit dem Hinweis erklären wollen, Ramses II. habe die Jubiläumsstele dem Seth in seiner Eigenschaft als Ahnengott der Dynastie gestiftet. Wie auch immer, rein numerisch gesehen (wenn wir die vier Jahrhunderte zurückrechnen) zielt der Akt des Eingedenkens zweifellos auf den *Beginn* der Hyksoszeit um 1630 v.u.Z. Unbeschadet der Tatsache, dass Seth lange vor Errichtung der Hyksosherrschaft ein Gott der einheimischen Ostdeltabevölkerung war, wandelt Ramses II. damit objektiv in den Spuren der verhassten Eindringlinge aus dem Norden. Diese verdeckte Erinnerungsspur steht im Widerspruch zum Gedächtnis des Befreiungskampfes der Ahmosiden, in dessen militärisch-aristokratischer Semantik Amun als mächtiger Kriegsgott in Erscheinung tritt. Man könnte spekulieren, ob dem Changieren zwischen Hyksosanfang und Hyksosende auf der einen, dem Wechselspiel von zwei Gestalten des Seth auf der anderen Seite die Absicht zugrunde lag, den asiatisch-unterägyptischen Seth mit dem oberägyptischen Seth zu verschmelzen.[111] Aber das ist kaum zu entscheiden. Für unsere Diskussion wichtiger ist der Eindruck, dass die Ramessiden ihren Zeitgenossen wechselnde Identitäten angeboten zu haben scheinen; ein Umstand, der ohne Zweifel ihrem Unvermögen geschuldet war, sich der Amarnazeit offen zu stellen und die traumatische Erfahrung durchzuarbeiten – statt sie halbherzig zu beschweigen und ihr Konfliktschema zugleich in eine ferne Vergangenheit zu projizieren.

Als ein literarisches Echo dieser verwirrenden Gefühls- und Bewusstseinslage scheint eine Erzählung aus der 19. Dynastie zu uns zu sprechen, die in Form einer Schülerhandschrift (Papyrus Sallier I) überliefert und als »Streit zwischen Apophis und Sekenenre« bekannt geworden ist. Nach Art der ramessidischen Erinnerungspolitik schlägt sie einen kühnen Bogen zu Ereignissen, die damals mehr als 300 Jahre zurücklagen: dem Beginn des Befreiungskampfes gegen die Hyksos. Die Geschichte beginnt mit der Einführung der beiden Protagonisten, den historisch bezeugten Königen und tatsächlichen Zeitgenossen Apophis, dem bedeutendsten Hyksosherrscher, und Sekenenre, dem vorletzten König der 17. Dynastie.

> Nun geschah es, dass Kummer in Ägypten herrschte,
> denn es gab keinen Herrn als (einzigen) König zu dieser Zeit.
> Und es geschah, dass König Sekenenre Herrscher der Südstadt
> (Theben) war,
> und Elend herrschte in der Stadt der Asiaten (Stadt des Re?),
> denn der Fürst Apophis saß in Avaris,
> und das ganze Land war ihm tributpflichtig,
> zahlte Steuern oder brachte all die guten Erzeugnisse Ägyptens.

In groben Umrissen spiegeln sich in diesen Zeilen die realpolitischen Machtverhältnisse um die Mitte des 16. Jahrhunderts wider. Während die Hyksos von ihrer Residenz Avaris aus die Oberherrschaft über

Ägypten ausüben, haben die thebanischen Gaufürsten, die Sekenenre vertritt, den Status von tributpflichtigen Vasallen. Die Geschichtsschreibung schreibt dann in der Tat Sekenenre die Rolle zu, den Befreiungskampf gegen die Hyksos initiiert zu haben. Seine Mumie weist mehrere tödliche Kopfverletzungen auf, die auf Hiebe mit der asiatischen Streitaxt zurückgeführt werden und es wahrscheinlich machen, dass Sekenenre im Kampf – mutmaßlich gegen ägyptische Verbündete der Hyksos – fiel. Im Lichte unseres historischen Wissens wäre es ein Leichtes, die Erzählung in der Form einer Königsnovelle weiterzuführen. Der Plot könnte lauten: Der König bespricht mit seinem Hofstaat die politische Lage, die er als unerträglich empfindet. Doch die höchsten Beamten und Soldaten sprechen sich dafür aus, den bestehenden *modus vivendi* aufrechtzuerhalten: Weiderechte im Delta und Bezug von Getreide für die Thebaner, im Gegenzug Öffnung der oberägyptischen Steinbrüche für die Hyksos. Im Unterschied zu seinen Beratern entscheidet sich der Fürst jedoch für den bewaffneten Kampf. Der letztendliche Erfolg gibt ihm recht und bestätigt den einsamen Entschluss als weise Entscheidung.

Bei dieser Fortsetzungsgeschichte habe ich mich unter der Hand auf einen zweiten (zeitgeschichtlich benachbarten) Text bezogen, den berühmten Feldzugsbericht des Kamose. Die Steleninschrift des Sohnes des Sekenenre, der im Kampf gegen den nämlichen Gegner Apophis bis nach Avaris vorgestoßen ist, hat in der Tat die literarische Form der Königsnovelle. Das Ineinanderschieben der beiden Texte vermag zu zeigen, wie leicht es ist, die Eingangspassage unserer Erzählung als Beginn einer fortlaufenden Ereignisgeschichte zu verstehen – oder misszuverstehen. Hans Goedicke (1986) hat den »Streit zwischen Apophis und Sekenenre« genau in diesem Sinne als Geschichtsbericht gelesen und deshalb vor allem die machtpolitischen Züge hervortreten lassen. Es ist aber fraglich, ob wir den erinnernden Abruf des Vergangenen, der erst nach mehreren Jahrhunderten erfolgt ist, mit einem zeitgenössischen Bericht, der sich auf aktuelle Kriegstagebücher stützen konnte (die Inschrift des Kamose), vergleichen dürfen. Die späte Einschreibung in das kulturelle Gedächtnis[112] ist ja regelmäßig eine Umschrift, die wir an keinem Original abgleichen können. Deshalb könnte sich eine gedächtnisgeschichtliche Rekonstruktion als der bessere Zugang erweisen, den gemeinten Sinn der Erzählung aufzuschließen. Das erste Bild des Erzählbogens – der Auftritt von Sekenenre und Apophis – ist diesem Verständnis zufolge nicht mehr als eine erste Kulisse vor einem tief gestaffelten Hintergrund. Und wir müssen damit rechnen, dass die *dramatis personae* Masken tragen.

Schon die nächsten Sätze machen deutlich, dass die Erzählung vorderhand keinen politischen Machtkampf und keine militärische Konfrontation fokussiert, sondern überraschenderweise eine religiöse Gegnerschaft. Zunächst wird über den Hyksoskönig ausgesagt:

> König Apophis aber machte sich den Seth zum Herrn
> und diente keinem Gott im ganzen Land außer Seth.

Sodann heißt es von Sekenenre:

> Er verließ sich auf keinen Gott im ganzen Land außer auf Amun-Re, den König der Götter.

Wir hörten bereits, dass der Dynastiegott der Hyksos der kanaanäische Baal war, der dem ägyptischen Gott Seth gleichgesetzt wurde – und in ramessidischer Zeit eine überraschende Wiederkehr erlebte; dass umgekehrt die Gründungssemantik des Neuen Reiches, die aus den Befreiungskriegen gegen die Hyksos hervorgegangen ist, durchaus religiös fundiert war. Alle Kriegszüge werden im Auftrag Amuns geführt, der dabei ist, zum unumstrittenen Reichsgott aufzusteigen. Eine Ausgrenzung Seths zum Gott der Asiaten oder gar seine Verteufelung, wie wir sie aus der Spätzeit kennen, lässt sich aber für den Vorabend der thebanischen Erhebung nicht postulieren. Im Gegenteil ist daran zu erinnern, dass die nordwestsemitische Bevölkerung, die wir als Träger der Hyksos-Herrschaft zu begreifen haben, in jenen Tagen schon lange im Lande saß und stark ägyptisiert war. Auch die Titulatur der Hyksoskönige weist in diese Richtung. Alles (nicht zuletzt die Jetztzeit der Ramessiden) spricht für einen durchlässigen Synkretismus zwischen den bronzezeitlichen Kulturen Syrien-Palästinas und Ägyptens.

Vor diesem Hintergrund muss die Gegnerschaft von Seth und Amun zunächst unverständlich bleiben. Sie ist übrigens durch eine auffällige geographische Opposition vorbereitet worden. Aber die Erzählung arbeitet nicht nur mit dem literarischen Kompositionsmittel der Wiederholung und Verdopplung. Der Gegensatz von Nordstadt und Südstadt, Avaris und Theben, wird durch die Nennung der zugehörigen Stadtgötter nicht nur bekräftigt, sondern ganz offensichtlich überboten. Was König Apophis im Sinn hat, gemahnt an nicht weniger als einen Götterwettstreit:

> (Ich werde eine Botschaft) an den Prinzen der Südstadt schicken, (einen Befehl),
> so dass wir die Macht des Gottes, der ihn beschützt, einschätzen können.

Es ist dieser dann von einem Boten überbrachte Befehl des Apophis an seinen Gegenspieler Sekenenre, welcher der ganzen (uns bekannten) Geschichte ihre besondere Note verleiht: jene Drehung ins Rätselhafte, in der Kommentatoren wahlweise märchenhafte oder allegorische Motive erkennen wollen.[113]

> Sorge dafür, dass das Treiben im Teich der Nilpferde,
> der im Ostteil der Stadt liegt, ein Ende hat,
> denn ihr Lärm lässt mich nicht schlafen, weder am Tage noch in der Nacht.

Was ist von dieser merkwürdigen Aufforderung zu halten? Die Reaktionen des Sekenenre – es wird berichtet, dass er wie betäubt dasteht, unfähig zu einer Reaktion, auch die eilig einberufenen Ratgeber bleiben stumm –, die Reaktionen also auf thebanischer Seite verraten, dass wir es mit einer verbalen Attacke zu tun haben, einem ebenso bedrohlichen wie schwer zu parierenden Schlag. Erlauben wir uns eine erste scheinbar naive, aber in Wahrheit psychoanalytisch inspirierte Annäherung an das zentrale Motiv vom »Gebrüll der Nilpferde«. Fragen wir: Was dürften ägyptische Ohren dazu assoziiert haben? Und zwar nicht im Kontext von Mythos und Religion, sondern auf der Ebene der sinnlichen Gewissheit. Nun, den einschlägigen Quellen zufolge steht ein langgezogenes und ohrenbetäubendes Schreien von Nilpferden für das Imponiergehabe der Bullen während ihrer Revierkämpfe. Eine Übertragung auf unser Narrativ liegt unmittelbar auf der Hand. Die Rahmenhandlung der Erzählung bildet – so viel ist dem kritisierten Goedicke zuzugestehen – der Machtkampf zwischen dem asiatischen und ägyptischen Bullen, zwischen König und Fürst. Apophis geht es mit seiner »vergifteten« Botschaft darum, die Muskeln spielen zu lassen und seinen thebanischen Rivalen zum Schweigen zu bringen. Dies gelingt ihm zunächst im wortwörtlichen Sinne. Der Hyksoskönig hat also gut gebrüllt.

Natürlich verweist das Schweigen auf der Gegenseite im übertragenen Sinn auf die Unfähigkeit, ein Dilemma zu lösen. Welches? Autoren wie Säve-Söderbergh (1953) und Griffiths (1967) haben vorgeschlagen, die im Text nebulös bleibende Aktivität am Nilpferdteich nicht nur symbolisch zu nehmen, sondern auf die Realität einer rituellen Tötung von Nilpferden zu beziehen. Das heißt, sie lesen die Erzählung im Licht des Mythos von Horus und Seth. Der thebanische Fürst, Verkörperung des »wahren Ägypten«, ist gehalten, die Tat des Horus, der den Osiris-Mörder Seth in Gestalt eines Nilpferdes harpuniert hat, in ritueller Form zu wiederholen. So verstanden ist das Gebrüll der Nilpferde das Geräusch der Erinnerung an eine alte Ritualpraxis. Diese stößt auf den erbitterten Widerstand des Apophis, der zwar das Nilpferd als Verkörperung des Gottes Seth kultisch verehrt, aber eben nicht tötet. Der Hyksoskönig fordert mit dem Ende der rituellen Nilpferdtötung den Abbruch einer heiligen Tradition. Das wäre der Kern des religiösen Gegensatzes.

Abb. 54: Darstellung einer Nilpferdjagd

Diese an sich elegante Auflösung des Rätsels muss in zwei Punkten Kritik auf sich ziehen. Der religiöse Hintergrund des Streites zwischen Apophis und Sekenenre gewinnt (wie gezeigt) seine Kontur in der Gegnerschaft von Seth und Amun, die den geographischen und machtpolitischen Gegensatz von Nordstadt und Südstadt aufgreift und verstärkt. Es ist nicht zu erkennen, wie der Konflikt zwischen Horus und Seth in dieses Muster eingefügt werden könnte. Wenn der Horus-Seth-Mythos überhaupt als Interpretationsfolie für den ägyptischen Umgang mit den Hyksos taugt, dann ist es gerade nicht der Horus von Edfu, der den Seth in Gestalt eines Nilpferdes harpuniert, sondern jener Teil des Horus-Mythos, der von der Vertreibung des Seth aus Ägypten berichtet – ein starkes mythisches Bild für die Vertreibung der Hyksos. Darüber hinaus ist es fraglich, ob die Ägyptisierung der Hyksos so weit ging, dass sie im Rahmen ihre Baal-Seth-Verehrung die kultische Verehrung des Nilpferdes übernommen haben. Die wenigen Quellen bringen hier keine Klarheit. Um weiterzukommen, erscheint es sinnvoll, die Passage über den Seth-Kult des Apophis noch einmal vollständig und genau zu lesen.

> König Apophis aber machte sich den Seth zum Herrn
> und diente keinem Gott im ganzen Land außer Seth.
> Er baute einen Tempel aus feinem und haltbarem Material
> neben dem ›Haus des Königs Apophis‹,
> und (dort) erschien er jeden Tag, um dem Seth zu opfern,
> während die Höflinge Blumengirlanden brachten,
> ganz so wie es im Tempel des Re-Harachte geschieht.

Wir haben den Satz über die Verehrung des Seth zuvor in Parathese zur Verehrung des Amun-Re gelesen und dabei ein wichtiges Detail unberücksichtigt gelassen. Die Aussage, Apophis diente keinem Gott außer Seth, bringt ganz unverkennbar eine monolatrische Gottesvorstellung ins Spiel.[114] Das hat mit der Realität der Hyksoszeit wenig zu tun und kann sich nur auf die Epoche des Echnaton und dessen Kult im Gottesstaat von Achetaton beziehen. Mit anderen Worten, in der Hyksoserinnerung der ramessidischen Erzählung stecken augenscheinlich Erinnerungsspuren von Amarna. In diese Richtung weisen auch andere Reminiszenzen. Der Bau des zentralen Tempels in unmittelbarer Nachbarschaft zum Palast (»Haus des Königs Apophis«) hat sein Vorbild in Achetaton, das hier als ebenfalls nördlich gelegene und mit Theben konkurrierende Metropole Avaris vertritt. In gleicher Weise reflektiert die Beteiligung von hohen Beamten an religiösen Zeremonien, die der König ausführt, die Situation in Amarna; und dies nicht nur in einem formalen Sinn, sondern – worauf unter anderem Redford (1970) hingewiesen hat – ebenso in Hinsicht auf den berichteten performativen Vollzug: Im Grab des Ramose, des Wesirs des Echnaton, findet sich die Abbildung, wie dieser dem König »Blumenkränze für Re-Harachte« überreicht.

Dass die (nach dem schönen Wort von Assmann) »ortlos gewordene Amarnerinnerung« in verstellter, aber gut lesbarerer Form im Vexierbild der Hyksoserinnerung auftaucht, bestätigt unsere Vermutung, es mit einer komplexen, mehrfach geschichteten Gedächtnisgeschichte zu tun zu haben. Was aber vermag eine amarnaspezifische Lesart der Erzählung zur Lösung des Rätsels – dem Gebrüll der thebanischen Nilpferde, das König Apophis den Schlaf raubt – beizutragen? Wenn wir hinter der Figur des den Seth-allein-verehrenden Apophis eine verschobene Erinnerung an Echnaton anerkennen, dann ist der erste Gewinn aus diesem Perspektivenwechsel ein tieferes Verständnis des religiösen Gegensatzes. Dem Amun stünde (auf einer zweiten Ebene) nicht länger Seth, der als rivalisierende Gottheit nicht recht taugen will, sondern Aton gegenüber. Die durch den historischen Kulissenwechsel hinter Sekenenre und seinem Hofstaat sichtbar gewordenen Gegenspieler des Amarnakönigs wären aber konsequenterweise mit den Amunpriestern zu identifizieren. Das heißt, hinter dem blutigen Machtkampf zwischen den Hyksos und den thebanischen Gaufürsten käme der Religionskrieg zum Vorschein, den Echnaton und die thebanische Amunpriesterschaft ausgefochten haben. Das leitende literarische Motiv der »brüllenden Nilpferde« – thebanische Nilpferde notabene – wäre gewiss keine schlechte Vertretung für den vielstimmigen Chor der entmachteten und verfolgten Priester und Beamten.

Der Gottesstaat von Amarna war in seinem Ausschließlichkeitsanspruch unerbittlich. Er trat nicht in Konkurrenz zur etablierten Amun-Religion, sondern zielte auf deren Vernichtung – und ließ in Theben eine eingeschüchterte und traumatisierte Amun-Priesterschaft zurück. Nun gibt es eine Quelle, die der Mutmaßung, mit der rüden Attacke des Apophis erinnere die Erzählung in verstellter Form *auch* an den physischen Vernichtungswillen Echnatons, Nahrung geben könnte. Es handelt sich bezeichnenderweise um *Atrahasis*, jenes akkadische Epos, das wir im Kontext der Diskussion um den Mythos von der Himmelskuh bereits kennengelernt haben. Dort steht jeweils zu Beginn eines neuen Aktes ein formelhaft wiederkehrender Passus, der aufhorchen lässt:

Zwölfhundert Jahre waren noch nicht vergangen,
da breitete sich das Land aus, die Leute wurden viele.
Das Land brüllte wie ein Wildstier.
Von ihrem Lärmen gerieten die Götter in Unruhe.
Enlil hörte ihr Geschrei, er sprach zu den großen Göttern:
»Schwer geworden ist das Geschrei der Menschheit,
von ihrem Lärm bin ich des Schlafes beraubt.«

Anschließend plant der Gott (wie wir hörten), dem Treiben mittels verschiedener Katastrophen ein Ende zu bereiten. Ich finde es erstaunlich, wie nah dieses Stück jener Passage aus unserer Erzählung kommt, in der geschildert wird, wie der König – durch das Lärmen der brüllenden Nilpferde um den Schlaf gebracht – auf Abhilfe sinnt. Ist es möglich, dass Atrahasis hier ein weiteres Mal als Vorlage für eine literarische Weiterverarbeitung in Anspruch genommen worden ist? Erinnern wir daran, dass das Buch von der Himmelskuh seit Sethos I. zum Kanon der königlichen Grabdekoration gehörte. Für eine Verbindung könnte zudem sprechen, dass der unheilvolle Satz im überlieferten Text zwar (mit Apophis) einem Menschen in den Mund gelegt wird, der hinter ihm stehende Echnaton sich aber sehr wohl wie ein Gott aufgespielt hat. Blenden wir an dieser Stelle ein, dass das in Rede stehende Motiv in den altbabylonischen Epen zunächst auf das Verhalten der Götter untereinander gemünzt war. So heißt es im *Enuma elish*, Apsu, »der Erste, der Erzeuger«, sei vom Lärm der jungen Götter, die seine Ruhe störten, so vergrämt gewesen, dass er einen Vernichtungsplan fasste. Der formelhaft gleiche Topos war also, was die handelnden Subjekte anbetrifft, äußerst beweglich und könnte demzufolge von der Ebene des Götterstreits und des Streits zwischen Göttern und Menschen sehr wohl auf die Beziehungsebene der Menschen untereinander gewandert sein.

Getrauen wir uns, der aufgedeckten Korrespondenz zwischen ramessidischer Erzählung und akkadischem Epos Raum zu geben, dann bekäme der bedrohliche Unterton, der in jenem märchenhaften oder allegorischen Rätselwort von den brüllenden Nilpferden unverkennbar mitschwingt, ein zweites Gesicht. Hinter dem Schreckbild des »elenden Asiaten« zeigte sich der Plagegeist des Amarnaherrschers. Mit der These, die Hyksos-Reminiszenzen der Erzählung vom Streit zwischen Apophis und Sekenenre seien mit Elementen der Erinnerungen an Echnaton verschmolzen, wird die Zentralität des Nord-Süd-

Konfliktes noch einmal bekräftigt. In beiden Schichten verkörpert Theben, die Stadt Amuns, die heroische Gestalt, während Avaris, die Stadt Seths, und Amarna, die Stadt Atons, eine Achse des Bösen bilden. Hat diese Interpretation noch Bestand, wenn wir als dritte Schicht die Entstehungszeit der Erzählung, die Ramessidenzeit, in den Blick nehmen und (wie gehabt) sehen, dass deren Könige in Piramesse *sopra Avaris* residierten und dort den alten Lokalgott Seth verehrten? Nach dem Durchgang unserer gedächtnisgeschichtlichen Analyse ist dies nurmehr ein rhetorische Frage. Wir erkennen: In der Kulisse des Einst, mit welcher die Erzählung arbeitet, erscheinen nach dem Auftritt des Amarnakönigs Echnaton die zeitgenössischen Ramessiden als die wahren Revenants der Hyksos. Wenn aber (nach Avaris und Achetaton) Piramesse auf einer dritten Erzählschicht die feindliche Nordstadt vertritt, dann dürfte die Geschichte schwerlich (wie häufig angenommen) im Umkreis des Hofes entstanden sein. Alles spricht dafür, den sozialen Ort resp. den Träger der Erzählung in der (mit der religiösen und politischen Situation unzufriedenen) Amunpriesterschaft von Theben zu suchen – also genau jener einflussreichen Gruppierung, von der im Kontext der Amarnaschicht schon die Rede war.

Die Identifizierung des Kreises, in dessen Mitte die Erzählung vom Streit zwischen Apophis und Sekenenre mutmaßlich entstand, erlaubt es, die semantische Einheit des Narrativs, die durch die Verteilung des Sinns auf drei Schichten verloren zu gehen drohte, versuchsweise wiederherzustellen. Das Ende der Hyksos, welche die Erzählung evoziert, war für die thebanische Partei die Zeit eines beispiellosen Aufstiegs. Spätestens mit der Verlegung der Residenz von Memphis nach Theben unter Ahmose avanciert die oberägyptische Metropole für nahezu 200 Jahre zu *dem* Machtzentrum Ägyptens – in seiner Mitte und mit immer größerem Einfluss auf die Politik die Priesterschaft des zum Reichsgott erhobenen Amun. Der Umsturz des Echnaton setzt dieser Glanzzeit ein jähes Ende; er führt zur Demütigung und Entmachtung der einst so starken Priesterkaste. Wenn irgendwo, dann hat das Trauma von Amarna im Seelenleben der thebanischen Amunpriesterschaft Spuren hinterlassen. Bleibende Spuren, denn das Ende der Amarnazeit bringt nicht die erhoffte Wiedergutmachung und Entschädigung. Eine wirkliche Restauration bleibt aus. Stattdessen kommt es mit Beginn der 19. Dynastie zu einem Neubeginn am falschen Ort, unter Führung des falschen Gottes. Nicht das Priestertum Oberägyptens, sondern das Militär Unterägyptens hält die Zügel der Macht in Händen. Offenbar leben und agieren die ramessidische und die thebanische Partei vor unterschiedlichen Sinnhorizonten. Während sich die Sethos und Ramses im Rückgriff auf den Seth-Kult von Avaris ideologisch rückversichern und neu aufladen, ist die thebanische Amunpriesterschaft in der eigenen Vergangenheit wie gefangen; sie träumt vom *status quo ante*. Gerade weil die Erinnerungspolitik der Ramessiden den aufgerissenen Graben überspringt, kann die Wunde nicht heilen. Von den anhaltenden Schwingungen der Tat von Amarna regelrecht geschüttelt, erzählt die Geschichte vom Schlagaustausch mit dem Herrn von Avaris – und meint doch in Wirklichkeit nichts anderes als das Aufbegehren gegen die Herren von Piramesse. Deren Unwillen, sich Amarna offen zu stellen, ist zum Einfallstor für Wiederbelebungen und Wiederholungen ganz anderer Art geworden.

Vielleicht ist die Mutmaßung, im literarischen Motiv des religiösen Konfliktes zeige sich in verhüllter Form die (sich historisch ausbildende und am Ende der 20. Dynastie offen zutage tretende) Mentalität einer theokratischen Machtübernahme der Amunpriesterschaft, nicht zu weit hergeholt. Immerhin ist die Erzählung in den Zeiten des Merenptah niedergelegt worden, als der oberste Amunpriester von Theben seine alte Machtstellung wiedererlangte; er erhält den wichtigen Titel eines »Priestervorstehers von ganz Ägypten«, ein religionspolitisches Signal, das den traumatisch induzierten Ambitionen nach einer vollständigen Machtübernahme Auftrieb gegeben haben könnte. Es ist jedoch ein (zurückgestelltes) Motiv der Erzählung selbst, das in diese Richtung weist. Wie wir sahen, streicht der Text den monolatrischen Charakter der Seth-Verehrung des Apophis besonders heraus, einen Punkt, den wir als Rückerinnerung an den entsprechenden Aton-Kult im Gottesstaat von Amarna interpretiert haben. Das wirklich Aufregende dieser Stelle liegt aber darin, dass anschließend auch die Amun-Verehrung Sekenenres eine deutlich monolatrische Note erhält: *Er verließ sich auf keinen Gott im ganzen Land außer auf Amun-Re, den König der Götter.* Hier aber versagt die Deutung einer Rückerinnerung, denn eine Amun-Monolatrie wird erst im thebanischen Gottesstaat des Herihor Realität, ungefähr 130 Jahre nach Merenptah. Wir hätten es in dieser Textpassage folglich mit einer Wunschphantasie zu tun, die anzeigt, dass unsere Erzählung neben dem virulenten Unmut über die politische Entwicklung nach Amarna auch die tiefsten Hoffnungen der Amunpriesterschaft zum Ausdruck gebracht hat. Die spätere Errichtung des Gottesstaates des Amun, der wir uns jetzt zuwenden wollen, fiel also nicht vom Himmel; sie muss möglicherweise als Endpunkt einer jahrhundertelangen »Amun-allein-Bewegung« begriffen werden.

3. *Die Amun-allein-Bewegung*

Die Erinnerungspolitik der frühen Ramessiden bewegte sich kulturgeschichtlich ganz im Rahmen der Tradition, die in Krisenzeiten den Rückgriff auf Modelle der Vergangenheit nahelegte; und sie schien mit dem Rekurs auf die Hyksoszeit genau das Richtige getroffen zu haben, denn mit Blick auf die Hethiter (und nachfolgend die Seevölker) ging es ereignisgeschichtlich erneut um die Abwehr eines »asiatischen Feindes« aus dem Norden. Auch religionsgeschichtlich wurde der theologische Diskurs des Neuen Reiches, der Verfemung der Amarnapolitik zum Trotz, weitergeführt und – getragen vom Geist einer »persönlichen Frömmigkeit« – in Gestalt einer pantheistischen Weltgott-Theologie vollendet.[115] Und dennoch: Einen entscheidenden Faden aus dem Knäuel des Amarnakomplexes hat die ramessidische Religionspolitik nicht fassen und aufnehmen können – und dies *wegen* der Verfemung der Amarnareligion. Es handelt sich um die Spur, die im gedächtnisgeschichtlich entfalteten Fächer der Erzählung vom »Streit zwischen Apophis und Sekenenre« ansatzweise sichtbar geworden ist – als Teil einer größeren Sinngeschichte, die es jetzt zu rekonstruieren gilt.

Eine Sinngeschichte, wie ich sie (von Jan Assmann inspiriert) im Exkurs über die beiden Kulturen skizziert habe, thematisiert vor dem ereignisgeschichtlichen Hintergrund Geschichte als kulturelle Form im Wandel, eine Geschichte also auch von Übergängen und Brüchen, Untergängen und Wiederauferstehungen. Eine solche Sinngeschichte ist stets doppelbödig; sie zeigt uns eine helle Oberfläche und eine abgedunkelte »Krypta«. Um den zweiten geheimen Sinn entschlüsseln zu können, hat Assmann an der Geschichtsstelle von Amarna auf das Freud'sche Modell von Latenz und Verdrängung zurückgegriffen. Trauma – nach seinem Verständnis das »Trauma des Monotheismus«, das Freud entlang der judäischen Religion am »Mann Moses« und seiner Ermordung exemplifiziert hat – heißt der Schlüsselbegriff, der die Gedächtnisgeschichte in eine Verdrängungsgeschichte verwandelt und auf die eine oder andere Weise eine Wiederkehr des Verdrängten erwarten lässt. Fasziniert vom (für wahrscheinlich gehaltenen) Zusammenhang der monotheistischen Aton-Religion und des biblischen Monotheismus stellt Assmann (2000a) die Beziehung der beiden Religionsstifter, von Echnaton und Moses, ins Zentrum der Betrachtung:

> Echnaton ist in Ägypten nämlich nicht vergessen, sondern verdrängt worden. Hier bietet sich nun in der Tat das Freud'sche Modell von Latenz und Verdrängung an. Die Größe seines theoklastischen Frevels wirkte traumatisierend und beschäftigte die Phantasie des Volkes auch noch, als der Name des Königs und die historischen Umstände seiner Tat vergessen worden waren. Das Trauma des Theoklasmus verband sich rückwirkend mit allen möglichen historischen Erfahrungen und prägte vor allem die Wahrnehmung der Gegenwart. Im Schreckbild des Gottesfrevlers lebt die traumatische und verdrängte Erfahrung der Amarnareligion und des Ketzerkönigs Echnaton bis in die hellenistische Zeit weiter. Dieses Feindbild verband sich mit den Hyksos, den Assyrern, den Persern und zuletzt auch den Juden. So wuchsen im Laufe der Gedächtnis- und Verdrängungsgeschichte des monotheistischen Traumas in Ägypten die Gestalten Echnatons und Moses' zusammen.

Die Logik dieser Annäherung findet Assmann durch die Entzifferung einer Erinnerungsspur bestätigt, die nach über 1000 Jahren aufgetaucht ist (ein gewaltiger Zeitraum, der freilich nur bei demjenigen ungläubiges Staunen hervorrufen wird, der »nicht von dreitausend Jahren sich weiß Rechenschaft zu geben«).[116] Es handelt sich um die von Manetho stammende und von Josephus Flavius überlieferte »Legende von den Aussätzigen«, die als eine verschobene Erinnerung an den Religionsfrevel von Amarna gelesen werden kann. In der Maske des »Osarsiph« alias Moses ist dort Echnaton in die schriftliche Überlieferung Ägyptens zurückgekehrt.[117]

Ich teile prinzipiell die Einschätzung, dass die in Amarna praktizierte grundstürzende Religionspolitik eine unzweideutig traumatische Wirkung gehabt haben muss. Aber ich teile nicht länger die Monotheismusthese; deshalb möchte ich der Geschichte eine leicht andere Drehung geben. Anstelle der beiden Religionsstifter sollen die zentralen Göttergestalten in den Blick genommen werden: Amun und Aton, die finalen Kontrahenten der alten, nun aufgebrochenen synkretistischen Formel Amun-Re. Nach meinem Verständnis stellt nicht die

Abb. 55: Ausgehacktes Bild des Gottes Amun auf einer Votiv-Stele

schrittweise (an der Namensänderung des Gottes ablesbare) Privilegierung Atons, die einer monolatrischen Verehrung Raum gab, das eigentliche Skandalon dar, sondern vielmehr seitenverkehrt die rigorose Vernichtung Amuns, die erst relativ spät, um die Mitte der Regierungszeit des Echnaton, voll in Angriff genommen wurde. Der in einer großangelegten Verfolgungskampagne in Szene gesetzte Sturz des führenden ägyptischen Staatsgottes muss als ein beispielloses Verbrechen empfunden worden sein. Wenn wir uns das Aushacken der Namen und Bilder Amuns auf unzähligen Tempelwänden und Obelisken, Schreinen und Gräbern vor Augen halten, wird deutlich, dass der Tatbestand einer symbolischen Tötung der Gottheit zu würdigen ist.[118] Ich halte sie für das traumatische Zentralereignis und die eigentliche Gründungsgewalt des neuen Gottesstaates. Das heißt, wir dürfen den Sturz Amuns nicht als logische Folge von »monotheistischen Tendenzen« ansehen. Vielmehr scheint der Göttersturz das quasi-monotheistische Profil der Atonreligion erst hervorgebracht zu haben. Statt vorschnell vom »Trauma des Monotheismus« zu sprechen, wäre besser vom »Trauma des Amun-Mordes« die Rede.

Die entscheidende Voraussetzung für diesen Perspektivenwechsel liegt in der Einsicht, dass wir die Motivlage, die zur Kultreform der Thebaner Jahre geführt hat, nicht einfach den Entscheidungen, die zur Gründung von Achetaton und dort zur Errichtung eines Gottesstaates geführt haben, zugrunde legen dürfen. Teje und Eje folgten beim Bau der ersten Atontempel in Karnak den dynastischen Interessen des Hauses Juja. Hinter dem Entschluss Echnatons, Theben zu verlassen, haben wir das Drama des begabten Kindes kennengelernt: die trostlosen Jahre von Malqata, in denen der junge Kronprinz im Schatten der »strahlenden Sonne«, seines Vaters, lebte; die Geburt der Idee einer neuen Palaststadt aus dem Geist des nie erstorbenen Wunsches, endlich das einzig geliebte Kind seines Vaters Aton sein zu können. Der Umschlag des individuellen Vaterkomplexes in einen theologisch eingekleideten Gotteskomplex ermöglichte, wie wir sahen, die Aufspaltung der Hass-Liebe, die der junge König seinem Vater gegenüber empfand, in einen aggressiven und libidinösen Pool, der sich an gegensätzliche Vaterimagines heftete. Die bedingungslose Liebe galt dem Vater als dem »vergöttlichten Aton«, eine Gestalt des Eros, die bald die ganze heilige Aton-Familie in Flammen versetzte. Aber Glanz und Wärme von Achetaton vermochten die alte Wunde nicht zu heilen. Der verdrängte Wunsch, den verhassten Vater zu beseitigen, kehrte zurück. Schon Karl Abraham (1912) hat in seiner frühen Echnaton-Studie plausibel gemacht, dass innerpsychisch gesehen der theophore Geburtsname von Amenophis III. (»Amun ist gnädig«) die Brücke war, die Wut stellvertretend auf Amun zu lenken, eine übermächtige Vaterfigur der anderen Art, die der Alleinverehrung Atons auch religionspolitisch im Wege stand. »Der verhasste Name sollte nicht mehr laut werden. Und so ließ er [Echnaton] in gleicher Weise den Namen Amun und den Namen seines Vaters Amenophis aus allen Inschriften und Denkmälern beseitigen. In dieser seltsamen Reinigungsaktion kommt die alte, lange zurückgehaltene oder sublimierte Feindschaft des Sohnes in aggressiver Weise zum Durchbruch.«

Wir haben es ganz offensichtlich mit einem symbolischen Vatermord, ausgeführt am Göttervater Amun, zu tun – und nicht mit dem Ausagieren eines anti-polytheistischen Affekts. Das Verhalten des Königs zeigt alle Anzeichen eines innerpsychischen Knotens: Echnaton versucht, das Gedächtnis an seinen verhassten leiblichen Vater auszulöschen, und bleibt an ihn über den Atonkult zugleich stärker fixiert als je zuvor. Diese Zuspitzung verspricht einen doppelten Gewinn. Zum einen evoziert die Rede vom Amun-Mord selbstverständlich jene andere religiöse Gründungsgewalt, auf die Sigmund Freud in seiner Rekonstruktion zurückgriffen hat: den Moses-Mord. Wie erinnerlich wird diese Tat als Initialzündung einer verborgenen Transformationsgeschichte des per Kulturtransfer erworbenen Urmonotheismus verstanden: *Aton*, der mit Moses (einem Gefolgsmann Echnatons) untergehende Gott, kehrt nach einer langen Phase der Latenz in veränderter Gestalt, nämlich als *Jahwe*, auf die Bühne der altisraelitischen Religionsgeschichte zurück. Wir müssen uns nicht daran stören, dass Freud in seiner Moses-Studie durchgängig aus dem Gedächtnis der Urhorde argumentiert, das heißt mit der Annahme arbeitet, der Mord an Moses habe ein frühes Menschheitstrauma aktiviert. Ägyptischerseits haben die in Rede stehenden Vorgänge – darin stimme ich mit Assmann völlig überein – nichts mit dem phylogenetischen Gespinst eines Urvatermordes zu tun. Aber was liegt näher, als in analoger Weise nach dem Schicksal Amuns zu fragen. In welcher Gestalt ist der gestürzte Gott nach dem Ende der Amarnazeit in die Religionsgeschichte der Ägypter zurückgekehrt? Konnte er seine verlorene Stellung wieder einnehmen oder eröffneten sich neue Konstellationen?

Zum anderen erlaubt die Wahrnehmung, dass die negierende Stoßkraft des religiösen Umsturzes vor allem Amun getroffen hat, eine Präzisierung dessen, was zeitgenössisch *Traumatisierung* bedeutet haben könnte. Gewiss dürfte die großangelegte Razzia von Polizei und Militär unter der ägyptischen Bevölkerung eine spürbare Angst hervorgerufen haben, vielleicht ein Klima des Denunziantentums. Die Schließung der Tempel wird dagegen den normalen Ägypter wenig bekümmert haben, hatte er doch ohnehin keinen Zugang zu ihnen. Es muss zudem von erheblichen regionalen Unterschieden ausgegangen werden, die Erik Hornung auf den Punkt gebracht hat: »Die Unterdrückung der alten Kulte darf man sich in der fernen Provinz nicht allzu konsequent vorstellen, Theben bildete sicherlich einen Sonderfall.« Dies dürfte auch für die Abschaffung der jahreszeitlichen Feste gegolten haben, die Assmann pauschal »als schwer zu kompensierender Sinnentzug« verbucht. Inwieweit lokale Besonderheiten – etwa in den Heiligtümern von Elephantine – betroffen waren, wissen wir einfach nicht. Umgekehrt veranstaltete der Hof im Jahr 3 ein aufwendiges Sed-Fest, das auch ein loyalitätssicherndes Massenspektakel nach der Art des antiken »Brot und Spiele« war. Im Jahr 12 wurde das internationale Defilee des Fremdvölkertributs in Szene gesetzt, auch dies sicherlich ein Großereignis mit enormer Propagandawirkung für das exzentrische Königshaus. Und gab es da nicht noch das tägliche Spektakel der offenen Wagenfahrt, wenn das vergöttlichte Herrscherpaar in lässiger Manier über die Königsstraße von Achetaton jagte?

Es ist also sehr fraglich, ob wir die postulierte traumatische Erfahrung auf die gesamte Bevölkerung beziehen dürfen. Die Kulturrevolution von Amarna nicht weniger als die spätere Verfemung Echnatons wird die Phantasie des Volkes beschäftigt haben; aber dass die Mehrheit der Ägypter hiervon traumatisiert wurde, ist wenig wahrscheinlich. Psychoanalytischem Verständnis zufolge bedeutet Trauma ein tiefes seelisches Geschehen, einen Schock, der nicht verarbeitet werden kann, eine Wunde, die (wie es Friedrich Nietzsche treffend gesagt hat) »nicht aufhört wehzutun«. Traumatisierung als Massenphänomen, wie wir es aus dem düsteren 20. Jahrhundert unserer Zeitrechnung kennen, setzt eine stabile kollektive Identität und eine starke Zugehörigkeitsrelation der vielen Einzelnen zu den Spitzen und Idealen ihrer Kultur voraus, Momente eines komplexen Gesellschaftsaufbaus also, die frühe Hochkulturen in der Regel nicht aufweisen und deshalb auch für das bronzezeitliche Ägypten schwerlich vorausgesetzt werden können. Die Geschichtlichkeit des Königs bildete den absoluten Bezugspunkt des öffentlichen Lebens, aber sie dürfte den Lebens- und Erinnerungshorizont einfacher Ägypter (der Bauern, Handwerker oder Winzer) kaum tangiert haben. Anders wird es sich in der oberen Schicht von Priestern und Beamten verhalten haben. Bei ihnen bestimmte die Zeit des Königs schon über die für Hof, Verwaltung und Tempel bestimmten Akte, Urkunden und Inschriften unmittelbar die geschichtliche Rahmung des eigenen Lebens und der eigenen Familie. Thebanische Priesterfamilien haben in einigen Fällen Stammbäume von erheblicher Länge überliefert; und die Konkurrenz zu den lokalen Priesterschaften in Memphis und Heliopolis mag zur Ausbildung einer eigenen kollektiven Identität beigetragen haben.

Erfolgversprechender ist deshalb die Suche nach einer Großgruppe innerhalb der Machteliten des Landes, die sich beim Beben, das der Göttersturz auslöste, gleichsam im Epizentrum befand und durch das gemeinsam erlittene Schicksal auf besondere Weise betroffen und zusammengeschweißt wurde. Nach Lage der Dinge kommt dafür nur die thebanische Amun-Priesterschaft in Frage – im Gegensatz etwa zur royalistischen Bürokratie, die in Memphis saß und das Amarna-Projekt, das zahlreiche Aufstiegs- und Bewährungschancen bot, offensichtlich mitgetragen hat. Die Schläge, die Echnaton und seine Schergen gegen Amun führten, trafen ganz ohne Zweifel die Amunpriester am direktesten und härtesten von allen gesellschaftlichen Gruppen. Wem wenn nicht ihnen wäre ein massives kollektives Trauma zu attestieren: resultierend aus einem drastischen Prestige- und Machtverlust, dem Erleiden von Demütigung und Erniedrigung, ja der existenziellen Bedrohung von Leib und Leben. Die Amunpriester waren die ersten Opfer der theoklastischen Gewalttat, die den Sturz ihres Gottes mit all seinen Folgen als kollektiv-narzisstische Wunde erleben mussten. Das bemerkenswerte Graffito des »*wab*-Priesters und Schreibers des Amun« Pawach aus dem Jahr 3 des Semanchkare, einer Zeit also, als die schlimmste Verfolgung bereits abgeebbt war, darf an dieser Stelle noch einmal zitiert werden:

> Mein Herz wünscht dich zu sehen, Freude meines Herzens,
> Amun, du Kämpfer der Armen.
> Du bist der Vater des Mutterlosen,
> der Gatte der Witwe.
> Wie lieblich ist es, deinen Namen zu rufen,
> er ist wie der Geschmack des Lebens,
> er ist wie der Geschmack von Brot für ein Kind,
> wie ein Gewand für den Nackten,
> wie der Duft eines Blütenzweiges
> zur Zeit der Sommerhitze.
> [...]
> Wende dich uns wieder zu, du Herr der Ewigkeit,
> du warst hier, als noch nichts entstanden war,
> und du wirst hier sein, wenn sie gegangen sind.

Dieser »herzzerreißende Appell an Amun, zu seiner verwaisten Herde zurückzukehren« (Reeves) verdient als ein doppeltes Zeugnis angeführt zu werden: als Beleg für die Niedergeschlagenheit einer demoralisierten Amun-Priesterschaft, aber ebenso als Ausweis eines erstaunlichen Beharrungsvermögen in den Zeiten der Not, das sich der Hoffnung auf eine Wiederkehr des Gottes verdankt.

Wenn Amarna für die Amunpriester eine traumatische Erfahrung bedeutet hat, dann – soviel sollte deutlich geworden sein – handelt es sich um den Fall eines *Opfertraumas*. Dies steht im Gegensatz zur Konzeption bei Sigmund Freud, der mit dem Moses-Mord auf ein Tätertrauma rekurriert. Während Tätertraumata Scham und Schuld generieren und nur gegen erhebliche Widerstände in den Kernbestand kollektiver Identität Aufnahme finden, haben Opfertraumata das Zeug, zu bedeutenden Identitätsmerkmalen zu avancieren. Als »auserwählte

Traumata«[119] stehen sie gleichberechtigt neben »auserwählten Ruhmestaten«. Der Begriff »auserwähltes Trauma« mag auf den ersten Blick irritieren, weil sich eine Gruppe ja nicht bewusst aussucht, Opfer zu sein oder erniedrigt zu werden. In Wirklichkeit gibt der Begriff die unbewusste Wahl einer Großgruppe wieder, die ihrer eigenen Identität die psychische Repräsentation eines traumatischen Ereignisses hinzufügt, das eine frühere Generation durchleben musste. In unserem Fall wäre dieses seelische Geschehen also erst in der frühen Ramessidenzeit anzusetzen. Im Moment der Nachträglichkeit, das hier zum Zuge kommt, liegt zugleich der Schlüssel zum Verständnis der transgenerativen Weitergabe. Als integraler Teil der Kernidentität ist die historische Wahrheit über das erlittene Trauma nicht mehr von zentraler Bedeutung; die traumatische Ereignisgeschichte verschwindet typischerweise im Kokon eines Mythos, sie kann aber auch auf andere, ähnliche Konstellationen verschoben oder aber gänzlich der bewussten Wahrnehmung entzogen werden. Seine anhaltende Kraft zieht das Trauma jetzt aus den kollektiv geteilten und an die nachfolgenden Generationen weitergegebenen Aufgaben, die Verluste auszugleichen, die Erniedrigung ungeschehen zu machen und die verletzten Imagines zu reparieren. Wenn »Wiedergeburt« im Sinne der Erlangung alter Stärke das natürliche Ziel dieser Anstrengungen zu sein scheint, so können die Ausschläge im Fall der Reaktivierung des Traumas doch erheblich variieren. Ein erneuter Großgruppenkonflikt vermag Gefühle der Hilflosigkeit auszulösen und damit die Bereitschaft zu fördern, wieder die Opferrolle zu übernehmen. Umgekehrt, befindet sich die betreffende Großgruppe (hier: die Amun-Priesterschaft) im Wiederholungsfall in einer Position der Macht, so mag der langgehegte Wunsch, die Tat des alten Aggressors mit umgekehrten Vorzeichen zu wiederholen und nun Amun anstelle von Aton als unumschränkten Götterkönig zu inthronisieren, Wirklichkeit werden. »Amun allein«[120]: War dies die heimliche Losung, die der nach dem Zusammenbruch von Amarna wieder eingesetzten Amunpriesterschaft versprach, die narzisstische Wunde zu heilen?

Die These, dass eine massenpsychologische Bewegung dieser Art die Laufrichtung der Religionsgeschichte der Nach-Amarnazeit wesentlich mitgeprägt hat, wäre ohne den historischen Vollzug, die tatsächliche Aufrichtung des thebanischen Gottesstaates, nicht denkbar. Unter dem letzten König der 20. Dynastie, Ramses XI., befindet sich Ägypten in einer politisch wie ökonomisch instabilen Lage. Vor dem Hintergrund einer Hungersnot und einer Welle von Grabplünderungen eskaliert der schwelende Konflikt zwischen dem thebanischen Hohepriestertum und dem ramessidischen Königtum. Aus den Unruhen – ich nenne nur stichwortartig den Einmarsch des Vizekönigs von Kusch, Panehsi, in Oberägypten, den Widerstand und die »Bedrückung« seines Gegenspielers Amenophis, Hohepriester aus der Familie eines gewissen Ramsesnacht, schließlich die Vertreibung des Panehsi durch den General und Hohepriester Pianch – geht ein gewisser Herihor als Sieger hervor: ein nahezu Unbekannter, der nicht aus der (inzwischen) erblichen Priesterkaste stammt, der Namen und Rang seines Vaters und seiner Mutter verschweigt, aber in kürzester Zeit die Titel Hohepriester des Amun, Oberbefehlshaber von Ober- und Unterägypten, Wesir und Vizekönig von Kusch auf sich vereinigt. Nach dem Ende des Bürgerkrieges wird, formell wohl noch unter Ramses XI., eine sogenannte »Ära der Wiedergeburt« eingeläutet, der *de facto* Herihor mit dem epochalen Umbruch eines theokratisch erneuerten Theben Kontur verleiht.[121] Mit der Einführung einer neuen Jahreszählung koppelt sich der neue Herrscher demonstrativ von der ramessidischen Zeitrechnung und Tradition ab. Das Reich zerfällt, und Ober- und Unterägypten gehen eigene Wege (wobei diese über ein Netz von Verwandtschaftsbeziehungen lange Zeit eng verbunden bleiben). Dabei nimmt der neu errichtete Gottesstaat (ganz wie sein Vorläufer in Achetaton) die typische Form einer Enklave an, die das Gebiet vom ersten Katarakt bis nach El-Hibeh umfasst. Zwar führt Herihor – nicht anders als Pharao Smendes, der Begründer der 21. Dynastie, der seinerseits mit der Verlegung der Hauptstadt von Piramesse nach Tanis aus dem Schatten der Ramessiden tritt – den Königstitel, aber er stuft das Konzept seines Königtums auf einen priesterlichen Rang zurück. Amun, dessen göttlicher Wille durch Orakelbefragung kundgetan wird, steigt zum wahren Gottkönig der Thebais auf. Bezeichnend für die neue Konstellation von Gott und Pharao ist, so Hermann Kees (1936), »dass Herihor den Titel *Erster Prophet des Amun* bei seiner Thronerhebung geradezu als Königsnamen übernahm. Das war, seit Amenophis IV. sich im Königsnamen *Erster Prophet des Re-Harachte* usw. nannte, nicht vorgekommen.« Auch Eduard Meyer (1928) hat in der Usurpation des Herihor Schemen der Vergangenheit erkennen wollen, die an Echnatons religiösen Umsturz erinnern; er nennt das Glaubensbekenntnis der späten Amunreligion »theoretisch monotheistisch«. Und auch für Assmann (1996) springen die Parallelen zur

Abb: 56: Herihor beim Opfer (Chonstempel in Karnak, Ausschnitt)

Amarnazeit offensichtlich ins Auge, wenn er schreibt: »Beide Theokratien beruhen auf einer im Grunde monotheistischen Religion, wobei in Amarna der Akzent mehr auf *mono*, in Theben mehr auf *theistisch* liegt.« Stören wir uns nicht an der »alten« Kennzeichnung »monotheistisch«, die jenen minimalistischen Polytheismus mit der Trias Amun-Mut-Chons im Zentrum nicht wirklich trifft. Entscheidend ist das Moment der Nachträglichkeit: Handelt es sich bei der Aufrichtung des thebanischen Gottesstaates nach einer griffigen Wendung von Freud[122] um den »erneuerten Sieg der Amunspriester über den Gott Echnatons«?

Das wäre nun doch ein allzu voreiliger Kurzschluss. Nein, vom Ende der hier interessierenden Wegstrecke Amarna-Theben sind wohl verblüffende Ähnlichkeiten zwischen den beiden Theokratien auszumachen, aber die These von Untergang und Wiederkehr ist auf diese Weise nicht triftig zu begründen. Dazu bedarf es eines »Zurück zu den Anfängen«. Ich greife deshalb die weiter oben aufgeworfene Frage wieder auf: In welcher Gestalt kehrte Amun, der verfemte und vernichtete Götterkönig, am Ende der Amarnazeit in die Religionsgeschichte zurück? Welches Schicksal ist ihm (und hinter ihm der Amunpriesterschaft) in der 19. und 20. Dynastie widerfahren? Eine Antwort soll auf einer religions-politischen Ebene gesucht werden. Eine zweite theologische Ebene ist in diesem Diskurs natürlich immer mit gemeint. Es ist die anfangs erwähnte Ebene der Entwicklung der ramessidischen Amun-Theologie, deren religionsgeschichtliche Bedeutung Jan Assmann entlang der Leitidee einer perennierenden »Arbeit am Polytheismus« wieder und wieder aufgezeigt hat. »Durch den Schock des Umsturzes von Amarna«, so seine erkenntnisleitende Perspektive, »sah sich die Amun-Re-Religion herausgefordert, das Wesen des Gottes genauer zu bestimmen.« Das ist der Blick auf die bewusste theologische Arbeit, wie sie etwa an der Ausbildung und am Wandel von Eulogien und Gottestitulaturen verfolgt werden kann. Wenn ich frage, ob das Trauma von Amarna die Amunpriesterschaft dahin gebracht hat, die Tat des Echnaton zu wiederholen, dann frage ich nach der Arbeit des Unbewussten – und bin gehalten, dieses zunächst nur supponierte Schattenspiel seelischer Kräfte an und aus den Konstellationen religionspolitischer Tatbestände plausibel zu machen.

Auf den ersten Blick erfährt Amun im dritten Regierungsjahr des Tutanch*aton* seine Wiedereinsetzung. Um dieses Jahr ändert der junge König seinen Namen in Tutanch*amun*, um wenig später auch der Residenz seines Vaters Echnaton den Rücken zu kehren. Aber wir haben an mehreren Stellen unserer Rekonstruktion die Unwahrheit dieser frühen Wende, die allenfalls auf eine gedeihliche Koexistenz zwischen Aton und Amun hinauslief, kennengelernt. Vielleicht gibt es keinen besseren Hinweis für die Ironie der Geschichte einer schnellen Aussöhnung mit der Amunpriesterschaft als die Tatsache, dass bei weitem »die meisten der überdimensionierten Götterstatuen von Amun, die uns erhalten sind, die Züge von Echnatons Sohn tragen« (Reeves). Ausgerechnet in der Maskerade eines Amarnakönigs kehrte der gestürzte Götterkönig auf die Bühne der Religionsgeschichte zurück. Bei Ha-

Abb. 57: Amun mit den Zügen Tutanchamuns

remhab liegt der Fall anders; aber die Usurpation der Restaurationsstele des Tutanchamun und die Bautätigkeit am Amun-Tempel von Karnak können nicht darüber hinwegtäuschen, dass auch er ein Konvertit ist, dessen Karriere durch und durch mit Personen und Ereignissen der Amarnazeit kontaminiert ist. Unsere Spurensuche muss in der Ramessidenzeit beginnen, jener Epoche, die so eigentümlich von den beiden großen, aber grundverschiedenen Militärgestalten des Haremhab und Herihor eingerahmt wird.

Stellte man Ägyptologen die Frage, wie sich in den Zeiten der 19. und 20. Dynastie das Verhältnis des Hofes zur Amunpriesterschaft gestaltet habe, so würde die überwältigende Mehrheit den Rammessiden eine überaus Amun-freundliche Religionspolitik attestieren. Die Belege für diese Einschätzung sind zahlreich und springen ins Auge. Vor allem die frühen Ramessiden imponierten durch eine exzessive Bautätigkeit, die in erster Linie Amun zugute kam. So wurden nicht nur die Amun-Tempel in Karnak und Luxor aufwendig erneuert und ergänzt, sondern – wie etwa in Piramesse, der neuen Residenz – ganze Tempelanlagen neu aus dem Boden gestampft. Vom Delta bis nach Nubien hinein wurde mit diesem Tempelbauprogramm der Ruhm Amuns vermehrt. Die Ausdehnung und bevorzugte Ausstattung der Domänen sorgte naturgemäß für eine stetige Aufstockung von Personal und Pfründen. Der Zustrom an Grundbesitz und Vieh, Sklaven und Schätzen aller Art war so gewaltig, dass schon beim Tode Ramses' III. nahezu ein Zehntel der Äcker und des Viehbestandes sowie ein Hundertstel der Bevölkerung wieder im Besitz des Gottes war, des Amun von Theben. Der Aufstellung über den »Besitz der Götter« zufolge, die sich im Papyrus Harris erhalten hat, sind dies 81.322 Leibeigene und 421.362 Stück Vieh. Sein genaues Spiegelbild findet dieser rasante Aufschwung im Prestigezuwachs der Priesterschaft. Am Ende der Epoche nimmt der Hohepriester Amenophis eine Rangstellung ein, die ihn auf Augenhöhe mit dem König zeigt. Auf den Wänden von Karnak, wo »seit unvordenklichen Zeiten der Beamte vor seinem König wie ein Zwerg erschienen war« (Breasted), ist er in derselben überragenden Größe wie Ramses XI. dargestellt.

Es scheint so, als hätte die Amunpriesterschaft unter den Ramessiden wahrlich keinen Grund zur Klage gehabt. Im Gegenteil. Mit Blick auf die Hypothese einer erlittenen Traumatisierung ließe sich sagen: Die erlittenen Verluste wurden mehr als ausgeglichen, die materiellen wie immateriellen Zuwendungen könnten den Hunger nach Wiedergutmachung gestillt haben. Ein genauerer Blick auf die Verhältnisse lässt indes Zweifel an dieser Version aufkommen. Schon die Reliefs von Karnak, die eine Ranggleichheit zwischen König und Hohepriester suggerieren, erinnern an Szenen der sogenannten *Verkehrten Welt*: Füttert hier nicht ein Mäusepharao eine Katze? Ein befreiendes Lachen werden sie aber unter den Zeitgenossen gewiss nicht ausgelöst haben, eher die Erwartung von Unheil, die der Schrecken des folgenden Bürgerkrieges dann wirklich einlöste.[123] Die Schieflage am Ende der 20. Dynastie, die hier sichtbar wird, hat ihr Pendant am Beginn der 19. Dynastie.

Amun hat – wie wir gesehen haben – nur scheinbar die Stelle der höchsten Gottheit in Ägypten wieder eingenommen. Der alte Reichsgott von Theben musste seine Macht mit Re-Harachte von Heliopolis und Ptah von Memphis teilen. Sinnfällig wird dieser Machtverlust in der Wahl der neuen Residenz. Schon unter Tutanchamun siedelt der Hof nach Memphis um, nicht zurück nach Theben. Die Ramessiden stammen aus dem Delta und errichten gleichsam auf den Fundamenten der untergegangenen Hyksoskapitale Avaris ihr neues Machtzentrum Piramesse, die Ramsesstadt. Dort verehren sie den alten Lokalgott Seth, der vierte im Bunde der großen Göttergestalten, den einige der Ramessidenkönige (Sethos, Sethnacht) ostentativ in ihren Namen führen und der außerdem als Namensgeber einer der vier königlichen

Divisionen von sich reden macht. Spätestens die 400-Jahr-Stele für den »König von Ober- und Unterägypten Seth« macht deutlich, dass die ramessidische Parole von der »Wiedergeburt« gerade nicht auf die Gründerzeit der Ahmosiden und der mit ihnen verwandtschaftlich verbundenen Amunpriester zielt, sondern auf eine eigensinnige Ahnenpolitik, die sich neben der thebanisch dominierten Amun-Theologie und unabhängig von ihr behauptete. Es ist Herihor, der mit seiner auf Amun zentrierten Ära der »Wiedergeburt« der verfehlten Politik der Ramessiden einen Spiegel vorhält.

So gegen den Strich gebürstet, erscheint die Zeit der 19. und 20. Dynastie in einem anderen Licht. Welche Korrekturen könnte das für das Verhältnis der thebanischen Priesterschaft zum Hof bedeuten? Es steht zu vermuten, dass in den Augen der entmachteten und gedemütigten Priesterschaft die erhoffte Restauration, die Herstellung des *status quo ante*, praktisch ausgeblieben ist. Für die Amunpriesterschaft dürfte der Herrschaftsantritt der Ramessiden nichts als eine große Enttäuschung gewesen sein. Gewiss wird sie die schillernde, nach außen Amun-freundliche Politik als Rückgewinnung angestammter Privilegien begrüßt, aber nicht minder als eine bloße Kette von Zugeständnissen empfunden haben, denn der erhoffte Umschlag in eine neue Qualität blieb ein ums andere Mal aus. Im Gegenteil, die Personalpolitik des Hofes riss immer wieder alte Wunden auf. Zwei Beispiele aus der Regierungszeit Ramses' II. mögen das unterstellte Wechselbad der Gefühle illustrieren.

Im Jahr 1 seiner Regierung nutzt der König die Gelegenheit einer Vakanz, um beim großen Luxorfest selbst als Hohepriester zu amtieren. Dabei stellt er dem Gott »die Propheten der Götter und die Großen seines Hauses« vor, aber die ehrgeizigen Beamten der Amundomäne, doch die ersten Anwärter auf die Stelle des Hohepriesters, fallen sämtlich durch. Berufen wird der Priester Nebwenenef, erster Prophet des Onuris und der Hathor von Dendera. Ein Provinzialer wird geistiges Oberhaupt in Theben. In seinen mittleren Jahren ernennt Ramses II. einen seiner Söhne, Chaemwaset, zum Hohepriester in Memphis. Dessen jüngeren Bruder Meriatum schickt er als »Größten der Schauenden mit reinen Händen in das Haus des Re« nach Heliopolis, wo dieser ebenfalls das Amt des Hohepriesters bekleidet. Die Berufung eines Außenseiters signalisiert das Vermeiden einer einseitigen Begünstigung der Amunpriesterschaft; die Berufung von Prinzen auf die Hohepriesterstellen von Memphis und Heliopolis erhöht das Ansehen der Gottheiten dieser beiden Städte, Ptah und Re-Harachte, die als gleichberechtigte Partner des Amun ins Licht gerückt werden. Beide Maßnahmen dürften den Unwillen der thebanischen Familien hervorgerufen haben, zumal diese deutlich an die restriktive Religionspolitik der Vor-Amarnazeit (von Thutmose IV. und Amenophis III.) erinnern.

Wohlgemerkt, die hier mit wenigen Strichen angedeutete Personalpolitik der Ramessiden ist keineswegs Amun-feindlich; sie zeigt vielmehr die Neigung zum Kompromiss, zielt auf kluge Weise auf Ausgleich und ähnelt gerade hierin den erwähnten Vorgängern. Die Irritation ist andernorts auszumachen. Es ist die Amunpriesterschaft, die nicht mehr die gleiche ist, weil sie sich von der eigenen Vergangenheit nicht gelöst hat. Das Trauma von Amarna ist nicht verflogen. Die kahlgeschorenen Männer des verwöhnten Amun-Kultes werden empfänglich gewesen (und geblieben) sein für die Gunstbeweise des Hofes; sie werden umgekehrt überempfindlich auf jede Form von Deprivation reagiert haben. Denn die Logik des Unbewussten drängte in eine bestimmte Richtung, sie zielte auf nicht weniger als das vollständige Ungeschehenmachen der erlittenen Schmach. Nur die Wiederholung des religiösen Umsturzes mit umgekehrten Vorzeichen, das heißt jetzt mit Amun als unumschränkten Gottkönig, konnte diese unbewussten (und nach wie vor ungestillten) Erwartungen erfüllen. Mit den Ramessiden war das nicht zu machen, überhaupt mit keinem der traditionellen Herrscher. Dazu bedurfte es eines zweiten Echnaton, der gegen die Tradition willens war, die Umbuchung der politischen Bindung auf Amun zu vollziehen.

Die Triftigkeit der psychohistorischen Dynamik unterstellt, sollte diese Konfliktlage schon *vor* der Zeit des Herihor sichtbar geworden sein. Genau in diesem Sinne ist die vorherige Diskussion um das literarische Motiv des religiösen Konfliktes zwischen Apophis und Sekenenre zu verstehen. Die Erzählung aus der Zeit des Merenptah darf als Beleg dafür gelten, dass sich die Mentalität einer theokratischen Erneuerung in langen Zeiträumen ausgebildet und (wenngleich in verstellter Form) artikuliert hat – als Stimme einer Amun-allein-Bewegung. Die Errichtung des thebanischen Gottesstaates als Schlusspunkt dieser Entwicklungsgeschichte ist dagegen eine Sache der Tat, des Ausagierens eines hochaufgeladenen und aufgestauten Handlungsdranges. Hier obsiegt die Kraft einer historischen Bewegung, die nicht in kryptischer Weise von Amarna erzählen, sondern dem Schrecken ein Ende setzen will: durch Wiederholung und Überbietung.

Wie aber geht es an, den »Mann Herihor«, der gar nicht der Amun-Priesterschaft entstammt, zum Vollzugsorgan einer solchen geschichtlichen Bewegung zu stilisieren? Die ethnopsychoanalytische Forschung[124] geht davon aus, dass »auserwählte Traumata« als Brennpunkte ungelöster Konflikte fungieren und bei ähnlich gelagerten Ausnahmezuständen, die ihren Ursprung in ökonomischen und rechtlichen Auseinandersetzungen haben können, durchbrechen – oft erst nach langer Zeit. Ich sehe eine solche Konstellation an der Bruchstelle der 20. zur 21. Dynastie als gegeben an. Die Krise jener Zeit dreht sich um Hungersnot und Korruption, aber im Machtkampf stoßen das ramessidische Königtum und die thebanische Priesterschaft aufeinander. Der Hohepriester Amenophis, in dem wir meines Erachtens einen Vertreter der verhätschelten und parasitär gewordenen Priesterkaste zu erblicken haben, verschärft den Gegensatz – und fällt darüber. Herihor tritt an seine Stelle, kein religiöser Eiferer, sondern (wie sein unmittelbarer Vorgänger Pianch) ein tatkräftiger Militär, dem es aber offensichtlich gelingt, den tiefersitzenden Sehnsüchten und Ansprüchen der Amunpriesterschaft nicht nur zu ihrem Ausdruck, sondern zu ihrem historischen Recht zu verhelfen. Dass *seine* Ära der »Wiedergeburt« genau diese Interessen vertritt, zeigt sich am deutlichsten an der baldigen Rückkehr zum Königsdogma der »Gottesgemahlin des Amun«. Beginnend mit Maatkare (einer Tochter von Pinudjem I., Herihors Nachfolger) fühlt man sich in die Zeit des Gottesweibes Ahmes-Nefertari zurückversetzt – an den Beginn also der 18. Dynastie, als Amunpriester aufgrund verwandtschaftlicher Beziehungen noch direkten Einfluss auf die Thronfolge nehmen konnten.

Die Gestalt des Herihor wirft so gesehen ein neues Licht auf den dynamischen Vorgang einer »Wiederkehr des Verdrängten«. Historische Langzeit-Traumata sind missverstanden, wenn damit das jahrhundertelange Verweilen im Unbewussten als ein weitgehend statischer Vorgang begriffen wird. Traumatisierung bedeutet nicht nur Konservierung des Alten, sondern immer auch Hervorbringung eines historisch Neuen. Das heißt, das verdrängte Urereignis (der Amun-Mord und die Errichtung des Gottesstaates von Achetaton) wird in jener abgedunkelten »Krypta« der Erinnerung und des Vergessens nicht einfach versiegelt – als handele es sich um ein in Bernstein eingeschmolzenes Insekt; es ist vielmehr Gegenstand einer hochdynamischen Erinnerungsarbeit, die im Unbewussten der Kultur abläuft und viel Ähnlichkeit mit der von Freud beschriebenen Traumarbeit aufweist. »Verdichtung« und »Verschiebung« heißen auch hier die elementaren Umkehrmaßnahmen.[125] Der verpönte kulturelle Sinn wird vielfach umgeformt und entstellt, um als »Gegensinn« wieder an die Oberfläche zu gelangen: als Gottesstaat des Amun von Theben. Erst der eigene Alptraum hat die Verwirklichung des Traumes von der Priesterherrschaft möglich gemacht. Nun war umgekehrt der Alptraum Echnatons Wirklichkeit geworden.

Im Gegensatz zur kurzlebigen Theokratie von Amarna zeichnet den thebanischen Gottesstaat eine Struktur von langer Dauer aus. Offensichtlich war die Gewaltenteilung zwischen tanitischem Königtum und thebanischen Hohepriestertum – und das heißt: der Verzicht auf einen militanten Ausschließlichkeitsanspruch – die Voraussetzung dafür, dass der zweite Gottesstaat auf ägyptischem Boden als eine tragfähige Kompromissbildung innerhalb der ägyptischen Kultur akzeptiert wurde. Nahezu 400 Jahre lang blieb die theokratische Semantik, wie sie Herihor um 1080 vor unserer Zeitrechnung auf der Wand des Chons-Tempels von Karnak ins Relief treten ließ, in unterschiedlicher Dichte und Gestalt die führende Doktrin für die Thebais. Diese wechselvolle Geschichte muss uns unter dem Gesichtspunkt ihrer Wirkung interessieren: Hat das Modell des thebanischen Gottesstaates in irgendeiner Weise auf die Nachbarkulturen Ägyptens ausgestrahlt? Stand vor allem die im 5. Jahrhundert erfolgte Gründung des judäischen Gottesstaates, der dritten historisch bezeugten Theokratie der Weltgeschichte, unter Einfluss seines ägyptischen Vorläufers?

Über eine erste Berührung des thebanischen Gottesstaates mit dem syrisch-palästinensischen Raum informiert uns der (als Papyrus erhalten gebliebene) Reisebericht des Wenamun, eines Tempelbeamten des Herihor.[126] Dieser wird mit dem Auftrag, Bauholz für die heilige Barke des Amun zu besorgen, nach Byblos geschickt – eine Mission, die sich ausdrücklich auf den Gott selbst als den eigentlichen Auftraggeber beruft. Wenamun (»Amun existiert«) macht dem Fürsten von Byblos Tjerkerbaal (»Der Baal gedenkt«) den Vorschlag, dem Götterkönig Amun das Holz zu schenken und als Gotteslohn 50 Jahre zusätzlicher Lebenszeit zu erbitten. Tjerkerbaal pocht jedoch als nüchterner Geschäftsmann auf eine Bezahlung in Silber und lässt sich auch im Angesicht einer tragbaren Amun-Statue (»Amun-des-Weges«), die Wenamun mit sich führt, nicht umstimmen. Der thebanische Gesandte muss einsehen, dass es um den Herrschaftsanspruch Amuns jenseits der ägyptischen Grenze nicht gut bestellt ist; ihm bleibt nichts anderes übrig, als einen Boten nach Tanis zu schicken, um die Bezahlung in die Wege zu leiten.

Die Pointe und der satirische Unterton der Erzählung machen deutlich, dass wir es kaum mit einem zeitgenössischen Bericht zu tun haben dürften. Der Papyrus könnte aus der Zeit Scheschonqs I. stammen, der um 945 die 22. Dynastie gründete und in der Thebais eine einschneidende Reform durchsetzte. Er verbot die Erblichkeit des Hohepriesteramtes und legte fest, dass künftig jeweils ein Sohn des regierenden Pharao dieses Amt bekleiden sollte. Diese Machteinbuße des Gottesstaates könnte der geschichtliche Hintergrund für die Erzählung des Wenamun sein, eines religiösen Schwärmers, der ohne Rückendeckung durch den Pharao völlig machtlos dasteht. Nebenbei, die Politik Scheschonqs gegenüber Syrien-Palästina liest sich wie ein Kontrastprogramm. Der Stadtgöttin von Byblos, Baalat-Gebal, widmete er höchstpersönlich eine Stele. Nach Palästina unternahm er einen Feldzug, der ihm in der Bibel den Ruf eines Plünderers des Jerusalemer Tempels eintrug. Ausgerechnet in El-Hibeh, der nördlichen Grenzfeste der Thebais (in der angeblich auch der Wenamun-Papyrus gefunden wurde), errichtete er einen Amuntempel mit Siegesreliefs. Angesichts der selbstbewussten Machtpolitik des tanitischen Königs dürfen wir Ansehen und Einfluss des thebanischen Gottesstaates in jenen Tagen nicht besonders hoch veranschlagen.

Mehr als 100 Jahre später eskaliert der Dauerkonflikt zwischen dem nördlichen und südlichen Herrschaftsbereich und es kommt zu einem Bürgerkrieg in Oberägypten. Auslöser ist die Ernennung eines gewissen Osorkon, des ältesten Sohnes und Kronprinzen König Takelots II., zum Hohepriester des Amun in Theben. In der »Chronik des Prinzen« ist die äußerst brutale Niederschlagung der thebanischen Opposition festgehalten. Zahlreiche Amunpriester werden rituell exekutiert und erleiden den Feuertod; anderen gelingt die Flucht nach Nubien.[127] Doch gerade dieses Schicksal sollte der am Boden liegenden theokratischen Idee zu einer unverhofften Renaissance verhelfen. Offenbar vermochten eben jene thebanischen Amunpriester, welche bei den kuschitischen Herrschern Zuflucht fanden, alte, aber halb vergessene Sinnbestände, die sich um den Kult des Amun von Gebel Barkal rankten, wiederzubeleben.[128] Innerhalb von nur zwei Generationen gelingt dem kuschitischen Herrscherhaus ein beispielloser Aufstieg zur Macht. Schon unter Piye wird der thebanische Gottesstaat dem Herrschaftsbereich der Kuschiten einverleibt. In seiner berühmten Siegesstele (datiert um 730 v.u.Z.) feiert der erste kuschitisch-thebanische König seine Einsetzung und Sendung ganz im Sinne der theokratischen Semantik. Eingesetzt durch »Amun von Napata« und »Amun von Theben« führt er im Namen des Gottkönigs einen heiligen Krieg. Theben erscheint als heilige Stadt, in der angesichts der göttlichen Allmacht jede militärische Stärke ihre Bedeutung verliert. Das ganze Heer muss vor der Kriegseröffnung (gegen eine Koalition von unterägyptischen Fürsten unter Leitung von Tefnacht, dem Herrscher von Sais) die Waffen niederlegen und sich priesterlich reinigen, um im Tempel Amun um Beistand zu bitten. Die unterworfenen Deltafürsten, die dem siegreichen Pije in dessen Palast ihre Aufwartung machen wollen, sehen sich mit der rigiden Beachtung kultischer Reinheit konfrontiert: Drei Königen wird mit der Begründung, sie seien unbeschnitten und äßen Fisch, die Tischgemeinschaft mit dem im priesterlichen Sinne reinen König verweigert.

Als unumschränkter Priester-Feldherr hat Pije die »Personalunion von Militärführer und Hohepriester« (Assmann), die Herihor einst in der Thebais durchsetzte, landesweit zur Geltung gebracht. Hat dadurch die theokratische Inspiration über die Landesgrenzen hinaus an Attraktivität gewonnen? Ist die Idee des Gottesstaates als erfolgreiches Modell göttlichen Geschichtshandelns irgend übergesprungen? Zumindest die äußere politische Entwicklung spricht gegen diese Annahme. Schon wenige Jahre nach der Rückkehr Pijes in seine kuschitische Residenz Napata etabliert sein alter Gegenspieler Tefnacht seine Herrschaft neu; er nimmt die Königswürde an und begründet in Sais die 24. Dynastie. Es ist die Zeit der assyrischen Expansion. Eine Notiz des Alten Testaments (2. Könige 17,4) informiert uns über ein Hilfeersuchen, das Hosea von Israel um das Jahr 724 »an So [nach Sais], den König von Ägypten« richtete, also wohl an den im Westdelta residierenden Tefnacht (und nicht an den im fernen Napata weilenden Pije). Die erhoffte ägyptische Unterstützung im Abwehrkampf gegen Assur blieb aus. Mit der Eroberung von Samaria (722) war das Ende des israelitischen Nordreiches besiegelt. Im Visier der assyrischen Eroberer lag nun das Südreich Juda, aber auch Ägypten. Dort hatte inzwischen der Bruder des Pije, Schabaka, den Thron bestiegen. Er konnte die kuschitische Herrschaft über ganz Ägypten ausdehnen und verlegte konsequenterweise seine Residenz von Napata nach Memphis. Mit dieser Machtverlagerung in den Norden war es den Kuschiten nicht länger möglich, sich den außenpolitischen Problemen zu verschließen. König Hiskia von Juda avancierte zum Spiritus rector einer antiassyrischen Koalition und nahm offiziell Kontakt mit Ägypten auf. Anders als zwischen Hosea und Tefnacht sind die Verhandlungen zwischen Hiskia und Schabaka offenbar positiv verlaufen; jedenfalls schickte Schabaka eine Gesandtschaft nach Jerusalem. Zum ersten Mal standen sich ein kuschitischer König, der von der Idee der Gottesherrschaft des Amun beseelt war, und ein judäischer König, der dem Nationalgott Jahwe verpflichtet war, freundschaftlich und in Augenhöhe gegenüber.

In den Texten des Jesaja, der großen Prophetengestalt des Südreiches, ist die ganze Ambivalenz dieser Begegnung zweier so fremder Kulturen festgehalten. Wie bewundernd beschreibt er die Kuschiten als »hochgewachsenes und blankes Volk mit sehniger Kraft«, den besonderen Eindruck also, den die Boten des afrikanischen Ägypten bei der Jerusalemer Stadtbevölkerung hinterlassen zu haben scheinen. Aber politisch und religiös lässt er seinem antiägyptischen Ressentiment freien Lauf:

> Wehe denen, die hinabziehen nach Ägypten wegen Hilfe,
> die sich auf Pferde verlassen und auf Streitwagen vertrauen,
> wegen ihrer Vielzahl und auf Reiter wegen ihrer Macht,
> und sich nicht auf den Heiligen Israels verlassen
> und nicht Jahwe suchen.
> Die Ägypter sind Menschen und nicht Gott,
> und ihre Rosse sind Fleisch und nicht Geist (Jes 31,1-3).

Zumindest Jesaja – der als Stimme der Jahwe-allein-Bewegung für uns von besonderem Gewicht ist – kann (oder will) hinter der Maske der kuschitischen Militärs deren sprichwörtliches Gottvertrauen nicht erkennen. Und doch wiederholt er mit seiner Forderung, nicht der militärischen Stärke zu vertrauen, sondern besser auf Jahwe zu setzen, exakt jene persönliche Frömmigkeit, die Pije als Kultherr in der heiligen Stadt Theben so eindrucksvoll in Szene gesetzt hat. Die Nähe Amuns zu Jahwe, die *wir* in religionsgeschichtlicher Perspektive meinen wahrnehmen zu können, ist für Jesaja inexistent. Im Säurebad des monotheistischen Geistes löst sich die Gestalt des Amun auf, ein Götze, kein anderer gleichwertiger Gott neben Jahwe, der (durch den Mund des Propheten) von sich sagt: »Ich bin der Erste und ich bin der Letzte, außer mir gibt es keinen Gott.« Das Trennende dessen, was

Assmann die »Mosaische Unterscheidung« genannt hat – die fundamentale Unterscheidung zwischen dem Geltungsanspruch eines einzigen Gottes und der Unwahrheit der heidnischen Götterwelt –, ist der Grund dafür, dass die spätere judäische Lösung (Monotheismus und Theokratie) als eine »Gegenreligion« in Erscheinung getreten ist. Mit ihr wurde die altehrwürdige Regel der interkulturellen Übersetzbarkeit, wonach die Götter fremder Kulturen als die eigenen Götter unter anderen Namen galten, außer Kraft gesetzt.[129]

Im Kampf gegen das Heer der Assyrer (Schlacht von Eltheke um 701) zählen beide, Ägypten wie Juda, zu den Verlierern. Eine Niederlage, aber noch nicht das Ende. Erst in der nationalen Katastrophe, die beide Staaten zu unterschiedlichen Zeiten im Verlauf der nächsten einhundertzwanzig Jahre ereilen sollte, wird sich die ganze Gegensätzlichkeit der so verschiedenen Bündnispartner offenbaren. In Ägypten erfolgt der Zusammenbruch mit der Eroberung Thebens durch Assurbanipal im Jahre 663. Zum ersten Mal in der langen Geschichte des ägyptischen Reiches wurde No-Amun, die heilige Stadt des Amun, unterworfen und geplündert. Obwohl (in den Worten des Propheten Nahum) »Kusch ihre Stärke war« und »Put und die Libyer ihre Hilfe«, war die Stadt »für die Verbannung bestimmt, sie ging in Gefangenschaft, während gleichzeitig ihre Kinder zerschmettert wurden an allen Straßenecken«. Das Entsetzen auf ägyptischer Seite wird umso größer gewesen sein, als Tanutamun, der letzte kuschitische Herrscher (und nach dem assyrischen Feldzugbericht ein Sohn des Schabaka), bis zum bitteren Ende ganz im Geist seiner Vorgänger als Gesandter Amuns aufgetreten ist. Seine Niederlage hat die Idee der Gottesherrschaft Amuns nachhaltig diskreditiert. Im Namen des alten Götterkönigs hat jedenfalls keiner der künftigen Pharaonen mehr Krieg geführt.

Ganz anders stellt sich der Fall Juda dar. Das Südreich übersteht zunächst die Stürme, die das assyrische Imperium entfesselt, fällt aber dann unter den Schlägen des babylonischen Reiches, welches das Erbe Assurs auf der syrisch-palästinensischen Landbrücke antritt. Nach einem kurzen ägyptischen Zwischenspiel unter Necho II. erobert Nebukadnezar II. im Jahre 586 Jerusalem; er zerstört die Stadt und den Tempel und führt die Oberschicht ins babylonische Exil. Dieses Ereignis bedeutet politisch das Ende aller nationalen Ambitionen und psychohistorisch den Tiefpunkt einer kollektiven Kränkung. Doch die Reaktion auf dieses Trauma fällt ganz und gar aus dem Rahmen des Erwartbaren. Es kommt nicht zum Abfall von Jahwe, dem Gott der

Niederlage, der die ihm anbefohlenen Kinder Israels ihrem Schicksal überlassen hat und nicht einmal die Zerstörung seines eigenen Tempels zu verhindern wusste. Es kommt vielmehr zur endgültigen und bedingungslosen Unterwerfung unter das Joch Jahwes, des solitären Nationalgottes, der durch keinen anderen Gott ersetzt werden kann und der seinerseits auf den exklusiven Bund mit dem Volk Israel angewiesen ist.[130] Mit der beispiellosen Umbuchung aller politischen Bindungen auf Gott wird das menschliche Königtum diskreditiert und der Weg zur Errichtung eines Gottesstaates eröffnet. So begründen die nach 538 aus dem Exil in die nunmehr persische Provinz Jehud Heimkehrenden ein einzigartiges theokratisches System, das nur formal einige Ähnlichkeiten mit den ägyptischen Vorläufern aufweist. Grundlage ist die eigensinnige Form eines exklusiven Monotheismus, den es so in Ägypten nie gegeben hat.

Wenn es sich so verhält, dann fragt man sich, warum die Kulissen der altägyptischen und altisraelitischen Religionsgeschichte immer wieder so hartnäckig ineinandergeschoben worden sind. Der Grund dafür dürfte darin liegen, dass die Schreiber der exilischen und nachexilischen Zeit es verstanden haben, die reale Geschichte vom »auserwählten Trauma« des Exils und der unverhofften Rückkehr in die Form einer mythischen Gedächtnisgeschichte zu überführen: der Knechtschaft in Ägypten und der »auserwählten Ruhmestat« des Exodus. Wenn sich die Ethnogenese des jüdischen Volkes im Schoße Babylons vollendet hat, dann war der Mythos gehalten, gerade *nicht* die näheren Umstände dieser Geburt festzuhalten. Die aus der Verbannung Entlassenen kamen ja nicht nur mit Duldung, sondern im Auftrag der Perser zurück. Einem Wort Jacob Taubes zufolge hat Esra das Gesetzesbuch (wohl das Deuteronomium) »auf den Spitzen der persischen Bajonette« aus Babylon mitgebracht. In der Naherinnerung mochte die nachexilische Erneuerung daher als Ergebnis persischer Kulturpolitik erscheinen; sie war damit für die Zwecke einer mythischen Legitimierung unbrauchbar. Als Stiftungsmythos des neuen Gottesvolkes gehörte die fundierende Erzählung ohnehin in dessen Vorgeschichte. Ägypten aber bot sich als Projektionsfläche an, weil dieses Land über einen einzigartigen Gedächtnisraum verfügte, in dem die Geschichte eines anderen semitischen Volkes in analoger Weise als dramatische Abfolge von Einzug und Auszug erzählt wurde: die Hyksoserinnerung. Die kunstvolle Umschrift genuin ägyptischer Geschichte durch das jüdische Gedächtnis ist damit letztendlich auch für das Verwirrspiel um die Identität und Nicht-Identität von Echnaton und Moses verantwortlich. Nach dem Gesagten überrascht es nicht, dass Assmann zur Untermauerung seiner These, bei der Gestalt des biblischen Moses handele es sich um eine verschobene Erinnerung an den ägyptischen Ketzerkönig, sich ausgerechnet auf hellenistische Exoduserzählungen beruft, darunter die mehrfach erwähnte »Legende von den Aussätzigen«. Nach der Ouvertüre im Reich der Hethiter befinden wir uns damit ein zweites Mal *out of Egypt* (zumindest kulturell gesehen). War dort das Schuldeingeständnis von König Muršili als möglicherweise beispielgebendes Muster kultureller Selbstthematisierung von Belang, so geht es jetzt, am Ende unseres Durchgangs durch die innerägyptische (Gedächtnis-)Geschichte, um jüdische und griechische Mythenbildung. Inwieweit und in welcher Form haben Personen und Ereignisse von Amarna Eingang in die Gedächtnisgeschichte des Abendlandes gefunden? Das ist die Frage, um die es im letzten Kapitel gehen wird.

VI
OUT OF EGYPT

1. *Moses der Ägypter*

Um 320 vor unserer Zeitrechnung verließ Hekataios von Abdera, ein philosophierender Literat, seine thrakische Heimatstadt. Dem Sog des Hellenismus folgend, begab er sich nach Ägypten. Dort, in der Alexanderstadt, herrschte (noch im Rang eines Satrapen) ein gewisser Ptolemaios, der im ersten Diadochenkrieg auf spektakuläre Art und Weise von sich reden gemacht hatte. Er fing während des Krieges die einbalsamierte Leiche Alexanders des Großen, die in der makedonischen Königsnekropole beigesetzt werden sollte, ab und ließ sie nach Alexandria überführen – wo sie nach über dreihundert Jahren noch Kaiser Augustus sah. Der geniale Schachzug erhöhte mit einem Schlag das Ansehen der Stadt sowie die Legitimität ihres Herrschers. Hekataios wusste, dass er im Zentrum einer neuen, aufstrebenden Dynastie angekommen war; aber er war klug genug vorauszusehen, dass Ptolemaios – der sich wenige Jahre später, selbstredend am Jahrestag des Todes von Alexander dem Großen, zum König krönen ließ[131] – seine Machtstellung nicht allein auf den Besitz der Königsmumie gründen konnte. Dass der tote Körper des göttlichen Mannes aus Makedonien, dessen Gottessohnschaft durch ägyptische wie griechische Orakel bestätigt worden war, in einem Mausoleum auf ägyptischem Boden ruhte, durfte als *Symbolon* einer alten und geheimen genealogischen Verbindung zwischen den beiden Kulturen verstanden werden; aber dieses Beglaubigungszeichen einst zerbrochener und nun neu zusammengesetzter Hälften bedurfte der Bestätigung durch den lebendigen Geist. Und dies konnte nur in der Weise einer mythischen Erzählung geschehen.

Hekataios war gewillt, Ptolemäus I. eine solche Geschichte an die Hand zu geben. In den fünfzehn Jahren, in denen er sich in Alexandria aufhielt und miterleben konnte, wie die ehrgeizige Kulturpolitik des ersten Ptolemäers mit der Gründung des Museion und seiner Bibliothek Kontur gewann, verfasste er ein mehrbändiges Werk über die Geschichte Ägyptens. Es ist als Ganzes verschollen, doch einige Teile

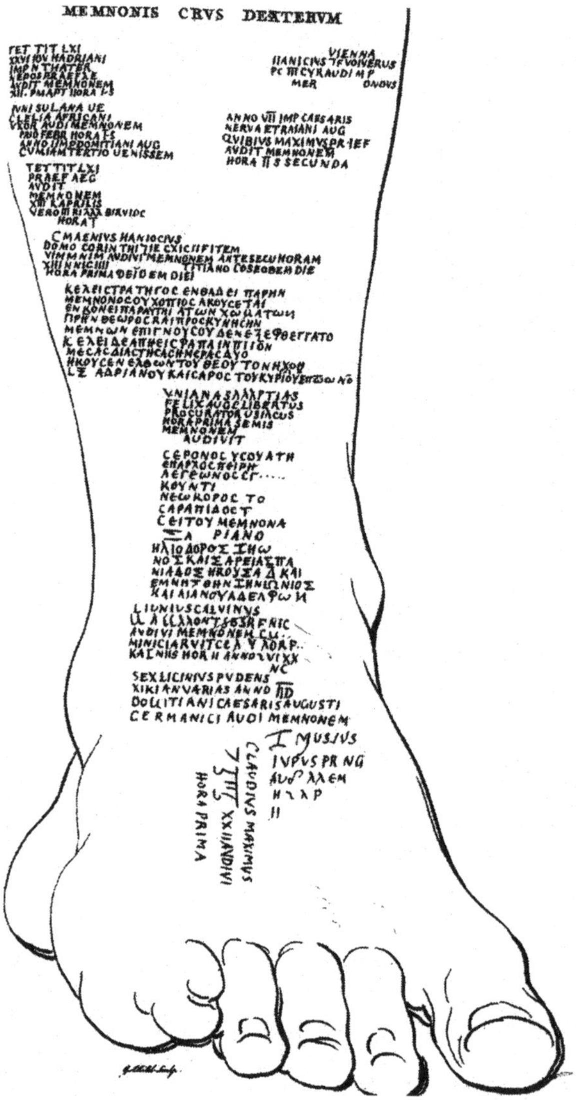

Abb. 58: Ausländer in Ägypten – griechische und lateinische Inschriften auf dem linken Fuß des nördlichen Memnonkolosses (nach Richard Pococke 1743/45)

sind vor allem durch Diodor überliefert worden. Das hier interessierende Fragment erzählt ganz im Sinne einer Heimkehr zum Ursprung, dass Griechenland und Teile der Levante ursprünglich von Ägypten aus kolonisiert wurden. Die Erzählung beginnt in dunkler Vorzeit. Die Ereignisse nehmen ihren Ausgang von einer Pest, die im Land Ägypten wütet. Die Ägypter glauben, dass sie die Götter erzürnt haben, und befragen darüber das Orakel. Dessen Antwort lautet, die vielen Fremden, die in Musri (Ägypten) wohnen und eigene Kulte und Sitten pflegen, seien der Grund für die göttliche Strafaktion. Die Ägypter beschließen daraufhin, die ausländischen Bewohner ihres Landes (über deren Herkunft nichts verlautet) zu vertreiben. Die Vertriebenen ziehen zunächst über die Landbrücke nach Kanaan-Palästina, wo sie sich teilen und zwei Gruppen bilden. Unter der Führung von Danaos und Kadmos ziehen die einen weiter nach Norden, um von der phönizischen Küste aus nach Griechenland überzusetzen und Hellas zu gründen. Die anderen führt Moyses (Moses) ins Landesinnere, wo es zur Gründung der Jerusalemer Kolonie kommt.

Die Erzählung des Hekataios von Abdera ist ein Dokument ersten Ranges. Sie enthält den ältesten außerbiblischen Exodusbericht überhaupt und belegt damit, dass die Botschaft der hebräischen Bibel gegen Mitte des vierten Jahrhunderts in den Nachbarkulturen angekommen war. Und zumindest Hekataios selbst bewertete die fremdartige Verfassung des judäischen Gottesstaates durchaus positiv, so wenn er schreibt, Moses der Gesetzgeber verbot die Götterbilder, »weil er glaubte, dass Gott keine menschliche Gestalt habe, sondern vielmehr der die Erde umfassende Himmel allein göttlich sei und Herr über alles«. Das wirklich Verblüffende an der von Hekataios verfassten Geschichte besteht indes darin, dass der Aufenthalt und Auszug aus Ägypten gleichsam als *joint venture* zweier Volksgruppen beschrieben wird, von Juden und Griechen. Die Duplizität der Ereignisse führt dem Leser vor Augen, dass eine mythische Abkunft von Ägypten dem kollektiven Gedächtnis von zwei ganz unterschiedlichen Kulturen eingeschrieben ist; Kulturen, die über den damit verbundenen Nachweis hohen Alters und kultureller Teilhabe an einer der beispielgebenden Zivilisationen enorm an Ansehen gewinnen konnten. Für den ägyptologischen Leser von heute[132] sind dagegen die Anspielungen an die Hyksoszeit zwingend: Bei den von Hekataios verknüpften Erzählsträngen handelt es sich um nationale Stiftungsmythen, die unabhängig voneinander die wohlbekannten und archäologisch hinreichend bezeugten Vorgänge einer über 100 Jahre währenden asiatischen Fremdherrschaft in Ägypten als semantische Vorlage benutzt haben.

Hekataios dürfte den Namen »Hyksos« nie gehört und sich ebenso wenig Rechenschaft über den Unterschied zwischen Geschichte und Gedächtnisgeschichte abgelegt haben. Seine Erzählung sollte nicht historisch korrekt, sondern für die ptolemäischen Herrscher nützlich sein. Als Hellenist der ersten Stunde wusste Hekataios natürlich um die begrenzte Reichweite seiner Überlieferungsgeschichte; den Rang einer fundierenden Erzählung für ganz Hellas konnte sie nicht einnehmen. Diesen Platz hielten längst die homerischen Epen besetzt. Vor allem die Ilias war rasch zum panhellenistischen Gründungsmythos aufgestiegen und in dieser Rolle das eigentliche Pendant zum biblischen Exodus-Bericht. Hekataios' Geschichte wiederbelebte die Erinnerung an Ereignisse, die gleichwohl älter waren als der Krieg um Troja. Die Ilias setzt den Kampf um Theben bereits voraus. Deren Gründer Kadmos erscheint jetzt, wenn wir die Überlieferung des Hekataios im Gegenlicht historiographischer Forschung betrachten, als mythischer Erbe der aus Ägypten vertriebenen Hyksoskönige. Diese Zuspitzung provoziert geradezu die Nachfrage, ob über die Wanderstraßen kulturellen Sinns, die wir hier besichtigen, noch andere Gestalten (neben Kadmos, dem Sohn des Agenor, und Danaos, dem Zwillingsbruder des Aigyptos) nach Hellas gelangt sind – im kulturellen Gedächtnis Griechenlands geformte Figuren, die wir rückblickend als mythische Doppelgänger von real existierenden ägyptischen Helden zu begreifen hätten. Unter der leitenden Frage, ob nicht König Ödipus in diesem Sinne eine verschobene Erinnerung an König Echnaton darstellt, möchte ich diese Diskussion im abschließenden Kapitel führen.

Hekataios' Interesse war es, mit dem Abriss der ägyptischen Vorgeschichte von Hellas die zeitgenössische griechisch-ptolemäische Herrschaft in Ägypten als Wiederauflage einer alten Verbindung zu legitimieren. In keiner Weise beabsichtigte er, die Geschichte Ägyptens umzuschreiben. Der legendäre Charakter seiner Überlieferung liegt offen zutage. Sie mochte den Ptolemäern helfen oder auch nicht, auf keinen Fall hatte sie das Zeug, die eingeborenen Ägypter zu verstören. Ganz anders verhält es sich mit dem biblischen Exodus-Bericht, von dem Hekataios nur eine schwache Nacherzählung liefert. Die Schreiber der Bibel begreifen den Auszug aus Ägypten nicht als Teil einer mythischen Vorzeit des Volkes Israel, sondern als real erlebte und durchlittene Geschichte. Mit einer Vielzahl an personalen und geographischen Details imponiert ihr Bericht als glaubhafte Rückerinnerung. Auffällig ist dabei der antiägyptische Impuls, jene einseitige Konstruktion kultureller Fremdheit und Konfrontation, in der Israel die Wahrheit, Ägypten dagegen die Finsternis und Lüge verkörpert. Der biblische Bericht spielt nicht nur auf ägyptischem Boden, er schreibt wesentliche Teile der ägyptischen Geschichte um. Er läuft im Grunde auf den Akt einer feindlichen Übernahme der Erinnerungslandschaft von der Herrschaft und Vertreibung der Hyksos hinaus. Ein starkes Stück »counter-history« (Funkenstein 1993) also, erzwungen durch die Erfordernisse des »jüdischen Familienromans«[133], aber geschrieben eben auch mit dem (wie immer unbeabsichtigten) Effekt der Verformung des gegnerischen Selbstbildes. Solange die Heilige Schrift eine innerjüdische Angelegenheit blieb, waren die Folgen gering. Aber mit dem

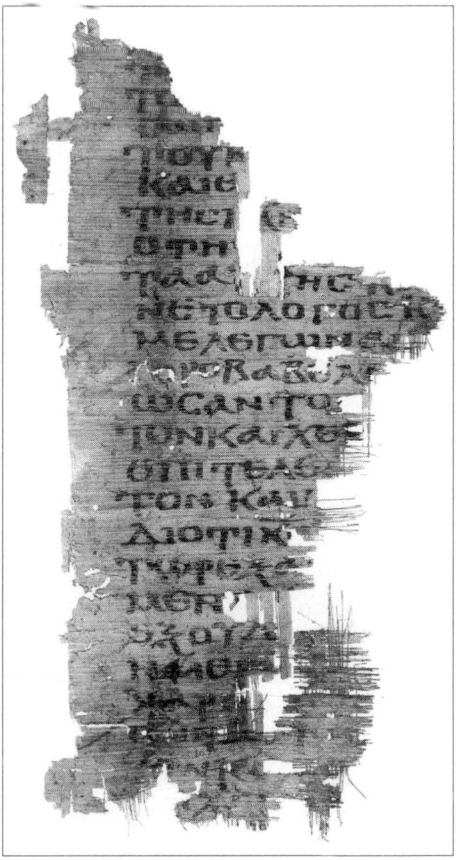

Abb. 59: Papyrusfragment der Septuaginta

Transfer in die benachbarten Kulturen veränderte sich das Bild. Fast unnötig zu betonen, dass sich die griechische Übersetzung der hebräischen Bibel nirgendwo anders als im multikulturellen Alexandria vollzog, wo Griechen und Ägypter mit einer mächtigen jüdischen Diasporagemeinde zusammenlebten.

Der Überlieferung nach ließ Ptolemaios II. (285–246 v.u.Z.) den Pentateuch durch 72 jüdische Gelehrte ins Griechische übersetzen, weswegen das Werk *Septuaginta* genannt wurde (Abb. 59). Genau um diese Zeit lebte Manetho von Sebennytos in Alexandria, ein gelehrter ägyptischer Priester, der als Unterstützer der ptolemäischen Religionspolitik galt.[134] Eine Generation nach Hekataios verfasste auch er eine mehrbändige Darstellung der Geschichte und Kultur Ägyptens. Anders als sein griechischer Vorgänger hatte Manetho offensichtlich Zugriff auf den uralten Archivbestand des Landes, denn er beruft sich auf »heilige Urkunden« wie etwa die Königslisten. Gleich ist dagegen das Schicksal seines Werkes, das als Ganzes verschollen ist und nurmehr in Form einiger Fragmente existiert. Zwei Erzählungen, den sogenannten »Hyksos-Bericht« und die »Legende von den Aussätzigen«, hat Josephus Flavius in seinem Pamphlet *Contra Apionem* exzerpiert und kommentiert. Der jüdische Historiker, der in der zweiten Hälfte des ersten Jahrhunderts unserer Zeitrechung in einer vollkommen anderen Welt lebte und seine Schrift unter dem Trauma des verlorenen Krieges gegen die Römer schrieb, versteht die beiden Berichte als Varianten ein und desselben Ereignisses: des Auszuges der Kinder Israels aus Ägypten. Aber während er die erste Erzählung zustimmend, nämlich als Zeugnis für das hohe Alter des jüdischen Volkes, anführt, gilt ihm die zweite Erzählung als Beispiel schlimmster antijüdischer Verleumdung – und als Auftakt einer unheilvollen Reihe ähnlich verzerrter Exoduslegenden. Von ägyptologischer Seite ist gegen diese Lesart Einspruch erhoben worden. Josephus' Einschätzung, bei der Legende von den Aussätzigen handele es sich um eine polemische Paraphrase des Exodus, beruhe auf einem »eklatanten Fall von Fehllektüre« (Assmann). Manetho erinnere mit diesem Bericht vielmehr an das Trauma von Amarna, und zwar so, dass die Erinnerungsfigur des Moses auf die historische Figur des Echnaton zurückführe. Was ist dazu zu sagen?

Werfen wir zunächst einen kurzen Blick auf das erste Fragment. Nach Manetho fielen die Hyksos während der Regierung des Tutimaios in Ägypten ein. Sie brachten Unterägypten ohne Schwertstreich in ihre Gewalt, brannten zahlreiche Städte nieder, verwüsteten die Heiligtümer der Götter und behandelten die Bevölkerung mit großer Feindseligkeit. Ihr König Salitis ließ sich zunächst in Memphis nieder, errichtete aber dann im östlichen Delta eine stark befestigte Garnisonsstadt namens Avaris, die spätere Hauptstadt. Die nachfolgenden Könige hießen Bnon, Apachnan, Apophis, Iannas und Assis. Keine vollständige Liste, denn, so Manetho, die Hyksos hätten insgesamt 511 Jahre über Ägypten geherrscht. Am Ende dieser Zeit erhoben sich die Könige von Theben, vertrieben die Hyksos aus den ägyptischen Gauen und schlossen sie in Avaris ein. König Thumosis belagerte die Festung, doch vergeblich. Schließlich wurde ein Vertrag geschlossen, der es den Hyksos erlaubte, friedlich aus Ägypten abzuziehen. Dieser Abmachung gemäß seien die Hyksos durch die Wüste nach Syrien gezogen und hätten in dem heute Judäa genannten Land die Stadt Jerusalem gegründet.

Abgesehen von Unstimmigkeiten bei den Jahreszahlen und Namensangaben (die für unsere Diskussion aber unerheblich sind) ist dies ein erstaunlich genauer Geschichtsbericht, der sich immerhin auf Ereignisse bezieht, die etwa 1300 Jahre zurückliegen. Manetho erwähnt keine Pest, lässt aber die Plage der Fremdherrschaft aufblitzen, und zwar mit Worten, die an die Inschrift der Hatschepsut erinnern: als einer Zeit, in der die Asiaten in Avaris saßen, räuberische Horden unter ihnen, die umstürzten, was gebaut war, und ohne Re herrschten. Den Befreiungskampf führen thebanische Könige, womit Manetho das Ende der Hyksosherrschaft völlig korrekt in die Zeit unmittelbar vor der 18. Dynastie datiert. Auch die Abfolge von kriegerischer Vertreibung und friedlichem Abzug entspricht den heute bekannten Geschichtsdaten. Einzig der Erzählstrang von der Wüstenwanderung, der Niederlassung in Judäa sowie der Gründung der Stadt Jerusalem ist tendenziös. Tatsächlich führte der Weg der abziehenden Hyksos, einer nordwestsemitischen Bevölkerung, von Avaris im Delta zur südkanaanäischen Stadt Scharuhen nahe Gaza und von dort in den palästinensisch-syrischen Raum. Die Nennung von Juda und Jerusalem ist (historisch gesehen) eine unstatthafte Spezifizierung, die bei den zeitgenössischen Lesern natürlich den biblischen Bericht von der Wüstenwanderung der Israeliten unter Führung des Moses evozieren musste – und sei es in der Form einer Nacherzählung, wie sie Hekataios von Abdera geliefert hatte. Es ist schwer zu entscheiden, ob Manetho selbst die Hyksos mit den Juden gleichsetzen wollte. Wenn dem so wäre, hätte er implizit die Gestalt des Moses mit dem letzten Hyksoskönig

Chalmudi, der den Abwehrkampf und den Auszug leitete, identifizieren müssen. Gut möglich, dass seine Botschaft an die jüdischen Leser seiner *Aigyptiaka* anders lautete: Es gibt nur einen historisch überlieferten Auszug aus Ägypten, den der Hyksos. *Wenn* ihr euch mit den Hyksos identifiziert, dann seid ihr die Nachfahren der übelsten und ärgsten Feinde Ägyptens.[135] Wie auch immer, einer seiner prominentesten Leser, Josephus Flavius, hat – wie viele apologetische Juden vor und nach ihm – die Gleichsetzung der Juden mit den Hyksos bereitwillig und nicht ohne Stolz akzeptiert.

Das zweite Fragment des Manetho hat einen völlig anderen Charakter. Es ist kein Geschichtsbericht, sondern eine hoch verdichtete Legende. König Amenophis, so beginnt die Erzählung, äußerte einst den Wunsch, die Götter zu schauen wie vor ihm König Hor. Der zurate gezogene Amenophis, Sohn des Paapis, antwortete ihm, erst wenn er das Land von den Aussätzigen gereinigt habe, könne er die Götter schauen. Der König lässt daraufhin 80 000 Befleckte, unter ihnen eine Reihe von Priestern, zusammentreiben und östlich des Nils unterbringen, wo sie in Steinbrüchen Zwangsarbeit verrichten müssen. Angesichts dieser Maßnahme ergreift den weisen Amenophis, Sohn des Paapis, die Furcht vor dem Zorn der Götter. Er sieht voraus, dass die Aussätzigen Verbündete finden und dreizehn Jahre lang über Ägypten herrschen werden; er wagt aber nicht, dies dem König zu sagen, schreibt vielmehr alles auf und nimmt sich das Leben. Die Aussätzigen ihrerseits treten in Verhandlungen mit dem König und erreichen, dass sie sich in der alten und jetzt verlassenen Hyksosstadt Avaris niederlassen dürfen. Hier bestimmen sie einen heliopolitanischen Priester namens Osarsiph zum politischen und geistigen Oberhaupt ihrer Leprakolonie. Dieser gibt ihnen eine neue Ordnung, in der alle herkömmlichen Sitten in ihr Gegenteil verkehrt werden. Es ist nicht erlaubt, die Götter zu verehren, geboten dagegen, die heiligen Tiere zu schlachten und zu essen; Umgang soll nur mit der eigenen Gruppe gepflogen werden. Anschließend lässt Osarsiph die Stadt befestigen und ruft aus Jerusalem die einst vertriebenen Hyksos als Bundesgenossen ins Land. Der mutlose König verzichtet auf einen Kampf und flieht unter Mitnahme der heiligen Bilder und Tiere nach Äthiopien. Wie dem weisen Amenophis prophezeit, herrschen die Aussätzigen zusammen mit den Hyksos dreizehn Jahre lang über das Land; eine wahre Schreckensherrschaft, denn die Aufständischen brennen nicht nur Städte und Tempelanlagen nieder, sie verwandeln darüber hinaus die

Sanktuare in Küchen und zwingen die Priester, die heiligen Tiere zu schlachten und zu braten. Nach Ablauf der Leidenszeit kehrt König Amenophis mit einem großen Heer aus Äthiopien zurück und vertreibt die Hyksos und die Aussätzigen, deren Führer Osarsiph inzwischen den Namen Moses angenommen hat.

Soweit der Plot dieser außergewöhnlichen Geschichte. Der späte Namenswechsel des Osarsiph, seine Gleichsetzung mit Moses, könnte zu dem Schluss verleiten, man hielte mit ihm schon den Schlüssel für das Verständnis der ganzen Legende in Händen, die – eingebettet in die Rahmenhandlung der älteren und größeren Hyksosgeschichte – von Juden handelt: der Bildung einer innerägyptischen Enklavenkultur unter Führung des Mose, eines antiägyptischen Gesetzgebers, der die Schreckensherrschaft der Hyksos mit deren Hilfe wiederholt und dabei das Original an Grausamkeit und Frevel noch weit übertrifft. Mit dieser schnellen Deutung würden wir jedoch, salopp gesprochen, das Pferd von hinten aufzäumen. Die Einfügung des Moses-Namens passt zwar zur Tradition der (auf Manetho folgenden) hellenistischen Exoduserzählungen; aber es könnte sich ebenso gut um eine Glosse handeln, die ein späterer Redaktor hinzugefügt hat. Wollen wir dem gemeinten Sinn auf die Spur kommen, dann müssen wir dem Text *en face* entgegentreten, das heißt, ihn als eine ägyptische Erzählung ernst nehmen, in der wiederkehrende und möglicherweise traumatisch wirkende Erfahrungen aus unterschiedlichen Zeiten in einem durch literarische Motive bestimmten Gesamtzusammenhang stehen. So gesehen dürfen wir unsere Legende zur Topik der prophezeiten Leidenszeit zählen, die gerade in der spätägyptischen Literatur sehr verbreitet war. Die bekanntesten Beispiele sind das »Orakel des Lammes« sowie das »Töpferorakel«, die das gleiche Thema: das Leiden Ägyptens unter den Fremden und ihre endliche Vertreibung, variieren. Interessanterweise spielt die Geschichte des Töpferorakels unter König Amenophis III., nicht anders als in der Erzählung des Manetho.[136] Im Orakel des Lammes ist es die Zeit König Bokchoris', der nun seinerseits in mehreren Exodus-Versionen erneut auftritt. Die Forschung konnte den irritierenden Sachverhalt aufklären. Beide Könige, Amenophis III. und Bokchoris, sind eng mit der spätzeitlichen Prophezeiungsliteratur verbunden. Wir haben es also nicht nur mit einem festen literarischen Topos zu tun, auch die zentralen Rollen der Könige sind fest besetzt. Bokchoris und Amenophis III. heißen die *anchormen* im Legendenzyklus der prophezeiten Leidenszeit.

Aus welchen gedächtnisgeschichtlichen Gründen den beiden so unterschiedlichen Pharaonen der 18. bzw. 24. Dynastie diese Rolle zugewachsen ist, muss uns hier nicht interessieren, wohl aber die Frage, was aus diesem Umstand für ein Verstehen der Leprösen-Geschichte zu folgern ist. König Amenophis tritt in Manethos Erzählung nicht als historische Figur in Erscheinung; der mythische Boden, auf dem er steht, ist der Glaube an die Überwindung der Leidenszeit durch eine messianische Heilszeit. Es gilt also, die Geschichtszeit des Königs und die Berichtszeit der Legende auseinanderzuhalten. Die Ereignisse dürfen allein aufgrund der Namensnennung weder in die Ära Amenophis' III. noch (weil er der Vater des Echnaton war) in die Amarnazeit datiert werden. Ähnliches gilt für die Länge der Leidenszeit, die in den verschiedenen Prophezeiungen ganz erheblich variiert (im Orakel des Lammes beträgt sie nicht weniger als 900 Jahre) und niemals die Regierungszeit meint. Wer daher die Spanne von dreizehn Jahren auf die Zeit, die Echnaton in Achetaton regierte, berechnet[137], der gerät unversehens in die missliche Lage, sich zum Wunsch als dem Vater des Gedankens bekennen zu müssen. Wenn es eine Verbindung zu Amarna gibt, dann muss sie aus dem Charakter der Leidenszeit selbst abgeleitet werden.

Die Signatur des Unheils, das mit der Herrschaft der Aussätzigen und der Hyksos über Ägypten hereinbricht, tritt in Manethos Erzählung überdeutlich ins Relief. Es ist der Schrecken des Religionsfrevels, der durch drei markante Züge charakterisiert wird: die Zerstörung der Tempel, die Verschleppung der Götterbilder und die Tötung der heiligen Tiere. Es unterliegt keinem Zweifel, dass Manetho an dieser Stelle auf Legenden zurückgreift, in denen die traumatischen Erfahrungen während der Assyrer- und Perserherrschaft verarbeitet worden sind. Die vier assyrischen Eroberungen im 7. Jahrhundert sowie die Perserzeiten des 5. und 4. Jahrhunderts werden im kollektiven Gedächtnis Ägyptens als schwere Leidenszeiten erinnert. Schon das »Orakel des Lammes« weiß von fremden Herrschen zu berichten, die ägyptische Götterbilder nach Assyrien verschleppt haben. Weitaus drastischere Geschichten sind in den Zeiten des Widerstandes gegen die Perser – der Aufstand des Inaros um die Mitte des 5. Jahrhunderts wäre hier zu nennen – entstanden. Der persische Großkönig Kambyses stellt in diesem Kontext eine Art Kristallisationspunkt dar. Von ihm wird erzählt, er habe die Tempel geplündert und entweiht, die Statuen der einheimischen Götter verspottet und verbrannt sowie den heiligen Apisstier töten lassen. Kambyses ist zum Inbegriff des asiatischen

Fremdherrschers und Religionsfrevlers geworden. Und es ist genau dieses phobisch besetzte Feindbild, das Perser und Assyrer rücklaufend mit den Hyksos verbindet. In diese Reihe, das springt unmittelbar ins Auge, passt kein Echnaton – ein Spross des glorreichen Geschlechts der Thutmosiden, der noch in Amarna dem Kult der Mnevis-Stiere huldigte.

Folgen wir der von den Hyksos angeführten Reihe in die andere Richtung, so stoßen wir am Ende der Perserherrschaft auf die griechische Eroberung Ägyptens. Es ist nach dem zuvor Gesagten keine Überraschung mehr, wenn wir feststellen, dass die ptolemäischen Könige aus der Reihe der »asiatischen Fremdherrscher und Religionsfrevler« demonstrativ ausscheren. Es ist geradezu ihre Sendung, das, was die Perser angerichtet haben, wieder in Ordnung zu bringen. Haben die Perser Tempel zerstört, so unternehmen sie gewaltige Anstrengungen, neue Tempel zu bauen und alte instand zu setzen. Haben die Perser Götterbilder verschleppt, so bringen sie nicht nur die Statuen zurück, sondern führen darüber hinaus mit dem Sarapis-Kult eine neue, Griechen und Ägypter verbindende Gottheit ein. Haben die Perser heilige Tiere geschlachtet, so messen sie dem Tierkult eine übergroße Bedeutung bei. Der Versuch der Ptolemäer, in die Rolle von ägyptischen Heilskönigen zu schlüpfen, war sicher nicht frei von Anmaßung und Maskerade; und gewiss wird es (etwa in der Steuerfrage) zu Konflikten zwischen Griechen und Ägyptern gekommen sein. Vom zweiten Jahrhundert an ist dann die Abneigung der Ägypter den Griechen gegenüber stetig gewachsen. Aber das ist für das Verständnis der Leprösen-Geschichte nicht entscheidend. Wichtig ist, dass Manetho Ägypter und Griechen noch für die geborenen Bündnispartner einer neuen Epoche hielt, deren Grundlage darin bestand, die gleichen Feinde und Freunde zu haben. Deshalb hat die Legende nichts mit den Griechen zu tun.

Es gab in Alexandria eine dritte Partei, die Juden, deren genaue Rolle im Wechselspiel von kultureller Nähe und Distanz ein genaueres Hinsehen verdient. In den Wirren vor und nach dem Untergang des judäischen Königreiches gab es (neben der babylonischen) auch eine ägyptische Exilgemeinde, die prominent besetzt war. Zu ihr zählten die königliche Familie des nach Babel verschleppten Königs Jojakim und (vielleicht unfreiwillig) der Prophet Jeremias. Es ist ein bemerkenswertes Faktum, dass diese Gruppe bei der nach-exilischen Erneuerung des Judentums praktisch keine Rolle spielte. Träger einer Wiedergeburt des Staates Juda war die babylonische Exilgemeinde, die – nach dem Herrschaftsantritt der Perser – im Auftrag von König Kyros nach Jerusalem heimkehrte, unter ihnen Esra, der den persischen Titel eines »Schreibers des Gesetzes des Himmelsgottes« trug. Die Juden in der persischen Provinz Jehud waren also nicht nur politisch von Persien abhängig, sie standen auch unter dem Einfluss persischen Geistes – und damit, von Ägypten aus gesehen, im gegnerischen Lager.

Wie gefährlich die Gemengelage in *diesem* Dreieck war, sollte sich sehr bald zeigen, und zwar auf ägyptischem Boden. Im 5. Jahrhundert sorgte eine jüdische Söldnerkolonie, die wahrscheinlich kurz nach der Eroberung Ägyptens durch Kambyses auf Elephantine (einer südlichen Nilinsel) angesiedelt worden war, für erhebliches Aufsehen. In einem Schreiben an den persischen Statthalter beschwerte sich der Führer der Kolonie über die Zerstörung des jüdischen Jahu-Tempels[138] durch ägyptische Priester und beantragte die formelle Erlaubnis zum Wiederaufbau (der dann auch bewilligt wurde). Was war der Grund für den Übergriff der Priester, die ihrerseits auf Elephantine einen Tempel für den widdergestaltigen Gott Chnum unterhielten? Eine Rekonstruktion anhand des erhaltenen Schriftverkehrs hat ergeben, dass wir aller Wahrscheinlichkeit nach im Opfer des Passah-Lamms den Stein des Anstoßes zu erblicken haben. Die Chnum-Priester müssen das Brandopfer gerade eines Lamms als besonderes Sakrileg empfunden haben, das sie an die Schlachtung der heiligen Tiere durch Kambyses erinnerte. Waren die jüdischen Soldaten des wüsten Perserkönigs nicht in gleicher Weise kultisch unrein und deshalb hassenswert? Dass die hier unterstellte Empörung nicht als Blüte antipersischer Propaganda abgetan werden kann, belegt interessanterweise ein Schriftstück der Gegenseite. In einer anderen Passage des erwähnten Schreibens an den persischen Statthalter nimmt das Oberhaupt der jüdischen Gemeinde ein geheimes Einverständnis zwischen Juden und Persern in Anspruch. Offen erinnert er daran, dass Kambyses auf seinem Eroberungszug durch Ägypten zwar alle einheimischen Tempel zerstören ließ, den jüdischen Tempel auf Elephantine dagegen ausdrücklich verschont habe. Eine bemerkenswerte Einlassung. Es scheint, Perser und Juden saßen in jenen Tagen religionspolitisch wirklich in einem Boot. Da die jüdische Kolonie mehrere Götter verehrte, wäre es unsinnig, ein (gezielt gegen die Juden gerichtetes) antimonotheistisches Ressentiment ins Spiel zu bringen – gewissermaßen als Urform eines besonderen Antisemitismus. Nein, Perser und Juden traf der nämliche Hass.

Die phobische Abwehr einer verletzlichen Kultur, die wie kaum eine andere für die Inganghaltung ihrer Welt auf den Vollzug der Kulte angewiesen war, galt in gleicher Weise dem Religionsfrevel der wieder und wieder ins Land gekommenen Fremden: den gottlosen Asiaten.

Für die Juden auf Elephantine muss die Passah-Feier eine tiefgreifende Erfahrung gewesen sein, denn sie erinnerten damit im Lande Ägypten an den legendären Auszug aus Ägypten. Dieser zusätzliche Konfliktstoff dürfte den Priestern des Chnum-Tempels, den zeitgenössischen Gegenspielern der Judengemeinde, verborgen geblieben sein; nicht so dem Priester aus Sebennytos. Manetho kannte die hebräische Bibel und damit Ort und Stellenwert des Opferfestes im jüdischen Exodus-Bericht. Dort heißt es: Als das Land Ägypten unter den Plagen stöhnte, erlaubte der Pharao den Israeliten, ihrem Gott zu opfern. Moses aber entgegnete: »Das können wir nicht tun, denn ein Gräuel ist es den Ägyptern, wie wir dem Herrn, unserem Gott, opfern. Wenn wir vor den Augen der Ägypter opfern sollten, wie es ihnen ein Gräuel ist, würden sie uns da nicht steinigen?«[139] Der biblische Anführer der Juden weiß um die aufreizend wirkende kulturelle Fremdheit der judäischen Religion – und fürchtet sich vor den Folgen, von deren gespenstischer Einlösung im wirklichen Leben uns jetzt die Zerstörung des Jahu-Tempels von Elephantine noch eindringlicher vor Augen steht. Manetho, als ägyptischer Priester gewiss mit all den Affekten von Hass und Abscheu den kultisch Unreinen gegenüber ausgestattet, wird über den noch zeitnahen Konflikt um die jüdische Kolonie Bescheid gewusst haben. Die Geschichten, die ihm zu Ohren gekommen sind, dürften das Urteil des Historikers in ihm bestärkt haben, wie sehr die Juden in den Katalog der von Asien eingewanderten Fremden und Religionsfrevler hineinpassten. Mussten sie nicht zwangsläufig in den einschlägigen Kapiteln seiner »Ägyptischen Geschichte« auftauchen, und zwar an prominenter Stelle neben Hyksos, Assyrern und Persern? Die Juden waren nicht in vergleichbarer Weise mit militärischer Macht in Ägypten eingefallen, aber mit ihrer Heiligen Schrift hatten sie den Boden der ägyptischen Kultur umso nachhaltiger umgepflügt und dabei sakrosankte Traditionen verletzt. Und als einzige Gruppe unter den genannten Völkern sind sie im Ägypten der Jetztzeit präsent. Im aufgeschlagenen Fächer des multikulturellen Alexandria erscheinen sie, zumindest aus ägyptischer Perspektive, als die wahren Revenants der kultisch Fremden.

Manetho hat bei seiner Arbeit sicherlich nicht nur auf volkstümliche

Sagen und Legenden zurückgegriffen, die auf mündlicher Überlieferung basierten, sondern ebenso auf schriftliche Quellen. Dazu könnte durchaus die Erzählung vom »Streit zwischen Apophis und Sekenenre« gehören (die uns an anderer Stelle beschäftigt hat), auf jeden Fall aber die »Demotische Chronik«, das »Töpferorakel« sowie die Geschichte vom »Lamm des Bokchoris«. Aber erst mit der hebräischen Bibel (vielleicht schon in Gestalt der Septuaginta) ist ein Moment von Intertextualität greifbar. Stellt man die Legende von den Aussätzigen der biblischen Fassung des Exodus unmittelbar gegenüber, so ergeben sich eine Reihe direkter Bezüge. Dem Motiv der Leprösen-Kolonie hier entspricht die Ansiedlung der Hebräer in Gosen dort; die Zwangsarbeit in den Steinbrüchen korrespondiert mit der Fronarbeit der Ziegelherstellung im ägyptischen »Haus der Knechtschaft«; die religionspolitischen Regularien des Osarsiph haben ihr Pendant in der Gesetzgebung des Moses. Es wäre indes ein grobes Missverständnis (dem offenbar Josephus erlegen ist), diese Entsprechungen dahingehend zu interpretieren, als habe Manetho die genannten Motive der Bibel entnommen und sie als willkommene, für seine verleumderischen Zwecken brauchbare Versatzstücke in seinen Text montiert. Manetho standen vielmehr auch in den genannten Fällen alte Überlieferungen zur Verfügung, die bis auf die 18. Dynastie und über sie hinaus bis auf die Hyksos zurückgehen müssen.[140] Hierzu könnte ein inschriftlich erhalten gebliebener Bericht aus dem 22. Regierungsjahr König Ahmoses', des Siegers von Avaris und Scharuhen, zählen. Der Text spricht von der Wiedereröffnung der (östlich des Nils am Südrand des Deltas gelegenen) Tura-Steinbrüche und lässt wissen, dass die Arbeit von den *Amu*, also den Asiaten, verrichtet wurde. Da König Ahmose die Asiaten in Gestalt der Hyksos gerade aus dem Land getrieben hatte, kann es sich, so Goedicke (1986), nur um asiatische Kriegsgefangene handeln, die zur Zwangsarbeit in die Steinbrüche geschickt wurden. Goedicke, der – wie erinnerlich – das Geheimnis der »kanaanäischen Krankheit« gelüftet hat, erinnert uns in diesem Zusammenhang daran, dass gerade um diese Zeit eine Seuche in der Gegend wütete. Das Legendenmotiv von der Verbannung einer Gruppe von Aussätzigen in die Steinbrüche östlich des Nils könnte sich also sehr wohl auf das historische Faktum einer Zwangsarbeit von Hyksosgefangenen in den Steinbrüchen von Tura beziehen, die sich im Schatten einer Pest vollzog.

Die Deutung von Goedicke hat den großen Vorteil, dass sie die Existenz von zwei getrennten und doch wahlverwandten Gruppen, mit der die Legende von den Aussätzigen arbeitet, historisch zu erklären vermag. Die überwältigende Mehrheit der militärisch geschlagenen Hyksos (sagen wir die »großen Hyksos«) konnte in den palästinensisch-syrischen Raum abziehen; eine zahlenmäßig weit geringere Gruppe (die »kleinen Hyksos«) verblieb unter den geschilderten Bedingungen im Land. Erlaubte diese historische Vorgabe dem Manetho, Hyksos und Juden, die er richtigerweise für nicht identisch hielt, auseinanderzuhalten und literarisch noch nach dem Bündnisschluss als zwei distinkte Gruppen zu behandeln? Dann wären in der Tat die zu Aussätzigen abgestempelten Juden an die Stelle der mit Pest geschlagenen Kriegsgefangenen gerückt – um freilich an Ort und Stelle ihr wahres Gesicht zu zeigen: im Spiegel der Gründungs einer antiägyptischen Gesetzgebung, einer wahren Gegenreligion, die nicht etwa durch monotheistischen Geist imponiert, sondern allein durch die Lust, alles vorzuschreiben, was in Ägypten verboten, und alles zu verbieten, was in Ägypten vorgeschrieben ist. Das literarische Motiv einer Rückkehr der Hyksos nach Ägypten, die nicht historisch ist, dürfte sich dagegen der Erinnerung an die wiederholten Eroberungen der Assyrer und Perser verdanken. Auf mythischer Ebene hat sich die Angst vor einer erneuten Invasion an die Figur des Gottes Seth geheftet. Von Seth, der verfemten und des Landes verwiesenen Gottheit, wurde erzählt, er sei dabei, »das Land mit Gewalt an sich zu reißen, so wie er es früher tat, als er die heiligen Stätten zerstörte und deren Kapellen niederriss«. Wenn Plutarch, als Zeitgenosse des Josephus Flavius einer der letzten Vertreter hellenistischer Gelehrsamkeit, die mythische Vertreibung des Seth dahingehend ergänzt, dieser sei nach Palästina gelangt und habe dort zwei Söhne, Juda und Jerusalem, gezeugt, dann schließt sich der Kreis. Juda und Jerusalem, Stadt und Land der Juden, haben wir im ersten Fragment des Manetho als die Ankunftsorte der aus Ägypten abwandernden Hyksos kennengelernt. Wenn nun der dämonische Seth diese Route nimmt und im jüdischen Mutterland seinen Samen groß werden lässt, dann vereint er noch einmal Hyksos und Juden im Zeichen eines drohenden Rachefeldzugs der beiden Gottessöhne.

Fragen wir auch an dieser Stelle nach: Was ist mit der Erinnerung an Amarna? Wir sind im Vorfeld unserer Erkundung der Amarnazeit auf einige starke Analogien zur Hyksoszeit gestoßen. Auch die Amarnakönige standen im Krieg mit einem mächtigen asiatischen Feind, den Hethitern, und auch diese Auseinandersetzung wurde von einer Pest überschattet. Aber anders als in Hatti, wo König Muršili sich anschickte, den Schuldzusammenhang hinter den äußeren Taten schonungslos aufzudecken, kam in Ägypten eine vergleichbare Selbstthematisierung nicht in Gang. Unter den Ramessiden, die das Erbe der Hyksos auf ambivalente Art (nämlich durch die Berufung auf den Ahnengott Seth und die Verlegung der Hauptstadt an den Ort der alten Hyksoskapitale Avaris) vergegenwärtigten, wurde das inkommensurable Erbe des Echnaton auf eine sehr bestimmte Weise verdrängt. Die Amarnaerinnerung verschwand im Kernschatten der Hyksoserinnerung – und ist aus ihm nie wieder herausgetreten. Spätestens mit dem spektakulären Friedensvertrag zwischen Ägypten und Hatti unter Ramses II. und Hattuschili III. hatte sich das aus dem Asiatentrauma speisende Gedächtnis endgültig erschöpft.[141] In hellenistischer Zeit ist Amarna eine »kalte Erinnerung«, die zur Erklärung der heißgelaufenen Feindschaft zwischen Ägyptern und Juden nichts beizutragen vermag. An keiner Stelle der verschlungenen Gedächtnisgeschichte drängt sich die Erinnerung an Echnaton und seinen Gott Aton auf. Stets vollzieht sich der Auftritt der Juden und ihres Gottes Jahwe (oder Jahu, gr. Iao) vor der älteren Kulisse der Hyksos und ihres bevorzugten Gottes Seth.

Es bleibt das Rätsel um den Namen der zentralen Legendenfigur und den ihn betreffenden späten Zusatz: »Osarsiph aber nahm den Namen Moses an.« Einerlei, ob der Namenswechsel von Manetho selbst stammt oder nicht, mit ihm steht die Frage im Raum, inwieweit hiermit die Zweiheit der Geschichte – die Existenz zweier Gruppen, der »großen und kleinen Hyksos« – fortgeschrieben oder sogar vertieft werden sollte. Um hier weiterzukommen, empfiehlt sich ein Wechsel auf die historische Bühne. Das Ende der Hyksosherrschaft ist mit dem Namen des Königs Chalmudi verbunden. Als Nachfolger des Apophis und Gegner des Ahmose hat er die Hyksoskapitale Avaris übergeben und ist von dort über Scharuhen nahe Gaza in Richtung Palästina abgezogen. Damit hat Chalmudi einen Weg zurückgelegt, den wir als *blueprint* der legendären Route der ausziehenden Israeliten verstehen können. Er ist somit die historische Vorbildfigur für den Führer des jüdischen Volkes. Das heißt, hinter Moses dem Ägypter steckt in erster Instanz eine verschobene Erinnerung an den letzten Hyksoskönig. Wenn es sich aber bei Moses um den biblischen Wiedergänger des Chalmudi handelt, dann ist dessen Gegenspieler Ahmose das historische Vorbild für den Pharao des Auszugs.[142] Diese unsere Verknüpfung von Geschichte und Gedächtnisgeschichte hat eine unerwartet direkte Bestätigung durch eine Arbeit von Thomas Schneider (1998) erfahren. Im Rahmen einer eigenen Analyse der »Legende von den Aussätzigen« deutet er den Namen des Antihelden Osarsiph auf den Thronnamen *o(u)sesaphre* des Königs Chalmudi. Akzeptieren wir die kluge (und bislang stimmigste) Auflösung des ungewöhnlichen Namens, dann müssten wir Manetho in der Tat so verstehen, dass er die Juden (indem er ihrem Anführer einen Hyksosnamen anhängte) unmittelbar in das Erbe der ärgsten Feinde Ägyptens zu stellen beabsichtigte. Die Pointe aber lautet, dass dem Führer der Aussätzigen mit dem Namenswechsel die Maske des Osarsiph wieder abgenommen wird – und er nun (notabene: keinen jüdischen, sondern) einen ägyptischen Namen erhält. Dass Moses ein ägyptischer Name ist, hat Manetho vielleicht selbst schon nicht mehr gewusst; er verwendet die gräzisierte Form *Moyses*, in der die ägyptische Grundform *-mose* (in der Bedeutung von »Kind« und für gewöhnlich in zusammengesetzten Namen wie Thut-mose gebraucht) kaum mehr kenntlich ist. Manetho dürfte den Namen unbesehen dem biblischen Bericht entnommen haben, aber für uns verbirgt sich dahinter ein Problem: Warum trägt der große jüdische Heros laut eigener Tradition ausgerechnet einen ägyptischen Namen?

Einen der bekanntesten Versuche, dieses Rätsel zu lösen, hat bekanntlich Sigmund Freud unternommen. Ihn hat die biblische Aussetzungssage des Moses, die er als Variante des »Mythos von der Geburt des Helden« las, zu dem Schluss verleitet, Moses sei ein Ägypter gewesen, »der durch die Sage zum Juden gemacht werden soll«. Nun ist aber gerade die Aussetzungssage nichts anderes als eine späte redaktionelle Hinzufügung, die den ungewöhnlichen Namen des Moses volksetymologisch als »passend« erklären will. Anders als gemeint passt er seinem semantischen Potential nach tatsächlich überraschend gut. In der Geschichte von Aussetzung und Errettung des Moses ist die ägyptische Kindheit des israelitischen Volkes verdichtet worden, so dass der Exodus als ethnogenetische Geburtssage der Kinder Israels gelesen werden kann. Auch religionsgeschichtlich ist Moses eine Kindgestalt, nämlich ursprünglich eine Sohnesgottheit, die im alten Pantheon der Hebräer lange Zeit als Kalb neben dem stiergestaltigen Jahwe verehrt wurde.[143] Doch diese Sinnschichten erklären nicht das Ägyptische des Namens. Ein möglicher Zugang in der Sache eröffnet sich, wenn wir noch einmal den Sinnzusammenhang des Mythos als Ganzes in den Blick nehmen. Dem Exodusbericht geht es ja nicht um die Ehrenrettung der Hyksos als der semitischen Vorfahren; die Hyksoserinnerung, welche die Israeliten in Form kanaanäischer Legenden vorgefunden und aufgegriffen haben, stellt das historische Material dar, in dessen Kulissen die eigene mythische Vorgeschichte präsentiert werden soll. Das eigentliche Ziel ist die Erhöhung des kleinen Anfangs, die Überbietung der niederen Abkunft durch die Phantasmagorie, in Wirklichkeit das auserwählte Volk zu sein. Um dieses Ziel zu erreichen, ist es zu dem gekommen, was Assmann »narrative Inversion« der Ursprungsgeschichte genannt hat, jener zentralen Bedeutungsumkehr, welche die Herrschaft der Hyksos in eine Zeit der Knechtschaft, deren schmachvolle Vertreibung dagegen in einen glorreichen Auszug verwandelt hat. Dem kollektiven Gedächtnis ging es darum, die nationale Geschichte mit einer beispiellosen Ruhmestat beginnen zu lassen. Heißt das aber nicht, unbedingt auf der Seite der Sieger stehen zu müssen?[144] Wenn dem so ist, dann war Chalmudi alias Osarsiph eine denkbar schlechte Identifikationsfigur für die Hebräer. Der strahlende Sieger in der finalen Auseinandersetzung zwischen Hyksos und Ägyptern stand auf der Gegenseite und hieß Ahmose. Könnte es sein, dass der sich ausbildende Gründungsmythos den zweiten Teil dieses Namens aufgegriffen hat, weil er wie kein zweiter geeignet war, gleichermaßen zu erinnern wie zu verschweigen? *Mose* (in judaisierter Form *Mosche*) ist ein Allerweltsname, welcher der Gestalt, die ihn trägt, einen Umriss ohne wirkliche Kontur verleiht – es sei denn die einer mysteriösen Doppelgestalt, von der eine jüdische Sage zu berichten weiß: »Unser Meister Mose, der der Mann Gottes genannt wird, war von

Abb. 60: Abbildung aus Kuntilet ʿAǧrūd (Ausschnitt): Jahwe und sein Sohn Moses?

den Hüften abwärts ein Mensch, von den Hüften aufwärts aber wie ein Engel Gottes gestaltet.« *Mose*, diese halb verwehte Wortspur, könnte als das perfekte *mal d'archive* (Derrida) verstanden werden, in dem sich der Wunsch nach Gedächtnis und das Weh des Gedächtnismachens die Waage halten. *Mose* wäre so gesehen das unheimliche Merkzeichen für den verschwundenen Sohn Gottes, dessen wahrer Name im Zuge der sich verfestigenden Jahwe-allein-Verehrung nicht mehr genannt werden durfte. *Mose* wäre zugleich der heimliche Namenszug jenes »Mannes aus Ägypten«, des Siegers in der Schlacht am Nil, in dessen Erbe die Tradition den gestürzten göttlichen Heros gestellt hat, um ihn den menschlichen Halbpart seiner Rolle zu Ende spielen zu lassen.

Der vertrackte Doppelsinn der Mosesgestalt – das göttliche Kind im Mann Moses – eröffnet ein weites Feld, das hier auch nicht ansatzweise skizziert werden kann. Für unsere Diskussion ist allein wichtig, dass mit der Legende von den Aussätzigen nicht König Echnaton, der angeblich erste Monotheist, in die schriftliche Überlieferung Ägyptens zurückkehrt, sondern vielmehr Chalmudi, der letzte Hyksoskönig, und Pharao Ahmose, sein thebanischer Gegenspieler. Der rote Faden der außerordentlichen Gedächtnisgeschichte, in der neben den Hyksos, Assyrern und Persern auch die Juden einen prominenten Platz einnehmen, heißt nicht Trauma des Monotheismus, sondern Trauma von der Wiederkehr der asiatischen Fremden und Religionsfrevler. Die antiägyptische Gegenreligion des Osarsiph-Moses ist die Quintessenz einer Vielzahl traumatischer Erfahrungen dieser Art, gespiegelt im Exodus-Bericht der Bibel; mit der ägyptischen Atonreligion und dem Gottesstaat von Amarna ist sie nicht zusammenzubringen. Das heißt aber auch, man muss die sogenannte »Mosaische Unterscheidung« dort belassen, wo sie nach Buchstabe und Geist hingehört: als Richtschnur eines exklusiven Monotheismus, wie er im judäischen Gottesstaat weltgeschichtlich das erste Mal Gestalt annahm.

2. *Ödipus in Amarna?*

Der Bericht des Hekataios von Abdera wird – ganz auf der von Josephus Flavius vorgegebenen Linie – für gewöhnlich als traditionsbildender Auftakt einer langen Reihe von hellenistischen Exoduserzählungen[145] angesehen. Das widerspricht, wie wir sahen, den Intentionen des Autors und verkürzt den Inhalt seiner Geschichte um den graeco-ägyptischen Erzählstrang, jenen Auszug einer proto-hellenistischen Großgruppe unter der Führung von Danaos und Kadmos aus Ägypten. Hekataios war an der ägyptischen Vorgeschichte Griechenlands interessiert. Er schrieb seine Abhandlung als eine Art Fürstenspiegel für Ptolemäus I., um im Licht der alten Geschichte die hellenistische Herrschaft im Ägypten seiner Zeit legitimieren zu helfen. In den Mythen nicht weniger als in den Epen waren die Anklänge an Ägypten unüberhörbar. Vor allem das homerische Diktum vom »siebentorigen Theben« *(Thebai heptapyloi)*, das rasch die Qualität eines Eigennamens gewann, hatte die böotische Stadt kontrapunktisch an das »hunderttorige Theben« von Oberägypten gebunden. Handelte es sich bei der griechischen Stadt, die schon auf Linear-B-Tafeln nachweisbar ist, um eine legendäre ägyptische (Tochter-)Siedlung bzw. Kolonie (im Sinne eines »Klein-Theben«)? Tatsächlich entbrannte unter hellenistischen Gelehrten angesichts der Homonyme zu Theben ein Streit darüber, ob Kadmos, der sagenhafte Stadtgründer Thebens, nicht eigentlich aus Ägypten stamme.[146] Warum daher diese mythologischen Spuren nicht zu Ende gehen, zu den Heroen der späten Bronzezeit, um zu überprüfen, ob ihre Anfänge möglicherweise auf ein gewisses historisches Fundament verweisen? Was hat es mit »Kadmos dem Ägypter« auf sich?

Der thebanische Gründungsmythos kennt Kadmos als den Bezwinger eines chthonischen Ungeheuers, der nach der Aussaat der Drachenzähne zum Stammvater der *Spartoi*, der »gesäten Männer«, wird. Mit fünfen dieser erdgeborenen Krieger errichtet Kadmos (nachdem er zuvor als Sühne für die Tötung des Drachen dem Ares ein Großes Jahr lang gedient hat) die Akropolis zu Theben, die Kadmeia. Dort heiratet er Harmonia, die Tochter des Ares und der Aphrodite. Dies war die erste Hochzeit eines Sterblichen, an der die Olympier teilnahmen – Ausweis der Zugehörigkeit Kadmos' zum göttergleichen Geschlecht der Heroen. Nichtsdestoweniger wuchs dem Stadtgründer in Form einer zweiten Gründungsversion eine (nicht) unerwartete Konkurrenz zu. Dieser jüngeren Tradition zufolge sollen die Zwillinge Amphion und Zethos die thebanische (Unter-)Stadt gegründet und vor allem befestigt haben; ihre Auszeichnung erwarben sie im »Kampf um die Mauer«. Und Thebe, der Frau des Amphion, verdankt die Stadt dieser Legende nach ihren Namen. Die Forschung begreift diese Version als den eigentlich böotischen Sagenkreis, dementsprechend Amphion und Zethos als die eingeborenen Männer des Anfangs, denen gegenüber

Kadmos als Fremder und Kolonist erscheint, der »aus dem Osten« (aus Sidon oder Tyros) kam.[147] Aus dem thebanischen Helden ist unversehens »Kadmos der Phönikier« geworden.

Die mythologische Genealogie bestätigt den Sachverhalt, indem sie unseren Heros an die phönikischen Agenoriden anbindet. Von Agenor, Lybias und Poseidons Sohn (und Zwillingsbruder des Belos, Danaos' Vater), wird erzählt, dass er Ägypten verließ, um sich in Phönikien niederzulassen. Nach der Entführung seiner Tochter Europa (durch Zeus) lässt er seine Söhne (neben Kadmos Phoinix, Kilix, Thasos und Phineus) in alle Himmelsrichtungen ausschwärmen, um die Verschwundene zu suchen. Das Haus des Agenor fungiert gleichsam als eine levantinische Drehscheibe, welche die benachbarten Regionen des östlichen Mittelmeerraumes in Beziehung setzt – und gleichzeitig die auseinanderstrebenden Kräfte durch das Rätsel um Europa zusammenhält. Agenor, selber eine eigentümlich blutleere Gestalt, ist aber auch ein Gradmesser für die Tiefe der Zeit. Als Urenkel der Io, der anderen Geliebten des Zeus, deren Linie der Sage nach in Ägypten über vier Generationen herrschte, und als Vater des Kadmos, des Ahnherrn des Hauses der Labdakiden, das nach weiteren vier Generationen mit den Söhnen des Ödipus unterging, markiert er die mythopoetische Mitte im aufgeschlagenen Buch der frühen graecoägyptischen Beziehungen jenseits der sogenannten »dunklen Jahrhunderte«.

Bei Io, der argivischen Herapriesterin, die nach langer Wanderung in Ägypten wieder Fuß fasste, müssen wir verweilen. Nach Hekataios von Milet, der Ägypten zwei Jahrhunderte vor seinem Namensvetter aus Abdera bereist hatte, heiratete Io dort in die königliche Familie ein; Epaphos, ihr Sohn, gründete Memphis und damit das ägyptische Königtum. Wenn die sinnverwandten Erzählungen vom Auszug des Agenor, Kadmos und Danaos aus Ägypten sich (in ganz ähnlicher Weise wie der biblische Exodus-Bericht) in die reale Geschichte von der Vertreibung der Hyksos einschreiben, dann erfüllt die Legende von Io ganz offensichtlich die Funktion, den Halbpart der Einwanderung nachzuerzählen (die im biblischen Fall die Josephsgeschichte übernimmt). In diesem Teil der Verbindungsgeschichte zwischen den beiden Völkern geht es also um den Einzug, den *Eisodos* nach Ägypten. Von welchen Erinnerungen zehrt das kulturelle Gedächtnis Griechenlands an dieser Stelle? In der Diskussion des ägyptischen Mythos von der Himmelskuh haben wir angemerkt, dass der Ritt der mondgesichtigen Europa auf dem stiergestaltigen Zeus überdeutlich die verwandte Geschichte von der umherirrenden Mondkuh, in die die Heldin Io verwandelt wurde, wachruft und verstärkt. Auf den zweiten Blick wird daraus ein Déjà-vu: Haben wir nicht im Vorfeld der Hyksosvertreibung von einer ägyptisch-minoischen Verbindung zwischen Königin Ahhotep und einem (namentlich nicht genannten) kretischen König gehört[148], einer klugen Bündnis- und Hochzeitspolitik, die erst die Niederlage der asiatischen Fremdherrscher besiegelte und ihr schönstes Zeugnis in den Stierspringerfresken von Avaris, der eroberten und neu ausgeschmückten Kapitale, hat? Wenn wir daran erinnern, dass der erste Teil des königlichen Namens Ah (der Name des Mondgottes) *I'oh* gesprochen wurde, dann stellt die Annahme, hinter dem Bild der Io könnte sich die Gestalt der ägyptischen Königin Ah(hotep) verbergen, gewiss keine Kühnheit mehr dar. Es versteht sich von selbst, dass dazu die Vertretung des minoischen Königs durch den kretischen Zeus in Stiergestalt gut passt.

Wir sind, so scheint es, in der Wirklichkeit angekommen, jener Zeit um 1540 v.u.Z., in der sich in Ägypten das »Neue Reich« formiert und Kreta die Blüte der Neuen Palastzeit erlebt, eine Epoche der minoischen Thalassokratie oder Seeherrschaft, die unter anderem zu Kolonien in Kleinasien (Milet) geführt hat. Aber wie wirklich ist diese Wirklichkeit? Mehr als tausend Jahre nach diesen Ereignissen feiert Euripides in den *Phoinissen* unsere Heldin in überschwänglichen Worten: »Io, meine gehörnte Ahnenmutter, brachte die Könige der Kadmeier hervor.« Der Dichter meint gewiss an erster Stelle den Kadmos, den Namensgeber der Kadmeia, und weiterhin die ihm nachfolgenden thebanischen Könige. Wie verträgt sich das mit dem Befund, den uns Jean Bérard (1952) übermittelt hat, dass wir nämlich in Epaphos, dem mythisch bezeugten Sohn der Io, den Hyksoskönig Apophis zu erkennen haben? Mit Apophis ist – nach Königin Ahhotep – eine zweite historische Gestalt aus dem Nebel der Gedächtnisgeschichte aufgetaucht. Das ist erstaunlich genug, aber bei diesem Hyksoskönig handelt es sich in Wirklichkeit um den mächtigen Gegenspieler von Ahhotep und ihren Söhnen. Die unübersichtliche Lage hat nicht wenige Autoren (unter ihnen Bérard[149]) zu dem Fehlschluss verleitet, auch die griechische Erinnerung an die Hyksosära sei getragen von einer projektiven Identifikation mit den asiatischen Fremdherrschern Ägyptens. Aus dem Blickwinkel der kanaanäischen Völker war, wie Michael Astour (1965) treffend festgehalten hat, »the Hyksos age the climax of their might and pride«. Das Paradebeispiel für die Aneignung und Umschreibung dieser glorreichen Geschichte für die Zwecke eines eigenen nationalen Stiftungsmythos ist die hebräische Exodus-Erzählung. Sie greift zurück auf kanaanäische und phönikische Legenden, die auch in der späten griechischen Tradition noch gut kenntlich sind. Aber die frühe griechisch-minoische Kultur verfügte noch über einen anderen, eigenen Zugang in der Sache, einen von historischer Wahrheit. Die Auseinandersetzung zwischen dem thebanischen Königshaus und den Hyksoskönigen war Teil der kretischen Geschichte, und zwar so, dass das minoische Königshaus als Bündnispartner der Ägypter in das Geschehen eingriff. Den beteiligten Protagonisten ging es also nicht um das Prestige, das mit der Nachfolge der Hyksos verbunden war, sondern vielmehr um die Teilhabe am kulturellen Erbe Ägyptens. Das berühmte Preislied auf Ahhotep, das – verewigt auf einer Stele in Karnak – von »Macht und Stolz« der Sieger erzählt, wurde (so dürfen wir mutmaßen) auch am kretischen Hof von Knossos angestimmt.

Preiset die Herrin des Landes,
die Fürstin der Gestade der mittelmeerischen Inselbewohner,
deren Name erhöht ist über die Bergländer,
die Entscheidungen trifft für das Volk,
die über alles Bescheid weiß,
die Ägypten zusammenhält.
Sie hat Ägyptens Fürsten geeint
und ihren Zusammenhalt gefestigt;
sie hat seine Flüchtlinge heimgeführt
und seine Rebellen gebändigt.
Sie hat Oberägypten zur Ruhe kommen lassen
und seine Aufständischen vertrieben,
sie, die Königsgemahlin Ahhotep, sie lebe!

Der Text bestätigt ausdrücklich die Doppelfunktion Ahhoteps als »Herrin des Landes« (Ägypten) und »Fürstin der Gestade der mittelmeerischen Inselbewohner« (Kretas – weiterhin der Ägäis). Sie war zunächst ägyptische Königin, die dann als Königswitwe tatsächlich in den minoischen Fürstenhof eingeheiratet haben könnte. Der griechische Mythos (Frucht wilden Denkens, das so häufig mit den Mitteln der Verschiebung und Verkehrung ins Gegenteil arbeitet) erzählt dieses Stück abgesunkener Vergangenheit spiegelbildlich verkehrt herum:

Io, die »gehörnte Ahnenmutter« der Griechen, habe in Ägypten den regierenden König geheiratet. Wir dürfen daher mit einigem Recht, so meine ich, in der Nennung des Epaphos (Apophis) als Io's Sohn eine weitere Entstellung erblicken, die den Hyksoskönig als eine epochale Gestalt beim Namen nennt, aber in Wahrheit dessen Gegenspieler meinen könnte, den Heros des neuen Theben, der als Erster die Feste Avaris belagerte und Apophis die Stirn bot: *Kamose*, den wirklichen Sohn der Ahhotep. Ist es denkbar, dass das griechische Gedächtnis die Erinnerung an den großen thebanischen König aus den Zeiten einer (beidseitig) glorreichen Epoche unter dem Namen des *Kadmos* bewahrt hat, der Jahrhunderte später wiederum spiegelverkehrt (nämlich als Vertreter der ausziehenden Hyksos) als Gründungsheros des böotischen Theben auf der mythologischen Bühne erschien? Ist dies das Geheimnis von »Kadmos dem Ägypter«?

Als Revenant von »Kamose dem Starken« (wie Apophis seinen Gegner in einem abgefangenen Brief nicht ohne Respekt genannt hat) wäre Kadmos eine Figur minoischer Erinnerung, die auf welchen Wegen auch immer Eingang in das Gedächtnis der Festlandgriechen gefunden hat. Aber er wurde in späterer Zeit sicherlich nicht dazu gebraucht, um die Geschichte sich wiederholen zu lassen – wenngleich im Erzählstrang von der Entführung der Europa der alte kretische Hintergrund noch einmal deutlich aufblitzt. Das jetzt mykenische Fürstengeschlecht dürfte vielmehr ein Interesse daran gehabt haben, die kleinen Anfänge des böotischen Theben zu überhöhen und als Teil der großen Vorgeschichte erscheinen zu lassen. Der Mythos von der Einwanderung des Kadmos aus Ägypten verschaffte der griechischen Stadt ein legendäres Ahnengeschlecht, in dessen Licht sie als jüngerer Zwilling der großen ägyptischen Stadt gleichen Namens auftreten (und auftrumpfen) konnte. Ein solcher Rückgriff auf die Entente cordiale zwischen kretischen Minoern und dem thebanischen Ägypten muss aber atmosphärisch vorbereitet gewesen sein. Die Hochzeit einer engen, verwandtschaftlich geknüpften Beziehung war mit dem Ende der Ahmosiden dahingegangen, das »minoische Zimmer« von Avaris Geschichte. Unter Hatschepsut, Thutmosis III. und Amenophis II. finden sich in ägyptischen Gräbern zwar noch vereinzelt Darstellungen kretischer Gesandtschaften, aber das eng geflochtene diplomatische Verhältnis war in Auflösung begriffen – nicht zuletzt wegen der dramatischen Umbrüche auf Kreta.[150] Ein erneuertes Interesse am griechischen Kernraum ist erst im Verlauf des 14. Jahrhunderts, in der

Ägide der späten Thutmosiden, greifbar. Wichtigstes Zeugnis dieser Wiederannäherung ist eine topographische Liste am Totentempel Amenophis' III. Diese Inschrift nennt scheinbar gleichrangig die Regionen Kreta *(kaftu)* mit Knossos und anderen Städten sowie die Peloponnes einschließlich Böotiens (*tanaja* – das Land der Danaer), wo neben anderen Orten Mykene und Theben genannt werden. Die neuen Kontakte zwischen der mykenischen Aristokratie und dem ägyptischen Hof lassen sich auch archäologisch nachweisen. So erhielt Mykene von Amenophis III. ein »ägyptisches Zimmer« als Geschenk; Fayencen und Skarabäen mit seinem Königsnamen wurden vor Ort gefunden. Umgekehrt ist mykenische Keramik in großer Zahl in Amarna aufgetaucht, wobei der Handel gewiss direkt über den König lief – und vielleicht über die Königin, wovon der im Schiffswrack von Uluburun gefundene Goldskarabäus der Nofretete erzählen könnte. Der größte Einfluss der minoisch-mykenischen Kultur zeigt sich aber in der Landschafts- und Palastarchitektur von Achetaton samt der zugehörigen Erlebniswelt.[151] Die zahlreichen Händler, aber auch die griechischen Gesandten, die Echnaton im Jahre 12 anlässlich des »Überbringens des Tributs« ihre Aufwartung machten, werden nicht wenig erstaunt gewesen sein über das unägyptisch-mediterrane Lebensgefühl, jenes untrügliche Gespür für das Atmosphärische, das sie in der neuen Hauptstadt vorfanden. Und sie werden zu Hause über das exzentrische Königspaar (samt den unglaublichen Geschichten über die Verhältnisse bei Hofe, die ihnen zu Ohren gekommen sind) breit und ausführlich erzählt haben. Wenn es eine Epoche gab, die einer mythischen Fortsetzung der ägyptisch inspirierten Gedächtnisgeschichte um den thebanischen Helden Kadmos den Boden ebnete, dann war es die Amarnazeit. Damit drängt sich die Frage auf, ob nicht auch die nachfolgenden »Könige der Kadmeier« (mit den Labdakiden in ihrem Zentrum) in verstellter Form ein ägyptisches Erbe vertreten.[152]

Die Forschung ist sich einig, dass sich der thebanische Sagenkreis kaum der Erinnerung an ein griechisches Fürstenhaus verdankt – dies belegen schon die ungewöhnlichen Namen, die völlig aus dem genealogischen Rahmen der griechischen Mythologie fallen. Labdakos, eigentlich Lambdakos, ist einer, der, wie das alte »Lambda« (Λ, der Buchstabe L), mit zwei ungleichen Beinen ausgestattet ist – und folglich hinkt. Laios geht auf die Adjektivform für links (lat. laevus) zurück und hat die Bedeutung von »linkisch«, »ungeschickt« in sich aufgenommen. Ödipus wird für gewöhnlich mit »geschwollener Fuß«

Abb. 61: Unter den Titel Oedipus Aegyptiacus *stellte Athanasius Kircher (1652/54) einst das Programm, die ägyptischen Rätsel zu lösen.*

übersetzt.[153] Der Stammbaum des ehrwürdigen Kadmos endet also im Dreiklang von »Hinkebein« – »Dummkopf« – »Klumpfuß«, eine Ahnenfolge, die Wolfgang Christlieb (1979) »an einen jener dümmlich-schlauen Grammatiker-Einfälle, mit denen das 5. Jahrhundert anfängt«, erinnert hat. Es wäre aber ein Kurzschluss, von der Schemenhaftigkeit der Namen darauf zu schließen, dass wir es bei unserem Sagenstoff mit einer witzigen Schreibstubenerfindung gewiefter Mythographen zu tun haben, bei der es sich bestenfalls um eine mythische Parabel ohne jeglichen historischen Bezug handelt. Nicht die dürftigen Sagen um Labdakos und Laios stehen dem entgegen, wohl aber die wuchtige Ödipus-Mythe, die – als sei sie eine Pyramide aus Geist – den Zeiten als eine nach wie vor begehbare Vergangenheit trotzt. Lässt sich ihr die Gestalt eines *Oedipus aegyptiacus* irgend abgewinnen?

Das Unternehmen, die semantische Tiefenstruktur des griechischen Ödipus-Mythos aufzuschließen, sieht sich sofort mit der grimmigen Scherzfrage konfrontiert: Welchen Mythos, bitteschön? Tatsächlich verfügen wir über ebenso zahlreiche wie fragmentarische Varianten des Mythos, aber über keine authentische oder ursprüngliche Version.

Der übliche Ausweg aus diesem Dilemma besteht darin, eine bestimmte Fassung des Sagenstoffs (in der Regel die klassische Bearbeitung durch Sophokles) stillschweigend als Grundtext auszuzeichnen – und vom Rest zu schweigen. So hat es noch Sigmund Freud gehalten. Erst die strukturale Mytheninterpretation hat es verstanden, aus der Not der Quellenlage eine wissenschaftliche Tugend zu machen. Claude Lévi-Strauss (1972) geht davon aus, dass der Mythos eine zugleich historische wie ahistorische Struktur besitzt, er also gewissermaßen in das Gebiet des gesprochenen Wortes wie in das der Sprache gehört. Auf der ersten Ebene unterliegt der Mythos zahlreichen Transformationen, Verschiebungen und Entstellungen; auf der zweiten Ebene dagegen »bleibt der Wert des Mythos als Mythos trotz der schlimmsten Übersetzung bestehen«. Was dort als Nachteil erscheint, entpuppt sich hier als Vorteil, denn mit jeder neuen Version wird die latente Sinnstruktur bestätigt. Der Grundsatz, dass jeder Mythos aus der Gesamtheit seiner Fassungen besteht und alle Mythenvarianten gleichviel gelten, enthebt uns der Aufgabe, die verschiedenen Textschichten auseinanderhalten und literarkritisch differenzieren zu müssen. Sie alle werden in gleicher Weise über den Leisten der strukturalen Analyse geschlagen. Die Technik besteht darin, die Reihenfolge der Ereignisse in möglichst kurzen Sätzen wiederzugeben, den sogenannten konstitutiven Einheiten oder Mythemen. Diese Mytheme werden fortlaufend, aber durch einen Zeilensprung getrennt, aufgeschrieben. Auf diese Weise kommen sinnverwandte Einheiten untereinander zu stehen, wodurch neben der fortlaufenden Zeilenbildung die Ordnung einer diskreten Spaltenbildung eröffnet wird. Durch diese Anordnung wird eine doppelte Lektüre des Mythos möglich: Wollen wir den Mythos *erzählen*, lesen wir ihn zeilenweise von links nach rechts, ohne auf die Spalten Rücksicht zu nehmen. Geht es darum, den Mythos zu *verstehen*, erfolgt die Lektüre spaltenweise im Sinne eigensinniger Textkammern, wobei jede Spalte als Ganzes behandelt wird.

Es ist ein besonderer Glücksfall, dass Lévi-Strauss ausgerechnet den Ödipus-Mythos als Beispiel gewählt hat, um seine Technik der strukturalen Mytheninterpretation zu illustrieren. Er liefert uns damit eine wie immer rudimentäre Sinnstruktur, die völlig unabhängig von unserer Fragestellung nach einer möglichen ägyptischen Konnotation des Mythos gefunden wurde und damit den Verdacht einer tendenziösen Überinterpretation erst gar nicht aufkommen lässt. Aus diesem Grund möchte ich nachfolgend die Kartographie der Mytheme in der Ord-

Kadmos sucht seine von Zeus entführte Schwester Europa			
		Kadmos tötet den Drachen	
	Die Spartoi rotten sich gegenseitig aus		Labdakos (Vater von Laios) = »hinkend« (?)
	Ödipus erschlägt seinen Vater Laios		Laios (Vater von Ödipus) = »linkisch« (?)
		Ödipus bringt die Sphinx um	
Ödipus heiratet Iokaste, seine Mutter			Ödipus = »geschwollener Fuß« (?)
	Eteokles tötet seinen Bruder Polyneikes		
Antigone beerdigt Polyneikes, ihren Bruder, und übertritt das Verbot			

nung von Lévi-Strauss wiedergeben und auf allfällige Ergänzungen verzichten.

Die in der ersten Spalte gesammelten Ereignisse betreffen, so Lévi-Strauss, Blutsverwandte, deren nahe Verwandtschaftsverhältnisse überreizt sind: »Diese Verwandten sind Gegenstand einer intimeren Behandlung, als die sozialen Regeln zulassen.« Der gemeinsame Zug der ersten Spalte besteht also in »überbewerteten Verwandtschaftsbeziehungen«, die im Inzest zwischen Mutter und Sohn ihren Gipfelpunkt erreichen. Ganz offensichtlich sind die Verhältnisse in der zweiten Spalte gerade umgekehrt; wir haben es hier mit »unterbewerteten oder entwerteten Verwandtschaftsbeziehungen« zu tun, deren Extremfall der Mord ist. Die dritte Spalte betrifft vorweltliche Ungeheuer, die durch Heroen vernichtet werden. Lévi-Strauss zufolge sind Drachen und Sphinx chthonische Wesen, die zur menschlichen Autochthonie in Opposition stehen, so dass »das gemeinsame Merkmal die Verneinung der Autochthonie des Menschen ist«. In der vierten Spalte sind die Eigennamen der väterlichen Linie der Labdakiden aufgelistet; das übereinstimmende Moment sind »hypothetische Bedeutungen, die alle eine Schwierigkeit, aufrecht zu gehen, hervorheben«. Die Erdgeborenen aus dem Geschlecht der Spartoi bekunden somit »die Beständigkeit der menschlichen Autochthonie«, womit die vierte Spalte die gleiche Beziehung zur dritten hätte wie die erste zur zweiten. Wir haben es also mit einer Korrelation zu tun: »Die Überbewertung der Blutsverwandtschaft verhält sich zu ihrer Unterbewertung wie die Bemühung, der Autochthonie zu entgehen, zu der Unmöglichkeit, dies zu erreichen.«

In dieser Schlussformel ist die ahistorische Struktur des Mythos auf den Begriff gebracht. Das zunächst abstrakte »Beziehungsbündel« gewinnt seine Anschaulichkeit wieder, wenn wir es auf eine diachronische und synchronische Ebene verteilen und auseinanderziehen. Wenn Inzest und Mord die Extrempunkte im Horizont von Verwandtschaftsbeziehungen darstellen, dann spiegeln sie die Polarität von Selbsterzeugung und geschlechtlicher Fortpflanzung in der vertikalen Abstammungslinie. Das heißt, bei der Unter- und Überbewertung naher Beziehungen handelt es sich um eine Konfusion, die entsteht, solange das Ausgangsproblem – *»wird man aus einem oder aus zweien geboren?«* – nicht gelöst ist. Genau an dieser Stelle drängt sich ein zweites Déjà-vu auf. Haben sich Teje und Eje im Kampf um die Macht in Theben nicht einer Religionspolitik bedient, die sich mit einem ganz ähnlichen Problem herumschlägt? Die politische Theologie, die Echnaton und Nofretete als mythisches Geschwisterpaar in die neue Trias mit Aton einbindet, greift (wie wir sahen) auf die Schu-Theologie des Mittleren Reiches zurück. Hier gilt der Sonnengott Atum als Schöpfergott, der aus sich heraus (also ohne geschlechtliche Vereinigung) die beiden Lebensgötter Schu und Tefnut hervorbringt – und damit das einzige Beispiel *»der Erzeugung aus einem«* liefert. Betonen wir sofort den entscheidenden Unterschied zur griechischen Mythe. Echnaton und Nofretete sind »Re-Geborene«, nicht Erdgeborene. Als »Einziger des Re« tritt der König dem göttlichen Vater gegenüber, mit dem er zugleich wesensgleich ist. Das Sohnschaftsdogma, jene Schnittstelle zwischen Götterkult und Königtum, hat eine lange Tradition: Schon seit der 4. Dynastie führt der ägyptische König den Titel »Sohn des Sonnengottes«. Das die Generationenfolge der Könige auszeichnende Geheimnis, dass Gott Re (oder Aton) im König seine eigene Sohnesform hervorbringt, steckt in der Kamutef-Konstellation: Als »Stier seiner Mutter« muss er sich stets neu erzeugen, um als Sohn wiedergeboren zu werden. Die mythische Selbsterzeugung von Vater und Sohn, wie sie etwa der besprochene Mythos von der Geburt des Gottkönigs feiert, ist also in Wahrheit an die Liebesvereinigung mit der Mutter geknüpft. Die vertikale Verbindung der Generationen nimmt ihren Weg über eine querstehende (horizontal verlaufende) Geschlechterbeziehung. Die altehrwürdige Medaille des Vater/Sohn-Komplexes hat eine schillernde Kehrseite, den Mutter/Sohn-Komplex – und zeigt so eine verblüffende Nähe zum griechischen Mythos. Hier wie dort erscheint es so, dass die Königsmutter (Iokaste auf der einen, Teje auf der anderen Seite) die Quelle der königlichen Macht in Theben war. Konsequenterweise hat Assmann (1976) deshalb die Kamutef-Vorstellung auch »Oedipus-Konstellation« genannt. In ironischer Zuspitzung ließe sich sagen, die mythische Fassung der Kamutef-Konstellation könnte als eine ägyptische Variante des Ödipusmythos durchgehen.

Natürlich werden wir die Affinität in der ahistorischen Struktur des griechischen und ägyptischen Mythos nicht überbewerten und zur weiteren Klärung konsequent auf Historisierung drängen. Wenn der Ödipusmythos tatsächlich eine Erinnerungs- und Fortsetzungsgeschichte darstellen sollte, die (auch) ins Ägyptische spielt, dann ist die Abrisskante dort gewiss nicht der Mythos, sondern die erlebte Realgeschichte: das, was griechische Augen gesehen und griechische Ohren gehört haben. Bei dieser Sachlage drängt das en détail längst Berührte zu einer bewussten Verdichtung. Mit der Etablierung der heiligen Aton-Familie (zunächst in Theben und dann in Amarna) nimmt (wie weiter oben ausführlich besprochen) sowohl das Sohnschaftsdogma als auch die Kamutef-Idee einen »Sitz im Leben« ein. Das heißt, am Königshof Amenophis' IV.-Echnaton ist der Mythos nicht länger Urbild, sondern gelebte Wirklichkeit. Zum ersten Mal beim Sedfest in Karnak-Ost verschmelzen der Sonnengott und der vergöttlichte König (Amenophis III.) unter dem Namen des Aton. Echnatons leiblicher und göttlicher Vater werden ununterscheidbar, Vater- und Gotteskomplex fallen ineinander. Ganz Vergleichbares vollzieht sich mit der Mutter-Gattin Hathor, der alten Gefährtin des Re, auf der anderen Seite der überbewerteten Verwandtschaftsbeziehungen: Teje, die Königsmutter, vertritt sie nicht länger nur (wie noch beim ersten Sedfest ihres Gatten) im rituellen Spiel, sie tritt vielmehr als Gottesgemahlin des Aton leibhaftig in ihr Erbe ein. Die nackte Kolossalstatue Echnatons zeigt diesen (wie der Mythos den entmannten Re) ohne Geschlecht und kündigt doch zugleich (wie dort) den Umschlag der »Heiligen Hochzeit« mit der Mutter an. Das alte Fatum vom »Stier seiner Mutter« ist zur Fatalität geworden. Die Bürger Amarnas, durch die grassierende

Pest zusätzlich verängstigt, werden sich darüber das Maul zerrissen haben. Mochten die Höflinge auch anderes verlauten lassen, in des Königs neuen Kleidern trat das Geheimnis um die verbotenen Inzestbeziehungen der Atonfamilie offen zutage. Zur sinnlich erfahrbaren Gewissheit dürfen wir in diesem Zusammenhang getrost auch den »Schwellfuß« des Echnaton und den (durch die DNA-Analyse so eindrucksvoll bestätigten) »Klumpfuß« des Tutanchamun zählen, die auf unzähligen Abbildungen wieder und wieder ins Relief getreten sind.[154] Da im griechischen Mythos ganz ähnliche körperliche Deformationen in Gestalt der Eigennamen der Labdakiden wiederaufgetaucht sind, liegt die Vermutung nahe, hier könnte sich in verstellter Form auch eine Erinnerung an die eigentümliche Ikonographie der königlichen Familie erhalten haben.

Suggestive Affinitäten dieser Art sind freilich selber (um im Bild zu bleiben) tönerne Füße, die keine starken Argumente zu tragen vermögen. Größeres Gewicht dürfen wir der Strahlkraft König Echnatons

Abb. 62: Echnaton als Sphinx

als Sonnenpriester und Sonnengott beimessen. Wie erwähnt stellt die Ausfahrt des Königs (oder des Königspaares) im pferdebespannten Wagen ein zentrales Signum der Amarnazeit dar. Betonen wir an dieser Stelle die bemerkenswerte (aber wenig beachtete) Tatsache, dass Echnaton das Gefährt ausdrücklich als Sonnenwagen verstanden und mit ihm eine neue Ikonographie des Sonnenlaufs eingeführt hat. »Es erscheint seine Majestät«, so lesen wir auf einer der Grenzstelen von Achetaton, »in einem großen Streitwagen aus Elektron – ganz so wie Aton, wenn er aufgeht in seinem Horizont.« Die Ausfahrt des Königs im Wagen ersetzt also nicht nur die (im neuen Ritualbestand gestrichene) Barkenprozession der Götter an den Festtagen; sie ist darüber hinaus die alltägliche *imitatio dei*, die an die Stelle der Sonnenbarke (die noch der zum Aton gewordene Amenophis III. als Ikon verwendete) den Streitwagen stellt. Es kann kein Zweifel darüber bestehen, dass der griechische Mythos auf dieses starke Bild zurückgegriffen hat, wenn er die »Fahrt der Sonne« als »das von Helios gelenkte Gespann« bezeichnet.[155] Der Mythos kennt aber auch die ältere ägyptische Vorstellung von der Querung des Himmels durch die Sonne; dieses Wissen ist nirgendwo anders als im Rätselspruch der Sphinx aufbewahrt: Das Urbild des Wesens, das morgens auf vier, mittags auf zwei und abends auf drei Beinen geht, ist – wie schon Brede Kristensen (1960) gesehen hat – die aufgehende und untergehende Sonne resp. der täglich den Himmel querende Sonnengott, der in einer alten Erzählung von sich sagt: »Ich bin Chepre am Morgen und Re am Mittag und am Abend Atum.« Chepre in Käfergestalt, das von der Himmelsgöttin neugeborene Sonnenkind; der Mann Re mit dem Falkenkopf; Atum der Greis, der altgewordene Sonnengott mit dem Stab. Dem mythischen Ödipus ist aber die solare Semantik keineswegs fremd, wurden auf ihn doch nach und nach Züge übertragen, »die ihn zu einem Sonnenkind machten, nachgerade zu einem Sohn des Sonnengottes Helios« (Kerényi). Wenn also der Mythos davon berichtet, König Ödipus habe das Rätsel der Sphinx gelöst (und das chthonische Ungeheuer vernichtet), dann könnte sich das (wie immer mittels vielfältiger Überschreibungen) sehr wohl auf den rätselhaften Gestaltwechsel der Sonne beziehen: auf die Absage des Echnaton an das altehrwürdige, in unzähligen Tageszeitenliedern besungene Schema der solaren Metamorphose, dem als zweites großes Geheimnis die Nachtfahrt der Sonne zugehört. Der Sonnenkönig, »der von der Wahrheit lebt« und »seinen Vater Aton wie kein anderer kennt«, weiß es besser. Der lebendige, die Welt belebende Aton zieht im Tempodrom des Himmels gleichförmig seine Bahn – ganz so wie das feurige Pferdegespann des Pharao auf der Königsstraße von Achetaton. Und es sind die göttergleichen Mitglieder der heiligen Aton-Familie, die das Werk von Erneuerung und Wiedergeburt in Gang setzen, wenn die Erde in Finsternis gehüllt ist und die einfachen Menschen »schlafen in der Weise des Todes«.

So gesehen hätte Ranke-Graves (1984) das Richtige (nämlich das Besondere im Allgemeinen) getroffen, wenn er feststellt, die Ermordung des Laios stelle die rituelle Tötung des mit seinem Wagen reisenden Sonnenkönigs durch seinen Nachfolger dar, der sich daraufhin mit der Mutter-Gattin vereinigt. »Der Mensch« – jenes heroische Lösungswort, das der Mythos nennt – wäre als fernes Echo auf die auftrumpfende Tat des Aton-Kamutef zu verstehen. Sollte sich griechischer

Geist tatsächlich in diese Semantik eingeschrieben haben, dann gewiss in dem Sinne, dass er die göttliche Komödie des Sonnengeschlechts von Amarna nicht nur wiederholt, sondern auf sehr griechische Weise dekonstruiert hat. Die Antwort auf das Rätsel der Sphinx, in dem das Geheimnis des göttlichen Sonnenlaufs in ein launiges Gleichnis für das Menschenleben verkehrt wird, hält der Welt der Götter die der Sterblichen stolz und (bei aller späteren tragischen Einkleidung) mit »gesteigertem Selbstbewusstsein« (Hegel) entgegen. Dass heißt aber nun nicht, als wüssten die Mythographen über all diese Dinge wirklich Bescheid. Sie tragen uns auch verlässlich zu, was sie selber schon nicht mehr verstehen. So Hesiod, wenn er davon spricht, der spätere Krieg um Theben sei von Theokles und Polyneikes wegen »der Schafe des Ödipus« geführt worden. Der thebanische König erscheint hier ein weiteres Mal als Revenant des Sonnengottes, der ägyptischerseits mit der ersten Welle der persönlichen Frömmigkeit in die Rolle eines Hirten der Menschheit hineingewachsen ist. So findet sich etwa im Pfortenbuch, das auf das Ende der Amarnazeit datiert wird, eine Passage, in der Horus die Menschen als »Vieh des Re« begrüßt; eine Formel, die sich durchsetzen sollte. Bei der Wendung »Schafe des Ödipus« dürfte es sich somit um die profanisierende Übernahme eines ägyptischen Motivs handeln, eine kryptische Umschreibung für »die Herde des Sonnenkönigs« (ursprünglich des Sonnengottes), also »des Kadmos Volk« – auf Echnaton übertragen: die herrenlos gewordene Atongemeinde von Theben und Amarna, um die (wie sich in den erhaltenen Quellen freilich nur mehr schemenhaft abzeichnet) seine Nachfolger Semenchkare und Tutanchaton gestritten haben.

Wenn Hesiod verrät, dass er Motive übernimmt, deren Sinn er nicht mehr kennt, dann gibt Sophokles umgekehrt ein Beispiel dafür, wie man kunstvoll ausführt, was in realer wie mythischer Zeit unausgeführt geblieben ist. Rufen wir die Eingangsszene des »Oidipous Tyrannos« kurz in Erinnerung. In Theben wütet die Pest und »leert das Haus des Kadmos«. Da tritt König Ödipus aus seinem Palast und wendet sich mit zweideutigen Worten an das Volk:

> Erbarmenswerte Kinder! Wohlbekannt
> ist mir das Elend, das ihr beklagt. Denn ich weiß:
> Krank seid ihr alle, doch so krank wie ich
> ist niemand unter euch.

In Form einer tragischen Ironie gibt der Dichter dem Publikum zu verstehen: Der königliche Mann, der glaubt, wie kein anderer am Unheil der Stadt mitzuleiden, krankt in Wahrheit an einer Unordnung, die er unwissend mit sich schleppt. Während er das offensichtliche Grauen nur draußen lokalisiert, schlummert in seinem Inneren noch unerkannt der sich fortzeugende Frevel einer bösen Tat. Mit der »tragischen Analysis« (Schiller), die Sophokles entfaltet, ist jener Zusammenhang von Schuld und Plage berührt, den wir am Anfang unserer Untersuchung am Beispiel der Pestgebete König Muršilis kennengelernt – und auf ägyptischer Seite vermisst haben. Während der hethitische Großkönig den Fluch der bösen Tat durch ein umfassendes Sündenbekenntnis (das, wie wir sahen, den eigenen Vater Šuppiluliuma nicht schont) zu bannen versuchte, haben Echnaton und die ihm nachfolgenden Amarnakönige den eigenen Schuldzusammenhang unaufgedeckt gelassen. In der Restaurationsstele des Tutanchamun (der sich als Sohn in einer vergleichbaren Lage wie Muršili befand) ist die fällige Selbstthematisierung unter der Chiffre einer »schweren Krankheit«, die das Land Ägypten durchmacht, immerhin angedeutet, bleibt aber auch dort unausgeführt. Es fehlt der Mutwille, über die Wahrheit schonungslos aufzuklären. Und genau hier setzt die griechische Tragödie ein. Die Triftigkeit unserer gedächtnisgeschichtlichen Konstruktion unterstellt, handelte es sich beim sophokleischen Ödipus *auch* um eine verschobene Erinnerung an den König von Theben und Achetaton, bei der der griechische Heros auf der Bühne nachholt, was jenem im wirklichen Leben zu tun nicht möglich war. Was wir im Fenster der Nachträglichkeit sehen, wäre eine Wiederkehr des Verdrängten über kulturelle Grenzen hinweg – und deshalb eine ohne Trauma.

Zögern wir nicht, das Befremdliche unserer These durch den Hinweis auf die zeitgenössische Naherinnerung des Sophokles noch zu verstärken. Der Dichter war in perikleischer Zeit ja selber ein Staatsmann gewesen. Seine Athener Mitbürger wählten ihn zu einem der Strategen, die auf Samos die Demokratie wiederherstellen sollten. Nur wenige Jahre später (um 430 v.u.Z.) trat die schlimmste Wendung des Schicksals unter Perikles ein: Die Pest wütete in der Stadt. Und die Athener glaubten nichts anderes, als dass Apollo die Krankheit geschickt habe, wie er es (nach dem Zeugnis des Thukydides) in einem Orakel den Spartanern versprochen hatte. Vor diesem geschichtlichen Hintergrund ist »König Ödipus« entstanden. Die Geschichte des Mannes, der seiner Polis Heil und Unheil in einem brachte und sich am

Ende gezwungen sah, seine Heimatstadt ein zweites Mal, nun vor sich selber, zu retten. In genuin griechischer Perspektive lässt Sophokles seine Zeitgenossen am Beispiel des thebanischen Heros den einzig gangbaren Weg aus der Krise miterleben: die geistige Erschütterung, die durch eine schonungslose Konfrontation mit der Wahrheit eintritt und den schönen Schein vor dem Sein vergehen lässt. *Oidipous Tyrannos* ist in erster Linie ein sophokleisches Pestgebet, das auf Rettung und Heil sinnt.[156] Apollo, der Gott der Seuchen, der natürlich auch für das heimgesuchte Theben zuständig ist, soll in Verfolgung des Wahlspruchs »Erkenne dich selbst« versöhnt und zur Aufhebung der Plage bewegt werden.

Der historische Verwendungszusammenhang der Tragödie, der hier aufscheint, hebt aber dessen vorgeschichtlichen Konstitutionszusammenhang nicht auf. Weil Sophokles den Stoff einem alten Mythos entnimmt, schreibt er auch dessen Überlieferungsgeschichte fort – und nicht nur das, er erinnert mit der tragischen Figuration seines Helden ebenso (wie immer unwissentlich) an die historische Vorbildperson. Es ist wohl zutreffend, dass Sophokles den Namen Amenophis IV.-Echnaton nie gehört hat. Findige werden in seiner Tragödie viel eher Bezüge auf tote oder lebende Personen der Zeit ausmachen, als ausgerechnet solche auf den Amarnaherrscher. Aber wenn es stimmt, dass der thebanische Sagenkreis den großartigen Bogen der glorreichen 18. Dynastie (»von Kamose bis Echnaton«) nach Art einer ebenso teilnehmenden wie nachahmenden kulturellen Beobachtung in der Nussschale (»von Kadmos bis Ödipus«) neu ausgespannt hat, dann handelt es sich bei König Ödipus eben auch um ein *alter ego* des Echnaton. Die semantischen Strahlen, die durch das Prisma einer komplexen Überlieferungsgeschichte gegangen sind, mögen zwar vielfach gebrochen sein, vom ursprünglichen Lichtort abgeschnitten sind sie aber nicht. So tritt der Name der »Ahnenmutter Io«, der Urgroßmutter des Kadmos, nach langen Wegen und Umwegen im 5. Jahrhundert plötzlich im Namen der Mutter-Gattin des Ödipus, Io-kaste, neu in Erscheinung. Ähnliches gilt für das wiederkehrende Thema der Plage, das trotz aller Kontingenzen seine Kraft als Leitmotiv nicht verliert. Um den harten Kern der ahistorischen Struktur des Mythos gruppiert sich der Hof einer weitläufigen, aber eben doch begrenzten Semantik. Von diesem Pool zehrt (wie alle Nachdichtung) auch die sophokleische Fassung. So bleibt es am Ende unseres punktuellen Durchgangs durch die abendländische Gedächtnisgeschichte eine bemerkenswerte Option, dass griechischer Geist den großen ägyptischen Sonnenkönig als schillernden Schwellfuß erinnert haben könnte: nicht als monotheistische Lichtgestalt, wie dies der ägyptologisch inspirierte Mythos unserer Zeit tut, sondern – *horribile dictu* – als Motherfucker. Von diesem Helden, der wie Phaeton (Helios' Sohn, der das Sonnengespann nicht zu lenken vermochte) am väterlichen Erbe scheiterte, könnte das Wort stammen, das der junge Voltaire in seiner Nachdichtung Iokaste in den Mund gelegt hat: »Ich brachte die Götter zum Erröten, die mich zum Frevel zwangen.«

ANMERKUNGEN

1 Gewährsmann in Sachen Ägypten war der Münchener Ägyptologe Wilhelm Spiegelberg, der Manns Lieblingsidee den wissenschaftlichen Segen gab.

2 Eine ausführliche Diskussion findet sich in Kapitel VI,1.

3 Siehe Koch/Schipper (2008).

4 Diesem Mythos steht von den genannten Autoren Thomas Mann am nächsten.

5 Diskussion Montserrat (2000).

6 Ob allerdings das bewegliche Heer kulturellen Sinns und kultureller Sinndeutung, das über den Dingen schwebt und diesen erst Leben einhaucht, uns dahin bringen sollte, mit dem grundsätzlich literarischen Charakter von Geschichtsschreibung einverstanden zu sein, ist eine andere Frage. Zur Rehabilitation der Spekulation Türcke (2008).

7 Zur Diskussion Reeves (2002). Auf die Person Tutanchamuns bezogen Hawass et al. (2010).

8 Genauer: Amenophis' IV. In den nachfolgenden Kapiteln wird der Namenswechsel, der etwa ab dem Jahr 5 aus Amenophis einen Echnaton machte, strikt beachtet werden. Das heißt, wenn von Amenophis IV. die Rede ist, geht es um den noch minderjährigen König der Thebaner Jahre. Erst der Name Echnaton bezeichnet den politisch zurechnungsfähigen Herrscher der Amarnazeit.

9 Hier ist nicht der Ort, um diese These auszuführen; deshalb nur soviel: In der von Raoul Schrott (2008) neu entflammten Debatte um die Iliasdichtung wurde deutlich, dass wir es ereignisgeschichtlich mit einem »hethitischen Troia« zu tun haben. Es sind die wiederholten, von griechischen Siedlern unterstützten Aufstände arzawäischer Fürsten gegen die Hethiter, in denen der große Krieg der Festlandgriechen gegen die Troianer wie in der Nussschale greifbar wird. Aber erst das Zentralereignis der Epoche, die Schlacht von Kadesch, bot jene großartige Projektionsfläche, auf der die kumulativen Erinnerungen der Achaier gebündelt und episch verdichtet werden konnten. Das heißt, die letzte Kulisse im vielschichtigen Hintergrund der Ilias bildet das Ringen der Großmächte Ägypten und Hatti, in dem die lokalen Antagonisten in Gestalt der »Dardanja« und »Sardana« mit von der Partie waren; so kämpfte König Aleksandu von Wilusia in Kadesch an der Seite des Hethiterkönigs Muwattallis. Die Zeit der Niederschrift des Epos ist umgekehrt durch die Vormacht der Assyrer gekennzeichnet. Hier bilden die zahlreichen, von kleinasiatischen Griechen unterstützten Aufstände der späthethitischen Stadtstaaten gegen die assyrische Oberhoheit die reale Grundlage des mythischen Geschehens – und die Eroberung Thebens durch Assurbanipal die zweite große Projektionsfläche (was, wie schon Walter Burkert gesehen hat, auf einen *terminus post quem* für den Iliasdichter hinausläuft). Die große fundierende Erzählung der Ilias ist also gleichsam durch zwei feste

Deckel eingerahmt bzw. eingebunden: den Deckel der fernen Vorgeschichte und den der zeitgenössischen Naherfahrung. Nicht anders verhält es sich, nebenbei bemerkt, beim zweiten abendländischen Grundtext, der Exoduserzählung, deren gedächtnisgeschichtlicher Fächer zwischen Hyksoserinnerung und Exilserfahrung ausgespannt ist.

10 Ein Wort zu Immanuel Velikovsky, der mit *Oedipus and Akhenaton* (1960) diese These erstmals vertreten hat und damit intuitiv das Richtige erraten haben könnte. Wenn dem so wäre, hätte er allerdings durch eine ebenso vulgär-historische wie vulgär-psychoanalytische Beweisführung den möglichen Gewinn wieder verspielt. Seine Eins-zu-eins-Korrelation zwischen dem historischen Theben/Amarna und dem mythischen Theben (in der Version bei Sophokles) ist inakzeptabel. Es gehört zur Tragik dieses universellen Geistes, dass er seine historischen Forschungen immer wieder den Imperativen des jüdischen Gedächtnisses unterstellt hat, das heißt seine Rolle als »Überbringer der Geschichte« mit der Verpflichtung eines »Hüters der Erinnerung« verwechselt hat. Seine phantasievolle Geschichtsrekonstruktion stellt keine seriöse Position dar und bleibt deshalb von der späteren Debatte ausgeschlossen.

11 Handliche Sandsteinblöcke, die – in der Amarnazeit eingeführt – eine innovative Komposit-Bauweise ermöglichten.

12 Siehe Karte Kleinasien Vorsatz hinten.

13 Die nachfolgende Interpretation der hethitischen Geschichtsschreibung schließt sich an die glänzende Rekonstruktion von Jan Assmann (1992) an.

14 Ich verzichte an dieser Stelle auf eine ausführliche Wiedergabe der Vorgeschichte, vor allem der Rolle des Aitakama von Qades im Verlauf des sechsjährigen Hurri-Krieges, der das Ende von Šuppiluliumas Regierung markiert. Nur soviel: Als Wanderer zwischen den Fronten (zunächst mitannischer, dann hethitischer Vasall) hat Aitakama jene ägyptische Strafexpedition gegen Qades erst provoziert, auf die dann wiederum Šuppiluliuma mit seinem Überfall auf das ägyptische Amqa reagierte – und damit die hier interessierende Ereignisfolge auslöste. Zur Diskussion Kraus (1978), Sürenhagen (1985).

15 Es mag hilfreich sein, an dieser Stelle ein modernes Katastrophenszenario in Erinnerung zu rufen, bei dem in ganz ähnlicher Weise zwei Ereignisschichten (Krieg und Pandemie) von einer Gedächtnisschicht überlagert wurden. Im Frühjahr 1918, in der Endphase des Ersten Weltkrieges, brach die sogenannte »Spanische Grippe« aus, die in weniger als 18 Monaten weit über 20 Millionen Menschenleben dahinraffte – vor allem junge Erwachsene im Alter zwischen 20 und 40 Jahren. Vermutlich hatten amerikanische Soldaten die Grippe nach Europa eingeschleppt. Sie war nicht kriegsentscheidend, da sie auf beiden Seiten wütete, aber im April und Mai jenes Jahres waren alliierte und deutsche Truppen durch die Seuche vorübergehend außer Gefecht gesetzt. Obwohl der Großen Grippe mehr Menschen zum Opfer fielen als durch den Krieg selbst (auch mehr als durch die Pest im Mittelalter), wurde sie in der Nachkriegszeit kaum erinnert. Der Krieg war ein Politikum ersten Ranges, der alle Diskurse beherrschte. Die Kriegsfolgen waren nicht nur sichtbar, sie verdichteten sich zu existenziellen Krisen, welche die Erinnerungsreste an das tödliche Fieber bald verblassen ließen. Zudem konnte die Grippe – anders als zu Zeiten der Pest – nicht als Folge mangelnder Hygiene gedeutet und Sündenböcken in die Schuhe geschoben werden. Sie wurde als Naturereignis erlebt und taugte im Bewusstsein der Zeitgenossen offensichtlich nicht zum sozialen Zeichen.

16 Die keilschriftlichen Amarnabriefe werden nach der Knudtzon-Ausgabe zitiert; dabei gilt die übliche Abkürzung: EA=El-Amarna-Tafel.

17 Diskussion Kemp (2008).

18 Zur Institution der zeitweiligen Monolatrie Lang (2003).

19 Diskussion Assmann (2000).

20 Helck (1970).

21 Möglicherweise ist Haremhab identisch mit Pa-aton-emhab, dem Besitzer des Grabes Nr. 24 in Achetaton. Die Titel des Grabbesitzers (General des Herrn der beiden Länder, Aufseher der Arbeiten in Achetaton, Königlicher Schreiber und Majordomus) beziehen sich auf die gleichen Funktionsbereiche, die Haremhab bei seiner (zweiten) Karriere unter Tutanchamun abdeckte. Wir wissen – etwa durch das Beispiel des Wesirs Nacht-pa-aton – , dass einige der loyalsten Beamten dem Beispiel Echnatons folgten und sich ebenfalls mit Aton gebildete Namen zulegten. Haremhab könnte zu ihnen zählen; er hätte dann später – jetzt dem Namenswechsel Tutanchamuns folgend – seinen alten Namen wieder angenommen. Dass dies möglich erscheint, belegt zweierlei: (1) Anhänger des Aton-Kultes waren nicht per se diskreditiert; signalisierten sie ihre Unterstützung für eine »Reform der Reform«, so waren sie von höchsten Staatsämtern nicht ausgeschlossen. (2) Im Vergleich zur intoleranten Religionspolitik Echnatons war offenbar die desaströse Außenpolitik der größere Stein des Anstoßes.

22 Halten wir aber fest, dass hier ein Motiv auftaucht, das mit dem Motiv der Aussätzigen in der von Manetho überlieferten Legende eine verblüffende Ähnlichkeit aufweist.

23 Diskussion Kraus (1978), Gabolde (2001).

24 Eine offensichtliche Veränderung bestand in der Umschichtung von Totenriten auf Trauerriten (vgl. Kucharek 2005).

25 Die *Aigyptiaka* des Manetho, unter Ptolemäus II. in der erstem Hälfte des 3. Jahrhunderts v.u.Z. aufgeschrieben, ist als Ganzes verschollen und existiert nurmehr in Form von Fragmenten. Obwohl viele ihrer Detailangaben im Widerspruch zu den Monumenten stehen, hat die Ägyptologie an einem nur maßvoll überarbeiteten Manetho'schen Schema festgehalten.

26 Es wird im Folgenden mit dem üblichen Kürzel für *k(ings) v(alley)* als »KV 55« zitiert. Nicht-königliche Gräber in Theben firmieren dagegen unter TT (für *theban tombs*); die Gräber in Achetaton unter AT (für *Armana tombs*).

27 Zur Diskussion Grimm (2001).

28 Cemal Pulak (Bass, Pulak, Collon, Weinstein 1989) hat aus der zeitlichen Einordnung der an Bord mitgeführten mykenischen und zypriotischen Keramik sowie der dendrochronologischen Altersbestimmung von Holzproben den Schluss gezogen, dass das Schiff »within a few years, or at most decades, after the death of Akhenaten« gesunken sein muss. Zur Ladung zählten u.a. Kupferbarren, Elfenbein, Ebenholz, Glas, Schmuck und Waffen, die auch in diversen Amarnabriefen als königliche Geschenke Erwähnung finden. Die multikulturelle Zusammensetzung von Besatzung und Passagieren spricht im Übrigen für ein *joint venture* mehrerer Parteien. Zur Diskussion: Das Schiff von Uluburun (2005).

29 Der von einer einfachen Haremsdame geborene Knabe kommt beim Thronwechsel als ältester überlebender Königssohn zum Zuge. Diese Konstellation hat in Thut-

mosis III., dem Sohn von Thutmosis II. und der »bürgerlichen« Hofdame Isis, sein großes Vorbild – und wiederholt sich bei Amenophis III.

30 Keilschriftlich *te-ep-nu-mar*, eigentlich »Erniedrigung«, »Beschämung«.

31 Man ist versucht zu sagen, dass sich Nofretete auf den gleichen Freundschaftsvertrag zwischen Ägypten und Hatti beruft, den König Muršili später zur Klärung der Schuldfrage heranzieht.

32 Hawass et al. (2010). Siehe auch die Diskussion in den »Letters« (2010).

33 Ashraf Selim laut ZdF-Pressemitteilung zur Sendung »Die Damen aus Grab 35« (2007).

34 Der merkwürdige Umstand, dass sich die nervösen Zuckungen und Schwingungen der Amarnazeit in den extremen Ausschlägen der Forschungsergebnisse nahezu eins zu eins zu wiederholen scheinen, könnte einen Zyniker zu der Aussage veranlassen, die Wissenschaftsgemeinschaft unternähme alles, um das Geheimnis von Amarna *nicht* zu lösen. Ein Kritiker der zynischen Vernunft würde daraus probeweise ein ethnopsychoanalytisches Argument schmieden: Die ägyptologische Großfamilie verhält sich so, als stünde sie im Bann einer Übertragungsbeziehung zur inzestuösen Großfamilie von Achetaton.

35 Ein instruktives, den historisch-geographischen Kontext unserer Debatte berührendes Beispiel sei herausgegriffen. Als das kleinasiatische Königreich Arzawa in den Zeiten, »als das Land Hatti erstarrt war«, zu einer Art lokaler Großmacht aufstieg, wurde dessen König Tarhundaradu umgehend mit der Bitte Amenophis' konfrontiert, seine Tochter als Braut des Pharao an den ägyptischen Hof zu schicken (siehe Briefe EA 31 und 32). Damit ist eine diplomatische Heirat in Richtung des (langfristig gesehen) hethitisch dominierten anatolischen Raumes vorgegeben, der Nofretete mit ihrem Begehren nach einem hethitischen Prinzgemahl später gefolgt ist. Es war übrigens niemand anderer als König Muršili II., der mit seinem Arzawa-Feldzug die alten Machtverhältnisse zugunsten Hattis wiederhergestellt hat.

36 Die Statue der Tochterprinzessin ist leider stark beschädigt, so dass der Name nicht mehr gelesen werden kann.

37 Vergleichbar bebilderte Tempelwände resp. deren Relikte finden sich nur noch im Terrassentempel der Hatschepsut, am Peripteraltempel von Medinet Habu und im Mut-Tempel in Karnak. Zur Diskussion Brunner (1986).

38 Jansen (1990), Feucht (1995).

39 Nunberg (1949), Orturk (1973); Diskussion Maciejewski (2002 u. 2003).

40 Obwohl mit der Beschneidung eine vorzeitige Sexualisierung verbunden ist. Das Missverstehen der frühkindlichen Sexualität innerhalb der klassischen Psychoanalyse hat seinen Grund darin, dass Freud sein Entwicklungsmodell dem Muster der jüdischen Sozialisation entnommen hat, ohne sich darüber im Klaren zu sein. Das heißt, er hat den Auslöser des Triebgeschehens, das Trauma der Beschneidung, außer acht gelassen und die nachträgliche Reaktionsbildung darauf (das inzestuöse Begehren der Mutter, den mörderischen Impuls gegenüber dem Vater) als Ausdruck einer universellen Entwicklung missdeutet. Seine Theorie handelt also keineswegs von einer allgemeinen ödipalen Kulturgrammatik, sie beschreibt vielmehr den Fall des »jüdischen Ödipus«. Dieser hat die (rituell am 8. Tag nach Geburt zu vollziehende) Säuglingsbeschneidung zur Voraussetzung, die typischerweise den Raum einer zweiphasigen Pathogenese eröffnet. Das inzestuöse Begehren trifft in Gestalt des

väterlichen Rivalen auf ein kulturelles Verbot; es wird abgewiesen – Freud spricht dramatisch vom »Zerschellen des Ödipuskomplexes« – und damit die Entwicklung umgekehrt: es kommt zur Unterwerfung unter den väterlichen Willen (das »Gesetz«), ein Vorgang, der als unbewusstes Kulturziel die Erzeugung starker Vatersöhne erkennen lässt. Für unsere Diskussion sind vor allem die Unterschiede zur (alt)ägyptischen Sozialisation von Belang. Die auffälligste Differenz betrifft den Zeitpunkt und die Art des chirurgischen Eingriffs. Die Quellen (Quack 2008) lassen vermuten, dass der Beschneidungsritus im Alten Ägypten zwischen dem 4. und 10. Lebensjahr vollzogen wurde, selten früher, eher weiter in Richtung Adoleszenz. Der Eingriff bestand in der Regel in einem Einschnitt auf der Oberseite der Vorhaut (Inzision), aber auch der Ringschnitt (Zirkumzision), also nicht nur das Lösen, sondern das Ablösen der Vorhaut ist belegt. Das höhere Alter bewirkt durch das Vorhandensein einer schon stabilen Ich-Organisation eine deutlich andere Verlaufsform der traumatischen Erfahrung. Das Inzestbegehren wird nicht abgewiesen, sondern moderat zugelassen; es steht auch nicht in Opposition zu einer mörderischen Vaterrivalität. Getraute man sich, dieses kulturspezifische Kindheitsmuster auf den Begriff zu bringen, so wäre gewiss *Horus-Komplex* die adäquate Kategorie. Ich werde an späterer Stelle versuchen, dieser Semantik Kontur zu verleihen. Hier soll zunächst der Hinweis genügen, dass schon der flüchtige Blick auf den Mythos die angedeutete kulturspezifische Konstellation bestätigt. Das Vater/Sohn-Verhältnis von Osiris und Horus ist wesentlich durch Pietät gekennzeichnet, während das innige Liebesverhältnis von Isis und Horus den Inzest nicht ausschließt. Vgl. auch die Anmerkungen von Assmann (1976) zum Thema.

41 Zur Diskussion Wente (1969), Gohary (1992).

42 In ihnen wurde einmal im Jahr, im Monat Pachons, die Geburt, Aufzucht und Herrschaftsübernahme des Kindgottes einer (lokal unterschiedlichen) Göttertriade gefeiert – stets mit Amun als Vater.

43 Traunecker (1986); Diskussion Wente (1969), Baines (1998).

44 Zur Frage der Geschwisterfolge Gabolde (2001).

45 Zwei weibliche Föten (aus KV 62), bei denen es sich höchstwahrscheinlich um den totgeborenen Nachwuchs von Tutanchamun und Anchesenamun handeln dürfte, bleiben unberücksichtigt.

46 Zur Ehrenrettung Aldreds, dem wir viel Erhellendes über Amarna verdanken, sei gesagt, dass er später diese völlig überzogene Spekulation revidiert hat.

47 Der tiefere Sinn dieser Tempelanlagen könnte darin liegen, dass den königlichen Frauen (als den Gebärerinnen des Lebens?) die problematische Phase des Sonnenuntergangs anvertraut war. Der Atonkult hat die Nachtfahrt der Sonne, jene im traditionellen Kultus so bedeutsame Unterweltreise, abgeschafft – und damit zwischen Sonnenuntergang und -aufgang eine Lücke entstehen lassen.

48 Es war diese Haarlocke, die über einen Vergleich mit dem Haar der Mumie KV 35 EL den Beweis erbracht hat, dass es sich bei jener »Älteren Dame« um Königin Teje handeln muss.

49 Mit seiner Deutung widerspricht Martin der gegenläufigen Meinung, wonach es sich bei der Bildfolge im Raum Alpha um ein Duplikat einer ganz ähnlichen Abbildung im Raum Gamma des Königsgrabes handele, welche eindeutig die Trauer um den Tod der Maketaton zeige. Ein genauer Vergleich der Reliefs bringt – man ist

versucht zu sagen: typisch Amarna – eine in der Tat verwirrende Duplizität der Ereignisse zum Vorschein, aber eben kein Duplikat, das übrigens auf zwei benachbarte Räume verteilt auch keinen Sinn machen würde. Die hintereinanderliegenden Räume erinnern noch einmal daran, dass auch die beiden Ereignisse zeitlich hintereinanderlagen: Baketaton dürfte etwa zwei Jahre nach Kija verstorben sein.

50 William von Occams Wahlspruch lautete: *Entia praeter necessitatem non esse multiplicanda* (»Man soll die Anzahl der Wesenheiten nicht unnötigerweise vergrößern«).

51 Es handelt sich um eine beschriftete Alabastervase (Urk. IV., 1774/628) und ein von Flinders Petrie aufgefundenes Fragment (Urk. IV 1774/629).

52 Diskussion Raven (1994), Brock (1995).

53 Die Frage, ob die Überbietung des väterlichen Beispiels in Richtung Mutter/Sohn-Inzest und Bruder/Schwester-Inzest auch stattgefunden hätte, wenn aus der Beziehung mit Nofretete Söhne hervorgegangen wären, muss offen bleiben. Aber mit der (Wieder-)Einführung der alten Bruder/Schwester-Heirat wurde natürlich die neue Thronfolgeregelung, die über die Heirat mit der Kreuzkusine lief, aufgehoben.

54 Diskussion Bauriedl (1992).

55 Zum kulturellen Hintergrund und zur Genealogie der Ahmosiden: Grimm/Schoske (1999).

56 Eine solche diplomatische Heirat wäre dem Befreiungskampf gegen die Hyksos vorausgegangen. Gut möglich, dass es nach dem Sieg zu einer zweiten Verheiratung zwischen Ahmose und einer minoischen Prinzessin gekommen ist und sich die minoischen Zeugnisse in Avaris auf dieses Ereignis beziehen.

57 Die sogenannten Käfersteine verdanken Form und Namen dem Mistkäfer oder Pillendreher, der es versteht, mit seinen Hinterfüßen Kugeln zu formen, welche die Ägypter als Abbild der Morgensonne verstanden.

58 »Kamutef ist ein ägyptischer Göttername und heißt *Stier seiner Mutter*. So werden Götter genannt, die als Exponenten der männlichen Zeugungskraft (und in diesem Sinne gewissermaßen als Erzväter) verehrt werden und von denen man annimmt, dass sie sich in einer ihnen als Mutter und Gattin zugeordneten Muttergottheit (als Exponentin der weiblichen Fruchtbarkeit) immer wieder aufs neue hervorbringen« (Assmann 1976, 31). Zur weiteren Diskussion Jacobsohn (1939).

59 Kees (1938).

60 Typische Grabbeigaben in Form kleiner menschengestaltiger Figuren, die für den Verstorbenen Aufgaben im Totenreich übernehmen sollen.

61 Der Kult der Mut – so im südlichen Tempelbezirk von Karnak – erlebte erstmals unter Amenophis III. einen größeren Aufschwung. Man fragt sich, ob die Verehrung der eigenen Mutter (*Mut*emwia) hier eine Rolle spielte.

62 Zwischenzeitlich hatte auch Schuttarna, der Vater Tuschrattas, mit Amenophis III. eine diplomatische Heirat eingefädelt und nach langem Feilschen über diverse Luxusgüter seine Tochter Giluschepa mit großen Gefolge nach Ägypten geschickt. Über dieses (wörtlich) »Wunder« berichtet ein Gedenkskarabäus aus dem Jahr 10 Amenophis' III., der dadurch überrascht, dass er ein weiteres Mal und scheinbar völlig unmotiviert die Namen der Eltern der Großen Königlichen Gemahlin Teje nennt.

63 Diskussion Klengel (2002).

64 Diskussion Aling (1977).

65 Ich nehme ihre Rolle als faktische Regentin sozusagen beim Wort.

66 Im umfangreichen Werk von Lepsius (1849–1859), der eine Skizze der Sedeinga-Sphinx überliefert hat.

67 Es ist kein Widerspruch, wenn Schoske und Wildung (1992) den Kopfputz mit einer Krone Amuns, einer tief in die Stirn gezogenen Kappe, in Verbindung bringen: »Sollte man gar daran denken, dass eine der Amunkappe ähnliche Kronenform, die von Königinnen des Neuen Reiches – von Teje, von Nofretete (in ihrer Berliner Büste!), von Mutnedjmet – getragen wird, ihren Trägerinnen göttliche Qualitäten verleiht?«

68 Siehe Raven (1994) und Brock (1992, 1994).

69 Vgl. die Privatstele aus dem Haus des Panehesy (British Museum, London, EA 57399).

70 An der Bodenplatte dieses frühen Königssarges, an einer Stelle, an der für gewöhnlich Worte der Isis stehen, die sich an den toten Osiris wendet, hat Nofretete in zwölf engen horizontalen Zeilen sehr persönliche Worte der Liebe für ihren Gemahl verewigen lassen:
Ich möge den erquickenden Hauch atmen, der aus deinem Munde kommt. Ich möge deine Vollendung erblicken alle Tage. Mein Wunsch ist es, dass ich deine süße Stimme des Nordwindes höre, dass sich mein Leib verjünge im Leben deiner Liebe. Mögest du mir deine beiden Arme geben mit deiner Lebenskraft, damit ich sie entgegennehme und davon lebe. Mögest du meinen Namen rufen in Ewigkeit, ohne dass er vergeht in deinem Mund.
Die schönen Worte, die Nofretete (prospektiv) ihrem verstorbenen Mann auf dem langen Weg in die Ewigkeit mitgegeben hat, berühren uns, so meine ich, noch heute. Sie treffen uns wie das Licht, das ein längst erloschener Stern vor mehr als 3000 Jahren aussandte. Aber es ist nicht das Licht des lebenden Aton; es ist die Wärme eines liebenden Herzens. Dürfen wir diesem »singulären poetischen Text« (Grimm), der kunstgeschichtlich als ein Vorläufer der Liebeslyrik aus der Spätzeit des Neuen Reiches einzustufen wäre, irgend Authentizität zubilligen – im Sinne des Ausdrucks einer starken, aber auch schutzbedürftigen libidinösen Bindung? Wir werden das an anderer Stellen so ostentativ zur Schau gestellte Liebesleben des Königspaares, das ja als Spiegelbild der Wohltaten des »lebenden Aton« zu verstehen ist, sicher nicht für bare Münze nehmen und schon gar nicht (wie dies Karl Abraham getan hat) als Ausweis einer monogamen Beziehung missverstehen. Aber diese hieroglyphische Schrift an geheimer Stelle, die nicht für fremde Augen bestimmt war, mag uns ahnen lassen, wie sehr Nofretete die doppelt erfahrene Notlage, gegenüber dem inzestuösen Mutter/ Sohn- und Bruder/Schwester-Verhältnis die ausgeschlossene Dritte zu sein, getroffen haben könnte. Wenn dem so gewesen wäre, verstehen wir besser, dass sie Rache genommen hat, als sich ihr die Gelegenheit dazu bot. Es ist indes mehr als fraglich, ob sie den von ihr reklamierten Platz an der Seite ihres Gemahls je wieder hat einnehmen können.

71 Auch wenn urkundlich unter Eje ein »Hethiterfeld« bei Memphis belegt ist, das Helck (1971) als Kriegsgefangenenlager deutet.

72 Ägyptische Hymnen und Gebete, Nr. 89.

73 Der Kultort, den wir unter dem griechischen Namen »Heliopolis« (Stadt der Sonne) kennen, hieß im Alten Ägypten »Junu« (= Pfeiler, entsprechend: Pfeilerstadt), ein Name, der noch in der biblischen Bezeichnung »On« anklingt.

74 Diskussion Redford (1993), Loeben (2008).

75 Das Schicksal des Obelisken selbst hatte sich damit noch nicht vollendet. Unter den Ramessiden wurde das Denkmal ein zweites Mal usurpiert: Ramses II. ließ an gleicher Stelle wie (unter) Amenophis IV. einen Obeliskentempel bauen; Reste seiner Inschriften befinden sich unterhalb der thutmosidischen. Anderthalb Jahrtausende später, im Jahre 330 u.Z., beschloss Konstantin der Große, den vierunddreißig Meter hohen und vierhundertsechzig Tonnen schweren Obelisken zu demontieren und nach Byzanz zu bringen. Unter großen Anstrengungen gelang es, das antike Weltwunder nach Alexandria zu transportieren. Die geplante Schiffspassage an den Bosporus unterblieb jedoch, weil der Kaiser starb. Erst siebenundzwanzig Jahre später griff sein Sohn Konstantius das Vorhaben wieder auf, doch das Ziel der Weitereise war jetzt Rom. Wie die Widmungsinschrift auf dem Sockel verrät, dauerte es noch vier Jahre, bis der Obelisk schließlich auf der Spina des Circus Maximus seinen neuen Platz fand und einnehmen konnte. Im fünften oder sechsten Jahrhundert (so genau weiß das niemand) stürzte das gewaltige Monument um und versank im Morast des damals völlig heruntergekommenen Circus. Nahezu tausend Jahre musste der Obelisk jetzt warten, bis ein neuer Weckruf erging. Jetzt war es Papst Sixtus V., der den Stein bergen und 1588 vor dem Lateran (Piazza S. Giovanni in Laterano) aufstellen ließ – der vorläufig letzte Standort in einer Geschichte der merkwürdigsten Wiederholungen und Revivals.

76 The Tomb of Kheruef (1980).

77 Diejenigen, die das Regime des »Ketzerkönigs« mit dem Jahr 1 beginnen lassen, sprechen gern davon, May sei von Echnaton gewissermaßen in die Wüste geschickt (»strafversetzt«) worden. Die Quellen selbst geben diese Lesart gar nicht her. Vgl. Murnane (1995).

78 Ein Denkbild, das Sigmund Freud gebrauchte, um die (von den Zeitgenossen häufig als unheimlich erlebte) psychische Bewegungsenergie historischer Persönlichkeiten (exemplarisch: Napoleon Bonaparte) zu bezeichnen, die hinter den politischen Entscheidungen steckt und wie traumwandlerisch die Abfolge der Ereignisse steuert.

79 Schon dieser Name *Gm·(t)-p*^{3}*-itn* zeigt die begonnene Sprachreform an, denn er enthält bereits den neuägyptischen Artikel.

80 Redford (1993).

81 Siehe Kat. »Pharaohs of the Sun« (1999), in dem die beiden Kolosse gegenübergestellt sind. Die instruktive Vergleichsansicht macht deutlich, dass die beiden Statuen nahezu identisch sind (bis auf den Königsschurz). Das Vorhandensein der beiden obersten Kartuschen links und rechts vom Königsbart macht es wahrscheinlich, dass auch der unbekleidete Pharao das *chat*-Kopftuch mit Doppelkrone getragen hat. Das tiefer hängende *nemes*-Kopftuch, das einige andere Statuen aufweisen, hätte die Kartuschen bedeckt. Ein Blick auf den Genitalbereich bestätigt im Übrigen die über die Entdeckung des Königsbarts gewonnene Einsicht, den König (und nicht dessen Gattin) vor sich zu haben. Der erste feminine Eindruck täuscht darüber hinweg, dass der Künstler den *mons veneris*, der sonst auf allen Darstellungen der Amarnazeit deutlich betont wird, überhaupt nicht modelliert hat. Fazit: Wir sehen keine weibliche Scham, sondern nur *ex negativo* das Fehlen des männlichen Genitals.

82 Ägyptische Religion. Totenliteratur, 382.

83 Assmann (1983) und Hornung (1991).

84 Diskussion Assmann (1976).

85 In der fünffachen Titulatur wird Amun durch Aton und die heiligen Stätten Theben und Karnak durch Achetaton ersetzt. Der Horus-Name (Starker Stier, mit hohem Federpaar) heißt jetzt: *Starker Stier, geliebt von Aton*; der Nebti-Name (Mit großem Königtum in Karnak) *Groß an Königtum in Achetaton*; der Goldhorus-Name (Der die Kronen erhebt in Theben) *Der den Namen des Aton hervorhebt*; der Geburtsname (Amun ist gnädig, Gott und Herrscher von Theben) *Glanz oder Geist des Aton* (= Achenaten, zeitgenössische Aussprache: Achanjati, konventionelle Form: Echnaton). Einzig der Thronname (Mit vollkommenen Gestalten, ein Re, Einziger des Re) bleibt erhalten.

Die präzise zeitliche Zuordnung verdanken wir dem Brief eines Verwalters namens Ipy, der mit »Jahr 5, dritter Monat der Wachstumszeit, Tag 19« datiert ist und noch die alte Königstitulatur verwendet. Die offizielle Proklamation der neuen Politik fand, wie die ersten Grenzstelen ausweisen, im »Jahr 5, vierter Monat der Wachstumszeit, Tag 13« statt. Sehr wahrscheinlich war die Bekanntgabe der neuen Titulatur der feierlichen Gründungsadresse in Achetaton vorbehalten.

86 Das Diktum von Breasted, Echnaton trete uns in Amarna als »erste Persönlichkeit der Weltgeschichte« entgegen, hat genau an dieser Stelle sein historisches Recht.

87 Zur Ausgrabung und Rekonstruktion Nakagawa und Nishimoto (1993).

88 Dass es anders geht, nämlich unter Einschluss des/der Prinzen, und die Feiern dadurch nicht weniger *rite* vollzogen werden, zeigt das Beispiel Ramses' II., der es nebenbei auf nicht weniger als 14 Sedfeste gebracht hat.

89 Diskussion Winnicott (1974) und Miller (1979).

90 Im Zuge dieser sprechenden Selbstdarstellung sind später in Amarna Bilder des Königs als Kind beliebt geworden, die häufig als Amulett getragen wurden.

91 »Der von der Wahrheit (Maat) lebt« lautet jener denkwürdige Beiname, den Echnaton nicht müde wird, seinen diversen Titulaturen einzuschreiben, und dessen Wiedererkennungswert deshalb groß genug ist, um entsprechende Inschriften als »amarnatypisch« einzustufen. Zur Konzeption der Maat Assmann (1995).

92 Siehe zur Topographie Tietze (2008).

93 Das in den großartigen Sonnenhymnen der Amarnazeit seinen Ausdruck findet, aber gerade nicht die Religionspolitik des Königs abbildet. Weil diese Gesänge die theologische Arbeit der Vor-Amarnazeit trotz Echnaton fortsetzen, überleben sie das Ende der Amarnazeit – als Fäden im weit ausgespannten Netz der rammessidischen Weltgott-Theologie.

94 Insgesamt gesehen ist dem pharaonischen Königtum der Gedanke einer Gottesherrschaft nicht fremd; in seiner klassischen Form beruht es auf dem, was man »das Prinzip der repräsentativen Theokratie« (Assmann) genannt hat. Pharao repräsentiert Gott als dessen Sohn, Stellvertreter und Abbild, aber – und hier liegt der entscheidende Unterschied – er tritt als Herrscher, nicht als Priester auf. In seinem Priestertum lässt er sich seinerseits durch andere repräsentieren.

95 Zum Amarna-Loyalismus Assmann (1980).

96 Für dieses Augenverschließen dürfte die sehr persönliche Angst, den verborgenen Raum des eigenen Unbewussten zu betreten und dort von den Nachtmahren der Kindheit heimgesucht zu werden, mit verantwortlich sein.

97 Eine der zentralen Fragen lautet: Könnte es sich bei jener göttlichen Mumiengestalt,

die im Zyklus den Beinamen »Der, welcher die Stunden verbirgt« trägt, um Echnaton handeln? Dann hätte der verstorbene König und Gott, jetzt wahrhaftig als »Geist des Aton«, die Stelle des Totengottes in einer radikal weitergedachten Atonreligion eingenommen. Vergessen wir nicht zu erwähnen, dass sich die eindrucksvolle Göttergestalt durch eine ikonographische Besonderheit auszeichnet. Kopf und Beine (Anfang und Ende?) sind durch eine sich ringförmig windende und in den Schwanz beißende Schlange – die früheste bekannte Darstellung eines *Uroboros* überhaupt – eingerahmt. Als Symbol der ewigen Wiederkehr von Tod und Geburt im Kreislauf der Zeiten könnte dies auch als Zeichen für das endliche und unendliche Amarna verstanden werden. – Zur Diskussion Piankoff (1962), Darnell (2004).

98 Der in Memphis, wie der Text der Restaurationsstele verrät, bezeichnenderweise im Palast Thutmosis' I. residierte.

99 Text und Kommentar Hornung (1982).

100 Diskussion Maul (2005).

101 Eine Übernahme des Flutmotivs verbietet sich, weil die jährliche Überschwemmung des Landes durch das Nilwasser auch dann noch als Segen galt, wenn sie gefährliche Höhen erreichte.

102 Werke und Tage, 158–165.

103 Einem älteren griechischen Epos, das die homerischen Epen stark beeinflusst hat, selbst aber als ›nicht-homerisch‹ weitgehend dem Vergessen anheimfiel.

104 Den beiden erhalten gebliebenen Fragmenten des sogenannten »Frauenkatalogs«.

105 So von Champollion benannt nach koptisch *ma-misi* (=Ort der Geburt).

106 Ein erstaunliches Wiederaufleben hat der untergegangene Mythos von der göttlichen Zeugung des Königskindes im Königreich von Meroë (dem letzten Reich von »Kusch« im heutigen Sudan) gefunden. Im Grabschatz der Königin Amanishakheto aus der Mitte des letzten vorchristlichen Jahrhunderts sind Siegelringe gefunden worden, auf denen in der Bildsprache des Neuen Reiches die Heilige Hochzeit zwischen Amun und Königin dargestellt ist. Religionsgeschichtlich bedeutsamer ist das Nachleben des ägyptischen Mythos in der christlichen Überlieferung von der Geburt des Jesuskindes, beginnend mit dem Lukas-Evangelium (also gut 100 Jahre nach Amanishakheto und mutmaßlich unabhängig von der meroëtischen Linie). Der Mythos von der Empfängnis Marias durch Gottvater macht aus Christus – ganz nach dem Vorbild Pharaos – einen Halbgott bzw. ein gottgleiches Königskind (»König der Juden«). Wiederbelebt wird die Vorstellung einer »Heilswende« durch die Ankunft des Gottessohnes, der durch eine irdische Mutter geboren wird. Dass Gott Mensch wird, sich wieder mit Menschen verbindet, bereitet dem Hiat zwischen Himmel und Erde ein (vorläufiges) Ende. Im Widerschein eines Grundmusters polytheistischen Denkens wird aber auch die gängige Meinung von einer exklusiv jüdischen Filiation des Christentums in Frage gestellt. Die theologischen Linien, die nach Ägypten weisen, nähren den Verdacht, dass sich das Christentum – der gedanklichen Ausarbeitung von *unitas* und *unicitas dei* im Rahmen der trinitarischen Dogmenbildung zum Trotz, die ja ihrerseits in der erwähnten Spekulation um die Trinität Amuns ihr Vorbild hat – den Status einer monotheistischen Religion nur angemaßt hat.

107 Gombrich (1992).

108 So die vielzitierte Stelle bei Schott (1964), der aber die beiden ersten starken Verben ergänzt hat.

109 Dies darf getrost als weiterer Beleg dafür gelten, dass die angebliche Restauration unter Tutanchamun und Eje vielfach eine Farce darstellte.

110 Bietak (1990): 11.

111 Der oberägyptische Seth heißt nach seinem Herkunftsort Ombos auch der »ombitische Seth«; er tritt im Mythos zunächst als Bruder und Gegenspieler des Re auf, später dann als Bruder und Mörder des Osiris. Nach Wettengel (2004) gibt es in ramessidischer Zeit die Tendenz, sich um die Integration von Seth-Baal in den ägyptischen Re-Osiris-Mythos zu bemühen.

112 Jenseits der Reichweite des kommunikativen Gedächtnisses, die etwa die Zeitspanne von drei Generationen umfasst.

113 So Brunner-Traut (1963) und Griffiths (1967).

114 Die weitergehende These von Assmann, »dass in der Rückschau der Ramessidenzeit die Hyksos zu Seth-Monotheisten werden«, halte ich für eine überanstrengte Position. Sie verführt (wie das Beispiel Goldwasser 2006 zeigt) dazu, ernst genommen zu werden und die Monotheismusthese über die Gleichsetzung Hyksos = Juden resp. frühe Israeliten retten zu wollen.

115 Diskussion Assmann (1983) und (1986).

116 So Goethe in seinem *West-östlichen Divan* (»Wer nicht von dreitausend Jahren / sich weiß Rechenschaft zu geben, / bleib im Dunkeln unerfahren / mag von Tag zu Tage leben«), der auch von Assmann zitiert wird.

117 Ich werde später (Kap. VI,1) eine andere Lesart dieser Legende vorstellen.

118 Die alte Vorstellung eines landesweiten Bildersturms, der das gesamte Pantheon erfasst hat, deckt sich nicht mit den neuesten Befunden. Das Aushacken von Namen und Bildern geschah eher sporadisch und traf bei weitem nicht alle Götter. So wurden beispielsweise Atum und Uto weiterhin in Ehren gehalten, Götter wie Ptah oder Thot verschont oder geduldet, andere wie Osiris einfach übergangen. Einen systematischen Vernichtungswillen zog dagegen Amun (und abgestuft seine Gefährtin Mut) auf sich – und dies vor allem in Theben.

119 Zu diesem Konzept Volkan (2000).

120 Diese Formel spielt auf die »Jahwe-allein-Bewegung« an, bei der es sich nach der These von Morton Smith (1971) um die entscheidende soziale Gruppierung innerhalb der beiden altisraelitischen Monarchien gehandelt hat, welche innerhalb der herrschenden polytheistischen Kultur die Forderung nach der Alleinverehrung Jahwes erhob und schließlich durchzusetzen vermochte. Im Gegensatz hierzu war die Amun-allein-Bewegung meinem Verständnis zufolge von der Idee beseelt, Amun als Gottkönig eines reaktiv erneuerten Gottesstaates einzusetzen – ohne dass der polytheistische Rahmen wirklich in Frage gestellt wurde. Später wird zu diskutieren sein, ob die um die Mitte des 11. Jahrhunderts erfolgreiche Amun-allein-Bewegung die Jahwe-allein-Bewegung und nachfolgend die Errichtung des judäischen Gottesstaates auf die eine oder andere Weise beeinflusst haben könnte.

121 Diskussion Römer (1994).

122 Die dieser freilich auf den Triumph des Christentums über das Judentum bezogen hat, nach Freud ein Pyrrhussieg, weil er den Rückfall in den zuvor aufgegebenen Polytheismus beinhaltet.

123 Die ramessidische Renaissance imponiert tatsächlich auch durch eine neue Lachkultur, die sich stets aus Spannungen und Hoffnungen im Volke speist und damit von einer ganz anderen Seite auf die Kraft des Unbewussten in der Kultur verweist.

124 Parin (1978), Erdheim (1988).

125 Die Bedeutung dieser Primärprozesse für die gesamte Kulturbildung hat Christoph Türcke (2008) in Erinnerung gerufen.

126 Diskussion Schipper (2005).

127 Dem alten Kusch, das mit dem Ende der Ramessiden nicht länger unter ägyptischer Oberherrschaft stand und mit dem Reich von Napata eine eigene Entwicklung nahm, die in der Kuschitenherrschaft der 25. Dynastie gipfelte.

128 Diskussion Török (1995), Assmann (1996) und Kendall (1998).

129 Hier ist noch einmal Gelegenheit festzustellen, dass ein vergleichbarer religiöser Antagonismus, der grenzüberschreitend die Gottheiten der Nachbarländer bekämpft und deren Gläubige entwertet, in Amarna nicht zu belegen ist. In den rund 380 Amarnabriefen findet sich kein einziger deutlicher Hinweis auf einen exklusiven Monotheismus in Ägypten. In den Augen der benachbarten (und teilweise mit dem ägyptischen Hof verwandten und befreundeten) Könige und Stadtfürsten ist Echnaton nicht als Zerstörer der althergebrachten religiösen Ordnung auffällig geworden. Das heißt, die beiden großen religiösen Symbolsysteme am Ende der späten Bronzezeit – »das vorderasiatische Wettergott-System und das ägyptische Sonnengott-System« (Ottmar Keel) – sind augenscheinlich verträglich geblieben. Auch die (nach dem Heiratsbegehren der Nofretete in Gang gekommenen) Verhandlungen zwischen dem hethitischen und ägyptischen Hof scheinen von religiösen Spannungen, die ein exklusiver Anspruch auf Wahrheit einer der beiden Seiten unweigerlich mit sich gebracht hätte, frei geblieben zu sein.

130 Psychohistorisch gesehen folgt diese Verarbeitungsweise dem ontogenetisch eingeübten Muster einer zwangsneurotischen Reaktionsbildung; deren tragende Säulen lauten: Umdeutung der Katastrophe in Strafe und Intensivierung der Bindung an den Vater(gott) durch eine über Reue- und Schuldgefühle reaktiv verstärkte Liebe. Hierzu ausführlich Maciejewski (2002).

131 Als Ptolemäus I. mit dem Beinamen *Soter* (= Retter) wurde er zum Gründer der Ptolemäer-Dynastie, die im Jahre 30 mit Kleopatra VII. endete.

132 Redford (1986 und 1993).

133 Hierzu ausführlich Maciejewski (2002).

134 Dies gilt insbesondere für den Kult des Serapis (Namenschöpfung aus Osiris-Apis), einer pantheistischen Gottheit für Griechen und Ägypter gleichermaßen, den Ptolemaios I. von Sinope am Pontos nach Alexandria verpflanzt hatte. Manetho tat sich in Sachen einer innerägytischen Akzeptanz und Rezeption des neuen Kultes hervor, der sich überraschend schnell auch in der gesamten griechischen Welt durchsetzte.

135 Und müsst euch nicht wundern, wenn ihr Hass auf euch zieht. – Dieser Nachsatz lenkt den Blick auf einen der möglichen Gründe für die Anfeindungen, mit denen die jüdische Gemeinde von Alexandria zu kämpfen hatte.

136 Die Figur des weisen Amenophis, Sohn des Paapis (Hapu), gibt hier den sicheren Hinweis, dass König Amenophis III. gemeint ist.

137 Und damit suggeriert, der notorisch ungenaue Manetho habe ausgerechnet im Fall Echnatons über eine Quelle verfügt, die nicht allein Kenntnis über die Gesamtregie-

rungszeit von siebzehn Jahren besaß, sondern darüber hinaus über die Verteilung dieser Jahre auf die Zeit von Theben und Amarna informiert war.

138 Die Juden von Elephantine waren Anhänger eines synkretistischen Jahwismus, d.h. sie verehrten neben Jahu (einer Namensvariante von Jahwe) auch andere Gottheiten wie Anath und Bethel. Diskussion Porten (1986), Assmann (1996), Becking (2003).

139 Den Hinweis auf diese Bibelstelle (Ex 8,22) verdanke ich Jan Assmann. Sie wirft ein bezeichnendes Licht auf die Anfänge des ägyptischen Antijudaismus, die möglicherweise ganz anders verlaufen sind, als sich das unsere politische Korrektheit träumen lässt. Hier erscheinen die Juden keineswegs als Opfer einer kulturellen Konstruktion des Anderen, sie sind vielmehr für den ihnen entgegengebrachten Hass selber verantwortlich – und wissen davon. Der biblische Moses nicht anders als der Babylonische Talmud, in dem es heißt: »Als Gott den Juden die zehn Gebote gab, kam der Hass in die Welt« (Traktat Sabbat 89a).

140 Das historische Gedächtnis der Gegenseite, der Schreiber der Bibel und ihrer Vorläufer, endet dagegen in der frühen Ramessidenzeit (Fronarbeit bei der Errichtung der Ramsesstadt), was gut mit der Datierung der sogenannten Israel-Stele unter Merenptah, dem Sohn Ramses' II., zusammenpasst. Für die Erinnerung an die (ca. 400 Jahre weiter zurückliegenden) Ereignisse der Hyksoszeit dürften die frühen Israeliten auf in Palästina umlaufende, ursprünglich kanaanäische Volkssagen zurückgegriffen haben. Ob die erwähnte 400-Jahr-Stele Ramses' II., die von der Ramsesstadt eine Brücke zur alten Hyksoskapitale von Avaris schlägt, hier eine Rolle gespielt hat, ist eine reizvolle Spekulation, lässt sich aber vermutlich niemals klären. Es bleibt indes bemerkenswert, dass die Bibel dem Auszug aus Ägypten einen Aufenthalt von 400 Jahren vorausschickt. Es sind also unabweisbar die Juden selbst, die sich im ägyptischen Teil ihres Stiftungsmythos in die Nachfolge der Hyksos gestellt haben.

141 Anders als das sich um den Amun-Mord rankende Trauma des Theoklasmus, das – getragen von der Amun-Priesterschaft – *innerägyptisch* ausagiert wurde.

142 Diskussion Maciejewski (2002).

143 So noch unter König Jerobeam, dem ersten König im Nordreich Israel, der entsprechende Kultbilder in Bethel und Dan aufstellen ließ und dem Volk erklärte: »Dies sind deine Götter, die dich aus dem Land Ägypten weggeführt haben.« Auch die Funde aus Kuntilet 'Ağrūd weisen in diese Richtung [Abb. 60]. Die spätere Gegenposition einer intoleranten Monolatrieforderung findet sich im Deuteronomium: »Ich bin Jahwe, dein Gott, der dich herausgeführt hat aus dem Land Ägypten.« Ikonographisch hat der göttliche Status des Moses seinen Niederschlag in der Gestalt des »gehörnten Propheten« gefunden, wie sie noch der Moses des Michelangelo zeigt: eine mythische Figur, die erst am Sinai, im Akt der Zertrümmerung des Goldenen Kalbes (als der Imago des Gottessohnes, der seine Absetzung resp. Profanisierung bezeichnenderweise selbst in Szene setzt), ihre göttliche Stellung verlor, um als Gottesknecht zu überleben (siehe Reik 1928). Die Geschichte vom Auszug aus Ägypten ist also in verstellter Form zugleich die Geschichte vom Aufstieg und Fall des *Benjahu*, des Sohnes Jahwes.

144 Raul Schrott (2008) hat im griechischen Epos eine ganz ähnliche Bedeutungsumkehr wahrgenommen. Entgegen der Laufrichtung der wirklichen Geschichte – die an den arzawäischen wie kilikischen Revolten gegen die Assyrer beteiligten Grie-

chen standen stets im Lager der Verlierer – schlüpfen die griechischen Helden im Mythos in die Rolle der Sieger.

145 Zu denen die Berichte bzw. Legenden so illustrer Autoren wie Lysimachos, Chairemon, Pompeius Trogus, Artapanos, Tacitus, Plutarch, Apion und Strabo zählen.

146 Die semantische Umkehr im Akt der Benennung darf als Hinweis dafür gelten, dass das noch immer ungeklärte Problem, worauf sich der griechische Name der ägyptischen Stadt gründet, die alten Griechen selber beschäftigte. Schon sie mussten den Fall erklären, weil sie den wirklichen Grund nicht mehr kannten.

147 Diskussion Edwards (1979), Kühr (2006).

148 Zu dieser »Arbeitshypothese« Bietak (2000), der auch »die politische Heirat eines ägyptischen Königs mit einer minoischen Prinzessin« für möglich hält.

149 Der in einem zweiten Schritt Kadmos mit dem Nachfolger des Apophis, Chalmudi, identifiziert.

150 Um 1450 v.u.Z. wurden die minoischen Paläste zerstört und nie wieder aufgebaut, mit der einzigen Ausnahme des Palastes von Knossos. Er wurde erneuert und diente weitere 80 Jahre lang als Herrschaftssitz – jetzt für eine Dynastie von achäischen Prinzen.

151 Im Exkurs (»Die beiden Kulturen«) ist dieser Aspekt ausführlicher zur Sprache gekommen.

152 Als Zeit für das Weiterspinnen dieses mythologischen Fadens kämen die Jahrhunderte nach 1200 in Frage, als zusammen mit dem hethitischen Großreich und unter Einschluss von Troja auch die Paläste der ägäischen Machtzentren untergingen. Stets geht es den Mythographen darum, die eigene Geschichte zu verarbeiten. Und natürlich erinnert der thebanische Sagenkreis vom Krieg »um das siebentorige Theben im Lande des Kadmos« an den Untergang eines der großen ägäischen Fürstenhäuser – vielleicht des führenden (wie ein Briefwechsel aus der Mitte des 13. Jahrhunderts zwischen dem hethitischen Hof und einem »Herrscher von Ahhijawa«, der einen mythischen Vorfahren namens Kadmos erwähnt, anzudeuten scheint). Sollte daher die kurzzeitige Vorherrschaft Achetatons über Theben sowie der nachfolgende Untergang der neuen Hauptstadt tatsächlich als legendäres Vorbild gedient haben, dann in dem Sinn, dass es beispielhaft das eigene Schicksal zur Anschauung zu bringen vermochte: als Geschichte von Hochmut und Verblendung vor dem eigenen Fall. In welcher Form dergleichen Legenden zirkulierten, wissen wir nicht. Aber als finalen Resonanzboden, auf dem sie (die uns vertraute) Form und Gestalt fanden, werden wir gewiss die Zeit der 26. Dynastie, die sogenannte Saitenzeit (ca. 664–525 v.u.Z.), zu betrachten haben. Es ist dies die wichtigste Epoche für die Begegnung zwischen Griechen und Ägyptern. Einerseits brachte diese Zeit eine Menge griechischer Söldner, Händler und Siedler nach Ägypten; andererseits vollzog die Saitische Renaissance eine entschiedene kulturelle Rückwendung zur Vergangenheit. In dieser interkulturellen Gemengelage kam jene Erinnerungsdynamik zum Zuge, die sich durch vielfältige Wiederanknüpfungen an die Bronzezeit auszeichnet und sich hierbei (auf griechischer Seite) vor allem an das Gedächtnis von Troia und Theben geheftet hat. – Zur Diskussion dieser spätzeitlichen Entwicklung Assmann (2000d) und Burkert (2003).

153 Dies gilt unbeschadet jener anderen Bedeutung, die den Rätsellöser als einen »Kundigen« auszeichnet, der »das von den Füßen weiß«, denn dieses Wissen verdankt

sich ja gerade der schmerzhaften Erinnerung an »das alte Übel« der durchbohrten und geschwollenen Füße. Das Fußrätsel (gr. *dípous*, *trípous*, *tetrápous*) hat freilich auch eine kaum verhüllte sexuelle Konnotation. Mit dem »Schwellfuß« *Oidípous* ist zugleich der phallische Held bezeichnet, der weiß, wie der Geschlechtsverkehr vor sich geht. Ja, es lag in den Worten von Kerényi (1968) nahe, »an einen der Daktyle zu denken, der aus der Erde geborenen Söhne der großen Mutter der Götter oder einfach an einen dem Boden entsprossenen Sohn und Liebling der Urmutter Erde«.

154 Im Fall Tutanchamuns vor allem durch eine Vielzahl stützender Stöcke für den gehbehinderten König.

155 Es ist bezeichnend, dass der vollständige Mythos dem Helios dessen Schwester Eos, die Göttin der Morgenröte, zur Seite stellt. Eos besteigt in der Früh ihr eigenes Pferdegespann, um den Olympischen die Ankunft ihres Bruders zu verkünden. Wenn Helios erscheint, wird sie zu Hemera; in dieser Gestalt begleitet sie den Sonnengott auf seiner Reise, bis sie – als Hespera – ihre gemeinsame Ankunft an den westlichen Küsten des Okeanos verkündet. Man fragt sich (der nachfolgenden Diskussion vorgreifend), ob nicht der Namenswechsel von Eos über Hemera zu Hespera einen Abglanz des in den ägyptischen Tageszeitenliedern besungenen Gestaltwechsels der Sonne darstellt? Vor diese Kulisse gestellt dürfte der Umstand, dass die wachsende Schar der griechischen Besucher Thebens die Monumentalstatuen König Amenophis' III. als »Memnonkolosse« identifizierte, kaum auf ein »interkulturelles Missverständnis« (so die gängige Lesart) zurückzuführen sein; im Gegenteil. Bei König Memnon handelt es sich um den Sohn der Eos, der der Sage nach im Troianischen Krieg durch Achill getötet wurde. Da einer der Kolosse bei Sonnenaufgang durch das Erwärmen des Gesteins »ertönte«, nahmen die Griechen einen sympathetischen Zusammenhang zwischen der Morgensonne und ihrem Sohn, dem verstorbenen König, wahr. Das ist nachgerade eine emphatische Einfühlung in die Vorstellungswelt Amenophis' III., der die Sitzstatuen vor dem Eingang seines Totentempels platzierte und ihre (beabsichtigte oder erhoffte) Wirkung so beschrieb: »als Strahlen in den Augen des Volkes wie die Sonnenscheibe, wenn sie am Morgen erscheint«.

156 Die Verwandlung und Verklärung des Verdammten zu einem Heiligen vollzog Sophokles in seinem »Ödipus auf Kolonos«. Man fragt sich, ob diejenigen, die Echnatons Urworte monotheistisch nennen, mit der historischen Gestalt, jenem »Verbrecher aus Achetaton«, nicht ganz ähnlich verfahren.

LITERATUR

Abkürzungen

AJA	=	American Journal of Archaeology
BSFE	=	Bulletin de la Société française d'Égyptologie
EA	=	El-Amarna-Tafeln nach Knudtzon
GM	=	Göttinger Miszellen
JAMA	=	Journal of the American Medical Association
JCS	=	Journal of Cuneiform Studies
JEA	=	Journal of Egyptian Archaeology
MDAIK	=	Mitteilungen des Deutschen Archäologischen Instituts (Kairo)
MDOG	=	Mitteilungen der Deutschen Orient-Gesellschaft
OR	=	Orientalia
OMRO	=	Oudheitkundige Mededelingen uit het Rijksmuseum van Oudheden te Leiden
SAK	=	Studien zur altägyptischen Kultur
ZÄS	=	Zeitschrift für ägyptische Sprache und Altertumskunde

Abraham, K.: Amenhotep IV. (Echnaton). Psychoanalytische Beiträge zum Verständnis seiner Persönlichkeit und des monotheistischen Aton-Kultes (1912). Gesammelte Schriften, Bd. 2. Frankfurt a.M. 1982, 349–382.

Ägyptische Hymnen und Gebete. Eingeleitet, übersetzt und erläutert v. J. Assmann. Zürich-München 1975.

Ägyptische Religion: Totenliteratur. Übersetzt und herausgegeben v. J. Assmann und A. Kucharek. Frankfurt a.M.-Leipzig 2008.

Aldred, C.: Akhenaten – Pharao of Egypt (1968). Dt.: Echnaton. Gott und Pharao Ägyptens. Bergisch Gladbach 1968.

Ders.: Akhenaten and Nefertiti. New York 1973.

Aling, Ch.F.: A Prosopographical Study of the Reigns of Thutmosis IV and Amenhotep III. University of Minnesota 1977.

Allen, J. P.: Akhenaten's Mystery Coregent and Successor. Amarna Letters 1 (1991): 74–85.

Ders.: Nefertiti and Smenkh-ka-re. GM 141 (1994): 7–17.

Arnold, D.: The Royal Women of Amarna. Images of Beauty from Ancient Egypt. New York 1996.

Assmann, J.: Das Bild des Vaters im Alten Ägypten, in: Das Vaterbild in Mythos und Geschichte, hrsg. v. H. Tellenbach, Stuttgart-Berlin-Köln-Mainz 1976, 12–49.

Ders.: Die »Loyalistische Lehre« Echnatons. SAK 8 (1980): 1–32.

Ders.: Die Zeugung des Sohnes. Bild, Spiel, Erzählung und das Problem des ägyptischen Mythos, in: J. Assmann, W. Burkert, F. Stolz: Funktionen und Leistungen des Mythos. Freiburg-Göttingen 1982, 13–62.
Ders.: Re und Amun. Die Krise des polytheistischen Weltbildes im Ägypten der 18. bis 20. Dynastie. Fribourg 1983.
Ders.: Arbeit am Polytheismus. Die Idee der Einheit Gottes und die Entfaltung des theologischen Diskurses in Ägypten, in: H. v. Stietencron (Hrsg.): Theologen und Theologien in verschiedenen Kulturkreisen. Düsseldorf 1986, 46–69.
Ders.: Das kulturelle Gedächtnis. Schrift, Erinnerung und politische Identität in frühen Hochkulturen. München 1992.
Ders.: Ma'at. Gerechtigkeit und Unsterblichkeit im Alten Ägypten. München 1995.
Ders.: Ägypten. Eine Sinngeschichte. München 1996.
Ders.: Moses der Ägypter. Entzifferung einer Gedächtnisspur. München 1998.
Ders.: Religion und kulturelles Gedächtnis. Zehn Studien. München 2000a.
Ders.: Herrschaft und Heil. Politische Theologie in Altägypten, Israel und Europa. München 2000b.
Ders.: Echnaton, Tutanchamun und Moses. Ägypten im kulturellen Gedächtnis des Abendlandes, in: Mythos Tutanchamun, hrsg. v. W. Wettengel. Nördlingen 2000c, 62–72.
Ders.: Weisheit und Mysterium. Das Bild der Griechen von Ägypten. München 2000d.
Astour, M.C.: Hellenosemitica. An Ethnic and Cultural Study in West-Semitic Impact on Mycenaean Greece. Leiden 1965.
Baines, J.: The Dawn of the Amarna Age, in: D. O'Connor, E.H. Cline (Hrsg.): Amenhotep III. Perspectives in His Reign. Ann Arbour 1998, 271–312.
Barta, W.: Zur Darstellungsweise der Kolossalstatuen Amenophis' IV. aus Karnak. ZÄS 102 (1975): 91–94.
Bass, G., Pulak, C., Collon, D., Weinstein, J.: The Bronze Age Shipwreck at Uluburun: 1986 Campaign. AJA 93, 1 (1989): 1–29.
Bauriedl, Th.: Beziehungsanalyse. Das dialektisch-emanzipatorische Prinzip der Psychoanalyse und seine Konsequenzen für die psychoanalytische Familientherapie. Frankfurt a.M. 1980.
Beckerath, J.: Theben und Tanis. Glückstadt 1951.
Becking, B.: Die Gottheiten der Juden in Elephantine, in: M. Oeming, K. Schmid (Hrsg.): Der eine Gott und die Götter. Zürich 2003, 203–226.
Bérard, J.: Les Hyksos et la légende d' Io. Syria 29 (1952): 1–43.
Bietak, M.: Zur Herkunft des Seth von Avaris. Ägypten und Levante 1 (1990): 9–16.
Ders.: Avaris. The Capital of the Hyksos. London 1996.
Ders.: Tell el-Daba / Avaris und die minoische Welt, in: Im Labyrinth des Minos. Kreta – die erste europäische Hochkultur. Karlsruhe 2000, 211–218.
Borchardt, L.: Porträts der Königin Nofretete. Ausgrabungen der Deutschen Orient-Gesellschaft III (1923). Nachdruck: Osnabrück 1968.
Breasted, J.H.: De Hymnis in Solem sub Rege Amenophide IV conceptis. Berlin 1895.
Ders.: History of Egypt (1906). Dt.: Geschichte Ägyptens. Zürich 1936.
Ders.: Die Geburt des Gewissens. Die Entwicklung des moralischen Verhaltens im kulturgeschichtlichen Verlauf Alt-Ägyptens. Zürich 1950.
Brock, L.P.: Theodore Davies and the Rediscovery of Tomb 55, in: Valley of the Sun Kings, ed. R.H. Wilkinson. Tuscon 1995, 34–46.

Brunner, H.: Die Geburt des Gottkönigs. Studien zur Überlieferung eines altägyptischen Mythos. Wiesbaden 1986.

Brunner-Traut, E.: Altägyptische Märchen. Köln 1963.

Burkert, W.: Die Griechen und der Orient. München 2003.

Christlieb, W.: Der entzauberte Ödipus. Ursprünge und Wandlungen eines Mythos. München 1979.

Darnell, J.C.: The Enigmatic Netherworld Books of the Solar-Osirian Unity. Freiburg 2004.

Das Geheimnis des goldenen Sarges. Echnaton und das Ende der Armarazeit. Ausstellungskatalog, hrsg. v. A. Grimm, S. Schoske. München 2001.

Das Schiff von Uluburun – Welthandel vor 3000 Jahren. Ausstellungskatalog, hrsg. v. Ü. Yalcin, C. Pulak, R. Slotta. Bochum 2005.

Davies, N. de G.: The Rock Tombs of El-Amarna I-VI. London 1903-08.

Davis, Th. M. et al.: The Tomb of Queen Tiyi: The Discovery of the Tomb (1910). San Francisco 1990.

Desroches-Noblecourt, Chr.: Tutench-Amun. Leben und Tod eines Pharao. Frankfurt-Berlin-Wien 1963.

Die Hethiter und ihr Reich. Das Volk der 1000 Götter. Ausstellungskatalog, Bonn 2002.

Dodson, A.D.: King's Valley Tomb 55 and the Fates of the Amarna Kings, in: Amarna Letters 3 (1994): 92–103.

Eaten-Krauss, M.: Akhenaten versus Akhenaten. Bibliotheca Orientalis 42 (1990): 541–559.

Edwards, R.B.: Kadmos the Phoenician. A Study in Greek Legends and the Mycenaean Age. Amsterdam 1979.

Egypt's Dazzling Sun. Amenhotep III and his World. Ausstellungskatalog, The Cleveland Museum of Art 1992.

Erdheim, M.: Die Psychoanalyse und das Unbewusste in der Kultur. Frankfurt a.M. 1988.

Fecht, G.: Amarna-Probleme. ZÄS 85 (1960): 83–118.

Feucht, E.: Das Kind im Alten Ägypten. Frankfurt a.M. 1995.

Freud, S.: Der Mann Moses und die monotheistische Religion (1939). GW XIV.

Friedell, E.: Kulturgeschichte Ägyptens und des Alten Orients. Zürich 1936.

Funkenstein, A.: Perceptions of Jewish History. Berkeley 1993.

Gabolde, M.: D'Akhenaton á Toutankhamon. Lyon-Paris 1998.

Ders.: Das Ende der Amarnazeit, in: Das Geheimnis des Goldenen Sarges (2001): 9-41.

Gardiner, A.H.: Davies Copy of the Great Speos Artemidos Inscription. JEA 32, London 1946.

Goedicke, H.: The Canaanite Illness, in: Studien zur altägyptischen Kultur 11 (1984): 91–105.

Ders.: The End of the Hyksos in Egypt, in: L.H. Lesko (Hrsg.), Egypt. Studies in Honor of Richard A. Parker. Hannover-London 1986, 37–47.

Ders.: The Quarrel between Apophis and Seqenenre. San Antonio 1986.

Görg, M.: Die Beziehungen zwischen dem Alten Israel und Ägypten. Darmstadt 1997.

Goetze, A.: Die Pestgebete des Mursilis, in: Kleinasiatische Forschungen I (1929): 204–235.

Ders.: Mursilis II. König der Hethiter: Die Annalen, hethitischer Text und deutsche Übersetzung (1933). Darmstadt 1967.

Gohary, J.: Akhenaten's Sed-Festival at Karnak. London-New York 1992.

Goldwasser, O.: King Apophis of Avaris and the Emergence of Monotheism, in: E. Cerny et al. (Hrsg.): Timeless – Studies in Honour of Manfred Bietak. Leuven 2006, 129–133.

Gombrich, E.H.: Aby Warburg. Eine intellektuelle Biografie. Hamburg 1992.

Green, L.: Queens and Princesses of the Amarna Period: The Social, Political, Religious and Cultic Role of the Women of the Royal Family at the End of the 18. Dynasty. University of Toronto 1988.

Griffiths, J.G.: The Interpretation of the Horus-Myth of Edfu, in: JEA 44 (1958): 75–85.

Ders.: Allegory in Greece and Egypt, in: JEA 53 (1967): 96ff.

Grimm, A.: Joseph und Echnaton. Thomas Mann und Ägypten. Mainz 1992.

Ders.: Das Geheimnis des anonymen Sarges, in: Das Geheimnis des goldenen Sarges (2001): 115–120.

Grimm, A., Schoske, S.: Im Zeichen des Mondes. Ägypten zu Beginn des Neuen Reiches. München 1999.

Güterbock, H.G. : The Deeds of Suppiluliuma as told by his Son Mursili II. JCS 10 (1956): 41–50, 59–68, 75–85, 90–98, 107–130.

Habachi, L.: Varia from the Time of Akhenaten. MDAIK 20 (1965): 85–92.

Hanke, R.: Amarna-Reliefs aus Hermopolis. Neue Veröffentlichungen und Studien. Hildesheim 1978.

Harris, J.R.: Nefernefruaten. GM 4 (1973): 15–17

Ders.: Nefernefruaten Regnans. Acta Orientalia 36 (1974): 11–21.

Ders.: Akhenaten and Nefernefruaten in the Tombs of Tut'ankhamun, in: C.N. Reeves (Hrsg.), After Tut'ankhamun: Research and Excavation in the Royal Necropolis at Thebes. London 1992, 55–72.

Hawass, Z. et al.: Ancestry and Pathology in King Tutankhamun's Family. JAMA 303, 7 (2010): 638–647.

Helck, W.: Der Einfluss der Militärführer in der 18. ägyptischen Dynastie. Hildesheim 1964.

Ders.: Die Prophezeiungen des Nerferti. Wiesbaden 1970.

Ders.: Die Beziehungen Ägyptens zu Vorderasien im 3. und 2. Jahrtausend v. Chr. Wiesbaden 1971.

Hesiod: Werke und Tage, in: Sämtliche Werke. Leipzig 1938.

Hornung, Erik: Untersuchungen zur Chronologie und Geschichte des Neuen Reiches. Wiesbaden 1964.

Ders.: Der ägyptische Mythos von der Himmelskuh. Eine Ätiologie des Unvollkommenen. Freiburg-Göttingen 1982.

Ders.: Die Nachtfahrt der Sonne. Eine altägyptische Beschreibung des Jenseits. Zürich-München 1991.

Ders.: Echnaton. Die Religion des Lichtes (1995). Düsseldorf-Zürich 2001.

Jacobsohn, H.: Die dogmatische Stellung des Königs in der Theologie der Alten Ägypter. Glückstadt 1955.

Jacq, Chr.: Nofretetes Schwestern. Eine Kulturgeschichte der Ägypterinnen. Hamburg 2000.

Jansen, R.M. u. J.J.: Growing up in Ancient Egypt. London 1990.

Josephus Flavius: Kleinere Schriften, übersetzt v. H. Clementz (1901). Nachdruck: Wiesbaden 1995.

Kampp-Seyfried, F.: Die Verfemung des Namens Parennefer, in: Stationen. Beiträge zur Kulturgeschichte Ägyptens, hrsg. v. H. Guksch u. D. Polz. Mainz 1998, 303–320.

Dies.: Es lebt Re-Harachte, der im Lichtland jubelt. Ein Glaubensbekenntnis ohne Worte aus der Nachamarnazeit, in: Grab und Totenkult im Alten Ägypten, hrsg. v. H. Guksch, E. Hofmann, M. Bommas. München 2003, 118–127.

Kees, H.: Herihor und die Aufrichtung des thebanischen Gottesstaates. Nachrichten von der Gesellschaft der Wissenschaften zu Göttingen. NF (1936), Bd. II, Nr. 1.

Ders.: Die Königin Ahmes-Nefretere als Amonspriester. Nachrichten von der Gesellschaft der Wissenschaften zu Göttingen. NF (1937), Bd. II, Nr. 6.

Kemp, B.J.: Ancient Egypt. Anatomy of a Civilization. London-New York 1989.

Ders.: Leben in Amarna, in: Chr. Tietze (2008): 266–275.

Kemp, B., Garfi, S.: A Survey of the Ancient City of El Amarna. London 1995.

Kendall, T.: Die Könige vom Heiligen Berg. Napata und die Kuschiten-Dynastie, in: Die Pharaonen des Goldlandes. Antike Königreiche im Sudan. Ausstellungskatalog, Mannheim 1998, 161–171.

Kerényi, K.: Vorwort, in: Ödipus – Theater der Jahrhunderte. München-Wien 1968.

Kitchen, K.: Suppiluliuma and the Amarna Pharaohs. Liverpool 1962.

Klengel, H.: Hattuschili und Ramses. Hethiter und Ägypter – ihr langer Weg zum Frieden. Mainz 2002.

Knudtzon, J.A.: Die El-Amarna-Tafeln. 2 Bde. Leipzig 1915.

Koch, A., Schipper, B.U.: Echnatons »Monotheismus«. Rezeptionen in den Wissenschaften, in: Chr. Tietze (2008): 276–287.

Kraus, R.: Das Ende der Amarnazeit. Hildesheim 1978.

Ders.: Zur Chronologie der Nachfolger Achenatens. MDOG 129 (1997): 225–50.

Ders.: Akhenaten: Monotheist? Polytheist?. The Bulletin of the Australian Centre for Egyptology 11 (2000): 93–101.

Kristensen, W.B.: The Meaning of Religion. Lectures in the Phenomenology of Religion. The Hague 1960.

Kucharek, A.: 70 Tage – Trauerphasen und Trauerriten in Ägypten, in: J. Assmann, F. Maciejewski, A. Michaels (Hrsg.): Der Abschied von den Toten. Trauerrituale im Kulturvergleich. Göttingen 2005, 342–358.

Kühne, C.: Die Chronologie der internationalen Korrespondenz von El-Amarna. Neukirchen-Vluyn 1973.

Kühr, A.: Als Kadmos nach Boiotien kam. Stuttgart 2006.

Lang, B.: Die Jahwe-allein-Bewegung. Neue Erwägungen über die Anfänge des biblischen Monotheismus, in: M. Oeming, K. Schmid (Hrsg.): Der eine Gott und die Götter. Zürich 2003, 97-110.

Lange, K.: König Echnaton und die Amarnazeit. Die Geschichte eines Gottkünders. München 1951.

Letters to the Editor of JAMA: King Tutankhamun's Family and Demise. JAMA 303, 24 (2010): 2471–2475.

Lévi-Strauss, C.: Anthropologie Structurale (1958). Dt.: Strukturale Anthropologie. Frankfurt a.M. 1972.

Ders.: Die elementaren Strukturen der Verwandtschaft. Frankfurt a.M. 1981.

Loeben, Chr. E.: Eine Bestattung der Großen königlichen Gemahlin Nofretete in Amarna?: Die Totenfigur der Nofretete. MDAIK 42 (1986): 99–107.

Ders.: Nerfertiti's Pillars. Amarna Letters 3 (1994): 41–45.

Ders.: Neuerungen in Architektur und Relief, in: Chr. Tietze (2008): 255–265.

Maciejewski, F.: Psychoanalytisches Archiv und jüdisches Gedächtnis. Freud, Beschneidung und Monotheismus. Wien 2002.

Ders.: Der Ritus der Beschneidung und der Geist des Monotheismus, in: M.Oeming, K.

Schmid (Hrsg.): Der eine Gott und die Götter. Polytheismus und Monotheismus im antiken Israel. Zürich 2003, 249–270.
Ders.: Das Unbewusste in der Kultur. Von der Schwierigkeit, die psychoanalytische Kulturtheorie (Freud) in eine kulturwissenschaftliche Gedächtnistheorie (Assmann) zu überführen. Psyche 62, 3 (2008): 235–252.
Ders.: Der Streit zwischen Apophis und Sekenenre. Ein gedächtnisgeschichtlicher und ethnopsychoanalytischer Zugang zu einer Erzählung aus ramessidischer Zeit, in: Das Erzählen in frühen Hochkulturen I. Der Fall Ägypten, hrsg. v. H. Röder. München 2009, 159–172.
Ders.: »Illusion« und »historische Wahrheit« – Zur Dialektik der psychoanalytischen Religionskritik, in: Psychoanalyse. Texte zur Sozialforschung 14, 1 (2010): 37–53.
Mann, Th.: Joseph und seine Brüder. Bd. III, Joseph in Ägypten. Frankfurt a.M. 1991.
Martin, G. Th.: The Royal Tomb at El-Amarna. Vol. 2, London 1989.
Maspero, G.: Les Contes populaires de l'Égypte. Paris 1911.
Maul, St.: Das Gilgamesch-Epos. Neu übersetzt und kommentiert. München 2005.
Meyer, Ed., Geschichte des Altertums, 5 Bde. (1928). Nachdruck: Darmstadt 1953–58.
Ders.: Gottesstaat, Militärherrschaft und Ständewesen in Ägypten. Sitzungsberichte der Preußischen Akademie der Wissenschaften XXVIII (1928): 495–532.
Middleton, R.: Brother-Sister and Father-Daughter Marriage in Ancient Egypt, in: American Sociological Review 27 (1962): 603ff.
Miller, A.: Das Drama des begabten Kindes. Frankfurt a.M. 1979.
Montet, P.: Les Reliques de L'Art Syrien. Paris 1937.
Montserrat, D.: Akhenaten. History, Fantasy and Ancient Egypt. London-New York 2000.
Murnane, W.J.: Texts from the Amarna Period in Egypt. Atlanta 1995.
Murnane, W.J., van Siclen, C.C.: The Boundary Stelae of Akhenaten. London-New York 1993.
Nakagawa, T., Nishimoto, S. (Hrsg.): Studies on the Palace of Malqata 1985/88. Tokio 1993.
Nunberg, H.: Problems of Bisexuality as Reflected in Circumcision. London 1949.
Orturk, O.M.: Ritual Circumcision and Castration Anxiety. Psychiatry 36 (1973): 49–60.
Parin, P.: Der Widerspruch im Subjekt. Ethnopsychoanalytische Studien. Frankfurt a.M. 1978.
Pendlebury, J.D.S.: Tell el-Amarna. London 1935.
Pharaohs of the Sun. Akhenaten, Nefertiti, Tutankhamen. Museum of Fine Arts, Boston 1999.
Petrie, W.M. Flinders: Tell el-Amarna. London 1894.
Piankoff, A.: The Shrines of Tut-Ankh-Amon. New York 1962.
Porten, B.: Archives from Elephantine. The Life of an Ancient Jewish Military Colony. Berkeley 1986.
Porter, B., Moss, R.L.B.: Topographical Bibliography of Ancient Egyptian Hieroglyphic Texts, Reliefs and Paintings. I-VII Oxford 1927–1952 (2. Aufl. 1960 ff).
Pritchard, J.B. (Hrsg.): Ancient Near Eastern Texts Relating to the Old Testament. Princeton 1955.
Quack, J.F.: Studien zur Lehre für Merikare. Wiesbaden 1992.
Ders.: Zur Beschneidung im Alten Ägypten. Ms 2008.
Ranke, H. : Die altägyptischen Personennamen I-II. Glückstadt 1935–1952.

v. Ranke-Graves, R.: Griechische Mythologie. Quellen und Deutung. Hamburg 1984.

Raven, M.J.: A Sarcophagus for Queen Tiy and Other Fragments from the Royal Tomb at el-Amarna. OMRO 74 (1994): 7–20.

Redford, D.B.: History and Chronology of the Eighteenth Dynasty of Egypt. Toronto 1967.

Ders.: The Hyksos Invasion in History and Tradition. Or 39 (1970): 1–51.

Ders.: Akhenaten, The Heretic King. Princeton 1984.

Ders.: Pharaonic King-Lists, Annals and Day-Books: A Contribution to the Study of the Egyptian Sense of History. Mississauga 1986.

Ders.: The Monotheism of the Heretic Pharaoh. Biblical Archaeology Review XIII, May-June (1987): 16–32.

Ders.: East Karnak and the Sed-Festival of Akhenaten, in: C. Berger-El Naggar (Hrsg.): Hommages à Jean Leclant. Bibliothèque d'Etude 106/1. Kairo 1993a, 485–492.

Ders.: Egypt, Canaan, and Israel in Ancient Times. Princeton 1993b.

Redford, D.B., Smith, R.W. : The Akhenaten Temple Project. Warminster 1976.

Reeves, C.N.: The Complete Tutankhamun. London 1990.

Ders.: The Royal Family, in: Pharaos of the Sun (1999): 81–95.

Ders.: Echnaton. Ägyptens falscher Prophet. Mainz 2002.

Ders., Wilkinson, R.H.: The Complete Valley of the Kings. London 1996.

Reik, Th.: Das Ritual. Psychoanalytische Studien. Leipzig-Wien-Zürich 1928.

Roeder, G.: Amarna-Reliefs aus Hermopolis, hrsg. v. R. Hanke. Hildesheim 1969.

Römer, M.: Gottes- und Priesterherrschaft in Ägypten am Ende des Neuen Reiches. Wiesbaden 1994.

Samson, J.: Amarna, City of Akhenaten and Nefertiti – Nefertiti as Pharaoh. Warminster 1978.

Sandman, M.: Texts from the Time of Akhenaten. Bibliotheca Aegyptiaca 8, Brüssel 1938.

Säve-Söderbergh, T.: On Egyptian Representations of Hippopotamus Hunting. Uppsala 1953.

Scenes of King Herihor in the Court. The University of Chicago, Oriental Institute Publications Vol. 100. Chicago 1979.

Schaden, O.J.: The God's Father Ay. University of Minnesota 1977.

Schipper, B.U.: Die Erzählung des Wenamun. Ein Literaturwerk im Spannungsfeld von Politik, Geschichte und Religion. Freiburg-Göttingen 2005.

Schlögel, H.A.: Echnaton – Tutanchamun. Daten, Fakten, Literatur. Wiesbaden 1985.

Ders.: Amenophis IV. Echnaton. Reinbeck 1986.

Ders.: »Lebender Aton«. Die neue Religion Amenophis IV.-Echnatons, in: Das Geheimnis des Goldenen Sarges (2001): 2–8.

Schneider, Th.: Lexikon der Pharaonen, 2. Aufl. Zürich 1997.

Ders.: Ausländer in Ägypten. Ägypten und Altes Testament 42, Wiesbaden 1998.

Schoske, S., Wildung, D.: Gott und Götter im Alten Ägypten. Mainz 1992.

Schott, S.: Der Denkstein Sethos' I. für die Kapelle Ramses' I. in Abydos. Nachrichten der Akademie der Wissenschaften in Göttingen. 1964, Nr. 1.

Schrott, R.: Homers Heimat. Der Kampf um Troia und seine realen Hintergründe. München 2008.

Sethe, K. : Urkunden der 18. Dynastie, Nachdruck der 2. Aufl. Berlin-Graz 1961.

Smith, M.: Palestinian Parties and Politics that Shaped the Old Testament (1971). 2. Auflage London 1987.

Sürenhagen, D.: Paritätische Staatsverträge aus hethitischer Sicht. Pavia 1985.

The Tomb of Kheruef. Theban Tomb 192. The University of Chicago, Oriental Institute Publications Vol. 102. Chicago 1980.

Thomas, A.P.: The Other Woman at Akhenaten: Royal Wife Kiya. Amarna Letters 3 (1994): 72–81.

Tietze, Ch. (Hrsg.): Amarna. Lebensräume-Lebensbilder-Weltbilder. Potsdam 2008.

Török, L.: The Birth of an Ancient African Kingdom. Kush and Her Myth of the State in the First Millenium BC. Lille 1995.

Traunecker, C.: Aménophis IV et Néfertiti. Le couple royal d'après les talatates du IXe pylone de Karnak. BSFE 107(1986): 17–44.

Troy, L.: Patterns of Queenship in Ancient Egyptian Myth and History. Uppsala 1986.

Türcke, Ch.: Philosophie des Traums. München 2008.

Velikovsky, I.: Oedipus and Akhenaton (1960). Neuausgabe London 1980.

Volkan, V.D.: Großgruppenidentität und auserwähltes Trauma. Psyche 9/10 (2000): 931–953.

Weigall, A.: The Life and Time of Akhenaton (1910). Dt.: Echnaton. König von Ägypten und seine Zeit. Basel 1923.

Wente, E.: Hathor at the Jubilee, Studies in Honour of John A. Wilson. Chicago 1969.

Wettengel, W.: Die Erzählung von den beiden Brüdern. Der Papyrus d'Orbiney und das Königtum der Ramessiden. Fribourg 2003.

Ders.: Fremde Götter in Ägypten, in: Pharao siegt immer. Krieg und Frieden im Alten Ägypten. Ausstellungskatalog, Bönen 2004, 176–177.

Winnicott, D.W.: Reifungsprozesse und fördernde Umwelt. München 1974.

ABBILDUNGSNACHWEIS

Abb. 1 Im Zeichen des Mondes (Kat.). München 1999 (Edda Kreihe-Schmalix).

Abb. 2, 45 www.aegyptologie.com.

Abb. 3, 6, 9, 10, 11, 12, 13, 19, 30, 34, 41, 48, 49, 57 bpk (Bildarchiv Preußischer Kulturbesitz, Berlin).

Abb. 4 Marc Gabolde, Das Ende der Amarnazeit, in: Das Geheimnis des Goldenen Sarges (Kat.). München 2001.

Abb. 5, Vorsatz hinten Horst Klengel, Hattuschili und Ramses. Mainz 2002.

Abb. 7 Christian Tietze, Amarna. Lebensräume-Lebensbilder-Weltbilder. Potsdam 2008.

Abb. 8, 43, 55 Nicholas Reeves, Echnaton. Ägyptens falscher Prophet. Mainz 2002.

Abb. 14 American Medical Association (2010).

Abb. 15, 58, 61 Winckelmann und Ägypten (Kat.). München 2005.

Abb. 16, 17 Hellmut Brunner, Die Geburt des Gottkönigs. Wiesbaden 1986 (Tafeln XII und XV).

Abb. 18 Ägyptisches Museum Kairo, JE 95342

Abb. 20, 32, 33, 44 Norman de. G. Davies, Rock Tombs of Amarna. London 1905–1908, Bde. III (Tafel XVIII), V (Tafel XXXIX) und VI (Tafel I und XXXI).

Abb. 21 Theodore M. Davis, The Tomb of Queen Tiyi. London 1910.

Abb. 22 Geoffrey T. Martin, The Royal Tomb at El-Amarna. London 1989.

Abb. 23 Ny Carlsberg Glyptotek Copenhagen, AEIN 1776.

Abb. 24, 27 Nofret – Die Schöne (Kat.), Roemer- und Pelizaeus-Museum. Mainz 1986.

Abb. 25 ZDF Bilddienst, »Die Damen aus Grab 35« (2007).

Abb. 26 N. Reeves, R.H. Wilkinson, The Complete Valley of the Kings. London 1996.

Abb. 28 The British Museum London, AN 3523001.

Abb. 29 Ludwig Borchardt, Porträts der Königin Nofretete. Berlin 1923.

Abb. 31 Pierre Montet, Les Reliques de L'Art Syrien. Paris 1937.

Abb. 35, 38 Donald B. Redford, Akhenaten. The Heretic King. Princeton 1984.

Abb. 36 Egypt's Dazzling Sun (Kat.), The Cleveland Museum of Art. Cleveland 1992.

Abb. 37 Ernst Batta, Obelisken. Frankfurt a.M. 1986.

Abb. 39, 40, 62 Pharaohs of the Sun (Kat.), Museum of Fine Arts. Boston 1999.

Abb. 42 The Tomb of Kheruef (TT 192). The University of Chicago 1980.

Abb. 47 Tutanchamun. Das Goldene Jenseits (Kat.), Antikenmuseum Basel und Sammlung Ludwig 2004.

Abb. 50, 51 Erik Hornung, Der ägyptische Mythos von der Himmelskuh. Freiburg-Göttingen 1997.

Abb. 52 Manfred Bietak, Avaris. London 1996.

Abb. 53 Pharao siegt immer (Kat.), Gustav-Lübke Museum. Hamm 2004.

Abb. 54 Kurt Lange, Ägyptische Kunst. Zürich-Berlin 1939.

Abb. 56 Scenes of King Herihor. The University of Chicago 1979.

Abb. 59 Heidelberger Papyrussammlung VHP I,1.

Abb. 60 Nach: P. Beck, The Drawings from Horvat Teiman (Kuntilet 'Ağrūd) 1982.

SCHWARZES ME
KAS
PALA
Hattuscha
HATTI
Troja
WILUSCHA
MASCHA
MIRA
Kizil Irmak
Kanesch
Erciyes
Dagh
Firaktin
Har
ÄGÄIS
Büyük Menderes
ARZAWA
UNTERES LAND
Milet
LUKKA
TARCHUNTASCHA
KIZZUW
A
MUK
Ura
Dj. el-Akra
Ugarit
ZYPERN
Sumura
KRETA
Gubla
A
Beruta
AM
MITTELMEER
Hazo
Tyros
Jordan
Tote
Tanis
Gaza
Sile
Piramesse
(Avaris)
LIBYEN
Heliopolis
Fajjum
Nil
SINAI
ÄGYPTEN